제5판

현대 문학 이론

A Reader's Guide to Contemporary Literary Theory

라만 셀던 · 피터 위도우슨 · 피터 부루커 지음
정정호 · 윤지관 · 정문영 · 여건종 옮김

KM 경문사

A Reader's Guide to Contemporary Literary Theory

현대 문학 이론 제5판

지은이 라만 셀던 · 피터 위도우슨 · 피터 부루커
옮긴이 정정호 · 윤지관 · 정문영 · 여건종
펴낸이 조경희
펴낸곳 경문사
펴낸날 2014년 3월 5일 5판 1쇄
2018년 3월 5일 5판 2쇄
등 록 1979년 11월 9일 제 313–1979–23호
주 소 04057, 서울특별시 마포구 와우산로 174
전 화 (02)332–2004 팩스 (02)336–5193
이메일 kyungmoon@kyungmoon.com
facebook facebook.com/kyungmoonsa

값 24,000원

ISBN 978–89–6105–767–7

역자의 말

번역은 반역(反逆)이란 말에서 보듯이 원문을 그대로 옮기는 모방이기보다 제2의 창작이 되는 경우가 많다. 번역은 다른 문화와의 접속을 통해 자신의 문화를 변형시키는 중요한 지적인 작업이다. 그러나 전지구화시대의 "여행하는 이론"을 전화시켜 국내 문화판에 새로운 자극과 관점을 가져다주는 번역 작업은 사실상 학자들에게는 뜨거운 감자이다. 특히 이론 번역의 경우 이 작업에 들이는 시간과 노력에 비해 역자들에게 오역, 졸역 등의 위험 부담도 있고 재정적으로도 별다른 도움이 되지 않는다. 그러나 무엇보다도 이론 번역에서 가장 큰 문제는 번역이 연구 업적으로 별로 인정을 받지 못한다는 점이다. 그럼에도 불구하고 앞으로는 이론 번역(고전 번역과 더불어)에 대한 학자들의 응분의 관심과 노력이 경주되어야 할 것이다. 그리고 질 높은 다양한 번역이 계속 생산될 때 교수들의 연구 업적 평가에도 정당하게 인정되는 제도적인 정착도 가능해지리라 믿는다.

우리가 "이론"(Theory) 공부를 시작할 때 커다란 걸림돌은 일부 이론들이 추상적이고 난해하고 비교(秘敎)적이며 심지어 기괴(uncanny)하기까지 하다는 점이다. 초기 단계에서 이러한 붙잡기 어려운 이론을 손쉽게 포장해서 초보자가 소화하기 쉽게 만든 사람이 바로 1985년 본서의 초판을 썼던 故 라만 셀던 교수이다. 당시 그의 입문서가 이론을 처음 배우던 우리들에게 얼마나 편리한 도구였는지 우리는 분명히 기억하고 있다(국내에서 이미 그 초판본 번역이 3종이나 중복 출판된 사실만 보아도 알 수 있다). 원저자 셀던 교수가 초판을 약간 수정 보완해서 1989년 재판을 내고 불행하게도 뇌종양으로 갑작스레

타계하였다. 그로부터 4년 후인 1993년에 당시 영국 브라이튼 대학교의 '역사 및 비평 연구 학부'장이었던 피터 위도우슨 교수가 개정 3판을 내었다. 위도우슨 교수는 3판에서 신비평과 F. R. 리비스, 포스트모더니즘 이론, 포스트식민주의 이론에 관한 장을 각각 추가하였고 나머지 부분도 대폭적으로 개정하였다. 그러던 중 1997년에 영국 노스햄프톤 주 넨 대학의 현대 문학 및 문화 연구 교수로 있는 피터 브루커 교수와 협동으로 본서에 문화유물론 논의가 추가되고 포스트모더니즘 이론과 포스트식민주의 이론에 관한 장이 분리되고 마지막 장에 「게이, 레즈비언 및 퀴어 이론」의 장이 새로 추가되어 개정 증보 4판이 상재되었다. 21세기에 들어와 위도우슨과 브루커는 또다시 '포스트 이론'의 시각에서 전체 내용의 일부를 수정, 보완하였다. 이와 같이 이 책의 개정 증보의 작은 역사는 우리가 소위 "이론의 시대"라고 부르던 1980년대 중반 이후부터 최근에 이르는 현대 문학 이론과 비평에 관한 급속한 변화의 흐름을 조감할 수 있게 만든다. (물론 아직도 정신분석비평이나 문화연구에 대한 독립된 장이 마련되지 않았고 환경/생태학 비평에 대한 언급이 별로 없는 점은 본서에서 아쉬운 점이다.)

문학(작품)은 영원하고 이론(비평)은 유행이라는 말은 틀린 말은 아니다. 그리고 읽기와 문학 연구에서 이론은 '필요 악'이라는 말도 일리가 있는 말이다. 오늘날 "이론"이 우리의 철없는 열광이나 고집스런 거부와 같은 극단적인 태도만 아니라면 하나의 비판적 문화정치학으로서 쇄신의 페다고지(Pedagogy)를 위한 유용한 도구가 될 수 있다는 점에는 이제 이론(異論)이 없을 것이다. 한때 전지구적 자본주의의 시대에 계속되는 서구 중심의 세계 체제에서 소위 "이론 산업"은 우리에게 또 다른 문화 식민지를 강요하는 면도 없지 않았으나 이제 분명한 것은 "이론이 필요 없다"든지 "서구 이론은 거부되어야 한다"든지 하는 주장도 하나의 이데올로기이며 봉쇄 이론이 될 수 있다는 점이다. "혁명보다 개혁이 더 어렵다"는 현실의 무게에 대한 마키아벨리의 주장은 무엇을 의미하는가? 사악해지는 현실의 중층적인 담론 구성을 분석, 대처하고 미래를 전망하기 위해서 좀 더 교활한 이론과 전략이 필요한 것인지도 모른다. 그래서 우리는 이론서가 베스트셀러가 되는 이론의 국제화(Theory International) 시대에 살고 있었다. 그러나 우리는 이제 이론 "이후"(After theory, Post-theory)의 시대와 이론의 종말(Ends of Theory) 시대로 접어 들었다. 이 책의 '결론'에서 논의되고 있듯이 이제 우리는 '이론' 이후의 문학, 비평에 대한 새로운 이론들을 모색해야 할 것이다. 새로운 문물 상황에 따라 새로운 "이론"이 언제나 만들어져야 한다. 시대의 진단과 전망을 위한 이론 생산은 척박한 현실과 유리된 추상적 작업이 아니라 현실과 대적하는 이론의 치열한 실천(praxis) 작업이다. 그러나 30년 이상 난삽한 서구이론을 공부하다 보니 갑자기 자괴감으로 마음이 심란해진다. 우리는 우리의 상황에서 생산되는 주체적 자생적인 이론 창출을 언제 할 수 있을 것인가? 서양의 거대이론(Grand Theory)에 주눅이 들어 우리는 저항 담론이나 이론의 창시자가 되기보다 이론의 식민지 주민이 되어 지적 사대주의 기능공으로 만족하며 살아갈 것인가? 우리의 선배세대는 그렇다치고 우리 세대는 후배세대에게 이론적으로 무엇을 남겨줄 수 있을 것인가? 그저 답답하고 부끄러울 뿐이다.

우리는 본서의 번역본으로 2005년 간행된 이 개정 증보 5판을 사용하였다. 우리의 생각으로는 현대 문학 이론과 비평에 관한 가장 작은 부피를 가진 이 책이 어떤 경향성도 띠지 않는 중립적 입장에서 가장 쉽고 단아하게 쓰인 최상의 입문서이며 개설서라고 믿는다. 본서의 번역에는 4명의 전공자가 참가했다. 정문영 교수가 서론, 1장, 6장, 10장을, 윤지관 교수가 3장, 5장을, 여건종 교수가 4장, 8장, 9장을, 정정호 교수가 2장, 7장을 각각 맡아 번역하였다. 번역 과정에서 상당한 지연이 있었다. 이미 1995년부터 3판으로 시작된 번역이 완료되어 1996년도 상반기에 출간하기로 되어 있었다. 그러나 1997년 상반기에 개정 증보 4판이 영국과 미국에서 동시에 출간되어 4판 번역을 출간을 위해 한신문화사에서는 프렌티스 홀 출판사와 다시 번역 계약을 하였다. 이에 역자들은 다시 4판을 대조하면서 개정 부분과 새로 추가된 부분을 다시 번역하고 수정하였다. 2010년부터 개정 5판의 번역은 역자들의 사정과 중간에 한신문화사가 폐업하고 새로운 출판사를 찾는 과정에서 많은 시간이 다시 흘렀다. 이러한 과정에서 역자들의 노고가 매우 컸다. 더욱이 번역 기간 중에 공교롭게도 번역자 일부가 연구 교수 등으로 해외에 나가게 되어 본서의 출간이 더욱 늦어지게 되었다. 개정 증보 5판이 나온 지도 8년이나 지나 이제야 번역본을 상재케 되었으니 감개가 무량할 따름이다. 역서 이름도 『현대 문학 이론』으로 새로 정했다.

끝으로 본서의 용어와 인명 번역에 관해 몇 마디 남겨 두고자 한다. "포스트"라는 접두어의 번역에 약간의 편차가 있을 수 있다. 포스트구조주의나 포스트모더니즘의 경우는 "포스트"를 "탈", "후", "후기" 등으로 번역하지 않고 그대로 두었다. 물론 모더니즘은 관례대로 번역하지 않고 그대로 두었다. 포스트콜로니얼리즘도 '탈'이나 '후기'를 쓰지 않고 그대로 "포스트식민주의"로 번역하였다. 이 밖에 국내에서 "해체주의"로 많이 번역되고 있는 deconstruction도 "해체론"으로 통일하였고 narrative와 narratology는 "서사"와 "서사학"으로 옮겼다. 인명 발음의 경우 관례에 따른 것도 있으나 가능하면 원음에 가깝도록 표기하였다. 일례를 들어 국내에서 씨이주, 씨수, 식수 등 여러 가지로 발음되고 있는 북아프리카 출신 프랑스 페미니즘 이론가인 Hélène Cixous는 1995년 간행된 웹스터 세계 문학 백과 사전에 표기된 대로 "씨이주"로 확정하였으니 독자들의 착오가 없기를 바란다(외래 용어의 번역과 발음 표기를 통일하는 작업도 앞으로 우리 학계가 시급히 해결해야 할 과정 중의 하나이다). 작가나 저자 이름은 글의 흐름을 방해하지 않기 위해 본문에 원어를 넣지 않고 찾아보기에만 표기하였다. 그러나 서명이나 논문명은 대부분의 경우 원어를 달아 두었다. 그리고 내용상의 혼란을 야기할 소지가 있는 어휘,

용어, 개념은 부득이한 경우 원문을 주었다. 찾아보기에 관해서도 한 마디 하고 싶다. 국내 독자들의 편의를 위해 표제어가 원서에 등재되지 않는 경우라도 중요한 용어, 개념, 인명의 경우 역자들이 삽입했음을 밝힌다.

본서 번역을 위해 개정 5판 번역권을 정식으로 계약해 주시고 오랫동안 참고 기다려 준 도서출판 경문사의 여러분들께 깊은 감사를 드린다. 이 책의 출간을 위해 막바지 단계에서 교정과 번역 그리고 찾아보기 작업으로 크게 도와준 송은영 박사와 한우리 선생(중앙대 박사과정)에게 머리 숙여 고마움을 전하고 싶다.

2014년 1월 6일
명수대 연구실에서

역자를 대표해서
정정호 씀

제5판 머리말

라만 셀던의 초판 『현대 문학 이론』(1985)은 이제 제5판으로 새롭게 등장한다. 1989년 개정 2판 출판 이후 얼마 되지 않아 셀던은 뇌종양으로 너무 일찍 그리고 비극적인 죽음을 맞이했다. 특히 다양하고 난해한 주제에 대한 간략하고, 명확하며, 유익한, 비논쟁적 개설서를 출간한 괄목할만한 업적 때문에, 그는 많은 사랑과 높은 존경을 받았다. 1993년 피터 위도우슨은 제3판을, 그리고 1997년 피터 부루커와 함께 광범위한 개정작업을 통해 제4판을 출간했다(개정을 위해 그들을 도왔던 자문가들의 은혜에 대한 감사가 개정판들의 서문에서 언급되고 있다). 그리고 이 개설서의 계속적인 성공과 인기를 입증하고 있는 2005년 현재, 다시 한번 더 개정판을 내야 할 시기가 도래한 것이다.

20년은 현대 문학 이론에 있어서 긴 시간이며, 그 토양은 라만 셀던이 처음 가로 지른 후 줄곧 상당한 변화를 겪어왔다는 것은 놀라운 일이 아니다. 일찍이 제3판에서부터, 이 책은 처음 이 프로젝트가 시작되었을 때보다 다소 더 분명하게 구분될 수 있는 두 개의 기능을 가지기 시작했다는 것에 주목되었다. 책의 전반부 장들은 더 새로운 이론적 전개들을 자극하는 한편, 그 다음에는 경질되는 운동들을 개론함에 있어서 역사적인 구성을 맡는다. 반면에 후반부의 장들은 정확히 그 새로운 발전들의 현황을 점검하는 시도를 하며, 우리가 살고 있는 곳의 좌표들을 표시하고 이론과 비평을 지금 실천하고자 한다. 이러한 경향은 제4판을 재정비하고 재구성함에 있어서 강화되었다.

그래서 5판 역시 이러한 경향을 반영하여, 마지막 다섯 장들은 '포스트-이론'이라는 새로운 결론을 포함하여 책의 절반을 차지한다. 서문은 무엇보다도 최신 개정판 이면에 놓여 있는 이론적 이슈들을 다룰 것이며, 물론 참고문헌 목록들은 대폭 갱신되었다.

차례

일러두기

- 책명이나 원어를 밝혀야 하는 경우는 병기하였다.
- 본문에 사용한 부호의 뜻은 다음과 같다.
  - 저서 · 신문 · 잡지 : 『 』
  - 기사 · 논문 · 에세이 · 시 · 비평 : 「 」
  - 영화 : ≪ ≫
  - 강조와 인용 : ‘ ’, “ ”
  - 원서의 이탤릭체 강조 : < >

서론

라만 셀던이 현대 문학 이론에 대한 간략한 개론서를 집필하는 대담한 임무에 착수한 지 20년이 지났다. 이 시점에서 1985년 『현대 문학 이론』 초판이 출간된 이후 얼마나 많은 변화가 있었는지 살펴볼 필요가 있다. 초판의 서문에서 셀던은 다음과 같이 말하고 있는데, 그 때만 해도 그가 그렇게 말하는 것이 가능했다.

> 비교적 최근까지 문학의 일반 독자들 및 심지어는 전문적인 문학 비평가들조차도 문학 이론의 발전에 신경을 써야 할 하등의 이유가 없었다. 이론은 문학 비평가로 가장한, 사실은 철학자들인 문학 학과의 몇몇 소수만의 관심거리인 다소 격조 높은 전공 분야로 여겨져 왔다. … 존슨 박사처럼, 대부분의 비평가들은 위대한 문학은 보편적이며 인간의 삶에 대한 일반적인 사실들을 표현하는 것이라고 가정했으며…. (그리고) 작가의 개인적인 경험에 대한 평이한 양식, 그 작품의 사회적 및 역사적 배경, 인간적인 관심, 상상력의 '재능,' 그리고 위대한 문학의 시적 아름다움에 대하여 이야기해왔다.

좋든 나쁘든, 문학 이론 분야에 대한 이러한 일반화가 지금으로서는 불가능하게 되었다. 마찬가지로 1985년에 셀던은 1960년대 후반을 상황이 변하기 시작하는 시점이라고 정확히 지적하면서, "지난 20여 년간에 걸쳐 문학도들은 상식의 합의에 대한 끝없는 일련의 도전들로 인하여 어려움을 겪어 왔으며, 그 도전들 중 많은 것들이 유럽(특히 프랑스와 러시아) 지성의 근원으로부터 유래한 것들이다. 이것은 앵글로색슨 전통에 특별히 불쾌한 충격이었다"고 논평할 수 있었다. 그러나 그는 또한 여전히 구조주의를 '리비스 박사의 안락한 〈모교〉(케임브리지)에 새로 등장한 충격적인 침입자'로, 특히 '〈마르크스주의〉의 기미'를 띠고 있는 구조주의로, 그리고 '구조주의에 대한 〈포스트구조주의적 비판〉'이 이미 존재하고 있었으며, 이에 대한 주된 영향 중 하나가 프랑스 이론가 자크 라캉의 '정신분석적 구조주의'였다는 보다 〈상궤를 벗어난〉 사실까지도 주목할 수 있었다. 그는 당시로는 이러한 모든 것들이 '단순히 확인된 뿌리 깊은 편견들일뿐'이라고 말할 수 있었다. 물론 셀던에 대한 비평을 하고자 하는 것이 아니지만 — 사실 그는 자신의 주장을 피력하기 위해서 이렇게 말할 〈수 있었던〉 것이다 — 그러나 '영문학' 연구 또는 문학 연구 내의 그러한 국면은 이제 돌이킬 수 없을 정도로 희미한 먼 과거에 속해 있는 것처럼 보인다. 이 서론의 뒷부분이 증언하듯이, 지난 20년 동안 '현대 문학 이론'의 외형을 변형시킨 지각 변동이 일어났으며, 따라서 이에 부합하는 『현대 문학 이론』의 재형성이 요구되었던 것이다.

그럼에도 불구하고, 필자들은 이 분야에 대한 간결하고 명확하고 평이한 개론서가 필요하다는 셀던의 확고한 신념을 계승하여, 셀던이 초판본에서 쓴 글의 상당 부분을 보존하고 있음을 밝힌다. 그 동안 현대 이론이 끊임없이 분화되고 재형성되고 있어 이 복잡하고 난해한 영역의 기본적인 지도를 마련하는 일에 대한 끊임없는 필요성이 재확인되고 있다는 점, 또한 영어권 세계의 학위 교과 과정에서 본 〈개론서〉가 광범위하게 채택되고 있다는 사실이 본 개정판을 탄생시켰다는 점을 덧붙이는 바이다.

물론 일반적인 의미에서 '이론'이라는 것이 — 다른 그 무엇보다도 그 단어에 대한 그리스어 어원이 명확히 나타내듯이 — 20세기 후반의 고유한 산물이 아니라는 점은 말할 필요도 없다. 또한 문학 이론, 또는 비평 이론이 완전히 새로운 것도 아니다. 이 점은 (전통) '문학 이론' 강좌에서 플라톤, 아리스토텔레스, 롱기누스, 시드니, 드라이든,

부알로, 포우프, 버크, 콜리지와 아놀드를 연구한 사람들이 확인해줄 것이다. 사실, 라만 셀던의 다른 (편집한) 책들 중 하나는 제목이 『플라톤에서 현재에 이르기까지의 비평 이론: 선집』(*The Theory of Criticism from Plato to the Present: A Reader*, 1988)이다. 모든 시대마다 문학의 성격에 관한 그 시대 특유의 이론적 정의가 있으며 문학 분석에 대한 비평적 접근법의 전제가 된 이론 원리가 있다. 그러나 1980년대에, 프레드릭 제임슨은 그의 에세이 「포스트모더니즘과 소비자 사회」("Postmodernism and Consumer Society", 1988)(카플란 편집: 제8장의 '보충자료' 참조)에서 명확한 의견을 피력했다. 그는 "1세기 전에는 전문적 철학에 관한 기술적 담론이 여전히 존재했다. … 이와 더불어 우리는 여전히 다른 학문 분야들 — 예컨대 정치학, 사회학, 또는 문학 비평과 같은 분야들 — 에 대한 상당히 다른 담론을 구분할 수 있었다. 오늘날은 이런 것들이 전부이거나 동시에 그 어느 것도 아닌, 단순히 "이론"이라고 불리는 일종의 글쓰기가 늘어나고 있다."고 썼다. 계속해서 그는 "이 이론적 담론은 철학의 종말을 나타내었으며, 또한 이것은 포스트모더니즘의 선언들 가운데 포함된다."고 덧붙였다. 제임슨이 염두에 두고 있는 근원적 비평 텍스트는 1960년대와 1970년대의 텍스트들인데, 예컨대 바흐친, 소쉬르, 벤야민, 그리고 러시아 형식주의자들의 '재유통된' 이전 텍스트들과 더불어 바르트, 데리다, 푸코, 라캉, 알튀세르, 크리스테바의 1960년대와 1970년대 텍스트들이 이에 해당된다. 1980년대와 1990년대에 걸쳐, 이 과정은 자가발전적으로 합성되어, (이제 분명히 눈에 띄는 대문자 'T'로 장식된) '이론'(Theory)이 많은 개론서, 안내서, 입문서들과 함께 교수요목에 등장하게 되었다. 확실히 '영문학' — 그것도 '위기'의 영원한 상태로 급락한 영문학(변화를 지지하지 않는 사람들에게만 그런 것 같긴 하지만) — 에서, '이론' 강좌는 〈필수과목〉이 되었으며, 적어도 그 교과목에서는 중심적인, 그리고 해결되지 못한 논쟁들 중 하나를 촉발시켰는데, 바로 '이론을 가르치는 방법'이 그것이다(이 부분에 대해서는 뒤에서 좀 더 다루겠다). 이 시기(대략 1960년대에서 1990년대까지)를 우리는 '이론시대'(Theorsday)로 — 아니, 보다 알기 쉽게, '이론의 시기'로 — 부를 수 있을 것인데, 이 시기는 포스트구조주의, 포스트모더니즘, 그리고 유물론적 정치학의 지류와 동일 연장 속에 있는 역사적으로 그리고 문화적으로 특정한 현상이며, 이제는 '포스트-이론'(Post-Theory)이라고 선언된 시기에 의해 대체된 것처럼 보이는 시기이다(아래 내용과 본서의 결론 부분 참조).

그러나 1985년에, 라만 셀던은 현대 문학 이론이 제기하는 문제점들이 해명의 노력을 정당화할 만큼 중요하다고 믿었기 때문에, 그리고 당시 많은 독자들이 이론에 대한 경멸에 찬 전통적인 무시가 더 이상 용납될 수 없다고 느꼈기 때문에, 『현대 문학 이론』을 쓰기로 결정했던 것이다. 다른 것은 모르더라도, 독자들은 거부하도록 강요받고 있는 것이 무엇인지는 정확히 알고 싶어 했다. 셀던과 마찬가지로, 필자들도 역시 독자가 이런 문제에 대하여 관심과 호기심을 가지고 있으며, 이론들 자체의 난해한 배경을 통괄하여 고찰하는 개론서로서 비평에 대한 개략적인 지도가 필요하다고 가정하고 있다. 이에 따라, 각 장의 마지막 부분에 있는 '기본서' 및 '보충자료' 목록으로 구성된 '참고문헌' 부분은 독자로 하여금 현재의 연구 분야를 구축해 온 사상과 친숙해질 수 있도록 도우려는 필자들의 기획의 핵심적인 부분임을 주장하고 싶다. 그것은 어떤 경우에도 본 『현대 문학 이론』이 원래의 이론들을 대체할 수는 없기 때문이다.

복잡하고 논의의 여지가 많은 개념들에 대하여 간략한 요약으로 종합하고, 좁은 지면에 많은 것을 말하려고 하는 그 어떤 시도도 지나친 단순화와 압축, 일반화 및 생략을 초래하지 않을 수 없다. 예컨대, 필자들은 제4판을 개정할 때, 널리 스며든 언어학 및 정신분석 이론들을 전제로 하는 접근 방법들을 각각 별도의 장들에서 다루는 것보다 여러 장들에 걸쳐 분산하여 다루는 것이 가장 좋은 방법이라고 결정했다. '신화 비평'(Myth criticism)은 오랜 그리고 다양한 역사를 가지며 길버트 머레이, 제임스 프레이저, 칼 융, 모드 보드킨, 노스롭 프라이의 작업을 포함하지만 여기에 빠졌다. 그 이유는 신화 비평이 학구적 또는 대중적 문화의 주요 흐름 속으로 유입되지 못한 것 같고 필자들이 검토하고 있는 이론들만큼 활발하게 기존 사상들에 대한 도전을 시도하지 않는 것 같기 때문이다. 얼핏 봐도 러시아 형식주의가 신비평과 F. R. 리비스보다 연대순으로 〈선행한다〉는 것을 알 수 있지만, 본서에서는 후자가 전자의 앞에 나온다. 그 이유는 러시아 형식주의가 비록 1920년대와 1930년대에 주로 〈생산〉되었지만, 1960년대 후반과 1970년대가 되어서야 당대의 더욱 새로워진 마르크스주의와 구조주의 운동의 일원이었던 서구 지식인들에 의해서 유력하게 재발견되어 번역되고 통용되었기 때문이다. 이러한 측면에서 볼 때, 러시아 형식주의자들은 그들이 〈재생산〉되고 있는 후반부에 '속하고' 앵글로색슨 문화 속에서 신비평과 리비스주의로 대변되는 가장 중심적으로 확립된 문학 비평을 공격하는 바로 그 신좌파 비평가들에 의해 유통된 것이다. 그래서 필자들은 신비평과 리비스주의가 현대 비평 이론이 첫 번째로 그리고 주된 것으로 다루어야 할 비평의 전통을 대변하고 있기 때문에, 신비평과 리비스주의를 비평 이론적 이데올로기의 관점에서 형식주의보다 〈앞선〉 것으로 보고 있다. 어떤 경우에도 『현대 문학 이론』은 이 분야에 관한 포괄적인 그림을 그려준다고 가장한다든지, 선택적이고 부분적인 (둘 다의 의미에서) 것 이상의 어떤 것일 수는 없지만, 지난 40년 동안의 이론적인 논의 가운데 가장 도전적이고 두드러진 경향에 대한 간결한 개론을 본서는 제공하고 있다.

그러나 보다 더 일반적으로, 그리고 지금이 1985년이 아니라 문학 연구에 끼친 이론적 논의의 영향이 너무 지대하여 이론적 논의를 무시하는 것은 상상도 할 수 없게 된 2005년이라는 사실을 잠시 접어두더라도, 왜 우리는 이론에 신경을 써야 하는가? 어쨌든 어떻게 이론은 문학 텍스트 읽기에 대한 우리의 경험과 이해에 영향을 주는가? 한 가지 대답이 될 수 있는 것은 이론과의 친숙함이 〈순수한〉 행위로서의 읽기를 손상시키는 경향이 있다는 것이다. 만약 우리가 소설에서 의미의 구성, 시에서 이데올로기의 존재, 또는 문학 작품의 〈가치〉를 측정하는 방법에 대한 의문을 스스로에게 던지기 시작한다면, 우리는 더 이상 소설의 '사실주의,' 시의 '진지성,' 또는 시와 소설의 '위대성'을 순수하게 받아들일 수 없게 된다. 어떤 독자들은 그들의 환상을 소중히 여기며 순수함의 상실을 슬퍼할지 모르나, 그들이 진지한 독자들이라면, 최근 몇 년 동안 주요 이론가들에 의하여 '문학'에 대해 제기된 의문스러운 쟁점들과 그것의 사회적 관계들을 직면해야만 한다. 다른 독자들은 이론들이니 개념들이니 하는 것들이 문학 작품에 대한 반응의 자발성을 무디게 할 뿐이라고 믿겠지만, 그들은 아마도 문학에 관한 어떤 담론도 이론을 벗어나지 〈않는다〉는 것을, 또한 문학 텍스트에 대한 명백하게 '자발적인' 토론조차도 〈사실상〉 (비록 덜 자의식적일지라도) 선대의 이론화에 의존하고 있음을 깨닫지 못하고 있을 따름이다. '느낌,' '상상력,' '재능,' '진지함,' '실재'에 대한 그들의 이야기는 시간에 의하여 신성시되고 상식으로 받아들여진 언어의 일부가 된 죽은 이론으로 가득 차 있다. 두 번째 대답이 될 수 있는 것은 문학을 보는 새로운 방법들이 우리의 읽기에 무익한 영향을 미치기는커녕, 텍스트에 대한 우리의 참여를 보다 활발하게 해줄 수 있다는 것이다. 즉, 만약 문학에 〈대한〉 우리의 읽기가 모험적이고 탐구적인 것이 되려면, 문학에 〈관한〉 우리의 사고도 역시 모험적이어야 한다는 것이다.

문학을 이론화하는 것의 효과를 설명하는 한 가지 간단한 방법은 상이한 이론들이 어떻게 서로 다른 관점으로부터 문학에 대한 상이한 문제들을 제기하는가를 살펴보는 것이다. 로만 야콥슨에 의해서 고안된 언어 소통에 대한 다음 도표는 몇몇 가능한 출발점들을 분류하는 데 도움을 준다.

발신인	〉	문 맥 메시지 접 촉 약 호	〉	수신인

발신인은 수신인에게 메시지를 보낸다. 메시지는 약호를(보통 발신인과 수신인 모두에게 익숙한 언어) 사용한다. 그 메시지는 하나의 문맥(또는 '지시 대상')을 갖고 있고 접촉(육성의 말, 전화, 또는 글과 같은 매체)을 통하여 전달된다. 문학을 논할 경우, '접촉'은 보통 활자화된 단어(드라마 또는 공연시(performance-poetry)의 경우를 제외하고는)이고, 따라서 다음과 같이 도표를 바꿀 수 있다.

작가	〉	문 맥 글쓰기 약 호	〉	독자

만약 우리가 발신인의 관점을 취한다면, 우리는 〈작가〉와 그 작가의 '정서적인' 또는 '표현적인' 언어의 사용에 관심을 둔다. '문맥'에 초점을 둔다면, 우리는 언어의 '지시적인' 사용을 분리하고 그 작품이 생산된 시점에서 그것의 역사적인 차원을 환기한다. 수신인에 주로 관심을 둔다면, 우리는 〈독자〉의 '메시지' 수용을 연구하여 이에 다른 역사적 문맥(더 이상 텍스트 생산의 순간이 아니라 그 〈재생산〉의 순간)을 도입하게 된다. 서로 다른 문학 이론들 또한 다른 어느 기능보다도 한 기능을 강조하는 경향이 있다. 그래서 우리는 초기의 주요 몇몇 이론들을 다음과 같이 도표에 담을 수 있다.

낭만주의적 인문주의	〉	마르크스주의 형 식 주 의 구 조 주 의	〉	독자중심주의

낭만주의적-인문주의 이론들은 〈작가〉의 삶과 작품에 표현된 작가

의 정신을 강조한다. '독자' 이론들(현상학적 비평)은 〈독자〉의 경험, 즉 '정서적인' 경험 자체에 중점을 둔다. 형식주의 이론들은 〈글쓰기〉 자체의 본질에 집중한다. 마르크스주의 비평은 사회적이고 역사적인 〈문맥〉을 근본적인 것으로 간주한다. 그리고 구조주의 시학은 우리가 의미를 구성하기 위해서 사용하는 〈약호〉에 관심을 둔다. 물론 이러한 접근 방법들 중 그 어떤 것도 그 이론의 전성기에 있어서 문학적 의사소통의 다른 차원들을 전적으로 무시하지는 않는다. 예컨대, 서구 마르크스주의 비평은 언어를 엄격하게 지시하는 관점으로만 보지 않으며, 전반적으로 작가와 청중 그리고 텍스트는 모두 사회학적인 관점 내에 포함되어 있다. 그러나 우리가 앞에서 기술한 것에서 페미니즘, 포스트구조주의, 포스트모더니즘, 포스트식민주의, 게이, 레즈비언 또는 퀴어(queer) 이론과 같은 더 최근 이론 분야들의 예는 없다는 사실에 주목할 필요가 있다. 이는 이 모든 이론들이, 상이한 방식으로, 원래의 도표에 있는 용어들의 관계를 방해하고 교란시키기 때문이며, 그리고 라만 셀던이 이 책을 처음 쓰기 시작한 시기와 지금 그 개정판이 나온 시기 사이의 20년이라는 짧은 세월이 만든 엄청난 격세지감을 설명해주는 것이 바로 이러한 운동들임을 말해준다.

비평 이론과 실제의 양상은 1985년 이후 기하학적인 진보로 다양해졌다. 『현대 문학 이론』의 개정판의 형태와 구성은 이를 설명하고자 하는 시도이자 그것에 대한 증언인 것이다. 본서는 이러한 변화를 확연하게 반영할 만큼 구성되어 있지는 않지만, 두 부분으로 명확히 구분될 수 있다. 이전의 전체 개정판들을 구성하는 이론들은 본서의 1~6장, 즉 전반부에 축소되거나 압축되어 담겨져 있다. 이 부분은 이제 확실히 '현대 문학 이론' 〈역사〉의 일부분이지만, 분명하게 말해 '현대 문학 이론' 자체라고는 말할 수 없다. 이 이론들이 이제는 장황하고 쓸모나 관련이 없어졌다는 것은 아니다. 그것들의 전제, 방법론, 개념은 여전히 계시적이며, 문학의 이론화에 있어서 아직도 더욱 혁신적인 출발점의 근원이 되기도 한다. 그러나 이 이론들이 이 분야의 새로운 주도자들을 위한 보조 주자들의 역할을 해왔고, 명백한 예외들(가령, 마르크스주의 이론들)을 제외하고는, 최근의 경주에서는 뒤처져 왔으며 그리고 떨어져 나가게 되었다는 것이다. 이러한 맥락에서 페미니즘 이론들에 관한 장을 어떻게 처리해야 할지 결정하기가 어려웠다. 이전의 개정판에서는 이러한 활동이 어떤 지점에 있는가를 알려주면서, 페미니즘 이론의 결론을 내렸다. 그러나 연대기적으로 종종 1960년대와 70년대의 다른 이론들과 나란히 전개됨에도 페미니즘 이론 장의 순서는 '그리고 나서 그런 게 페미니즘이다'라는 식의 형식적인 추가에 그친 것처럼 보이게 만들었다. 그러므로 제4판에서, 필자들은 대체적으로 '백인'인 영미인과 프랑스인의 관점을 가진 그 시간의 틀을 구성하는 장을 더욱 적절한 위치인 본서의 '역사적인' 전반부의 마지막으로 돌려놓았으며, 더욱 새로운 페미니즘들에 대한 설명은, 특히 그 이론들의 중추가 되는 비유럽중심적인 에너지를 고려하여, 더 최근의 '당대의' 장들 전체에 걸쳐 분산시켜 놓았다. 포스트구조주의에 관한 긴 장은 이제 오히려 정신분석 이론들과 신역사주의, 문화유물론에 대한 최근의 논의를 더 많이 포함하고 있다. 이전에 포스트모더니즘과 포스트식민주의에 관해 다루었던 장은 최근에야 이 분야에 두각을 나타내기 시작한 이론가들과 젠더(gender), 섹슈얼리티(sexuality), 인종(race), 그리고 종족성(ethnicity)에 관한 작업의 영향을 소개하는 새로운 항목들과 함께 제4판에서는 두 개의 장으로 분리되었다. 또한 제4판은 게이, 레즈비언 및 퀴어 이론들에 관한 완전히 새로운 장을 추가하였고, 그 범위를 가장 역동적인 최근의 활동 영역까지 넓혀 다루었다. 비록 필요한 부분에서는 수정되고 개선되긴 했지만, 앞에 언급한 대부분의 내용은 본서에 그대로 유지되었다. 그러나 본서에 추가된 가장 중요한 부분은 '포스트-이론'에 관한 결론 부분의 장으로, 이 장은 '포스트-이론'이라는 기치 아래 일어나고 있는 미학 및 정치학에 관한 다양한 경향과 논쟁을 면밀히 검토한다. 마지막으로, '참고문헌'의 항목들은 보다 접근하기 쉬운 최신의 것들로 개편되었다. 이 부분에서 한 가지 주목할 만한 변화는 현대 문학 이론의 근간이 되는 많은 텍스트들의 초판 출간일을 (꺾쇠괄호 속에) 포함한 점인데, 이는 그 뒤에 영향력을 행사한 현대판보다 이 텍스트들이 얼마나 일찍 나왔는지를 나타내기 위해서이다. 마찬가지로, 중요한 유럽 텍스트들이 영어로 번역된 시기도 같은 이유로 포함되었다.

1985년에서 2005년까지 '현대 문학 이론'의 분야에 도대체 무슨 일이 벌어졌으며, 『현대 문학 이론』의 급진적인 개정을 설명해주는 상황은 무엇인가? 먼저, '이론,' 더구나 '문학 이론'은 규정할 수 있는 일련의 단계들 또는 '운동들' ― 전달, 비판, 발전, 재공식화 등 ― 을 통해 진화하면서, 이제 더 이상 하나의 점진적으로 드러나는 형태의 작업으로 편리하게 간주될 수 없다. 물론 결코 사실은 아니었지만 1970년대 후반과 1980년대 초반에 '이론의 시기'가 도래한 것처럼 보였으며, 거기에 열광적으로 가담하는 사람들에게조차도 불안한 하나의 새로운 학문적 주제, 하나의 새로운 학풍 ― 급진적이고 전복적인, 그러나 그 추상적 개념에 있어서 잠재적으로 배타적인 ― 이 출현하고 있었던 것처럼 보였다. 저서들이 대량으로 출판되었고, 학회도 번성했고, 학부와 대학원 수준의 '이론' 강좌들이 양산되었으며, '실천'과 '경험적인 것'의 설명할 수 없는 어떤 개념들도 대단하게 문제시되었다. 그런 '이론의 시기'는 이제 더 이상 위세를 떨치지 못하는데, 이 시기가 역설적으로 신우파의 집권과 일치했기 때문인지, 아니면 포스트모던 세계에서 이 시기가 정의상 다소 일원적인 상태로 남아 있을 수 없었기 때문인지, 아니면 이 시기 자체가 하나의 포스트모던적인 산물로서 그 자신의 분산을 위한 촉매 요인들을 포함하고 있었기 때문인지는 자신 있게 단정할 수 없다. 그러나 어떤 변화, 즉 본서의 초판이 막 기술하고 포함할 수 있다고 감지했던, 점차적으로 추상화되고 자의식에 휩싸이게 된 지식 분야의 상황과 매우 이질적인 상황을 야기시키는 변화가 발생〈했다〉. 첫째, 단수와 대문자로 표기되는 '이론'(Theory)은 종종 중첩되고 상호생성적인, 그러나 또한 생산적인 경쟁 상태에서, '이론들'(theories)로 급속하게 변모되었다. 달리 말해, '이론의 시기'는 거대하고 다양한 부류의 〈실천들〉(praxes), 또는 자신의 작업에 대하여 자의식적이며 동시에 적어도 문화적 영역에 있어서는 정치적 행동의 급진적 형태들을 대변하는 이론화된 실천들을 탄생시켰다. 특히 젠더와 섹슈얼리티에 초점을 두고 유럽중심주의와 민족중심주의를 해체하려고 하는 비평적 이론들과 실천들의 경우가 그러했다. 둘째, 앞에서 필자들이 시사한 바 있는 포스트모던적인 이론적 분열이 있었다고 한다면, 어떤 분야에서는 더 전통적인 입장과 특권으로의 방향 전환이 명백하게 있었다. 여기서 결론은 '이론은 실패했다'인데, 즉 풍자적인 포스트모던적 역설로, '이론의 종말'은 머지않았다는 것이다. 이는 보수파가 나사로(Lazarus: 예수가 죽음에서 되살린 자 — 역주)같이 죽음에서 벌떡 되살아났다는 것을 결코 의미하는 것이 아니라, 이론 제조 공장에서 다년간 수련한 신진 학자들의 견해이다. 이들은 문학 그 자체를 옹호하면서 문학 연구에서의 이론적인 담론의 우위에 도전하기를 원하며, 그리고 이들은 문학 텍스트에 관해서 이야기하는 방식을 찾으려고 하면서 문학 텍스트를 읽고 평가하는 경험에 대해서 이야기하는 방식을 찾고자 한다. 이는 아마도 소위 '신미학'(New Aesthetics)이라 불릴 수 있으며, 본 〈개론서〉의 보다 심화된 앞으로의 개정판에서 다루어야 할 새롭게 출현하고 있는 이론들 중 하나이다. 하지만 필자들은 다음 문단에서 '실천'의 문제를 현재의 이론적인 맥락에 비추어 간략하게 살펴보고자 한다.

지난 수십 년에 걸쳐 현대 이론에서 보여준 발전들의 다른 관련된 결과들은 다음과 같이 예증될 수 있다. 아마 가장 주목할 만한 것은 기존의 문학 '정전'(正典, canon) 개념에 대한 해체였는데, 이 정전이란 '문학적 가치'의 분별을 위한 기준이 되는 '위대한 작품들'의 합의된 선택이며, 이 작품들을 접하지 않고는 어떠한 문학 교육도 완성할 수 없다. 정전을 확립하는 판단 기준에 대한 이론적인 도전은, 지금까지 배제된 수많은 '주변적인' 종류의 문학 및 다른 문화적 생산에 대한 논의의 등장과 함께, 낡은 진실들의 쇠퇴는 물론 진지한 연구를 위한 새로운 제재들의 폭발을 일으켰다. 정전을 지지하는 몇몇 권위적인 옹호자들(가령, 해롤드 블룸과 조지 스타이너)이 있기는 했지만, 더욱 전반적인 경향은 문학 연구를 훨씬 넓고 정전화되지 않은 범위의 문화적 생산이 분석되는 '문화 연구'(Cultural Studies)의 형태로 나아가게 하는 것이었다. 이러한 경향은 피드백의 한 형식에 상당한다고 말하는 것이 더 정확할 것이다. 왜냐하면 실제로, '문학'과 문학 비평이라는 당연시된 개념을 최초로 전복하도록 도움을 준 사람들이 바로 진정한 의미에서의 문화 연구의 초기 창시자였기 때문이다. 하지만 '현대 문학 이론'의 맥락에서, 최근의 더욱 두드러진 변화는 '문화 이론'이 모든 연구 분야를 포괄하는 용어로 발전한 것이다. 『현대 문학 이론』의 후반부 장들에서 개괄되는 대부분의 중요한 작업은, 특히 포스트모더니즘, 포스트식민주의, 게이, 레즈비언 및 퀴어 이론들에 있어서, 항상 〈문학적인 것 이상〉을 향하고 있음에 주목하는 것이 중요하다. 그러한 이론들은 담론의 세계적인 재해석과 재전개의 모든 형태의 담론을 급진적인 문화정치학의 일부로 진전시키는데, 그 가운데 '문학적인 것'은 단지 다소 중요한 재현의 한 형태일 뿐이다. 본 개정판은 이를 인식하고 있지만, 그러나 광범위하고 끊임없이 변화하는 문화사의 과정 속에서 문학적인 초점을 유지하려고 한다.

그러나 이 분야의 복잡성과 다양성에도 불구하고, 필자들이 설명한 것처럼 지난 30년의 이론적인 논란이 던져준 수많은 근본적인 교훈들, 즉 급진주의자들뿐만 아니라 더욱 관습적이거나 전통적으로 인문주의적 입장들과 접근들을 옹호하려는 사람들도 배운 교훈들이 있다. 그 교훈들이란, 〈모든〉 문학적 비평 행위는 〈항상〉 이론적 토대 위에서 있다는 것, 어떤 이론이건 간에 이론은 이데올로기적인 — 비록 표면적으로는 정치적이지 않더라도 — 입장을 대변한다는 것, 당연시되고 검토되지 않은 전제들을 다루는 것보다는 명확하게 이론화된 실천을 취하는 것이 비록 더 정직하지는 않더라도 더 효율적이라는 것,

그러한 실천은 표면상 철학적으로 절대적이라기보다는 전술적이며 전략적일 수 있다는 것, '이론'은 이제 더 이상 단일하고 경외롭지 (비록 여전히 '어렵지만') 않다는 것, 이론은 그 자체를 위하여 추상적으로 연구되기보다는 〈사용되는 것〉이고 비판받아야 하는 것 등이다.

그렇다면, 이 시점이야말로 바로 우리가 '이론이 실패했다'는 그리고 '포스트-이론'의 시대가 도래했다는 (이 부분은 결론에서 좀 더 실질적으로 다시 다루겠다) 개념에 관해 잠시 숙고해볼 때이다. '이론의 실패'가 뜻하는 바는 무엇인가? 문학 연구에서, 중요한 쟁점은 이론과 비평의 관계인 것처럼 보인다. 그러나 이런 맥락에서 도대체 비평이란 무엇인가? 이론을 '실천'과 구분하는 것은 무엇이며, 어떻게 이론이 '경험적인' 텍스트 분석에 영향을 주는가? 그 대답들은 이론의 실패라는 개념을 관통하는 많은 오류들 속에 존재한다. 첫째는 이론이 이론과 실천 사이의 변증법적 관계를 인식하고 그 속에서 서로를 시험하고 변화시키기보다는 개념적, 창의적, 비평적 담론의 위계질서에 특권적인 역할을 행한다는 것을 암시한다. 둘째는 이론이 그것이 드러내는 가정들과 이데올로기들 밖에 존재한다고 전제하는 것이다. 즉 이론 그 자체는 사회-문화적 실천이 아니라고 가정한다는 것이다(테리 이글턴은 한때 그 반대의 표현을 한 적이 있다. "모든 사회적 삶이 이론적인 것처럼, 모든 이론은 진정한 사회적 실천이다"(이글턴, 1990). 셋째, 결과적으로, 이론은 자율적이고 불가해한 이론의 막다른 골목과 접근이 용이한 언어와 문학 텍스트와의 직접적인 만남으로서의 비평적 실천의 직통 도로 사이의 허울만 그럴 듯한 갈림길에 냉혹한 선택을 설정해놓은 것처럼 보인다는 것이다. 전자는 '형이상학'(Metaphysics)이라고 부를 수 있는 것이고, 후자는 '신비평'(New Criticism)으로, 이미 우리가 다 겪어본 일이다. 물론 현실에서 갈림길이란 건 없다. 이론은 문제를 제기하는 내면의 동료로서 비평을 그림자처럼 따라다니고, 외견상 분리된 것으로 보이지만, 이 둘 사이의 대화는 계속된다. 문학/비평 이론의 기능은 문학 형식과 정체성의 가정들을 폭로하고 논쟁하며, 그 사이에 끼워진 미적, 도덕적, 사회적 가치의 기준을 드러내는 것인데, 비평 양식은 바로 이 가치에 의존하고 있으며 그 절차가 이것을 실행하고 확인한다. 그러므로 그 대화를 더욱 조장하고, 비평의 이론적 가설들을 명시화하며, 이론들을 하나하나 평가하고, 어떻게 이론적 틀이 문학 텍스트의 해석에 영향을 주는가를 묻고 하는 것은 정당성을 증명할 필요도 없는 것이다. 그러나 아마도 가장 오래 남아 있는 오류는 1960년대 이후 시기의 '급진적인' 이론이 그 급진적인 의도에 맞는 비평을 만들어내지 못했다는 판단일 것이다. 즉 텍스트의 경험적 분석에 효율적으로 전개될 수도 있었을, 이론적으로 의식이 있는, 간섭주의적이고 사회적 목적의식이 분명한 비평 대신, 완고하거나 무기력한 추상화와 자기선동적인 도그마의 작업이 되어버렸다는 것이다. 이제 우리는 학계가 주요 이론가들의 이름과 이론적 상투어를 의례적으로 내뱉는 행위, 푸코적 혹은 바흐친적인 이것저것에 대한 경직된 '읽기들', 이런저런 논문의 '이론적 기초'를 향한 형식적인 태도 취하기 — 사실상, 전통적 문학-비평 분석이라는 것으로부터 종종 심각하게 벗어난 — 에 몰두하게 되었다는 사실을 처음으로 인정하는 자들이 될 것이다. 그렇다면 현재의 맥락에서, 우리는 '포스트-이론'을 '포스트-이론주의'(post-Theoreticism) — 여기서 '-주의'는 비밀스럽고 밀폐된 학풍 고집의 약칭이다 — 로 개조하길 원할 수도 있지만, 그러나 '이론'은 새로운 비평적 실천이 형성될 수 있는 진화적 모체로 온당하게 남아 있다. 어떤 의미에서, 그 주제에 관한 에세이 모음집에 대한 서론이 시사하듯이, '포스트-이론'은 "아직 오지 않은 이론"을 신호하는 것일 뿐이다(맥컬란 외 편 1999: 결론 부분의 '참고문헌' 참조).

특정한 관심들과 목적들을 위한 상당수의 이론화된 실천들을 초래한 이론의 탈신비화는, 그 결과로서, 이론에 대하여 우리로 하여금 훨씬 더 많은 문제들을 자문하고 비판하는 것을 허용할 것이다. 예컨대, '포스트-이론'의 맥락에서, 우리는 1970년대부터 우리의 직업에 따라

다녔던 그 압도적인 질문, 즉 '어떻게 이론을 가르칠 것인가'라는 질문을 더 이상 직면할 필요가 없다는 것이 하나의 함축적인 의미인가? 이에 감사하는 학생들은 더 이상 '이론을 할' 필요가 없다는 것인가? 그 대답은 확실하게 〈아니다〉임이 분명하다. 그러나 '포스트-이론'이라는 용어에 대한 주된 불안은 그것이 그러한 '이론의 종말' 환상들을 합법화하는 것처럼 보일 수도 있다는 것이다. 명백한 사실을 다시 말해, 이론으로부터 자유로운 지역(theory-free zone)을 점유하는 것은 근본적으로 불가능하고, 학생들로 하여금 그렇지 않다고 생각하도록 허용하는 것은 지적 의무의 유기가 될 것이다. 그러나 우리가 이론 가르치기를 계속 한다면, 친숙한 질문들이 넘쳐난다. 대체로 '이론 강좌'를 친숙한 문학 장르에 관한 강좌들과는 독립적으로 가르친다는 점, 그래서 여전히 문학 학위의 중심적 구성 요소로 여겨지는 것으로부터 격리된다는 점을 가정할 때, 우리는 다음과 같은 질문을 던지길 원할 것이다. 모든 학부 문학 강좌에 문학/비평 이론의 자율적인 연구를 부여하는 것이 정말로 적절한가? 그러한 이론이 마치 그것이 하나의 독립된 철학적 장르인 것처럼 유용하게 연구될 수 있는 것인가? 역사적으로 그런 이론 강좌는 어디에서 시작할 것이며, 어디에서 시작하여도, 비판적인 입장이나 실천을 적용하기 전에 학생들이 이것에 도움을 주는 철학사를 이해할 필요성은 어느 정도인가(마르크스주의 비평 이론을 다루기 위해서는 마르크스를 알아야 하는가)? 학생들은 자신의 문학 공부 경험과는 개념적으로도 방식적으로도 동떨어진 난해하고, 당혹스러우며, 위협적이며 이론적인 에세이들을 통해 이론을 접해야 하는가? 이론이 다루고 있는 논쟁에 대한 이해력이 제한적이고, 이론이 단순히 지나가며 언급하는 이상으로 다루고 있는 문학 텍스트에 관한 지식이 부족한데, 학생들이 과연 의미심장한 세미나 토론에 참여할 수 있는가? 사실상 특정한 이론들은 특정한 종류의 텍스트나 특정한 시기에만 관련되는가(예컨대, 동일한 이론이 르네상스와 낭만주의 문학에, 시와 소설에 유용하게 적용되는가)? 어느 정도 그리고 어떤 정당화로 하나의 이론적인 입장은 그 연구 대상을 '다시 쓰는'가? 결국, 단순히 이론에 관해 강의하는 것에 어떤 의미 있는 용도가 있는가? 사실상 이 모든 질문들은 다음과 같은 절실한 중심적 질문들을 반영한다. 어떻게 하면 이론에 수동적으로 관여하는 단계를, 아니면 역으로 학생들이 그들에게 가장 매력적인 이론들(즉, 그들이 가장 이해하기 쉬운 이론들)을 찾아 돌아다니는 산만한 다원주의를 넘어설 수 있을까, 그리고 결정적으로 비평적 실천과 이론의 관계는 무엇인가?

이러한 질문들은 2000년대 초반 문화 연구의 일반적인 분야에서 실용적이고 전략적인 정치학의 핵심에 존재하고 있으며, 그리고 학생들이 이론을 여전히 무미건조한 학풍 고집의 또 다른 예로 보고 있는 것은 아닌지에 대한 대답을 긴급하게 요구하고 있다(결론 장에서 개관되는 '포스트-이론' 텍스트들이 그런 몇몇 대답들을 다소 설득력 있게 제시한다). 학생들은 그들이 접하는 이론들에 대한 지식과 연관에 근거한 〈선택들〉을 할 수 있어야 하며, 이론들에 대한 비평적인 입장을 취할 수 있어야 하고, 그 결과로 얻은 통찰력을 자신의 비평적 실천에 효율적으로 사용할 수 있어야 한다. 미코 레토넨이 2001년 주장했듯이, 아마도 ' "비이론적" 비평 대 "이론적" 이론 같은 것'은 있을 수 없기 때문에, '문학을 가르치는 것은 항상 이미 이론을 가르치는 것'이기 때문에, 그리고 학생들은 '항상 이미 이론의 내부에 있기' 때문에, '〈이론화〉로서 이론을 가장 잘 가르칠 수 있다.' 그 어떤 의미에서도 이론적인 작업 자체를 수용하는 것의 중요성을 부인하거나 단순화한 경험주의를 또 다시 조장하려는 의도는 전혀 없이, 본『현대 문학 이론』의 개정판은 학생들로 하여금 현재 이용할 수 있는 과다한 이론적인 입장들에 대하여 접근하도록 만들어, 이론화되는 과정을 촉진시키고자 한다. 이론을 이해하고 유통시키는 입장에 있다는 것 ― 〈자기 자신의 실천〉을 이론화할 수 있다는 것 ― 은 바로 현대의 문화 정치학에서 자치권을 얻는 일과 같다는 것이 본서의 이면에 있는 근본적인 신념이다.

▌참고문헌

문학 이론 선집

Brooker, Peter and Widdowson, Peter (eds), *A Practical Reader in Contemporary Literary Theory* (Prentice Hall/Harvester Wheatsheaf, Hemel Hempstead, 1996).

Davis, Robert Con and Schleifer, Ronald (eds), *Contemporary Literary Criticism: Literary and Cultural Studies: 1900 to the Present* (4th edn, Longman, London and New York, 1998).

Lodge, David (ed.), *Twentieth-Century Literary Criticism: A Reader* (Longman, London and New York, 1977).

Lodge, David and Wood, Nigel (eds), *Modern Criticism and Theory: A Reader* (2nd edn, Pearson Education, Harlow, 1999).

Newton, K. M. (ed.), *Twentieth-Century Literary Theory: A Reader* (2nd edn, Macmillan, Basingstoke, 1997).

Rice, Philip and Waugh, Patricia (eds), *Modern Literary Theory: A Reader* (4th edn, Arnold, London, 2001).

Rivkin, Julie and Ryan, Michael (eds), *Literary Theory: An Anthology* (2nd, edn, Blackwell, Oxford, 2004).

Rylance, Rick (ed.), *Debating Texts: A Reader in Twentieth-Century Literary Theory and Method* (Open University Press, Milton Keynes, 1987).

Selden, Raman (ed.), *The Theory of Criticism from Plato to the Present: A Reader* (Longman, London and New York, 1988).

Tallack, Douglas (ed.), *Critical Theory: A Reader* (Prentice Hall/ Harvester Wheatsheaf, Hemel Hempstead, 1995).

Walder, Dennis (ed.), *Literarture in the Modern World: Critical Essays and Documents* (2nd edn, Oxford University Press with the

Open University, Oxford, 2003).

보충자료 및 참고서

Barry, Peter, *Beginning Theory: An Introduction to Literary and Cultural Theory* (Manchester University Press, Manchester, 2002).

Bennett, Andrew and Royle, Nicholas, *An Introduction to Literature, Criticism and Theory* (3rd edn, Pearson Education, Harlow, 2004).

Bergonzi, Bernard, *Exploding English: Criticism, Theory, Culture* (Clarendon Press, Oxford, 1991).

Bertens, Hans, *Literary Theory: The Basics* (Routledge, London, 2001).

Bloom, Harold, *The Western Canon* (Macmillan, London, 1995).

Brooker, Peter, *A Glossary of Cultural Theory* (2nd edn, Arnold, London, 2002).

Coyle, Martin, Garside, Peter, Kelsall, Malcolm and Peck, John (eds), *Encyclopaedia of Literature and Criticism* (Routledge, London, 1990).

'Critical Theory in the Classroom' issue, *Critical Survey*, 4, 3 (1992).

Eaglestone, Robert, *Doing English: A Guide for Literature Students* (2nd edn, Routledge, London, 2002).

Eagleton, Terry, *Literary Theory: An Introduction* [1983] (2nd edn, Blackwell, Oxford, 1996).

Eagleton, Terry, *The Significance of Theory* (Blackwell, Oxford, 1990).

Earnshaw, Steven, *The Direction of Literary Theory* (Macmillan, Basingstoke, 1996).

Easthope, Antony, *Literary into Cultural Studies* (Routledge, London, 1991).

Green, Keith and Le Bihan, Jill, *Critical Theory and Practice: A Coursebook* (Routledge, London, 1995).

Hawthorn, Jeremy (ed.), *A Glossary of Contemporary Literary Theory* (3rd edn, Arnold, London, 1998. *A Concise Glossary of Contemporary Literary Theory* is also available in paperback).

Knellwolf, Christa and Norris, Christopher (des), *The Cambridge History of Literary Criticism*, vol. IX, *Twentieth-Century Historical, Philosophical and Psychological Perspectives* (Cambridge University Press, Cambridge, 2001).

Lehtonen, Mikko, 'Seven Theses on Theory', *The European English Messenger* (Spring, 2001).

Milne, Drew (ed.), *Modern Critical Thought: An Anthology of Theorists Writing on Theorists* (Blackwell, Oxford, 2003).

Murray, Chris (ed.), *Encyclopedia of Literary Critics and Criticism*, 2 vols (Routledge, London, 1999).

Newton, K. M. (ed.), *Theory into Practice: A Reader in Modern Criticism* (Macmillan, Basingstoke, 1992).

Payne, Michael (ed.), *A Dictionary of Cultural and Critical Theory* (Blackwell, Oxford, 1996).

Selden, Raman, *Practising Theory and Reading Literature: An Introduction* (Harvester Wheatsheaf, Hemel Hempstead, 1989).

Showalter, Elaine, *Teaching Literature* (Blackwell, Oxford, 2002).

Sim, Stuart (ed.), *The A-Z Guide to Modern Literary and Cultural Theorists* (Prentice Hall/Harvester Wheatsheaf, Hemel Hempstead, 1995).

Simons, Jon (ed.), *Contemporary Critical Theorists: From Lacan to Said* (Edinburgh University Press, Edinburgh, 2004).

Wolfreys, Julian (ed.), *Literary Theories: A Reader and Guide* (Edinburgh University Press, Edinburgh, 1999).

Wolfreys, Julian, Womak, Kenneth and Roberts, Ruth (eds), *The*

Edinburgh Encyclopaedia of Modern Criticism and Theory (Edinburgh University Press, Edinburgh, 2002).

1 신비평, 도덕적 형식주의 및 F. R. 리비스

기원: 엘리엇, 리차즈, 엠프슨

20세기 중반(대략 1920년대에서 1970년대까지)에 비평의 주도적인 영미 전통의 기원들은 물론 복합적이고 때로는 명백히 모순적이며, 그것들의 이론적, 비평적 입장이나 활용 역시 그러하다. 그러나 범박하게 말할 수 있는 것은 그 기원들에 영국의 19세기 시인이자 문학, 문화 비평가인 매슈 아놀드의 영향이 강하게 감지된다는 점이다. 특히 현대 사회에서 철학과 종교가 '시에 의해 대체될' 것이며, '교양'(Culture) — '이 세계에서 알려지고 생각된 가장 최상의 것'을 재현하는 — 이 F. R. 리비스가 후일 도시 산업화 사회의 '기술주의적-벤담식' 문명이라고 일컫는 것을 의미하는 파괴적인 '무질서'(Anarchy, 아놀드의 용어)에 대항할 인문주의적 방어를 개시할 수 있을 것이라고 주장했던 그 아놀드의 영향이 감지된다. 그러한 새로운 비평 운동들로 아놀드를 이끈 20세기의 주요 중재자이자, 그 자신 그 비평 운동들 — 영국 또는 미국의 — 의 배후에 유일하게 가장 영향력 있는 공통적인 인물은 바로 미국(나중에 영국으로 귀화한) 시인이자 극작가 및 비평가인 T. S. 엘리엇이었다(아래 참조).

지나치게 간소화하여, 앞서 언급한 두 기원에서 유래한 영미 전통의 모든 다양한 변형들의 중심적인 것은 문학 작품 그 자체에 대한 심오한, 거의 경건에 찬 존중이라고 말할 수 있다. 이러한 존중은 '텍스트 그 자체,' 정말 '페이지 위에 쓰인 글자들,' 20세기의 문화적 야만주의에 대항하도록 배치된 인간적 가치의 도상으로서의 문학작품에 대한 집착적인 관심으로 나타나고 있다. 또는 텍스트에 대한 '객관적,' '과학적,' '사심 없는'(아놀드의 용어) 비평으로도 나타나고 있다. 그러나 내심으로 그것은 문학(Literature)의 작품들에 대한 심미적-인문주의적 이상화와 같은 것에 해당한다. 우리는 '문학'(Literature)을 대문자로 쓰는데 그 이유는 이러한 비평 전통의 가장 강력한 영향들 중 하나 — 그리고 훗날 가장 결정적으로 해체된 — 가 면밀하고 '사심 없는' 텍스트 분석법('분별'에 이르는 '검토', 둘 다 리비스의 주요 용어)에 의해 어떤 작품을 다른 작품들보다 우위에 두는 것이기 때문이다. 달리 말해, 오직 어떤 문학적 글만이 '문학'(생각되고 〈씌어진〉 최상의 것)이고 '전통'(엘리엇의 주요 용어이자 『위대한 전통』(*The Great Tradition*)에서 리비스의 중심 용어), 또는 요즈음 흔히 쓰는 용어인 〈정전〉의 일부가 될 수 있다는 것이다. 본질적으로 정전은 배타적이고 위계적이다. 그리고 만약 정전이 그 자체를 정확하게 〈자연스러운〉 것, 즉 자명하고, 논란의 여지가 없이 〈주어진〉, 〈거기에〉로 당연화시키는 그것 특유의 경향이 없더라면, 그리고 취향, 선호, 편애 등에 의한 비평적인 〈분별〉에 의해 창조되지 않은 것이라면, 그것은 분명히 인간적인 동인(비평가)에 의한 선택과 분별에 의해 인공적으로 구축되었다는 것이 분명하게 드러나 보일 것이다. 이 점이 정전이 가진 커다란 위험이며, 그리고 물론 정전은 광범위한 문학적 글들을 진지한 연구의 대상에서 제외시키고 그 지위를 박탈한다. 이것이 바로 '비평으로부터 숨겨진' 모든 글 — 예컨대 '고딕' 소설과 '대중' 소설, 노동자와 여성의 글 — 이 선제 평가에서 벗어나 비교적 자유로운 상황 속에서 다시 논의 대상이 될 수 있기 위해, 1960년대 이후의 비평적 혁명기에 정전이 탈신비화되고 해체되어야만 했던 이유이다.

T. S. 엘리엇은 지금까지 개략적으로 서술된 많은 경향들의 중심이 되었고, 그의 초기 에세이, 「전통과 개인의 재능」("Tradition and the Individual Talent" 1919)은 단일한 글로는 아마도 영미 비평에 있어서 가장 영향력 있는 글이다. 이 글에서, 엘리엇은 특히 두 가지 작업을 하고 있는데, 작가는 '역사적 감각' — 즉, 자신이 스스로를 위치시켜야 할 글쓰기 전통에 대한 의식 — 을 가져야 한다는 점과 이러한 과정이 예술가가 자신의 예술이 '과학의 상태'에 접근하기 위해 가져야 할 '몰개성'을 획득하기 위해 필수적인 예술가의 '탈개성화'를 강화시킨다는 점을 강조하고 있다. 그는 "시란 감정의 분출이 아니라 감정으로부터의 도피이며, 개성의 표현이 아니라 개성으로부터의 도피"라는 유명한 말을 했다. 시인(우리는 엘리엇이 시를 주도적인 장르로 특권을 주었음을 주지해야 하는데, 왜냐하면 이 점이 많은 신비평 이론들의 주요 초점이기 때문이며, 또한 특정 이론이 특정 종류의 글에 가장 밀접하게 연관될 수 있다는 것의 예가 되기 때문이다. 본서의 서론, 14~15쪽 참조)은 경험의 몰개성적인 '촉매'가 되며, 시인의 '의식' 또는 '개성'의 '매체'가 아니라 결국 '매체' 그 자체이자 우리의 유일한 관심사라고 할 시를 구성하는 그 무엇의 '매체'가 된다. 다른 에세이 「햄릿」("Hamlet", 1919)에서 엘리엇은 또 하나의 유명한 문구로, 예술작품을 그것을 잉태한 경험에 대한 '객관적 상관물'(objective correlative), 즉 자율적인 관심대상이라고 할 몰개성적인 재창조물로 설명한다. (이는 에즈라 파운드의 시학인 이미지즘과, 엘리엇 자신의 시작(詩作)에 중심이 되는 '이미지' 개념과 밀접하게 연관되어 있다.) 신비평의 다양한 발전들의 맥락 가운데 이 모든 것에서 출현한 것은 엘리엇의 사고(일종의 신 '고전주의')의 (외견상) 반낭만주의적인 공격과, '과학,' '객관성,' '몰개성,' 그리고 분석의 중심

대상으로서의 '매체'에 대한 강조와, 작품의 구성 '매체' 속에 인간적 경험의 '진수'를 가장 성공적으로 담을 수 있는 문학적 '전통'이라는 개념이다.

엘리엇이 이러한 생각들을 발전시키고 있던 제1차 세계 대전 직후 무렵에, '영문학'이 인문과학 고등교육 교과과정의 중심 과목 중 하나(혹자는 〈그〉(the)를 붙인다)로 부상하고 있었고(특히 케임브리지 대학에서), 이와 더불어 그 때까지 '영문학'을 지배해 온 옛 '순문학'(bellettrist) 비평 전통을 벗어나려는 단호한 의지를 가진 학계의 새로운 젊은 세대가 부상하고 있었다. 어떤 의미에서, 그들은 학계 내부로부터 활동하는 '전문적' 비평의 최초의 지지자로 간주될 수 있으며, 바로 그들에게 엘리엇의 비평적 원칙이 가장 강력한 호소력을 발휘할 수 있었다. 현재 상황에서 그리고 동시에 옛 전통에 대한 후일 당대 비평 이론의 공격과 〈그 공격의〉 〈포스트〉모더니즘과의 일치를 이루는 후일의 관점에서, 이 신비평은 작품들 속에서 확증되는 전제들을 찾아내고 그 작품들을 분석의 모델 텍스트로 사용함으로써, 문학의 모더니즘과 철저한 공생 관계를 가지고 있었다는 사실은 주지할 만한 것이다. 심하게 간단히 말해, 아마도 이 새로운 비평 운동은 '모더니스트' 비평〈이었다〉.

I. A. 리차즈, 윌리엄 엠프슨, 그리고 약간 뒤에, F. R. 리비스(아래 참조)는 케임브리지에서 새로운 영문학의 주요 지지자들이었다. 리차즈의 배경은 철학(미학, 심리학 그리고 의미론)이었는데, 그는 1924년에 널리 영향력을 미쳤던 저서 『문학 비평의 원리』(*Principles of Literary Criticism*)를 출판했다. 이 책에서 그는 문학 연구를 위한 명쾌한 이론적 기초를 세우는 혁신적인 시도를 했다. 그는 비평이 과학의 정확성과 겨루어야 한다고 주장하면서, 시의 '감정적' 언어를 비문학적 담론의 '지시적' 언어와 구별하여, 문학 언어의 특수한 속성을 명확히 표현하고자 했다(뒤이어 그의 저서 『과학과 시』(*Science and Poetry*)가 1926년에 출판되었다). 훨씬 더 영향력 있는 그의 저서는

— 그 제목과 그것이 표명하고 있는 실천의 관점에서 분명히 — 『실제 비평』(*Practical Criticism*, 1929)인데, 이 책에서 리차즈는 작가를 밝히지 않은 몇 편의 짧은 시들에 대한 그의 학생들의 분석 사례들을 통해 그들의 독서 기술이 얼마나 허술한가를 보여 주었고, 시의 정독을 위한 기본 교리들을 확립하고자 했다. 실제 비평은 영미 양국에 있어서 고등교육 (그리고 중등교육) 영문학 교과과정의 중심이 되는 필수적인 비평과 교수법의 도구가 되었다. 그리고 그것은 급속도로 해롭게 비이론화 되어서, 바로 〈그〉 근본적인 비평 실천으로 당연시 되었다. 그러나 실제 비평의 미덕 — 지난 30년간 탈신비화하는 이론적 주도 가운데 오명으로 유감스럽게 여겨져 왔지만 — 은 텍스트의 지적, 역사적인 면을 추출하고, 텍스트의 주의깊은 정독을, 즉 교실에서 일종의 문학 연구의 민주화를 장려했다는 점이다. 즉 교실에서 거의 누구나 다 '눈먼' 텍스트를 앞에 두고 같은 입장에 놓여 있었다는 것이다. 이것은 우리가 미국 신비평의 상황 속에서 다시 강조할 점이다. 사실 리차즈는 1929년 케임브리지를 떠난 후에 하버드 대학에 정착하였으며, 특히 『실제 비평』을 통하여, 비슷한 방향으로 나아가고 있었던 미국 비평이 본토 내에서 발전하도록 보강하는데 상당한 영향력을 발휘하였다.

윌리엄 엠프슨은 학부 때 수학에서 영어로 전공을 바꾼 리차즈의 학생이었는데, 그는 우리의 현 맥락에서, 그의 첫 저서이며 조숙하다고 정평이 나 있고 또한 엄청나게 짧은 기간에 나온 (그가 리차즈의 학생이었을 때 쓴) 『일곱 가지 유형의 모호성』(*Seven Types of Ambiguity*, 1930)으로 인하여, 가장 중요한 인물이 된다. 앰프슨을 순수하게 신비평가로 규정하는 것은 정확하지 않을 수 있겠지만 (그의 후기 저작과 경력은 끊임없이 그를 쉽사리 분류하고 자리매김하는 것을 거부했다) 그의 첫 저서는 시적 언어의 규정적인 특성으로서의 '애매성'의 강조, 면밀하면서도 창조적인 '실제 비평' 수행에 대한 대가(大家)다운 재주, 그리고 문학 텍스트의 모호성 '읽기'과정에서 텍스트들의 주변상황으로부터 텍스트 분리하기 등을 보여줌으로써 특히 신비평에 영향력을 행사했다.

미국 신비평가들

1920년대에 등장하여 특히 1940년대와 1950년대에 우세하게 된 미국의 신비평은 양대전 사이의 영국 고등교육에 있어서 '영문학'이라는 떠오르는 학문의 새로운 전문적 비평 확립과 그 궤를 같이한다. 항상 그러하듯이, 거의 주도권을 획득한 전성기에 이른 신비평의 근원과 발생에 대한 설명은 복잡하고 결국은 불확실할 수밖에 없지만, 몇몇 개략적인 제안은 할 수 있다. 첫째, 상당히 많은 주요 인물들이 '북부'에 의해서 주도되는 미국의 실용산업주의와 물질주의에 대해 적대적이고, 전통적이며, 보수적인 남부의 중심 운동인 남부 농경주의자들 또는 '도피주의자들'이라고 불리는 집단의 일부였다는 점이다. 이 점을 부연 설명하지 않아도 아놀드와 엘리엇 그리고 근대적 '비유기체적' 문명에 반대하는 후일의 리비스와의 밀접한 관계를 여기서 간파할 수 있다. 둘째, 신비평 영향의 전성기는 제2차 세계 대전 동안과 그 이후의 냉전기였다는 것이며, 신비평의 문학 텍스트들의 특권화(텍스트들의 '질서,' '조화'와 역사적이고 이데올로기적인 결정 요인들에 대한 '초월')와 그 텍스트들을 위대한 예술 작품들로 만드는 것의 '몰개성적인' 분석의 특권화(텍스트들의 본유적인 가치는 물질적 역사에 대한 텍스트들의 우위성에 놓여 있다는 것이다. 키이츠의 「그리스 항아리에 부치는 노래」("Ode on a Grecian Urn")에 대한 클리언스 브룩스의 분석, 아래 참조)는 고립된 지식인들 및 사실 모든 세대의 정숙주의적(quietistic) 학생들을 위한 하나의 피난처를 대변한다고 볼 수 있다. 셋째, 이 시기 미국 학생 인구의 엄청난 팽창으로, 미국적 '도가니'의 제2세대를 가르쳐야 하는 교수법으로 '실제 비평'을 기초로 한 신비평은 경제적인 (짧은 텍스트들은 누구에게나 평등하게 배부될 수 있으므로) 동시에 또한 서로 공통된 '역사'가 없는 개인들로 이루어진 대중을 다룰 수 있는 방법이기도 했다. 달리 말해, 신비평의 비역사적, '중립적인' 속성 — '페이지 위에 있는 글자들'만의 연구 — 은 새로운 미국적 경험에 합당한, 명백하게 평등화하는 일종의 민주주의적 행위였다.

그러나 그 유래에 대한 사회문화적 설명이 무엇이든지 간에 신비평은 그 전제와 실제에 있어서 분명한 특징을 가진다. 바로 — 역사적, 전기적, 지적 등의 — 〈문맥〉을 다루지 않는다는 것이다. 또한 신비평은 '의도'나 '영향'의 '오류'에는 관심이 없다. 신비평은 오로지 언어와 조직을 가진 '그 자체로서의 텍스트' 만을 다룬다. 신비평은 텍스트의 '의미'를 찾지 않고, 텍스트가 '텍스트 자체를 말하는' 방법을 다룬다(그 자체로 신비평의 개요서라고 할 수 있는 시로 "시는 의미해서는 안 되고/존재해야만 한다"로 시작하는 아치볼드 맥레쉬의 시, 「시학」("Ars Poetica" 참조)). 신비평은 텍스트의 부분들이 어떻게 연관되어 있는가, 그 텍스트가 어떻게 '질서'와 '조화'를 얻는가, 그 텍스트가 어떻게 '아이러니,' '패러독스,' '긴장,' '양가성,' 그리고 '모호성'을 포함하고 해결하는가를 추적하는 데 관심이 있다. 그리고 신비평은 근본적으로 시 자체(그리고 그것은 대개 시 한편이다 — 그러나 아래의 마크 쇼러와 웨인 부스를 참조할 것)의 바로 그 '시다움'(poemness) — 형식적인 정수 — 을 설명하는 것을 다룬다.

신비평의 정체성 확립에 기초를 이루는 초기의 한 에세이는 존 크로우 랜섬의 「비평 회사」("Criticism, Inc.", 1937)이다. (엘리엇, 리차즈와 다른 비평가들을 다룬 그의 『신비평』(*The New Criticism*, 1941)이라는 저서의 제목이 이 운동에 이름을 붙여 주었다.) '도피주의자' 중 한 사람이며 『케년 리뷰』(*Kenyon Review*, 1939-59)의 편집자인 랜섬은 이 저서에서 기본 원칙들을 다음과 같이 주장했다. '비평 회사'는 전문가들 — 특히 대학의 문학 교수들 — 의 '사업'이다. 비평은 '보다 과학적이거나, 정확하고 체계적'으로 되어야 한다. 학생은 '단순히 문학에 대해서가 아니라, 문학을 연구'해야 한다. 엘리엇이 낭만주의 문학을 "객관성에 있어서, 또는 '심미적 거리'에 있어서 불완전한 것"으로 본 것은 옳았다. 비평은 윤리적, 언어학적 또는 역사적 연구가 아니며, 이러한 연구는 단지 '부수적인 것'이다. 비평가는 하나의 시를 요약하여 '산문적 핵심'을 드러내 보이는 것이 아니라 그 대상을 시적이고 완전한 것으로 유지하게 하는 '본질적 차이, 잉여 혹은 조직'을 드러내 보일 수 있어야 한다. "좋은 비평가는 시의 특성이 그 시가 잉여적인 속성을 드러내는 방식에 있다고 생각한다."

이러한 원칙들의 대부분이 클리언스 브룩스의 저서에 실제 적용되고 있는데, 브룩스 역시 '도피주의자'이며, 대학교수로 『서던 리뷰』(*Southern Review*, 1935-42)의 편집자(로버트 펜 워렌과 함께)였으며, 신비평의 가장 숙련되고 모범적인 종사자 중 한 사람이었다. 그가 워렌과 공저한 교재 선집 『시의 이해』(*Understanding Poetry*, 1938)와 『소설의 이해』(*Understanding Fiction*, 1943)는 여러 세대에 걸쳐 미국 대학 문학도에게 신비평의 원리를 전파한 것으로 흔히 간주되지만, 그의 특징을 가장 잘 보여주는 정독에 관한 저서는 의미심장한 제목을 붙인 『잘 다듬어진 항아리: 시의 구조에 대한 연구』(*The Well-Wrought Urn: Studies in the Structure of Poetry*, 1947)이다. 이 책에 실린 키이츠의 송가(Ode) 제목에 나오는 항아리와 동일한 항아리에 관한 에세이인 「키이츠의 숲의 정령 역사가: 주석 없는 역사」("Keats's Sylvan Historian: History Without Footnotes", 1942)는 필자들의 견해로는, 명시적으로든 암시적으로든, 신비평의 실천 중 찾을 수 있는 최상의 적절한 예라고 하겠다. 브룩스는 멕레쉬의 「시학」 첫 머리를 인용하여(위 참조), 엘리엇과 그의 '객관적 상관물'이란 개념을 언급하고, 전기와의 연관성을 거부하며, 도처에서 '극적인 타당성,' '아이러니,' '패러독스' 그리고 '유기적 문맥'이라는 용어들을 (반복적으로) 되풀이 한다. 또한 그 시의 마지막에 나오는 교훈적인 격언을 시 전체를 극적으로 만드는 유기체적 요소로 남겨두는 화려한 읽기 기교를 보여준다. '전쟁과 평화,' '시간의 지배를 받는 우리의 정신,' '일어난 일들을 무의미하게 쌓아놓기,' '이 세계에서 보편적으로 볼 수 있는 과학적·철학적 일반화'라는 '실제' 역사의 상위에 있는 그 시의 '역사'를 한결같이 찬양한다. 그 시의 '본질적 진리에의 통찰'을 노골적으로 칭찬하고, 그 시가 바로 키이츠의 항아리처럼 '천상을 향한 살아 숨 쉬는 모든 인간의 열정'이라는 이유로 그 시의 가치를 우리에게 (전시(戰時)라는 악몽의 한가운데에 있는 1942년에) 증명한다. 따라서 "모든 인간의 열정은 인간을 싫증나게 〈한다〉는 아이러니한 사실, 그리고 이 사실에서 〈예술의 우위성〉이 유래한다는 것"을 역설한다(강조는 필자들의 것임).

정의에 따르면 신비평은 하나의 실천(praxis)이므로 그 '이론'의 상당부분은 이론적인 글쓰기에서가 아니라(자신의 입장을 역시 이론화하거나 '철학적인' 부연에 개입하기를 거부하는 리비스를 참조), 좀 더 구체적으로 실제적인 에세이들 (위의 브룩스의 경우처럼) 속에서 드러난다. 그러나 지나치게 이론적이면서도 근대 비평담론에 더욱 전반적인 영향력을 행사했던 텍스트가 된 신비평 에세이 두 편이 있다. 그것들은 「의도의 오류」("The Intentional Fallacy", 1946)와 「영향의 오류」("The Affective Fallacy", 1949)로, W. K. 윔세트 — 예일대학의 영문학 교수이며 『언어적 도상: 시의 의미연구』(*The Verbal Icon: Studies in the Meaning of Poetry*, 1954)라는 징후적인 제목이 붙은 책의 저자 — 가 미학전공 철학자인 몬로 C. 비어즐리와 공동으로 쓴 글들이다. 이 두 에세이는 엘리엇과 리차즈의 영향을 받은 것으로, '페이지 위에 있는 단어들'과 그 작품이 어떻게 '작용하고' 있는가를 순수하게 연구하기 위해서 작가의 개인적인 투입('의도')과 독자에 대한 감정적 효과('영향') 둘 다를 버릴 것을 맹세하는 '객관적' 비평을 추구하면서, 본 서론에서 설명된 '발신인'(작가)-'메시지'(텍스트)-'수신인'(독자) 관계를 다루고 있다. 첫 번째 에세이는 "작가의 계획 또는 의도가 문학, 예술 작품의 성공을 판단하는 기준으로 유효하지 않으며 바람직하지도 않다"는 것을 주장한다. 하나의 시는 "그 시에 대한 작가의 의도와 통제하는 힘을 넘어선 세계로 나아간다." 즉 시는 '대중에게 속해 있다'는 것을, 또한 그 시는 작가가 아니라 텍스트의 '극적 〈화자〉'의 관점에서 이해되어야 한다는 것을, 그리고 오로지 그 시가 '작용하고' 있는지 또는 아닌지에 의하여 평가되어야 한다는 것을 주장한다. 이후로 비평에 있어서 의도의 입지에 대하여 많은 비평적 논쟁이 분분하였고 지금도 계속되고 있다. 예컨대, 윔새트와 비어즐리의 입장은 「저자의 죽음」(본서 223쪽 참조)의 포스트구조주의적 개념들과 그리고 해체론의 '현존'과 '의미'로부터 텍스트의 해방을 연상하게 한다. 그러나 유사점은 거기서 끝난다. 왜냐하면 기본적으로 신비평가들에게는 확정적이며, 존재론적으로 안정된 '시 자체'가 있고, 그래서 시가 그 자체 '진술'의 궁극적인 중재자가 된다는 것을, 그리고 '객관적' 비평이 가능한 것임을 주장하기 때문이다. 이는 복합적으로 '위치화된' 다시 읽기들로 텍스트의 반복성을 주장하는 해체론의 개념과는 상당히 상반되는 것이다.

이러한 차이는 두 번째 에세이에서 보다 분명해지는데, 이 글은 '영향의 오류'가 시와 그것의 〈결과들〉 사이의 혼돈을 나타낸다고, 즉 "시의 심리적인 영향들로부터 비평의 기준을 끌어내려고 노력하는 것은 … 인상주의와 상대주의로 끝나게 된다"고 주장한다. 이 에세이는 신비평의 '고전적 객관성'을 '낭만적인 독자 심리'와 대립시키면서 두 오류의 결과로 "특정한 비평적 판단의 대상으로서의 시 자체가 사라지게 되는 경향이 있다"고 주장한다. 그리고 고전적 신비평의 견지에서 시의 중요성은 그 시가 '그 시의 명확하고 잘 연결된 의미들과 그 시의 완전성, 균형, 그리고 긴장'의 '잔존'에 의해서 '감정들을 고정시켜 더 영원하게 인식될 수 있는 것으로 만듦'으로써, '관습에 대하여 가장 정확하고 감동적인 보고'를 재현하게 하는 데에 있다는 것이다. "간단히 말해, 문화는 변화하더라도, 시는 남아서 설명해 준다." 달리 말해, 시는 우리의 문화적 유산으로, 영원하고 귀중한 구조물이며, 이에 신비평과 현대 이론의 입장들과의 주요한 차이점이 놓여 있다.

우리가 살펴본 바대로, 신비평은 주로 시를 강조하고 있지만, 마크 쇼러의 두 에세이, 「발견으로서의 기법」("Technique as Discovery", 1948)과 「소설과 유추적 모형」("Fiction and the Analogical Matrix", 1949)은 신비평의 방법론을 산문 소설과 연관시켜 전개해 보려는 시도를 하고 있다. 첫 번째 에세이에서 쇼러는, "현대 비평은 내용에 대해서 말할 때 결코 예술에 대한 이야기가 아니라 경험에 대한 이야기이며, 우리가 비평가로서 말할 때란 바로 〈획득된〉 내용, 형식, 그리고 하나의 예술작품으로서 바로 그 예술작품에 대해 이야기 할 때뿐임을 우리에게 보여주고 있다. 내용 즉 경험과, 획득된 내용 즉 예술, 이 둘 사이의 차이점이 기법"이라고 지적한다. 그는 덧붙여, 소설에 있어서 이 점이 철저하게 수행되고 있지는 않다고 말한다. 그러나 소설 자체의 '기법'은 언어이고 소설 자체의 '획득된 내용' – 즉 그 소설이 말하고 있는 것의 '발견' – 은 시의 경우와 마찬가지로, 그 '기법'의 견지에서만 분석될 수 있는 것이라고 한다. 두 번째 에세이에서 쇼러는 소설 언어 분석을 확대하여 '시적' 담론을 전경화하는 소설의 형태가 아닌 모든 형태의 소설에 들어 있는 심상과 상징의 무의식적인 패턴들을(작가의 '의도'를 크게 벗어나는) 드러내 보여주고 있다. 그는 종종 표면적 의미와 상충하는 작가의 '의미'가 텍스트를 구성하고 있는 언어적 유추들의 모형 속에 어떻게 파묻혀 있는가를 보여준다. 여기에서 우리는 비록 훌륭한 신비평가로서 쇼러가 현대 소설을 해체하지 않고, '현대 의식의 전체 … 현대 정신의 복합성'을 포착함에 있어서 현대 소설의 '기법'의 일관성을 반복하고 있다 할지라도, 후일 포스트구조주의 이론들이 가지는, 비록 겉으로 안정되게 보이지만 모든 텍스트들 속에 내재한 하위-텍스트, '침묵,' '단절,' '황홀,' '유희'에 대한 관심사들과의 연관성을 볼 수 있을 것이다. 그러나 우리는 그것보다는 미국의 신비평가 쇼러와 1930년대와 그 시기를 넘어서까지 「극적 시로서의 소설」("The Novel as Dramatic Poem") 등의 유명한 소설 비평을 쓴 영국의 도덕적 형식주의자 F. R. 리비스 (아래 참조) 사이의 유사성을 간파해야 할 것이다.

마지막으로, 특히 소설 연구에 있어서 영향력을 발휘한 20세기 중반의 또 하나의 미국 '운동'을 살펴볼 필요가 있다. 그것은 소위 '신아리스토텔레스주의자들'의 시카고 학파이다. 이론적으로 신비평에 도전을 가하였지만 사실상 형식적인 구조를 분석하고 T. S. 엘리엇과 같이 비평은 '시를 다른 것이 아닌 시로서' 연구해야 한다는 신념을 가지고 있는 신비평의 '이단'일 뿐이라고 여겨지는 신아리스토텔레스주의자들은 1930년대 후반에서 1940년대와 1950년대까지 시카고 대학의 R. S. 크레인을 중심으로 모였다. 주로 아리스토텔리스의 『수사학』과 『시학』으로부터 이론적 기초를 확립한 크레인과 그의 학파는 그 책들에서 발견되는 논리, 명징성, 그리고 증거에 대한 면밀한 관심을 모방하고자 했다. 또한 이들은 신비평 활용의 한계들(역사적인 분석의 거부, 주관적인 판단을 객관적인 것처럼 제시하는 경향, 시에 관심을 집중하는 것)에 대해서 우려했으며, 따라서 어떤 방법이라도 어떤 특정 경우에 적합한 것으로 보인다는 '복수(複數)주의적 그리고 도구주의적' 기반에서, 모든 장르를 다룰 수 있고 그 기법을 끌어낼 수 있는 더욱 포괄적이고 보편적인 비평을 발전시키고자 시도했다. 선집 『비평가와 비평: 고대와 현대』(*Critics and Criticism: Ancient and Modern,* 1952; 1957년에는 크레인이 서문을 쓴 요약판 출간)에는 크레인 자신의 『톰 존스』(*Tom Jones*) 읽기의 실례(實例)인 「플롯의 개념과 『톰 존스』의 플롯」("The Concept of Plot and the Plot of *Tom Jones*")을 포함하여 그 학파의 접근 방법에 대한 많은 예들이 실려 있다.

사실, 신아리스토텔리스주의자들은 소설의 서사 구조 연구에 가장 영향력이 컸으며, 특히 조금 뒤에 나온 비평가이지만 스스로 시카고 아리스토텔레스주의자라고 인정한 웨인 C. 부스의 저서에도 많은 영향력을 행사했다. 그의 저서 『소설의 수사학』(*The Rhetoric of Fiction*, 1961)은, 비록 후일 현대 비평 이론에 의해 한계와 부적합성이 지적되었지만(제임슨에 의해서, 5장 157쪽 참조. 그리고 상당히 '독자중심' 이론에 의하여 암암리에, 3장 참조), 널리 읽히고 높이 평가되고 있다. 부스의 기획은 '독자와의 의사 전달의 기술 — 서사시, 소설 또는 단편소설 작가가 그의 허구적 세계를 독자에게, 의식적으로 또는 무의식적으로, 부과하려고 할 때 이용할 수 있는 수사학적 자원들'을 검토하는 것이었다. 비록 신비평의 용어를 사용하여 소설은 하나의 '자율적인' 텍스트라는 것을 받아들였지만, 그럼에도 불구하고 부스는 텍스트에는 독자가 소설에서 언명된 태도들로부터 추론하여 발명해낸 작가의 '목소리' — '내포된 작가'(implied author; 작가의 '공식적인 서기' 또는 제2의 자아)가 존재한다는 생각으로 하나의 주요한 개념을 발전시킨다. 일단 작가와 '작가의 목소리' 사이에 이러한 구별이 이루어지면, 텍스트를 구성하고 있는 다양한 형태의 서술들을 그 자체 내에서 또는 스스로 분석할 길이 열린다. 부스가 남긴 중요한 유산은 그가 '신뢰할 수 있는' 그리고 '신뢰할 수 없는' 화자를 분리해냈다는 것이다. 전자는 주로 3인칭으로 '내포된 작가'들이 가진 장점에 근접한 화자이며, 후자는 종종 이야기 내의 한 인물로서, 그 장점에서 일탈한 화자이다. 부스가 이루어 놓은 것은 '소설의 수사학'을 분석하기 위해 쓰는 형식적 도구의 가치를 높였다는 것과, 동시에 역설적일 수도 있지만, 작가들은 독자에게 자신들의 가치관을 '강요하려고' 하며 그러므로 '신뢰성'이란 좋은 것이라는 신념을 장려했다는 것이다. 우리는 여기서 리비스의 '도덕적 형식주의'와의 일치점을, 그리고 포스트구조주의의 서술학이 부스를 넘어서게 되는 이유를 알 수 있을 것이다.

도덕적 형식주의: F. R. 리비스

리비스가 (그리고 대체로, 잡지 『검토』(*Scrutiny*, 1932-53)로부터 유래되는 '리비스주의 비평') 1970년대와 그 이후에 적어도 영국적인 상황에서 새로운 비평 이론의 유일한 주요 표적이 되었다는 사실에도 불구하고, 또는 오히려 그 사실로 인해, 『정치와 문학』(*Politics and Letters*, 1979)에서 레이몬드 윌리엄즈와 『문학 이론 입문』(*Literary Theory: An Introduction*, 1983)에서 테리 이글턴은 1930년대 이후 영문학 연구에 있어서 도처에 퍼져 있는 거대한 리비스의 영향력을 증언하고 있다. 리비스의 『위대한 전통』(1948)에 관하여, 윌리엄즈는 다음과 같이 말하고 있다. 1970년대 초까지 영국 소설에 관해서는 리비스가 "완전히 재패했다. 만약 여러분들이, 리비스에게 적대적인 사람들을 포함하여, 누군가에게 소설에 대해서 말을 한다면, 사실 소설의 역사의 형세에 대한 리비스의 개념을 재생산하고 있는 것임을 나는 의미한다." 그리고 더욱 일반적으로, 이글턴은 "『검토』의 '실패'와 '성공'이 무엇이건 간에 … 오늘날(1983) 영국의 영문학도들은 그들의 의지와는 상관없이, 그 역사적인 개입에 의해 돌이킬 수 없게 변화된 '리비스주의자들'이라는 것은 사실로 남아 있다"라고 쓰고 있다.

매슈 아놀드와 T. S. 엘리엇의 영향을 상당히 많이 받은 리비스(그의 『영시에 있어서 새로운 방향들』(*New Bearings in English Poetry*, 1932)은 사실 영국인들에게 『황무지』(*The Waste Land*)를 어떻게 '읽을' 것인가를 처음으로 가르쳐 주었다)는 앞서 언급한 리차즈와 엠프슨처럼, 대학의 영문학 교과과정을 아서 퀼러-카우치 경의 순문학에서 탈피하여 인문학 교육의 중심이 되도록 만든 1920년대 후반과 1930년대 초반 케임브리지 대학의 새로운 학자들 가운데 한 사람이었다. 그의 『교육과 대학』(*Education and the University*, 1943) — 널리 영향력을 떨치고 있는 「"영국학파"에 대한 스케치」("A Sketch for an "English School"")와 「대중 문명과 소수 문화」("Mass Civilization and Minority Culture")를 포함하여 초기에 발표한 에세이들이 그 일부를 이룬다 — 은 (『우리 시대의 영문학과 대학』(*English Literature in Our Time and the University*, 1969), 『살아 있는 원리: 사고의 훈련으로서의 영문학』(*The Living Principle: English as a Discipline of Thought*, 1975), 그리고 『사고, 말 그리고 창조성』(*Thought, Words and Creativity*, 1976)과 같은 후기 저서들이 그러하듯이) 리비스가 비평가인 동시에 〈교육자〉였다는 사실을, 그리고 그의 작업이 실제적이고, 경험적이며, 전략적으로 반이론적인 속성을 지니고 있음을 증언하고 있다. 예컨대, 미국 비평가 르네 웰렉과의 유명한 대담에서(『공동의 추구』(*The Common Pursuit*, 1952)에 실린 리비스의 에세이 「문학 비평과 철학」("Literary Criticism and Philosophy", 1937)을 참조), 그는 비평과 철학은 아주 별개의 행위이며 비평가의 일은 "그것의 구체적인 충만함 가운데 … 주어진 시의 소유로 진입하기 위하여 하나의 특유한 반응의 완전성을 획득하는 것"이라고 말함으로써 자신의 작업을 이론화하는 것에 대한 그의 거부를 변호하고 있다.

리비스는 『검토』를 편집하고 학생들 — 그들의 상당수가 교사와 작가가 되었다 — 을 가르치고, 보리스 포드에 의하여 7권으로 편집되어 널리 팔리고 있는, 외견상으로는 중립적이나 분명히 리비스주의적인 『펠리칸 영문학 가이드』(*Pelican Guide to English Literature*, 1954-61)의 배후에 있는 교육적 존재였을 뿐 아니라, 비평과 문화적인 논평에 관한 많은 저서들을 썼다. 이 모든 저서에는 비록 추상적인 용어들로 이론화되어 있지는 않더라도, 그렇기 때문에 그의 저서 〈도처에〉 퍼져 있어 항상 그것으로부터 추정되는 하나의 이론인, 그의 '이론'이 지울 수 없게 스며들어 있다.

리차즈에 이어 리비스는 일종의 '실제 비평가'이며, 또한 '페이지 위에 쓰인 단어들'과 '텍스트 자체'의 구체적인 특수성에 대한 그의 관심으로 일종의 '신비평가'이기도 하다. "비평가는 그의 앞에 놓여 있는 작품을 … 그 자체 내에 왜 그것이 그렇게 되어 있으며 다르게 되지 않는가의 이유를 포함하고 있어야만 하는 것으로 다룬다."(『공동의 추구』(*The Common Pursuit*)(1952)에 수록된 에세이 「비평의 기능」("The Function of Criticism")의 제목에 아놀드와 엘리엇 둘 다를 넌지시 언급하고 있음을 주목하라). 그러나 리비스를 그의 내재적인 형식주의나 비역사주의로 인하여 단순히 이런 식으로 간주하는 것은 잘못이다. 왜냐하면 그가 텍스트를 면밀하게 다룬 것은 단지 텍스트의 '느껴진 삶'의 생동감, 텍스트의 '경험'과의 밀접성을 확립하기 위한 것이고, 그것의 도덕적인 힘을 증명하기 위한 것이며, 그것의 우수성을 (면밀한 검토에 의하여) 드러내 보이기 위한 것일 뿐이다. 『공동의 추구』라는 제목을 그에게 준 엘리엇으로부터 리비스가 인용한 구절은 비평가의 임무가 "진실한 판단을 하기 위한 공동의 노력"에 가담하는 것임을 말해 주고 있으며, 마치 『위대한 전통』(1948)이 '위대한 영국 소설가들은' 제인 오스틴, 조지 엘리엇, 헨리 제임스, 조셉 콘래드이라는 고전적인 리비스주의적 '분별' — 사실 이 독단적이고 배타적인 목록은 리비스의 '진실한 판단'이 얼마나 극단적인가를 바로 시사해준다 — 로 시작하듯이, 『재평가』(*Revaluation*, 1936)는 영시의 '진짜' 전통에 대한 엘리엇식의 선별작업이다. 달리 말해, 리비스 강령의 주요 항목은 문학의 '위대한 작품들'을 확인하는 것이며, 불순물(예컨대, '대중' 소설이나 '통속' 소설)을 걸러 내는 것이며, 아놀드적이고 엘리엇적인 '전통'과 '정전'을 확립하는 것이다. 이것들은 대학 영문학 교과 과정에서 국가의 문화적 건강을 위해 수행해야 하는 문화적 여과, 정제, 활성 과정의 일부로서 가르쳐야 할 작품들이기 때문에 이러한 것은 필수적이다. 특히, 그런 작품들은 '기술주의적 벤담식' 사회 내에서의 물질주의, 야만주의, 산업주의 등의 힘에 대항할 수 있는 '삶'(결코 정의되지 않은 리비스의 주요 용어. "주요 소설가들은 … 그들이 장려하는 그 인간적 인식, 즉 삶의 가능성들에 대한 인식의 견지에서 중요한 작가들이다")의 가치들을 촉진해줄 것이다. 달리 말해, 그 작품들은 '대중 문명'에 대하여 전투 중인 '소수 문화'를 대변한다.

리비스의 〈도덕적〉 열정이 신비평의 더욱 추상적이거나 심미적인 형식주의로부터 그를 구별시켜주듯이 그의 강한 어조의 사회학적 그리고 역사적 의식 역시 그러하다. 문학은 문화정치학의 전투에서의 무기이며, 과거(특히, 전적으로는 아니지만, 엘리엇의 17세기 '감수성의 분열' 이전)의 많은 '위대한' 문학은 산업화되기 이전 문화들의 '유기적'인 힘을 증언해 준다. 20세기의 악의에 찬 세계에서 '삶'을 대변하기 위해서는, '필연적'인 난해성, 복합성, 그리고 문화적 가치들에 대한 공약을 담고 있는 '위대한' 현대 작가들(예컨대, 엘리엇과 D. H. 로렌스)의 작품이 비록 동원되어야 할지라도, 과거와 과거의 문학은, 아놀드에게서 그리고 다시 엘리엇에게서, 현 시대의 '황무지'의 척도로서 작용한다. 또한 신비평가들에게도 위대한 문학 작품들은 인간적인 가치들이 아직 잔존하는 것들이지만, 리비스에게 그것들은 윤리-사회학적 문화정치학 속에서도 또한 능동적으로 전개되어야 할 것들이다. 그런데 역설적이지만 바로 그렇기 때문에, 리비스의 기획은 엘리트주의적이며 문화적으로 비관론적이다. 그러므로 아마도 20세기에 그의 기획이 매우 유명해지고 영향력이 있게 된 것도, 사실 아주 최근까지도 '문학 연구'〈로서〉 당연한 것으로 여겨지게 된 것도 놀랄 만한 일이 아닐 것이다. (이러한 맥락에서, 리비스주의적 문학비평은 20세기 중반 영국에서, 영국적 마르크스주의나 사회학이 발전되지 못하여 남겨진 진공 상태를 메우고 있다는 주장을 하고 있는 「국가적 문화의 구성 요소들」("Components of the National Culture", 1968)에서 리비스주의를 비판하고 있는 페리 앤더슨을 참조하라.) 여기에서 이론의 부재가 유래되었다. 즉 하나의 이론이 〈있는〉 것이 아니라 단지 '진실한 판단'과 체험된 경험에 근거한 상식(" '이것은 — 그렇지 않소? — 저것과 그런 관계를 지니고 있고, 이런 종류의 것은

— 당신이 그렇게 발견하지 않았소? — 〈저것〉보다 더 나은 관계를 맺고 있지요.'" 「문학 비평과 철학」, 앞의 35쪽 참조)만이 있다. 리비스주의 비평은 이론이 필요 없었다 — 사실 이론화될 수 없었던 것이다. 역설적인 것은 오랫동안 그 점이 신비평의 가장 큰 강점이었다는 것이다.

▌참고문헌

기본서

Arnold, Matthew, *Culture and Anarchy* [1869], ed. J. Dover Wilson (Cambridge University Press, Cambridge [1932], 1971).

Arnold, Matthew, *Essays in Criticism*, Second Series, 1888.

Booth, Wayne C., *The Rhetoric of Fiction* (University of Chicage Press, Chicago, 1961).

Brooks, Cleanth, *The Well-Wrought Urn: Studies in the Structure of Poetry* [1947] (Methuen, London, 1968).

Brooks, Cleanth and Warren, Robert Penn (eds), *Understanding Poetry: An Anthology for College Students* (Henry Holt, New York, 1938).

Brooks, Cleanth and Warren, Robert Penn (eds), *Understanding Fiction* (Appleton-Century-Crofts, New York, 1943).

Crane, R. S. (ed.), *Critics and Criticism: Ancient and Modern* (Chicage University Press, Chicago, 1952; abridged, with Crane's Preface, 1957).

Eliot, T. S., *Notes Towards the Definition of Culture* (Faber, London, 1948).

Eliot, T. S., *Selected Essays* [1932] (Faber, London, 1965).

Empson, William, *Seven Types of Ambiguity* [1930] (Penguin,

Harmondsworth, 1961).

Empson, William, *Some Versions of Pastoral* [1935] (Penguin, Harmondsworth, 1966).

Leavis, F. R., *New Bearings in English Poetry* [1932] (Penguin, Harmondsworth, 1963).

Leavis, F. R., *Revaluation* [1936] (Penguin, Harmondsworth, 1978).

Leavis, F. R., *Education and the University* [1943] (Cambridge University Press, Cambridge, 1962).

Leavis, F. R., *The Common Pursuit* [1952] (Penguin, Harmondsworth, 1978).

Leavis, F. R., *D. H. Lawrence: Novelist* [1955] (Penguin, Harmondsworth, 1964).

Ransom, John Crowe, *The New Criticism* (New Directions, Norfolk, Conn., 1941).

Ransom, John Crowe, 'Criticism, Inc.' [1937] in *The World's Body* [1938] (Kennikat Press, New York, 1964).

Richards, I. A., *Principles of Literary Criticism*, [1924] (Routledge, London, 2001).

Richards, I. A., *Practical Criticism* [1929] (Routledge, London, 1964).

Richards, I. A., *I. A. Richards: Selected Writings 1919-1938*, 10 vols, ed. with intro. by John Constable (Routledge, London, 2001).

Schorer, Mark, 'Technique as Discovery', *The Hudson Review* (1948).

Schorer, Mark, 'Fiction and the Analogical Matrix', *Kenyon Review* (1949).

Williams, R., Rolitics and Letters (Verso, London, 1979).

Wimsatt, W. K., Jr and Beardsley, Monroe C., 'The Intentional Fallacy' [1946], reprinted in Wimsatt, *The Verbal Icon: Studies in the Meaning of Poetry* [1954] (Methuen, London, 1970).

Wimsatt, W. K., Jr and Beardsley, Monroe C., 'The Affective Fallacy' [1949], reprinted in Wimsatt, *The Verbal Icon: Studies in the Meaning of Poetry* [1954] (Methuen, London, 1970).

보충자료

Baldick, Chris, *The Social Mission of English Criticism* (reprint edn, Oxford University Press, Oxford, 1988).

Doyle, Brian, *English and Englishness* (Routledge, London, 1989).

Eagleton, Terry, *Literary Theory: An Introduction* (1983) (2nd edn, Blackwell, Oxford, 1996).

Fekete, John, *The Critical Twilight: Explorations in the Ideology of Anglo-American Literary Theory from Eliot to McLuhan* (Routledge, London, 1977).

Graff, Gerald, *Professing Literature: An Institutional History* (Chicago University Press, Chicago, 1987).

Lentricchia, Frank, *After the New Criticism* [1980] (Methuen, London, 1983).

MacCullum, Patricia, *Literature and Method: Towards a Critique of I. A. Richards, T. S. Eliot and F. R. Leavis* (Gill & Macmillan, Dublin, 1983).

MacKillop, I. D., *F. R. Leavis: A Life in Criticism* (Allen Lane, The Penguin Press, Harmondsworth, 1995).

Mulhern, Francis, *The Moment of 'Scrutiny'* (Verso, London, 1979).

Newton, K. M., *Interpreting the Text: A Critical Introduction to the Theory and Practice of Literary Interpretation* (Harvester Wheatsheaf, Hemel Hempstead, 1990).

Norris, Christopher, *William Empson and the Philosophy of Literary Criticism* (Athlone Press, London, 1978).

Parrinder, Patrick, *Authors and Authority: English and American Criticism, 1750-1990* (2nd edn, Macmillan, Basingstoke, 1991).

Rylance, Rick, 'The New Criticism', in *Encyclopaedia of Literature and Criticism*, Martin Coyle, Peter Garside, Malcolm Kelsall and John Peck (eds) (Routledge, London, 1990).

Samson, Anne, *F. R. Leavis* (Harvester Wheatsheaf, Hemel Hempstead, 1992).

2 러시아 형식주의와 바흐친학파

'실제 비평'과 텍스트의 유기적 통일성을 강조하는 영미 신비평의 전통에서 교육받은 문학 전공 학생들은 러시아 형식주의에 대해 친밀감을 느낄 것이다. 신비평과 러시아 형식주의 비평은 특히 텍스트 내의 〈문학적〉인 것에 대한 탐구를 목적으로 하며 모두 후기 낭만주의 시학의 무기력한 영혼성을 거부하고 자세하고도 경험적인 읽기를 선호한다. 그러나 러시아 형식주의자들이 '방법'에 훨씬 더 많은 흥미를 보이고 문학 이론을 위한 '과학적' 토대를 수립하는 데 더 많은 흥미를 보이고 문학 이론을 위한 '과학적' 토대를 수립하는 데 더 많은 관심이 있음을 인정해야 한다. 우리가 이미 살펴본 바와 같이 신비평은 문학적 의미에서의 비관념적 본질에 대한 강조와 텍스트의 특별한 언어적 특별한 언어적 질서에 대해 관심을 나타냈다. 부언하면 한 편의 시에 나타난 복합성은 논리적 진술이나 부연설명으로 환원될 수 없는 삶에 대한 어떤 섬세한 반응을 구현한다는 것이다. 텍스트를 꼼꼼히 읽기를 강조하는 신비평가들의 접근은 본질적으로 인본주의적이었다. 예를 들어 클리언스 브룩스(1장 28쪽 참조)는 앤드루 마벨의 「호라티우스풍의 송가」("Horatian Ode")가 청교도 혁명에 대한 마벨의 입장을 표명한 정치적 진술이 아니라 시적 통합체로 통일되고 대립된 견해들의 극화라고 주장했다. 브룩스는 모든 '위대한 시가'처럼 이 시도 '정직, 통찰력과 통합된 정신'을 구현하고 있다고 지적하면서 자신의 글을 결론지었다. 반면 초기 러시아 형식주의자들은 인간적인 '내용'(감정, 사상 그리고 총체적 '실재')은 그 자체가 어떤 문학적 의미를 지니지 않고 단지 문학적 '장치들'로 기능하기 위한 맥락을 제공한다고 생각했다. 앞으로 고찰하게 되겠지만 형식과 내용에 대한 이러한 극단적 구분은 후기 형식주의자들에 의해 수정된다. 그러나 러시아 형식주의자들은 미학적 형식에 도덕적, 문화적 의미를 부여하려는 신비평가들의 경향을 기피하였다. 오히려 러시아 형식주의자들은 미적 효과가 문학적 장치에 의해 어떻게 생산되며 '문학적'인 것이 '문학 이외'의 것과 어떻게 구별되고 관련되는가를 설명하기 위해 (과학적 정신으로) 모델들과 가설들에 대한 요약을 목표로 삼았다. 신비평가들은 문학을 인간 이해의 한 형식으로 간주하지만 러시아 형식주의자들은 문학을 언어의 특별한 사용이라고 정의했다.

피터 스타이너(1984)는 러시아 형식주의에 대한 획일적 견해를 설득력 있게 반박했다. 스타이너 자신은 러시아 형식주의 역사의 세 가지 양상에 대하여 생성 모형의 역할을 하는 세 가지 은유를 두드러지게 강조하면서 형식주의를 여러 가지로 구별하였다. '기계' 모형은 문학 비평을 일종의 기계학으로 보고 텍스트를 장치들의 덩어리로 보는 첫 번째 양상을 지배한다. 두 번째는 문학 텍스트들이 상호 연관되어 있는 부분들에서 충분히 그 기능을 발휘하는 '유기체'라고 생각하는 '유기적' 양상이다. 그리고 그는 세 번째 양상으로 '체계'의 은유를 채택하여, 문학 텍스트가 총체적인 문학 체계의 산물이며 또한 심지어는 문학적, 비문학적 체계들을 상호 연계시키는 메타 체계의 산물로 이해하고자 시도하였다.

스크로브스키, 무카로브스키, 야콥슨

형식주의 연구는 1917년 러시아 혁명 이전에 이미 수립되었다. 모스크바 언어학 연구회는 1915년에 설립되었고, ('시적 언어 연구회'를 지칭하는) 오포야즈(Opojaz)는 1916년에 출발하였다. 모스크바 언어학 연구회의 주도적인 인물은 훗날 1926년에 프라하 언어 연구회를 설립하는 데 도움을 주었던 로만 야콥슨과 페트르 보가티레프였다. 그리고 오포야즈의 중심인물들은 빅토르 스크로브스키, 유리 티니아노프와 보리스 아이헨바움이었다. 러시아 형식주의 초기 추진력을 제공한 사람들은 1차 세계대전 이전 '퇴폐적인' 부르주아 문화, 그리고 시와 시각 예술에서 고뇌에 찬 영혼 탐색을 모색한 상징주의 운동에 반발한 미래파였다. 미래파들은 시인을 '신비의 수호자'라고 주장했던 브루이소프와 같은 시인들의 애매 모호한 입장을 비난했다. 외향적 미래파 시인인 마야코프스키는 '절대적'인 것을 대신하여 기계 시대의 요란한 물질주의를 시의 고향으로 제안하였다. 그러나 상징주의자들과 마찬가지로 미래파들도 리얼리즘을 반대했다는 사실을 간파해서는 안 된다. 그들의 '자족적 어휘'라는 표어는 어휘들의 자족적 음성 양식이 사물에 대한 지시능력과 구별되는 것임을 강조하는 것이었다. 미래파들은 러시아 혁명을 후원하여 수공예품의 (프롤레타리아의) 생산자로서의 예술가 역할을 강조했다. 드미트리에프는 "이제 예술가란 단순히 건축자이자 기술자이며 지도자이자 (노동자의) 감독자"임을 선포했다. 그리고 구성주의자들은 이러한 주장을 논리적 극단으로 몰고 가서 자신들의 '생산 예술'이론을 실행하기 위해 실제 공장작업에 동참했다.

이러한 배경을 가진 형식주의자들은 작가의 〈기술적〉 솜씨와 〈기교적〉 숙련에 관한 문학이론을 생산했다. 형식주의자들은 시인들과 예술가들의 프롤레타리아적 수사학을 피하면서도 문학 과정에 대해 다소 기계주의적인 견해를 지니고 있었다. 마야코프스키와 마찬가지로 스크로브스키의 관점도 상당히 유물론적이었다. '문학에 사용된 모든 형식적인 장치들의 총집합체'로 문학을 정의한 스크로브스키의 유명한 문학론은 이러한 초기 형식주의의 양상을 잘 요약해준다.

특히 피폐한 소련이 '전쟁 공산주의'로부터 벗어나던 1921년과 1925년 사이에 처음으로 형식주의자들의 분석작업은 자유롭게 전개되었다. 비프롤레타리아 경제학과 문학은 이러한 휴지기간 동안에 번성할 여지가 있었으므로 1925년이 되어서는 형식주의가 문학 연구의 지배적 방법론이 되었다. 『문학과 혁명』(*Literature and Revolution*, 1924)에서 형식주의를 교묘하게 비판한 트로츠키 이후에 형식주의는 방어적인 국면에 접어들었고 야콥슨/티니아노프(1982) 형제들에서 그 정점을 이루었다. 어떤 학자들은 후기 발전기를 순수한 형식주의의 패배이자 공산주의의 '사회적 명령'에 대한 항복의 신호라고 지적한다. 사실 형식주의에 대한 공식적인 비난으로 인해 1930년경 이 운동이 종식되기 전에, 사회학적 차원에 대한 설명이 필요하게 되었기 때문에 이 시기의 최고 저작이 이루어졌다고 볼 수도 있다. 특히 후기의 발전 상황을 예견케 하는 형식주의 전통과 마르크스주의 전통을 생산적인 방식으로 결합시킨 '바흐친학파'에서 좋은 저작이 발표되었다. 야콥슨과 티니아노프에 의해 창시된 다소 구조주의적 형태의 형식주의는 나치주의가 금지시킬 때까지 체코 형식주의로 (후기 프라하 언어 연구회에 의해) 계속 되었다. 르네 웰렉과 로만 야콥슨을 포함한 체코 형식주의자들의 일부는 미국으로 이주하여 1940년대와 1950년대의 신비평 형성과 발전에 일조하였다.

형식주의자들은 기법적인 면에 초점을 맞추었기 때문에 문학을 '실용적'인 언어에서 이탈하고 곡해함으로써 그 차별성을 성취한 언어의 특별한 사용으로 취급하게 되었다. 실용언어는 의사 소통 행위로서 사용되지만, 문학언어는 실용적 기능은 전혀 없고 단지 우리가 다르게 〈보도록〉 만든다. 우리는 언어 자체를 '문학적'인 것으로 주목시킬 정도로 '어려운' 시어를 사용하는 제라드 맨리 홉킨스 같은 시인에게 아주 쉽게 이 점을 적용시킬 수 있다. 그러나 본질적으로 문학적 언어는 없다는 것을 보여주는 것 또한 쉬운 일이다. 토마스 하디의 소설 『푸른 숲나무 아래서』(*Under the Greenwood Tree*)의 아무 페이지나 펴 보면 우리는 "'당신은 언제까지 머무르실 건가요?' '오래는 아니에요. 제발 같이 기다리며 나와 이야기해요'"와 같은 두 사람 사이의 대화를 볼 수 있다. 여기서 나오는 어휘들을 '문학적'이라고 생각할 언어적 근거는 전혀 없다. 우리는 단지 우리가 문학작품이라고 여기는 곳에서 그 단어들을 읽기 때문에 그들을 의사소통 행위라기보다 문학작품으로 읽는다. 앞으로 논의되겠지만, 티니아노프 외의 다른 형식주의자들도 이러한 문제점을 피하면서 기능을 발휘하는 체계로서의 '문학성'에 관하여 더욱 역동적인 견해를 발전시켰다.

문학과 '실용' 언어를 구별하는 것은 문학 그 자체의 〈구성적〉 특질이다. 형식주의자들은 특히 시가 언어를 문학적으로 사용하는 것으로 취급한다. 즉 시는 '그 전체의 음향적 조직으로 구성된 말하기'이기 때문이다. 시의 가장 중요한 구성 요소는 리듬이다. 존 단의 「성 루시일의 야상곡」("A Nocturnal upon St Lucies Day") 제2연의 한 행을 보자.

나는 완전히 죽은 존재이므로
For I am every dead thing

형식주의적 분석은 이 행의 기저에 깔린 약강조(弱强調: ˘ ´)에 주의를 기울일 것이다(제1연의 대등한 시행인 "태양은 지고 지금은 그 병들만 있네"(The Sunne is spent, and now his flasks)와 함께). 그러나 우리의 예상은 제2연의 시행에서 "죽음"과 "존재" 사이에 생략된 음절로 좌절감을 느낀다. 여기서 우리는 규칙 위반을 감지하게 되며 이 점은 바로 미적 의미를 생성하기 때문이다. 또한 형식주의자들은 두 행 사이의 구문론적 차이로 만들어진 리듬의 섬세한 차이에 주목할 것이다(예를 들어 첫 행은 강한 중간 휴지가 있으나 둘째 행은 없다). 시는 실용 언어에 통제된 폭력을 행사하고, 실용 언어는 구성된 성질에 우리의 주의를 집중시키기 위해 그 형태가 뒤틀리게 된다.

형식주의의 초기 양상은 빅토르 스크로브르키가 주도했고, 미래파의 영향을 받은 그의 이론화 작업은 활력 있고 우상파괴적 경향을 나타냈다. 상징주의자들은 시를 무한이나 어떤 보이지 않는 실재의 표현이라고 보았지만, 스크로브스키는 작가들이 특수효과를 만들어내기 위해 사용하는 기법들을 정의하기 위해 철저한 접근법을 채택하였다. 스크로브스키는 자신이 설정한 개념들에서 '낯설게 하기'(ostranenie: 'defamiliarization')를 가장 흥미로운 용어 중 하나로 간주했다. 그는 대상에 대한 우리 인식의 참신성을 결코 유지할 수 없다고 주장했다. '정상적'인 존재에 대한 요구로 그 대상물은 상당한 정도까지 '자동화'(후기의 용어)되어야만 하기 때문이다. 자연이 '꿈의 영광과 신선함'을 지탱하게 해주는 워즈워스적인 순수한 비전은 인간 의식의 정상적인 상태는 아니다. 우리의 일상적 인식의 습관적 대상물이 되어버린 사물들에 대한 인식을 우리에게 되돌려주는 것이 예술의 고유한 책무이다. 낭만주의 시인들과는 달리 형식주의자들은 인식 그 자체에 관심을 갖기보다는 '낯설게 하기'의 효과를 만들어 내는 장치들의 본질에 관심을 가졌다는 점을 주목해야 한다. 예술 작품의 목적은 우리 인식의 양태를 자동적이며 실용적인 것에서 예술적인 것으로 바꾸는 것이다. 「기술로서의 예술」(1917)이라는 글에서 스크로브스키는 예술의 목적을 분명히 지적한다.

> 인식 과정은 그 자체로 미학적 목적이어서 그 과정이 연장되어야만 하기 때문에, 예술의 기술은 대상물들을 '낯설게' 하고, 그 형식을 난해하게 만들며, 인식의 어려움과 인식 기간을 증가시키는 것이다. **예술은**

한 대상의 예술성을 경험하는 방식이며 실제로 대상 그 자체는 그리 중요 하지 않다. (레먼과 레이즈, 1965, 12쪽, 스크로브스키의 강조)

형식주의자들은 영국 18세기의 두 작가 로렌스 스턴과 조나단 스위프트를 즐겨 인용한다. 토마체프스키는 낯설게 하기의 장치들이 『걸리버 여행기』에서 어떻게 사용되는지를 보여준다.

> 유럽의 사회-정치적 질서에 대한 풍자적 상황을 보여주기 위해 걸리버는 … 인간사회에서의 지배 계급의 관습을 그의 주인(말)에게 말해 준다. 아주 정확하게 모든 것을 이야기하도록 강요받은 걸리버는 전쟁, 계급투쟁, 그리고 의회의 음모 등과 같은 것을 정당화하는 완곡어법 표현들과 허구적 전통의 껍질을 걷어낸다. 그러한 언어적 합리화가 제거되고 낯설게 되어 버린 이러한 주체들은 온통 무서운 모습으로 그 자태를 드러낸다. 그리하여 정치 제도 — 비문학적 재료 — 에 대한 비판은 예술적인 동기를 부여받게 되고 그 서술 속에서 충분히 관계를 맺게 된다. (레먼과 레이즈, 1965, 86쪽)

처음에 이러한 설명은 새로운 인식 자체의 내용('전쟁'과 '계급투쟁'에 대한 '공포')을 강조하는 것처럼 보인다. 그러나 사실상 토마체프스키가 흥미를 가진 영역은 '비문학적 재료'의 예술적 변형이다. 낯설게 하기는 세계에 대한 우리의 반응을 바꾸지만, 그것은 단지 우리의 습관적인 인식을 문학적 형식에 의한 과정에 적용할 때만 변형된다.

스턴의 소설 『트리스트램 샌디』(*Tristram Shandy*)에 관한 연구논문에서 스크로브스키는 익숙한 행동들이 속도가 느려지고, 연장되고 또는 중단됨으로써 낯설게 되는 방식들에 주목하였다. 이렇게 행동을 지연시키고 늘리는 기교로 인해 우리는 그 행동들을 주목하게 되며, 익숙한 광경들과 움직임들을 더 이상 자동적으로 인식할 수 없게 되어 '낯설게' 인식한다. 텍스트에서 작가는 아들 트리스트램의 코뼈가

부러졌다는 소식을 들은 샌디 씨가 의기소침하여 침대 위에 누워 있는 모습을 의례적으로 ('그는 침대 위에 애통하며 누워 있었다') 묘사할 수도 있었을 것이다. 그러나 스턴은 샌디 씨의 자세에 대한 묘사에서 낯설게 하기 기법을 택했다.

> 그가 침대 위에 쓰러질 때, 그의 오른쪽 손바닥은 그의 이마를 받았고 두 눈을 상당 부분 덮었으며(그의 팔꿈치를 뒤로 젖히고) 머리와 함께 부드럽게 침몰하여 그의 코는 침대 보에 닿았고, 그의 왼팔은 침대 옆으로 무감각하게 늘어졌고 그의 손가락 관절들은 침실용 변기의 손잡이에 얽히게 되었다. …

이 예는 낯설게 하기가 인식 그 자체가 아니라 단지 한 인식의 제시에 얼마나 자주 영향을 끼치는지를 보여준다는 점에서 주목할 만하다. 샌디의 자세에 대한 묘사에서 작가는 그 묘사를 느리게 진행시켜 우리에게 고통에 대한 새로운 통찰력뿐 아니라 익숙한 자세에 대한 새로운 인식도 주지 않고 단지 과장된 언어적 제시만 할 뿐이다. 스크로브스키의 흥미를 유발한 것은 비문학적 의미 인식에 대한 스턴의 바로 그 관심의 결여이다. 이러한 실제적 제시과정에 대한 강조는 '드러내기'(laying bare) 기법이라고 명명되었다. 많은 독자들은 스턴의 소설에서 그 자체의 소설적 구조에 대한 지속적 언급을 부담스러워 한다. 그러나 스크로브스키는 소설의 자체 장치를 '드러내는' 것이 소설에서 가능한 가장 본질적으로 〈문학적인〉 것이라고 생각했다.

'낯설게 하기'와 '드러내기' 개념은 베르톨트 브레히트의 유명한 개념인 '소격 효과'에 직접적인 영향을 주었다(이 주제에 대한 더 자세한 논의는 5장 134-136쪽 참조). 예술은 그 자체의 과정들을 〈숨겨야〉 한다(ars celare artem)는 고전적 이상은 형식주의자들과 브레히트에 의해 직접적인 도전을 받았다. 문학이 그 자체를 담론의 완벽한 통일과 실재의 자연스러운 재현으로 제시하는 것은 속임수일 수도 있고, 브레히트에게는 정치적 퇴행을 의미할 수도 있다. 바로 이런 점 때문에 브레히트 자신은 리얼리즘을 내던지고 모더니즘을 수용했던 것이다(이 문제에 관한 루카치/브레히트의 논쟁에 대해서는 다음의 5장 130-136쪽을 보라). 예를 들어 브레히트 극의 남성 등장인물의 역할은 그 역할의 자연스러움과 친근성을 파괴하기 위해서, 그리고 그 역할을 낯설게 만들어서 관객들로 하여금 그 역할의 특별한 남성성에 주목하도록 하기 위해서, 여자 배우에게 그 남자 배우역을 담당하게 할 수도 있다. 또한 형식주의자들의 주 관심사는 순수하게 기술적인 영역이었기 때문에, 그들은 그 장치의 정치적 이용가능성을 예견하지 못했다.

서사 이론들은 — 특히 '이야기'와 '플롯'의 구별 — 러시아 형식주의에서 중요한 위치를 차지한다. 그리스 비극작가들은 일련의 사건들로 구성된 전통적 이야기들을 이용하였다. 『시학』 6장에서 아리스토텔레스는 '플롯'('미토스')을 '사건들의 배열'로 정의한다. '플롯'은 그것이 토대를 두고 있는 이야기와는 뚜렷하게 구분된다. 플롯은 하나의 이야기를 구성하는 사건들을 기술적으로 배열한 것이다. 일반적으로 그리스 비극은 플롯을 위해 선택된 사건들 이전에 발생한 사건들을 요약한 '플래시백'으로 시작한다. 버질의 『아에네이드』(*Aeneid*)와 밀턴의 『실낙원』(*Paradise Lost*)에서 독자는 '갑자기 사건들의 한 가운데로' 투입되고, 이야기 이전의 사건들은 플롯의 여러 단계에서 자주 회상적 서술 형식으로 교묘하게 도입된다. 아에네이스는 카르타고의 디도에게 트로이의 몰락을 서술하고 라파엘은 낙원에 있는 아담과 이브에게 천상에서의 전쟁을 이야기 한다.

그러나 러시아 형식주의자들은 '플롯'(sjzet)만이 엄격하게 문학적인 것이고 '이야기'(fabula)는 단지 작가에 의해 구성되기를 기다리는 원자재라는 사실을 강조한다. 그러나 스턴에 관한 스크로브스키의 글에 나타난 바와 같이 형식주의자들은 아리스토텔레스보다 더 혁신적인 플롯 개념을 창출했다. 『트리스트램 샌디』의 플롯은 단순히 이야기-사건들의 배열이 아니라 서술을 중단하고 지연시키기 위해 사용되는 모든 '장치들'이다. 일탈, 인쇄 기술상의 유희, 책의 여러 부분의 위치 전환(서문, 헌사 등) 그리고 확장된 묘사와 같은 기법들은 독자들이 소설의 형식에 주목하도록 만드는 장치들이다. 어떤 의미에서 이러한 경우 '플롯'은 실제로 사건들의 예정된 형식상의 배열을 위반한 것이기도 하다. 익숙한 풀롯의 배열을 중단시킴으로써, 스턴은 문학적 대상으로서의 플롯 꾸미기 그 자체에 주의를 집중시킨다. 이러한 점들을 주목해 볼 때 스크로브스키는 결코 아리스토텔레스적이지 않다. 치밀하게 배열된 아리스토텔레스적 '플롯'은 궁극적으로 독자들에게 인간 생활의 본질적이고도 친숙한 진리들을 제시하게 된다. 즉 그것은 개연성이 있어야 하고 어떤 필요성을 지니고 있어야 한다. 반면 형식주의자들은 플롯으로 우리들이 사건들을 전형적이고도 친숙한 존재로 여기는 것을 〈방해〉해야 하기 때문에, 종종 플롯 이론을 낯설게 하기 개념과 관련지었다. 대신 우리는 교묘한 솜씨가 우리에게 제시된 '실재'를 어떻게 구성하고 꾸몄는지 (만들고/위조했는지) 끊임없이 인식하게 된다. 미메시스(mimesis, '복사'=리얼리즘)보다는 〈포이에시스〉(poiesis, '시인'='창조자')를 표명하는 점으로 볼 때 이는 스턴이 그러했듯이 포스트모더니즘적인 자기 반영성을 기대한다.

러시아 형식주의의 서술 이론에서 또 다른 개념으로 '동기 부여'가 있다. 보리스 토마체프스키는 우리가 하나의 진술 또는 행동양식으로 이해하게 될 가장 작은 단위의 플롯을 '모티브'라고 명명했다. 그는 뚜렷하게 '속박된' 모티브와 '자유로운' 모티브를 구분지었다. 그에 의하면 속박된 모티브는 이야기에 의해 요구되는 요수 중의 하나인 반면, '자유로운' 모티브는 이야기상으로 비본질적이다. 그러나 문학적인 입장에서 보면 '자유로운' 모티브는 어쩌면 기술의 초점이다. 예를 들어 작가가 라파엘에게 천상의 전쟁에 대해 이야기하도록 한 장치는 문제시되는 이야기 부분이 아니기 때문에 '자유로운' 모티브이다. 사실 그 장치는 밀턴이 기술적으로 그 서술을 작품 전체 플롯에 삽입할 수 있게 해주기 때문에, 전쟁 자체에 대한 서술보다 형식적으로 〈더〉 중요성을 지닌다.

이 접근법은 전통적으로 형식적 장치들을 '내용'에 종속시키던 관행을 전복시킨다. 형식주의자들은 다소 이전과는 달리 한 편의 시에 나타난 사상, 주제 그리고 '실재'에 대한 참조를 작가가 형식적 장치들의 사용을 정당화시키기 위해 필요한 단순한 외적 변명으로 간주하는 듯하다. 형식주의자들은 비문학적이며 외적인 가정들에 대한 이러한 의존을 '동기 부여'라고 불렀다. 스크로브스키는 스턴의 『트리스트램 섄디』가 전적으로 '드러낸' 형식적 장치들로 구성되었기 때문에 '동기 부여'가 전혀 없는 작품으로 주목할 만하다고 지적했다.

'동기 부여'의 가장 흔한 유형은 우리가 보통 '리얼리즘'이라고 지칭하는 것이다. 한 작품이 아무리 형식적으로 구성된다 하더라도, 여전히 우리는 때때로 그 작품이 독자에게 '실재'적인 것에 대한 환상을 주리라고 기대한다. 우리는 문학을 '삶과 같은 것'으로 기대하기에, 실제 세계의 형상에 대한 우리의 상식적인 기대에 부응하지 못하는 인물들이나 묘사에 대해서는 당황하게 된다. '사랑에 빠진 남자는 저런 행동을 할 수 없을 것'이라든가 '저런 계급에 속하는 사람들은 저렇게 말하지 못할 것이다'와 같은 발언은 우리가 사실적 동기 부여의 실패에 직면할 때 할 수 있다. 반면 토마세프스키가 지적한 바와 같이, 우리는 일단 일련의 새로운 관습을 배워서 수용하게 되면 모든 종류의 불합리하고 개연성 없는 일들에도 익숙하게 된다. 우리는 모험담에서 영웅이 악한에게 거의 죽음을 당하기 직전에 언제나 구출되는 그러한 개연성 없는 서술 방식을 인식하지 못한다. 사실 리얼리즘의 중심 전략은 그 인위성을 가장하고, 리얼리즘과 그것이 우리에게 보여주는 실재 사이에는 아무런 부자연스러움이 없는 것처럼 가장하는 것이다. 이런 면에서 리얼리즘은 '그 장치를 드러내는 것'과는 정반대이다.

'동기 부여'의 주제는 형식주의 이후 계속되는 많은 문학이론에서 중요하다는 것이 증명되었다. 조나단 컬러는 다음과 같이 그 전체 주체를 명료하게 요약하였다. "무엇인가에 적응하고 무엇인가를 해석하는 행위는 문화로 인해 유효해진 질서의 양식 안으로 그것을 끌어들이는 것이다. 그리고 이는 보통 문화가 자연스럽게 생각하는 담론 양식으로 그것을 논의함으로써 이루어진다"(1975; 4장 참고문헌을 보라). 인간은 가장 임의적이거나 혼란스러운 발화와 명기에 의미를 부여하는 방식들을 찾아내는 데 끊임없는 창의력을 발휘한다. 우리는 하나의 텍스트가 우리가 설정한 참조의 틀을 벗어나 이질적인 상태로 남는 것을 거부한다. 우리는 그 텍스트를 '자연스럽게 만들고' 그것의 텍스트성을 소멸시키고자 애쓴다. 명백하게 자의적인 이미지들이 들어있는 쪽을 대하면, 우리는 그 무질서를 기이하고 설명할 수 없는 것으로 인정하기보다는 무질서한 정신을 탓하거나 무질서한 세계의 반영으로 생각하며 그것을 자연스럽게 만들려고 한다. 형식주의자들은 주저 없이 자연스럽게 만들기의 과정에 반발하는 텍스트에 나타난 그 특징들에 관심을 기울임으로써 구조주의와 포스트구조주의 사상을 예견했다. 스크로브스키는 『트리스트램 샌디』에 묘사된 기이한 무질서성을 주인공 트리스트램의 변덕스러운 마음의 표현으로 환원시키지 않고 그 대신 자연스럽게 만들기에 제동을 거는 이 소설의 끈질긴 문학성에 주목하였다.

우리는 이미 텍스트를 다양한 장치들의 집합으로 정의한 스크로브스키의 이론에서 텍스트를 하나의 기능체계로 보는 티니아노프의 개념으로 전환된 사실을 논의하였다. 이 '구조적' 단계의 절정은 야콥슨-티니아노프의 명제들(1928)로 알려진 일련의 진술들이었다. 이 명제들은 기계적 형식주의를 거부하고, 문학적 '연속체'(체계)와 다른 '역사적 연속체' 사이의 관계를 정의내리고자 시도함으로써 좁은 의미와 문학적 조망을 벗어나려고 하였다. 그들은 문학 체계가 역사적으로 발전되는 방식은 다른 체계들이 문학 체계에 영향을 주고 또 부분적으로는 그 진보적 행보를 결정하는 방식을 고려하지 않는다면 이해될 수 없다고 주장한다. 반면 우리가 체계들의 상관관계를 정확하게 이해하고자 한다면 문학 체계 자체의 '내재적 법칙'들에 주의를 기울여야 한다는 사실도 그들은 지적한다.

1926년에 결성된 프라하 언어 연구회는 꾸준한 연구 끝에 '구조적 접근'을 발전시켰다. 예를 들어 무카로브스키는 '낯설게 하기'라는 형식주의적 개념을 "언어 구성 단위들에 대한 미학상의 의도적인 왜곡"이라고 정의한 좀 더 체계화된 '전경화'로 발전시켰다. 또한 무카로브스키는 예술 작품에서의 문학과 사회 간의 역동적 긴장에 큰 주안점을 두었다. 그의 가장 강력한 주장은 '미적 기능'과 관련되는데, 이 미적 기능은 끊임없이 변화하는 경계일 뿐 정연한 범주는 아니라는 사실을 증명한다. 동일한 대상물이 다양한 기능을 가질 수도 있다는 것이다. 부언하면 교회는 예배 장소이지만 예술 작품 그 자체가 되기도 한다. 돌은 현관의 계단이고 날아가는 무기이며 그리고 건축 재료이자 예술적 감상의 대상이 될 수도 있다. 특히 패션은 복잡한 기호들로서 사회적, 정치적, 성애적(erotic)인 미적 기능을 가질 수 있다. 그리고 이러한 기능의 다양성은 문학 작품에서도 적용된다. 정치연설, 전기, 편지와 선전문은 다른 사회와 시대에서 미적 가치를 가질 수도 있고 갖지 않을 수도 있다. 사실 '예술' 영역의 경계선은 언제나 변화하고 항상 사회구조와 역동적으로 관련을 맺는다.

무카로브스키의 통찰력은 최근 예술과 문학의 사회적 의미를 체계화하기 위해 마르크스주의 비평가들에 의해 채택되었다. '문학'이 마치 작품들의 고정된 정전이나 특별히 설정된 장치들, 그리고 형식과 장르의 변화지 않는 조직체인 것처럼 간주될 수는 없다. 하나의 대상물이나 인공물에 미적 가치의 위엄성을 부여하는 것은 지배적인 이데올로기로부터 궁극적으로 분리할 수 없는 〈사회적〉 행위이다. 현대 사회의 변화로 한때 주로 비미학적인 기능을 지녔던 어떤 인공품들이 일차적인 예술품으로 간주되는 결과를 가져왔다. 도상의 종교적 기능, 희랍 항아리의 가정적 기능과 가슴받이의 군사적 기능이 현대에 와서는 주요한 미적 기능에 종속되었다. 그리고 사람들이 '진지한' 예술과 '고급' 문화로 선택하는 것도 변화하는 가치에 따라 변한다. 예를 들어 재즈가 한때는 사창가와 술집에서 공연되는 '대중'음악이었으나 지금은 진지한 예술로 인정되었다. 물론 재즈에 대한 '저급한' 사회적 기원으로 가치평가가 아직도 논쟁거리로 남아 있기는 하다. 이러한 견해에서 볼 때 예술과 문학은 영원한 진리가 아니며 또한 언제나 새로운 정의를 수용해야 한다. 이와 같이 문학 정전이 해체됨에 따라 '문화연구' ('문학'이라기보다는) 과정에 대한 '대중적' 글쓰기가 점차로 증가되는 추세이다. 어떤 역사 시대라도 지배 계급은 예술의 정의에 중대한 영향을 줄 것이며 새로운 경향이 생성되는 곳은 당연히 그 이념 세계 속에 그것들이 편입되기를 원한다.

따라서 문학적 게임에서 문학적 장치들은 고정물이 아니므로 마음대로 이동될 수 있다는 견해가 차츰 명백해졌다. 문학적 장치의 가치와 의미는 시간의 흐름과 맥락에 따라 변화되었다. 이러한 인식적 변화에 따라 '장치'는 주도적 개념의 지위를 '기능'에 양보했다. 이러한 인식 전환의 결과는 심원하였다. 형식주의자들은 미해결된 '내용'을 거부하는 문제로 더 이상 시달리지 않았고 오히려 '낯설게 하기'의 중심원리를 내면화시킬 수 있었다. 부언하면 실재를 낯설게 하는 문학에 대해 논의하는 대신 형식주의자들은 문학의 낯설게 하기 그 자체적 개념을 언급하기 시작한 것이다. 한 작품 〈내의〉 요소들은 '자동화'될 수도 있고 진보적인 미적 기능을 지닐 수도 있다. 예를 들어 고어의 사용이나 라틴어의 어순이 서사시에서는 '숭고한' 기능을 지니기도 하고 풍자시에서는 역설적인 기능을 발휘하기도 하지만, 일반적인 '시 어법'(poetic diction)에서는 총체적으로 자동화될 수도 있는 것이다. 후자의 경우 그 장치는 독자에게 하나의 기능적 요소로 '인식'되지 않고, 일상적 인식들이 자동화되고 당연시되는 것과 같은 방식으로 소멸하게 된다. 문학 작품들은 여러 요소들이 전방과 후방의 관계 속에서 구조화된 〈역동적 체계들〉로 간주된다. 만일 어떤 특정한 요소가 '소멸'되면 (아마도 고대 시어로), 다른 요소들이 그 작품 체계에서 지배적인 (아마도 플롯이나 리듬처럼) 역할을 담당하게 될 것이다. 1935년의 글에서 야콥슨은 '지배소'(the dominant)를 중요한 후기 형식주의적 개념으로 간주하고 지배소를 "예술 작품의 중심적 요소로 나머지 구성 요소들을 지배하고 결정하며 변형시키는 것"이라고 정의하였다. 사실 야콥슨은 명백하게 예술적 구조에 대한 이러한 견해가 비기계적인 양상임을 강조한다. 지배소는 작품에 구체화된 중심점을 제공하며 통일성 또는 총체적 질서를 조장한다. 낯설게 하기라는 바로 그 개념이 〈변화〉와 역사적 전도를 암시하였다. 따라서 모든 위대한 문학을 하나의 단일한 정전으로 묶는 영원한 진리를 추구하기보다 형식주의자들은 문학사를 하나의 영속적 혁명으로 보는 경향이 있다. 각각의 새로운 발전은 친근성과 습관적 반응이라는 죽은 손을 물리치려는 시도이다. 그리고 지배소에 대한 이러한 역동적 개념은 형식주의자들에게 문학사를 설명하는 유용한 방법을 제시했다. 시적 형태들은 임의대로 변화되는 것이 아니라 '전환하는 지배소'의 결과로서 변화, 발전된다. 왜냐하면 시적 체계에서는 다양한 요소들간의 상호 관계 속에서 끊임없는 전환이 있기 때문이다. 야콥슨은 특정 시대의 시학은 비문학적 체계에서 파생된 한 '지배소'에 의해 지배될지도 모른다는 흥미로운 견해를 추가로 제시하였다. 르네상스 시대에 시의 지배소는 시각 예술에서 파생되었지만, 낭만주의 시대의 시는 음악성을 지향했고, 리얼리즘의 지배소는 언어 예술이다. 그러나 지배소가 무엇이었든지 그것은 작품 속에서 다른 요소들을 조직하여 이전 세대의 작품들 속에서 지배소로 '전경화'되었을지도 모르는 요소들을 미적 관심의 배경으로 격하시킨다. 변화하는 것은 체계의 요소들(구문론, 리듬, 플롯, 시어법 등)이 아니라고 특정한 요소들이나 요소들의 무리들이 지닌 〈기능〉이다. 18세기 시인 알렉산더 포루프는 다음 시행에서 자신의 목적을 달성하기 위해 도움이 되는 산문적 명료성과 가치의 우수성에 의존하여 골동품 수집가를 풍자하였다.

그러나 밀폐된 작은 방에 감금된 너는 누구인가?
박식한 먼지를 흩뿌리고, 점잖은 얼굴을 하고서.
곧 내 눈에 보이네, 불쌍한 사람,
양피지를 긁어 먹고 사는, 버러지 같은 놈이라고 불리는 그 사람.

But who is he, in closet close y-pent,
Of sober face, with learned dust besprent?
Right well mine eyes arede the myster wight,
On parchment scraps y-fed, and Wormius hight.

중세 영국의 시인인 제프리 초서식의 어법과 고어체의 어순은 즉시 독자들에게 우스울 정도로 현학적인 것으로 여겨진다. 그리고 엘리자베스 시대의 시인 에드먼드 스펜서는 이러한 풍자적 음조를 이용하지 않고도 지나간 초서식의 문체로 되돌아갈 수 있었다. 이러한 지배소의 전환은 어떤 특정한 텍스트 안에서뿐만 아니라 특정한 문학의 시대에서도 일어난다.

바흐친학파

비록 소위 바흐친학파는 실제로 형식주의 운동의 일부가 된 적이 결코 없었지만, 형식주의 후기에 생겨났다. 바흐친학파의 몇몇 주요 저작물의 저자가 누구인지에 대한 논란이 있어서, 우리는 단지 원전의 표지에 쓰인 이름들인 미하일 바흐친, 파벨 메드베데프, 그리고 발렌틴 볼로시노프라는 이름들을 거론할 수밖에 없다. 이러한 저작물은 자유주의적 비평과 좌파 비평에서 다르게 해석되고 이용되었다. 사실

메드베데프는 정통적 마르크스주의자로 출발하였고 그의 초기 에세이들은 반형식주의적이었다. 메드베데프의 『문학 학문의 형식적 방법: 사회학적 시학의 비평적 서설』(*The Formal Method in Literary Scholarship: A Critical Introduction to Social Poetics*, 1929)은 형식주의를 가치있는 적대자로 간주하는 반면, 형식주의에 대한 철저한 비판서였다. 그러나 문학작품의 언어적 구조에 관한 관심으로 인해 바흐친학파는 형식주의적이라고 간주될 수 있을 것이다. 물론 특히 볼로시노프의 저작물들은, 언어가 이데올로기와 분리될 수 없다는 신념을 보이는 점에서, 마르크스주의로부터 많은 영향을 받았다. 볼로시노프의 『마르크스주의와 언어철학』(*Marxism and the Philosophy of Language*, 1973)에서 논의된 이와 같은 언어와 이데올로기의 밀접한 관계는 즉시 문학을 이데올로기의 고향인 사회경제적 영역으로 인도했다. 이러한 접근법은 문학을 물질적인 (실제적인) 사회경제적 하부 구조의 반영으로 발생하는 순수한 정신적 현상으로 취급하기를 거부함으로 해서 이데올로기에 대한 고전적 마르크스주의적인 가설들로부터 이탈하고 있다. 그러나 사실 이데올로기는 그 매개체인 언어와 분리될 수는 없다. 이에 대해 볼로시노프는 "의식 그 자체는 기호들의 물질적 구현 속에서만 생겨나고 실행 가능한 사실이 될 수 있다"고 언급한다. 사회적으로 구성된 기호 체계인 언어는 그 자체가 하나의 물질적 현실이다.

바흐친학파는 뒷날 구조주의의 토대를 형성한 추상적 언어학에는 흥미를 보이지 않았다. 바흐친학파는 하나의 사회적 현상으로서 언어와 담론에 대해 주목하였다. 볼로시노프의 중심적인 통찰력은 '어휘'란 다른 사회적 역사적 상황에 처한 다른 사회 계급들을 위해서는 다른 의미와 함축성을 지닐 수 있는 활동적이면서도 역동적인 사회 기호들이라고 말한 것이었다. 그는 언어를 동시대적(비역사적)이며 추상적인 체계로 다루는 (소쉬르를 포함한) 언어학자들을 비난했다. 또한 그는 "발화 자체의 언어적이며 실제적 맥락에서 유리된 채 어떤 가능한 부류의 능동적인 반응이 아닌 수동적 이해를 수용하는 소외되고 완성된 당성적인 발화"의 개념을 총체적으로 거부했다. 러시아어 slovo는 '단어'(word)로 번역될 수 있으나 바흐친학파는 강력한 사회적 풍미를 지닌 것으로 ('발화'나 '담론'에 더 가깝게) 사용한다. 언어 기호들은 지속적인 계급 투쟁의 장이다. 지배 계급은 언제나 어휘가 지닌 의미들을 축소시키고 사회적 기호들을 '단일한 억양을 가진' 것으로 간주하려고 노력하지만, 사회적으로 불안정한 시대에는 언어적 기호들의 활력과 기본적인 '복합 억양성'은 다양한 계급의 이익들이 대면하고 교차하는 언어의 장에서 더욱 뚜렷하게 나타난다. '이어성'(異語性, heteroglossia)은 기본적 개념으로 바흐친의 「소설 속의 담론」(1934-35년에 쓴 글)에서 분명하게 정의된다. 이어성은 모든 담론에서 의미 생산을 지배하는 기본적인 조건을 지시한다. 이 용어는, 발화들이 다양한 사회적 목소리들과 그 개별적 표현들을 작동시키는 한, 〈맥락〉이 이어성을 가진 발화들의 의미를 정의하는 방식임을 보여준다. 하나의 단일한 목소리는 통일성과 폐쇄성이라는 인상을 줄 수 있으나, 발화는 끊임없이 (또한 어느 정도로 무의식적으로) 사회적 상호작용(대화)에 근거한 풍부한 의미들을 생산해 낸다. '독백'은 사실상 언어에 강제로 부과된 것이고, 따라서 언어가 왜곡된 상태이다.

문학 텍스트에 대하여 이러한 역동적 언어관의 함축된 의미를 발전시킨 사람은 미하일 바흐친이다. 그러나 우리가 예상하듯이, 바흐친은 문학을 사회적 세력들의 직접적인 반영으로 간주하지 않고, 문학 구조에 대한 형식주의적 관심을 유지하면서 언어의 역동적이고 적극적인 성질이 문학 전통에서 어떻게 표현되는지를 보여주었다. 바흐친은 텍스트가 사회나 계급의 이익을 반영하는 방식이 아니라 오히려 언어가 권위를 해체하고 대안적 목소리들을 해방시키도록 만드는 방식에 주목하였다. 해방적 언어는 바흐친의 접근법을 설명하는 데 있어서 아주 적합하다. 왜냐하면 그의 접근법은 자신의 작품 속에 다른 가치 체계들의 아주 자유로운 유희를 수용하고 자신의 권위를 대안들에 부과시키지 않는 그러한 작가들을 찬양하는 것이기 때문이다. 또한 철저한 비스탈린주의자인 바흐친의 최고 저작은 톨스토이의 소설과 도스토예프스키의 소설간의 대담한 대조를 논의한 『도스토예프스키 시학의 문제』(*Problems of Dostoevsky's Poetics*, 1929)이다. 톨스토이 소설에서 독자들이 인식하는 다양한 목소리들은, 진리는 단지 한 가지, 즉 작가 톨스토이의 것만 있기 때문에, 작가의 통제적인 목적에 엄격하게 종속되어 있다. 이러한 '단성적'(monologic) 소설 유형과는 대조적으로 도스토예프스키는 '다양한' 등장인물로서 표현된 다양한 시점들을 통일시키기를 거부한다는 점에서 그 조율이 비작가적/비권위적인 새로운 '다성적'(polyphonic 또는 대화적) 형태를 발전시켰다. 다양한 등장인물들의 의식은 작가의 의식에 병합되지도 않고 작가의 견해에 종속되지도 않는다. 등장인물들은 완전성과 독립성을 보유하고 있고 '작가가 설정한 어휘의 주체들'이기도 하다. 이 책과 후에 저술한 프랑소와 라블레에 관한 책에서 바흐친은 고전 시대의 풍자와 중세와 르네상스 시대의 문화적 형식에서 다양한 대화적 형태들이 해방적이고 때로는 전복적으로 이용되는 것을 탐구하고 있다.

바흐친의 '카니발'에 관한 논의는 특정 텍스트와 문학 장르사(史)에 모두 중요하게 적용되고 있다. 카니발과 연계되는 축제들은 집단적이고 민중적이다. 위계질서가 바뀌고 (바보가 현자가 되고 왕이 거지가 된다) 반대의 것들(사실과 환상, 천국과 지옥)이 섞이고 성스러운 것은 더럽혀진다. 그리고 모든 사물들의 '즐거운 상대성'이 선포되었다. 권위적이고 엄격하며 심각한 모든 것이 전복되고 이완되고 조롱을 받는다. 본질적으로 이러한 대중적이고도 해방주의적인 사회 현상은 다양한 시대의 문학을 형성하는 영향력을 지니지만, 특히 이 현상은 르네상스 시대에 지배적이었다. '카니발화'는 바흐친이 문학 장르에 끼친 카니발의 형성적 효과를 설명하기 위해 사용한 용어이다. 최초의 카니발화된 문학 형식들은 소크라테스의 대화와 메니피우스의 풍자이다. 사실 소크라테스의 대화는 그 기원에 있어서 구두 대화의 직접성과 밀접하게 관련되어 있다. 여기서 진리의 발견은 권위적 독백이 아니라 개방적인 의견 교환으로 이해된다. 소크라테스의 대화는 플라톤에 의해 고안된 정교한 문학 형식으로 우리에게 전수되었다. 카니발의 '즐거운 상대성'의 일부는 문자로 씌어진 작품에 아직도 남아 있다. 하지만 바흐친은 목소리들의 엄격한 위계 질서가 '작가'에 의해 수립되지 않고 견해들이 서로 충돌하는 탐구의 집단적 성질이 다소 완화된 경우도 있다고 언급한다. 바흐친은 후기 플라톤의 대화편에서는 '교사'로서 소크라테스 후기 이미지가 표출되면서 진리의 저자가 아니라 산파였던 기이하고 전복적인 논지의 유발자로서의 카니발적인 소크라테스의 이미지를 대체하기 시작했다고 지적한다.

또한 메니피우스의 풍자에서는 하늘(올림푸스), 지하 세계 그리고 지구라는 세 가지 국면이 모두 카니발적 논리로 다루어진다. 예를 들어 지하 세계에서는 지상의 불평등이 모두 해소된다. 황제들은 자신들의 왕관을 잃어버리고 거지들과 동등하게 대면한다. 도스토예프스키는 다양하게 카니발화된 문학 전통들을 예시했다. '환상적인 이야기'인 『보복』(*Bobok*, 1873)은 거의 전적으로 메니피우스적인 풍자이다. 공동 묘지 장면은 무덤 속에 있는 죽은 사람들의 짤막한 '삶 밖의 삶'에 관한 기이한 설명에서 절정으로 이룬다. 세속적 의식을 완전히 상실하기 전에 죽은 사람들은 모든 의무와 정상적 존재 법칙으로부터 해방되어 강력하고도 무제한적으로 자유롭게 그들의 모습을 드러낼 수 있는 몇 개월의 기간을 즐긴다. 시체들의 '왕'인 클리네비치 남작은 "나는 단지 모든 사람들이 진실을 말해주었으면 좋겠다. … 지구상에서의 삶은 거짓말과 동의어이기 때문에 거짓말을 하지 않고 사는 것은 불가능하다. 그러나 여기서 우리는 단지 재미로 진실을 말할 것이다"라고 선언한다. 여기에서 우리는 '다성적인' 소설의 씨앗을 발견한다. 이러한 소설에서는 목소리들이 전복적이고 충격적으로 말할 수 있는 자유를 누리지만 작가는 등장 인물과 독자 사이에 끼어들지 않는다.

바흐친은 후기의 이론가들에 의해 많이 연구된 다양한 주제들을 제기한다. (신비평가들을 포함해서) 낭만주의자들과 형식주의자들은 모두 텍스트를 유기적 통일체, 즉 엉성한 단편들이 독자에 의해 궁극적으로 미적 통일체로 모아진 통합된 구조로 간주했다. 카니발에 대한 바흐친의 강조는 이러한 문제시되지 않았던 유기체주의를 붕괴시키고 주요 문학 작품들이 복합적인 층위를 가질 수 있고 통일성에 저항할 수도 있다는 생각을 조장한다. 이러한 주장으로 저자는 자신의 글쓰기와의 관계에서 다소 덜 지배적인 지위를 자치하게 된다. 개인적 정체성의 개념은 '등장인물'이 이해되기 어렵고 비실제적이며 변덕스럽기 때문에 문젯거리로 남는다. 이러한 양상은 최근 포스트구조주의와 정신분석 비평의 주요 관심사를 예견하는 것이다. 물론 우리는 이것을 과장해서는 안 되며 또한 바흐친이 아직도 작가가 통제력을 가지는 예술에 대한 확고한 의식을 갖고 있다는 사실도 간과해서는 안 된다. 바흐친의 작업이 롤랑 바르트나 다른 포스트구조주의자들의 저작에 나타나는 작가의 역할에 대한 급진적 의문 제기를 함축하고 있지는 않다. 그러나 바흐친은 다성적 소설을 '특권화'하는 데 있어서 바르트와 유사하다. 이 두 비평가들은 권위나 정합성(整合性, decorum)보다는 자유와 즐거움을 선호한다. 그러나 최근의 비평가들 중에는 이것을 다성적이면서 또한 다른 유형의 '다원적' 텍스트에 비해 이상한 것이 아니라 표준적인 것으로 여기는 경향이 있다. 즉 그들은 그러한 텍스트를 한 가지 목소리를 가진 (단성적) 글쓰기보다 좀 더 진정한 문학적인 글쓰기로 취급한다. 사실 이러한 견해가 조이스나 베케트의 텍스트를 읽고 성장한 현대 독자들에게는 더 흥미로울 수도 있다. 그러나 우리는 바흐친과 바르트 두 비평가가 모두 그들 자신들의 사회적·이념적 경향에서 창출된 〈선호 경향〉을 보여주고 있다는 사실을 인정해야만 한다. 그럼에도 불구하고 바흐친 또는 바흐친의 글들은 문학 텍스트의 개방성과 불안정성을 주장하여 그러한 〈선호 경향〉들이 피할 수 없는 비평의 '정치학'에서 중심적 위치를 차지하고 있음을 확인해 주었다는 것은 명백하다고 하겠다.

무카로브스키의 저작과 야콥슨-티니아노프의 명제들 그리고 바흐친의 이론들은 스크로브스키와 토마체프스키, 그리고 아이헨바움의 '순수한' 러시아 형식주의를 극복하며, 그들의 좀 더 사회적인 관심사에 영향을 끼친 마르크스주의 비평을 다룬, 뒤에 나오는 장에 대한 적절한 서곡 역할을 할 것이다. 형식주의자들이 문학 체계를 분리시키는 것은 마르크스주의자들이 문학을 사회에 종속시키는 것과 명백하게 상반적인 태도이다. 그러나 우리는 모든 마르크스주의 비평가들이 공식적이고 사회주의적-사실주의적인 소비에트 전통의 척박한 반형식주의적 노선을 따르지는 않는다는 사실을 알게 될 것이다. 그러나 우리는 먼저 다음 장에서 문학 텍스트를 '받는 사람'인 '독자'에게 '미적 기능'의 변별적 특성을 우선적으로 부여하는 또 다른 비평이론 학파에 관해 논의할 것이다(서론 7쪽의 야콥슨 도표 참조).

참고문헌

기본서

Bakhtin, Mikhail, *The Dialogic Imagination: Four Essays* [1975], ed. by Michael Holquist, trans. by C. Emerson and M. Holquist (University of Texas Press, Austin, 1981).

Bakhtin, Mikhail, *Problems of Dostoevsky's poetics* [1929; revd edn, 1963], trans. and ed. by Caryl Emerson, intro. by Wayne C. Booth (Manchester University Press, Manchester, 1984).

Bakhtin, Mikhail, *Rabelais and His World* [1965; 1st Eng. trans. 1968], trans. by Hélène Iswolsky (Indiana University Press, Bloomington, 1984).

Bakhtin, Mikhail and Medvedev, P. N., *The Formal Method in Literary*

Scholarship: A Critical Introduction to Sociological Poetics [1928], trans. by A. J Wehrle (Harvard University Press, Cambridge, Mass., 1985).

Garvin, Paul L. (trans.), *A Prague School Reader* (Georgetown University Press, Washington, DC, 1964).

Lemon, Lee T. and Reis, Marion J. (eds and trans.), *Russian Formalist Criticism: Four Essays* (Nebraska University Press, Lincoln, 1965). Includes Viktor Shklovsky's essays 'Art as Technique' [1917] and 'Laurence Sterne' [1921].

Mukařovský, Jan, *Aesthetic Function, Norm and Value as Social Facts* [1936], trans. by M. E. Suino (Michigan University Press, Ann Arbor, 1970).

Voloshinov, Valentin, *Marxism and the Philosophy of Language* [1929], trans. by L. Matejka and I. R. Titunik (Seminar Press, New York, 1973; reprint Harvard University Press, Cambridge, Mass., 1986).

보충자료

Bennett, Tony, *Formalism and Marxism* (2nd edn, Routledge, London, 2003).

Clark, Katerina and Holquist, Michael, *Mikhail Bakhtin* (Harvard University Press, Cambridge, Mass. and London, 1984).

Dentith, Simon, *Bakhtinian Thought: An Introductory Reader* (Routledge, London, 1995).

Erlich, Victor, *Russian Formalism: History, Doctrine* (3rd edn, Yale University Press, New Haven and London, 1981).

Gardiner, Michael. *The Dialogics of Critique: M. M. Bakhtin and the Theory of Ideology* (Routledge, London, 1992).

Hirschkop, Ken, *Mikhail Bakhtin: An Aesthetic for Democracy* (Oxford University Press, Oxford, 1999).

Hirschkop, Ken and Shepherd, David (eds), *Bakhtin and Cultural Theory* (Manchester University Press, Manchester, 1991).

Holquist, Michael, *Dialogism: Bakhtin and His World* (2nd edn, Routledge, London, 2002).

Jameson, Fredric, *The Prison-House of Language: A Critical Account of Structuralism and Russian Formalism* (Princeton University Press, Princeton, NJ and London, 1972).

Jefferson, Ann, 'Russian Formalism', in *Modern Literary Theory: A Comparative Introduction*, Ann Jefferson and David Robey (eds) (2nd edn, Batsford, London, 1986).

Lodge, David, *After Bakhtin: Essays on Fiction and Criticism* (Routledge, London, 1990).

Morson, Gray Saul and Emerson, Caryl, *Mikhail Bakhtin: Creation of a Prosaics* (Stanford University Press, Stanford, 1990).

Pearce, Lynne, *Reading Dialogics* (Arnold, London, 1994).

Selden, Raman, *Criticism and Objectivity* (Allen & Unwin, London, Boston, Syndey, 1984), ch. 4, 'Russian Formalism, Marxism and "Relative Autonomy"'.

Shepherd, David, Brandist, Craig and Tihanov, Galin (eds), *The Bakhtin Circle: In the Master's Absence* (Manchester University Press, Manchester, 2003).

Stallybrass, Peter and White, Allon, *The Politics and Poetics of Transgression* (Routledge, London, 1986).

Steiner, Peter, *Russian Formalism: a Metapoetics* (Ithaca: Cornell U. P., 1984).

Thompson, Ewa M., *Russian Formalism and Anglo-American New*

Ciriticism: A Comparative Study (Mouton, The Hugue, 1971).
Trotsky, Leon, *Literature and Revolution* (Michigan University Press, Ann Arbor, 1960).
Womack, Kenneth and Davis, Todd F., *Formalist Criticism and Reader-Response Theory* (Palgrave Macmillan, Basingstoke, 2002).
Young, Robert, 'Back to Bakhtin', *Cultural Critique*, vol.2 (1985/6), 71-92.

3 독자중심 이론

20세기 들어 19세기 과학의 객관적 확실성에 대한 공격은 꾸준히 계속되어 왔다. 아인슈타인의 상대성 이론만 해도 객관적 지식이란 바로 사실들을 빈틈없이 차곡차곡 쌓아 놓은 것이라는 종래의 믿음에 근본적인 회의를 던진다. 철학자 T. S. 쿤은 과학에서의 '사실'이란 과학자가 이해의 대상에 적용한 참조틀에 달려 있음을 보여주었다. 한편 〈게슈탈트〉 심리학은 인간정신은 세계 내의 사물들을 서로 관계없는 조각들로 지각하지 않고 요소라거나 테마라거나 의미 있게 조직된 전체들의 〈형태〉(configurations)로 지각한다고 주장한다. 개별 항(項)들은 문맥에 따라 다르게 보이며, 단일한 시각으로 보는 경우에서조차 그 항이 '형상'(figure)으로 보이는지 '배경'(ground)으로 보이는지에 따라 해석이 달라진다는 것이다. 이러한 유형의 접근 방법들은 지각자는 지각 행위에서 수동적이 아니라 능동적이라는 점을 주장해 왔다. 유명한 오리-토끼 수수께끼에서는(70쪽 참조) 오직 지각자만이 그 선의 형태가 어느 쪽을 향하는지 결정할 수 있다. 다음 그림은 왼쪽을 보고 있는 오리인가, 아니면 오른쪽을 보고 있는 토끼인가?

관찰자의 능동적인 역할을 강조하는 이 현대적인 경향은 문학 이론에 어떤 영향을 미치는가?

다시 한번(서론, 7쪽 참조) 야콥슨의 언어 소통 모델을 생각해 보자.

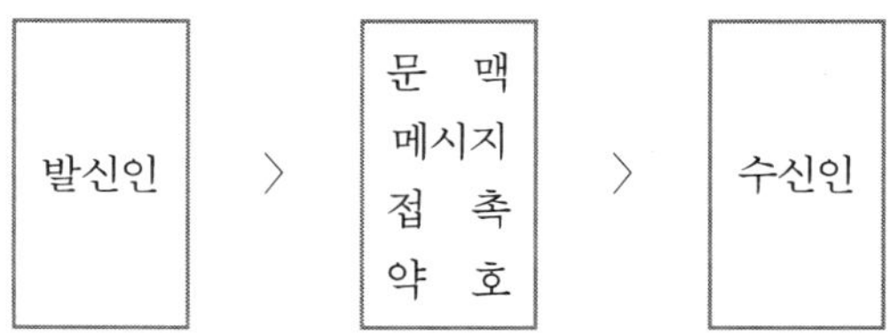

야콥슨은 문학적 담론은 '메시지에 관련된 일련의 항'을 가진다는 점에서 다른 종류의 담론과 다르다고 생각했다. 말하자면 한 편의 시는 시인, 독자 혹은 세계에 관한 것이기 이전에 우선 시 자체(그것의 형식, 이미저리, 문학적 의미)에 관한 것이다. 그러나 우리가 형식주의를 거부하고 독자 내지 청중의 시각을 채택한다면, 야콥슨 도표의 전체 방향은 달라진다. 이런 각도에서 보면, 시는 읽히기 전에는 진정으로 존재하는 것이 아니며, 그 의미도 오로지 독자들에 의해서만 논의될 수 있다. 우리가 해석을 달리하는 이유는 읽는 방법이 서로 다르기 때문일 뿐이다. 독자야말로 메시지가 담긴 약호를 풀어 내고, 그렇게 하여 잠재되어 있던 의미를 〈현실화〉시키는 사람이다. 가장 단순한 해석의 예를 보더라도 수신인이 의미 구성에 능동적으로 참여하는 일은 다반사임을 알 수 있다. 전자판의 숫자를 나타내는 데 사용되는 체계를 예로 들어 보자. 기본형은 7개의 짧은 선으로 되어 있다

(8). 보기에 따라서 이 형상은 불완전한 네모(ㅁ) 위에 그와 유사한 네모의 3면(ㄇ)이 덮어 쓰고 있는 것으로 보일 수도 있고, 그 반대로 보일 수도 있다. 그러나 보는 이의 눈은 이 모양을 익히 아는 숫자 체계의 한 항목으로 해석하게끔 유도되고, 이를 별 무리없이 '8'로 '지각'한다. 보는 이는 이 기본형의 변형들로부터 그다지 어렵지 않게 숫자를 구성해 낼 수 있는데, 형태가 별로 유사하지 않은 경우에도, 가령 2는 2, 5는 5('S'가 아니라), 4는 4로 (잘못 쓰인 'H'가 아니라) 판별한다. 이 같은 소통의 성공은 다음의 두 가지에 의존한다. (1) 숫자 체계에 대한 보는 이의 지식, (2) 불완전한 것을 완성하거나 혹은 유의미한 것은 고르고 그렇지 않은 것은 무시할 수 있는 보는 이의 능력. 이렇게 볼 때 수신인은 완전히 형성되어 있는 의미를 받아들이는 수동적인 수용자가 아니라, 의미를 창출하는 능동적인 작용자인 것이다. 그러나 이 숫자의 경우에 수신자가 하게 되는 일은 무척 단순한데, 메시지가 완벽하게 폐쇄된 체계 내에서 이루어지기 때문이다.

그렇다면 워즈워스의 다음 시를 고찰해 보자.

졸음이 내 영혼을 덮었다네
나에겐 인간의 두려움은 없었네
그녀는 지상에서의 세월의 감촉을
느낄 수 없던 사물처럼 보였네.

이제 그녀는 움직임도, 힘도 없네.
그녀는 듣지도 보지도 못한다네.
지구의 하루의 행로를 따라
바위, 돌, 나무와 함께 돌면서.

A slumber did my spirit seal; } a
I had no human fears;
She seemed a thing that could not feel } b
The touch of earthly years. } c

} d
No motion has she now, no force;
She neither hears nor sees;
Rolled round in earth's diurnal course,
With rocks, and stones, and trees.

독자들이 지금 서정시를 읽고 있고 화자를 극중 인물이 아닌 시인 자신의 목소리로 받아들인다는 것을 인정하기 위해 흔히 무의식적으로 밟게 마련인 많은 사전 단계들을 접어 둔다면, 우리는 이 시에는 각 연마다 하나씩, 두 개의 '진술'이 있다고 말할 수 있다.

(1) 나는 그녀가 죽을 수 없다고 생각했다.

(2) 그녀는 죽었다.

독자로서 우리는 두 진술 사이의 〈관계〉를 어떻게 이해해야 할지 자문하게 된다. 매 구절에 대한 우리의 해석은 이 질문에 대한 대답에 달려 있을 것이다. 그 여성(아기든, 소녀든, 성인이든)에 관한 이전 생각에 대하여 화자가 취하는 태도를 어떻게 보아야 할 것인가? '인간의 두려움이 없다'는 것은 바르고 이치에 닿는 일인가? 아니면 순진하고 우매한 일인가? 그의 영혼을 덮어 버린 '졸음'은 환상의 잠인가 영감에 어린 몽상인가? "그녀는 보였네"라는 말은 그녀가 불멸의 존재라는 무슨 눈에 보이는 표시가 있었다는 것인가, 아니면 화자가 잘못 알았던 것인가? 제2연은 그녀가 죽어서 정신적 존재를 갖지 않고 단순히 무생물로 환원되었다는 것을 암시하는가? 제2연의 첫 두 행을 보면 이 견해가 그럴듯하지만, 나머지 두 행은 또 다른 해석의 가능성을 연다. 즉, 그녀는 자연계의 일부가 되어서 제1연의 순진한 정신성보다 어떤 의미에서는 더 위대한 존재의 일부가 되어, 그녀의 개인적인 '움직임'과 '힘'도 이제는 자연의 커다란 움직임과 힘에 포괄되고 있는 것이다.

독자중심 비평의 시각에서 보면 이러한 질문들에 대한 대답이 텍스트 자체로부터 도출될 리 없다. 텍스트의 의미는 절대로 저절로 형성되는 법이 없고, 독자가 의미의 산출을 위해 텍스트인 재료에 작용을 가해야 한다. 볼프강 이저(아래 79-83쪽 참조)의 주장에 따르면 문학 텍스트에는 독자만이 채울 수 있는 '빈자리'가 항상 있다는 것이다. 워즈워스 시의 두 연 사이에 있는 '빈자리'는 두 연의 관계가 천명되지 않기 때문에 생겨난다. 우리는 해석 행위로 이 빈자리를 채워야 하는 것이다. 이론적인 문제의 초점은 텍스트 자체가 독자의 해석 행위를 촉발하느냐 않느냐, 혹은 독자 자신의 해석 전략이 텍스트에 의해 던져진 문제들에 해결책을 던져 주는지의 물음에 맞추어진다. 독자 반응 이론이 성장하기 이전부터, 기호학자들은 이 분야를 상당히 전문적으로까지 발전시킨 바 있다. 움베르토 에코의 『독자의 역할』(*The Role of the Reader*, 1979; 1959년부터 쓴 논문을 모은 책)은, 텍스트를 '열린' 텍스트(제임스 조이스의 『피네간의 경야』(*Finnegans Wake*), 무조(無調) 음악)와 '닫힌' 텍스트(코미디물, 탐정 소설)로 나누고, 전자는 의미의 생산에 독자의 협력을 유도하는 반면, 후자는 독자의 반응을 미리 정해 놓는다고 주장한다. 그는 또 독자 나름의 약호들이 독서 과정 중에 어떻게 텍스트의 의미를 결정하는지에 관해서도 고찰한다.

그러나 의미 구성에서의 독자의 역할을 이론화한 여러 방법들을 개관하기 전에, 우선 이 질문부터 던져야 한다. 즉 '독자'는 〈누구〉인가? 서술학자 제럴드 프린스는 다음과 같은 질문을 제기한다. 우리가 소설을 공부할 때 여러 종류의 화자(narrator, 전지적인, 불확실한, 내포된 따위)는 구별하려고 애를 쓰면서도, 그 화자가 담론을 행하는 상대방의 상이한 유형에 대해서는 왜 묻지 않는가라고. 프린스는 그런 상대방을 '청자'(narratee)라고 부른다. 이 청자와 독자를 혼동해서는 물론 안 되겠다. 화자는 여러 가지 방식으로, 즉 성('친애하는 부인 …'), 계급('신사분들'), 상황(팔걸이 의자에 앉은 '독자'), 인종(백인), 혹은 나이(성인)에 의해 청자를 정해놓을 수도 있다. 실제의 독자가 화자의 말을 듣는 사람과 일치할 수도 있지만 그렇지 않을 수도 있는 것이다. 실제의 독자는 가령 침대에서 독서를 하는 젊은 흑인 남성으로 공장 노동자일 수도 있다. 청자는 또 '가상 독자'(이야기를 전개할 때 작가가 염두에 둔 독자)와 '이상적 독자'(작가의 움직임 하나하나를 다 이해하는 완벽한 통찰력을 갖춘 독자)와도 구별된다.

그렇다면 어떻게 이 청자들을 찾아낼 수 있을까? 가령 소설가 앤소니 트롤로프가 "우리 대주교는 세속적이었지 — 우리 중에 누가 안 그렇겠어?"라고 쓸 때, 여기서 청자는 화자와 마찬가지로 가장 경건한 사람까지 포함하여 인간은 누구나가 타락할 수 있음을 깨닫고 있는 사람들이 된다. 청자를 알아채는 데 도움을 주는 직간접적 '꼬투리들'(signals)은 많이 있다. 화자는 청자가 품은 생각들을 공격하거나 지지하거나 의문시하거나 끌어냄으로써 청자의 성격을 강하게 암시한다. 화자가 담론 중에서 어떤 부족한 부분들에 대해 사과한다면(예컨대 "이 경험을 말로는 전할 수 없습니다." 식으로), 이 발언은 간접적이나마 청주의 감수성과 가치관에 대해 무언가를 말해주는 것이다. 청자에 대한 직접적인 언급이 전혀 없어 보이는 소설에서조차, 아주 단순한 문학적 비유에서도 조그만 꼬투리를 잡아낼 수 있다. 예컨대, 둘을 비교할 때 두 번째 항목이 청자에게 익숙한 세계를 암시하는 일은 무척 흔하다(가령, "그 노래는 텔레비전의 반복 음악만큼이나 진지했다" 같은 표현). 청자가 중요한 등장 인물인 경우도 가끔 있다. 예컨대, 『천일야화』(*A Thousand and One Nights*)에서는, 화자인 세헤라자드의 생존은 청자인 왕이 계속하여 관심을 기울이느냐의 여부에 달려 있다. 왕이 그녀의 이야기에 흥미를 잃으면, 그녀는 죽어야 하기 때문이다. 프린스의 이 정교한 이론으로 인해, 독자들이 직관적으로 이해는 하고 있었으나 여전히 명확하지는 못했던 서술의 차원으로 밝혀지게 되었다. 그가 독자중심 이론에 기여한 것은 이야기들이 실제의 독자와 일치하지 않을 수도 있는 그 자체의 '독자'나 '청취자'를 만들어낸다는 사실에 주의를 돌린 데 있다. 다음에서 논의되는 필자들의 대부분은 독자와 청자 사이의 이 같은 구분을 무시한다.

현상학: 후설, 하이데거, 가다머

의미를 결정함에 있어 지각자의 중심적 역할을 강조하는 현대의 철학적 경향은 '현상학'으로 알려져 있다. 에드먼드 후설에 따르면, 철학적 탐구의 고유한 대상은 우리 의식의 내용이지 외부 세계의 객체가 아니다. 의식이란 항상 무엇에 관한 것이고, 우리의 의식에 나타나는 그 '무엇'이야말로 우리에게 진정으로 실제하는 것이다. 후설은 여기에 덧붙여, 우리는 의식 속에 나타나는 사물들, 즉 그리스어로 '현상'(phenomena)에서 그것들의 보편적이거나 본질적인 성질을 발견한다고 주장한다. 이것은 개별적인 인간 정신이 모든 의미의 중심이자 기원이라는 관념(낭만주의자들 이후로는 쇠퇴해 온)을 되살리려는 시도였다. 문학 이론에서 이러한 접근법은 비평가의 정신 구조에 대한 순전히 주관적인 관심을 부추긴 것이 아니라, 한 유형의 비평을 낳게 된다. 즉 작가의 작품 세계 속으로 들어가 비평가의 의식에 나타날 때의 그 작품들의 근본 성격이나 본질에 대한 이해에 도달하려고 하는 것이다. 미국 비평가인 J. 힐리스 밀러의 초기 작업(후에는 해체론자가 되는데 7장 264-266쪽 참조)은 소위 '제네바 학파' 비평가들의 현상학적 이론에 영향을 받았는데, 조르쥬 뿔레와 장 스타로벵스키가 여기에 포함된다. 예컨대 밀러와 토마스 하디에 대한 첫 연구, 『토마

스 하디: 거리와 욕망』(*Thomas Hardy*: Distance and Desire, 1970; 이후 그는 '해체적' 연구서나 논문들을 썼다)은 그 소설들의 지배적인 정신 구조가 이를테면 '거리'와 '욕망'임을 밝혀낸다. 해석 행위는 텍스트가 독자에게 작가의 의식에 다가가는 것을 허용하기 때문에 가능하다. 뿔레의 말을 빌리면, 작가의 의식은 "나에게 열려 있고, 나를 환영하며, 나로 하여금 그 속을 깊이 들여다 보게 하고 … 그것이 생각하고 느끼는 바를 나도 생각하고 느끼게 해준다." 자크 데리다(7장 참조)라면 의미가 '초월적 주체'(즉, 작가)에게 집중되어 있고, 또 하나의 그런 주체(즉, 독자)에게 재집중될 수 있다고 상정한다는 점에서 이 같은 사고를 '말씀중심적'이라고 보았을 것이다.

독자중심 이론으로 넘어가는 전조는 후설의 '객관적' 관점을 그의 제자 마르틴 하이데거가 거부한 데서 엿보인다. 하이데거는 인간 존재의 특징을 그 현존(Dasein, 'givenness')이라고 주장했다. 다시 말해 우리의 의식은 세계의 사물들을 〈투사〉하고, 동시에 세계 내 존재의 본성 자체에 의해 세계에 〈종속〉된다. 우리는 세계로, 우리가 택하지 않은 시간과 장소로 '던져'졌지만, 동시에 그 세계는 우리의 의식이 그것을 투사하는 한 우리의 세계이다. 우리는 산꼭대기에서 세상을 내려다보는 식의 거리를 둔 관조적 태도를 취할 수 없다. 우리는 의식의 대상과 얽힐 수밖에 없는 것이다. 우리의 사고는 언제나 어떤 상황 안에서 일어나고, 그래서 언제나 〈역사적〉이다. 이 역사는 물론 외적이고 사회적인 것이 아니라 개인적으로 내적인 것이지만. 이와 같은 하이데거의 상황적 접근법을 문학 이론에 적용한 사람은 바로 한스-게오르그 가다머였다. 가다머는 『진리와 방법』(*Truth and Method*, 1975)에서 문학 작품은 이미 정해져 깔끔하게 포장된 의미 꾸러미의 형태로 세상 속에 뛰어드는 것은 아니라고 주장한다. 의미는 해석자의 역사적 상황에 좌우된다는 것이다. 가다머는 '수용 이론'(다음의 야우스 부분을 참조할 것)에 영향을 미쳤다.

한스 로베르트 야우스와 볼프강 이저

독일 '수용' 미학(Rezeptionästhetik)의 중심 인물 중 하나인 야우스는 독자중심 비평에 역사적 차원을 부여했다. 그는 역사를 무시하는 러시아 형식주의와 텍스트를 무시하는 사회 이론들을 절충하려 한다. 1960년대 말 사회적 혼란기에 글을 쓰면서 야우스를 비롯한 이론가들은 독일 문학의 정전에 의문을 제기하려 했고, 〈또한〉 그 같은 의문 제기가 전적으로 타당함을 보여주기를 원했다. 20세기 초에 뉴턴의 물리학이 부적절하게 보인 것과 마찬가지로 낡은 비평관도 의미를 잃게 된다. 그는 과학 철학(T. S. 쿤)에서 '패러다임'이라는 용어를 빌어온다. 패러다임이란 특정한 시기에 작용하는 개념 및 가정들의 과학적 범형(範型)을 말한다. '정상 과학'은 특정한 패러다임의 정신 세계 내에서 실험적 작업을 하지만, 이윽고 새 패러다임이 낡은 패러다임을 대체하여 새로운 문제를 내놓고 새로운 가정을 세운다. 야우스는 어떤 주어진 시기의 문학 텍스트를 평가하기 위해 독자들이 사용하는 기준을 '기대의 지평'이라는 말로 표현한다. 이 기준이 한 편의 시를, 이를테면 서사시나 비극이나 전원시로 평가할 수 있게 한다. 더 일반적으로 말해, 이 기준은 비(非)시적 혹은 비(非)문학적인 것과 구별되는 시적 혹은 문학적 언어 사용이 무엇인가 하는 문제에도 적용된다. 통상의 쓰기와 읽기는 이러한 지평 내에서 일어난다. 예컨대, 영국의 아우구스투스 시대를 생각해보면, 포우프의 시는 명백함, 자연스러움, 문체상의 어울림(decorum; 주제의 격에 따라 언어가 조절되어야 한다는 원칙)이라는 가치에 토대를 둔 기준에 따라 평가되었다고 해도 무방할 것이다. 그러나 이것이 포우프 시의 가치를 영구 불편하게 확립시키지는 못한다. 18세기 후반에 들어서자 비평가들은 포우프를 도대체 시인이라고 할 수 있는가부터 문제 삼고서 그는 산문을 2행 대구(對句)에 맞추어 넣었다 뿐이지 시에 필요한 진정한 상상력을 가지지 못한 영리한 운율가라고 주장했던 것이다. 그 다음 세기를 건너뛰어 현대에 들어오면 포우프는 다시 변화된 기대의 지평 내에서 읽히고 있다. 우리는 이제 흔히 그의 시가 위트, 복잡성, 도덕적 통찰을 가지고 있고, 문학 전통을 쇄신하고 있음을 높이 평가하는 것이다.

최초 기대의 지평은 그 작품이 등장하던 당시 어떻게 평가·해석되었나를 알려줄 뿐이지, 작품의 의미를 결정적으로 확립하지는 못한다. 이와 마찬가지로 야우스의 관점으로는 어떤 작품이 보편적이라고 하는 것, 다시 말해 그 의미가 영구히 확정되어 어느 시기 어느 독자에게도 받아들여진다고 말하는 것도 잘못일 것이다. "문학 작품은 홀로 서서 어느 시대 어느 독자에게도 똑같은 얼굴을 내미는 객체가 아니다. 그것은 독백으로 그 영원한 본질을 드러내는 기념비가 아니다." 이 말은 물론 한 작품이 나온 때부터 현재에 이르기까지 흘러온 연속적인 지평들을 개관할 수는 없고, 올림푸스 산의 신들처럼 초연하게 작품의 최종적 가치나 의미를 요약할 수는 없다는 뜻이다. 그것이 곧 우리 자신의 역사적 상황을 무시하는 꼴이기 때문이다. 누구의 권위를 받아들일 수 있단 말인가? 최초의 독자들의 권위인가? 시간을 두고 쌓인 독자들의 종합된 견해인가? 아니면 현재의 미학적 판단인가? 최초의 독자들로 말하면 어떤 작가(예를 들어, 윌리엄 블레이크)의 혁명적 의미를 못보기 십상이며, 우리 자신의 판단을 포함한 그 후의 독자들의 판단도 이 점에서는 마찬가지일 것이다.

이러한 문제들에 대해 야우스는 하이데거의 추종자인 한스-게오르그 가다머(위의 글 참조)의 철학적 '해석학'을 빌어 대답한다. 가다머는 과거 문학에 대한 모든 해석은 과거와 현재의 대화에서 나온다고 주장한다. 한 작품을 이해하려는 우리의 시도는 우리 자신의 문학적 환경에서 제기 가능한 질문들에 좌우될 것이다. 동시에 우리는 그 작품 자체가 역사와 대화를 통해 대답하려고 애썼던 질문들을 찾아내고자 한다. 우리의 현재 시각은 언제나 과거와의 관계를 포함하지만, 동시에 과거도 현재의 제한된 시각을 통해서만 파악될 수 있다. 이렇게 보면 과거에 대한 〈지식〉을 수립하는 일은 불가능해 보인다. 그러나 '이해'라는 해석학적 개념은 낯익은 과거와 현재의 '융합'(fusion)으로 본다. 즉, 우리는 현재를 간직하지 않고는 과거로 여행할 수 없는 것이다. '해석학'은 원래 성서 텍스트의 해석에 쓰이던 용어였다. 현대의 해석학은 그것이 접근하려 애쓰는 세속적 텍스트에 대해 그와 똑같은 진지하고 숭배하는 태도를 가지고 있다.

야우스는 작가란 자기 시대의 지배적인 기대에 감연히 맞설 수도 있음을 인정한다. 사실 수용 이론 자체부터가 문학적 변화의 분위기가 있던 1960년대 독일에서 발전했던 것이다. 당시 롤프 호흐후트, 한스 마그누스 엔첸스베르그, 그리고 페테르 한트케는 독자 내지 청중의 직접 참여를 늘림으로써 기존의 문학적 형식주의에 도전하고 있었다. 야우스 자신은 19세기 말 『악의 꽃』(*Les Fleurs du mal*)으로 소동을 일으키고 법적으로 고소까지 당한 프랑스 시인 보들레르의 경우를 조사한다. 이 시집이 부르주아 도덕성의 규범과 〈그리고〉 낭만주의 시의 교리를 위반했다는 것이다. 그러나 이 시들은 또한 즉각적으로 새로운 미학적 기대의 지평을 열었고, 문학의 아방가르드는 이 시집을 데카당스의 개척자적 작업으로 보았다. 19세기 후반에 이 시들은 허무주의 숭배의 미학적 표현이라고 '구체화'(이저의 용어, 아래 참조)되었다. 야우스는 보들레르의 시에 대한 이후의 심리학적·언어학적·사회학적 해석들을 의미있다고 보기는 하나 대개 무시해버린다. 그럼으로써, 스스로의 역사적 한계를 인정하면서도 다른 특정 해석들에 대해서는 '잘못 설정되었거나 불합리한 문제'를 제기하고 있다고 보아도 된다는 식의 방법에 의심을 던진다. '지평의 융합'이란 지금까지 제기된 모든 관점을 전부 혼합하는 것이 아니라, 비평가의 해석학적 감각에 비추어 차차 드러날 의미들의 총체, 텍스트의 진정한 통합을 구성할 그 총체의 일부라고 보는 관점들만의 혼합인 것처럼 보인다.

소위 독일 수용 이론의 '콘스탄스 학파'의 주도자인 볼프강 이저(Wolfgang Iser)는 현상학적 미학자인 로만 잉가르덴과 가다머의 작업에 크게 의존한다(위의 글 참조). 야우스와 달리 이저는 텍스트와 독자를 탈문맥화하고 탈역사화한다. 핵심 작업은 『내포 독자』(*The Implied Reader*, 1974)와 『독서 행위: 미학적 반응의 이론』(*The Act of Reading: A Theory of Aesthetic Response*, 1978)으로서, 이 저서들에서 그는 (다른 곳에서도 그렇지만) 텍스트를 독자의 문학 외적 규범, 가치관, 경험과 관련하여 독자에 의해 '구체화'되는 잠재적인 구조라고 파악한다. 읽히는 방식을 조절하는 텍스트의 힘과 자신의 경험의 맥락에서 그것을 '구체화'하는 독자의 작업 사이에는 일종의 진자 운동이 이루어진다. 이때 독자의 경험 자체가 독서 행위 과정에서 변화를 겪는다. 이 이론에서 '의미'는 기대들의 조정과 수정에 존재하는데, 이것들은 텍스트에 대한 자신의 변증법적 관계를 이해하는 과정에서 독자의 마음속에서 일어난다. 이저는 아무래도 이 관계에서 텍스트의 불확정성과 독자의 경험 가운데 후자에 더 무게를 두는 듯하지만, 실은 그 스스로도 이 상대적 비중의 문제를 완전히 해결한 것은 아니다.

이저의 견해에 따르면 비평가의 과제는 하나의 대상으로서의 텍스트가 아니라 그것이 독자에게 준 영향을 설명하는 것이다. 텍스트는 본성상 마치 스펙트럼처럼 다양한 해독이 가능한 법이다. '독자'라는 용어는 '내포적 독자'와 '실제의 독자'로 다시 나누어진다. 전자는 텍스트 스스로가 만들어내는 독자로, 일정한 방식으로 읽도록 미리 정해주는 '반응 유도 구조의 망'이 되는 독자이다. '실제 독자'는 독서 과정에서 어떤 심상들을 얻게 되지만, 그 심상들은 불가피하게 독자의 '기존 경험의 총합'에 의해 채색되기 마련이다. 앞에서 인용한 워즈워스의 시를 읽더라도(71-72쪽 참조) 무신론자라면 기독교인과는 다른 영향을 받게 될 것이다. 독서의 경험은 과거의 경험에 따라 달라질 것이다.

우리가 읽는 낱말들은 실제의 대상을 재현하는 것이 아니라 허구의 모습을 하고서 인간의 발화를 재현하고 있다. 이 허구적 언어는 우리 마음속에 〈상상적〉 대상들을 구성하게 만든다. 이저가 든 예를 빌려 와보자. 그에 의하면, 헨리 필딩은 『톰 존스』에서 올워디(Allworthy; 완전한 인간)와 블리필 대위(Captain Blifil; 위선자)를 그린다. 그런데 '완전한 인간'이라는 독자의 상상적 대상은 수정되기 마련이다. 올워디가 블리필의 거짓 경건함에 넘어갈 때, 우리는 그 완전한 인간의 판단력 결핍에 견주어 상상적 대상을 조절하게 되는 것이다. 이 책 전체를 통한 독자의 여행은 이와 같은 조절의 과정이다. 우리는 인물들과 사건들에 대한 기억에 근거하여 마음속에 일정한 기대를 갖고 있지만 그 기대는 계속하여 수정되고 기억 또한 텍스트를 읽어감에 따라 변형된다. 독서하는 동안에 우리가 파악한 것은 일련의 변화하는 관점일 뿐, 그때그때마다 완전한 의미를 띤 고정된 무엇은 아닌 것이다.

문학 작품은 대상들을 재현하지는 않지만, 일정한 규범, 가치 체계, 혹은 '세계관'을 선택함으로써 문학 외적 세계와 관련된다. 이 규범들은 인간으로 하여금 무질서한 경험을 이해하게 해주는 현실 개념들이다. 테스트는 이같은 규범의 '레퍼토리'를 그 허구적 세계 내에 던져놓고 거기서 그 규범들의 타당성이 결정되도록 한다. 『톰 존스』에서도 여러 인물들이 상이한 규범을 구현한다. 즉, 올워디는 관대함, 웨스턴 어르신은 지배욕, 스퀘어는 사물의 변함 없는 적절성, 트웩컴은 죄악에 빠지는 인간 정신, 소피아는 자연스런 매력의 이상(理想)이다. 각 규범은 다른 규범들을 제치고 일정한 가치를 내세우며, 인간성의 이미지를 단일한 원칙 내지 시각에 축약하려 든다. 따라서 독자는 텍스트의 미완료적 성질 때문에 어쩔 수 없이 주인공의 가치(선량함)를 그때그때의 사건을 통해 주인공이 위반하는 여러 가지 규범과 관련짓지 않을 수 없다. 〈오직 독자〉만이 특정 규범들이 거부되거나 의문시되는 정도를 구체화할 수 있다. 다시 말해 〈오직 독자〉만이 톰에 대해 복합적인 도덕적 평가를 내릴 수 있으며, 그가 '선량함'으로 다른 인물들의 제한적 규범들을 깨뜨리기는 하나 여기에는 그에게 '신중

함'과 '용의주도함'이 없는 것도 한 원인이 된다는 점을 간파할 수 있다. 필딩이 말로 표현하는 것은 아니지만 독자로서 우리는 텍스트의 '틈새'나 빈자리를 메우기 위해 이것을 해석에 삽입한다. 실생활에서도 우리는 일정한 세계관('냉소주의', '휴머니즘')을 대변하는 듯한 사람들을 만나게 되지만, 그 경우에는 기존의 개념에 바탕하여 이 같은 표현을 한다. 우리가 접하는 가치체계들은 일정한 틀이 없이 마주친다. 즉 텍스트에서처럼 작가가 나서서 그 체계들을 골라서 미리 정해주는 법도 없고 주인공이 그것들의 타당성을 검증하기 위해 등장하는 법도 없다. 그래서 텍스트는 비록 채워야 할 '틈새'가 많다해도 삶 자체보다는 훨씬 더 명백하게 구조화되어 있는 것이다.

이저의 방법을 앞에서 인용한 워즈워스의 시에 적용하면 어떨까? 독자는 처음에는 자기의 관점을 조절하게 되고(a, b, c, 그러고 나서 d), 다음으로는 두 연 사이의 (초월적 정신성과 범신론적 편재성 사이의) '빈자리'를 채우게 될 것이다. 사실 짧은 시는 장편 소설을 읽을 때와는 달리 독자가 긴 조절과정을 거칠 필요가 없기 때문에, 이런 식의 적용은 다소 무리하게 보일지도 모른다. 그러나 '틈새'의 개념은 여기서도 유효하다.

앞에서 언급했다시피, 이저가 텍스트의 빈자리를 자기 뜻대로 채울 힘이 독자에게 있다고 보는지, 아니면 텍스트가 역시 독자의 구체화 작업의 최종적인 결재권을 가진다고 보는지는 명확하지 않다. '완전한 인간'과 '완전한 인간의 판단력 결핍' 사이의 틈새는 자유롭게 판단하는 독자에 의해 채워지는가 아니면 텍스트의 지도에 따라 〈인도되는〉 독자에 의해 채워지는가? 이저가 역점을 두는 바는 궁극적으로 현상학적이다. 즉 독자의 독서 경험이 문학적 과정의 중심이라는 것이다. 독자는 텍스트에서 드러나는 여러 관점 사이의 모순을 해결함으로써 혹은 여러 가지 방식으로 관점 사이의 '틈새'를 메움으로써, 텍스트를 의식 속으로 끌어 들여 자기 자신의 〈경험〉이 되게 한다. 말하자면 텍스트가 독자의 의미 구체화 작업의 조건을 정해주기는 하지만 그 과정에서도 독자 자신의 '경험의 곳간'은 일정한 영향을 미친다. 또한 독자의 기존 의식은 독서 행위가 일어나는 중에 텍스트가 제시하는 상이한 관점들을 받아들이고 처리하기 위해 일정한 내적 조절을 겪을 수밖에 없다. 이러한 상황에서 독자 자신의 '세계관'도 텍스트의 부분적인 미확정 요소들을 내재화·절충화·현실화하는 과정의 결과로서 수정될 가능성도 열리게 된다. 이저의 표현을 쓰자면 독서는 "우리에게 아직 형성되지 않은 것을 형성시킬 기회를 준다."

피쉬, 리파떼르, 블레이치

독자중심 이론의 여타 (다양한) 변형들은 다음에 개괄할 세 명의 비평가가 대변한다(제4장의 구조주의 시학 참조). 17세기 영국 문학 비평가인 미국의 스탠리 피쉬는 '영향론적 문체론'이라는 독자중심 이론을 전개해 왔다. 이저와 마찬가지로 그도 독서행위 중에 독자에 의해 이루어지는 지평의 조절에 초점을 맞추기는 하나, 이 작업을 문장의 차원에 국한시킨다. 그는 문학 언어의 특수한 지위를 인정하지 않음으로써 그의 접근법이 모든 종류의 형식주의(미국 신비평을 포함한)와 별개의 것임을 분명히 한다. 문학적 문장이나 비문학적 문장이나 독일한 독서 전략을 사용해 해석한다는 것이다. 그의 관심사는 시간에 따라 연속되어 나오는 문장 속의 낱말들과 관련하여 독자의 변화하는 반응을 살피는 것이다. 가령 『실락원』에서 밀턴은 천국에서 지옥으로 떨어진 타락한 천사들이 자신의 처지를 알게 되는 장면을 묘사하면서 "그들은 불운한 처지를 깨닫지 못하지는 않았다"고 썼다. 이것이 "그들은 불운한 처지를 깨달았다"는 진술과 동등하게 취급되어서는 안 된다는 것이다. 피쉬의 주장에 따르면 주목할 것은 낱말들의 배열이다. 즉 이 배열이 일종의 긴장 상태를 자아내어 독자로 하여금 타락한 천사들의 깨달음에 대한 두 견해 사이에서 잠시 머뭇거리게 한다는 것이다. 그러나 그의 논거는 밀턴이 고전 서사시의 스타일로 널리 쓰이는 이중 부정을 모방하고 있었던 것이 분명한 이상, 전적으로 부정된다고는 못해도 상당히 약화될 수밖에 없다. 그러나 월터 페이터의 다음 문장에 대해서 피쉬는 무척 예민한 분석을 보여준다. "이 약간의 불꽃 같은 것을, 우리 삶은 가지고 있으니, 삶이란 조만간 헤어져 제 길들을 갈 힘들의, 순간순간 갱신되는, 동시적인 존재일 뿐이다". 그는 지적하기를, 페이터는 "힘들의 동시적 존재"에 "순간순간 갱신되는"을 끼워 넣음으로써 독자가 마음속에서 명백하거나 고정된 이미지를 형성하지 못하게 하고, 문장의 각 단계마다 기대와 해석을 조절하게 만든다는 것이다. "동시적 존재"라는 관념은 "헤어져"에 의해 깨어지지만, 이번에는 "조만간"이 "헤어져"를 일시적으로 불확실한 것이 되게 한다. 이렇게 의미에 대한 독자의 기대는 끊임없이 조정된다. 즉 의미는 결국 독서의 총체적 운동이라는 것이다.

조나단 컬러(제4장 참조)는 피쉬의 목표에 대해서는 대체로 지지를 보내지만 자신의 독자 비평을 적절하게 이론화하지 못했다고 비판한다. 피쉬는 자신의 문장 독서법이 교양있는 독자(informed reader)의 자연스러운 반응을 따라간 것일 뿐이라고 생각한다. 그가 보기에 독자는 '언어적 능력'을 소유한 사람으로, 독서에 필요한 구문론적·의미론적 지식을 내면화하고 있다. 또한 문학 텍스트의 '교양있는 독자'는 특히 '문학적 능력' (문학적 관습에 대한 지식)까지 가지고 있다. 컬러는 피쉬의 입장에 대해 두 가지 통렬한 비판을 가한다.

1. 독서 관습을 이론화하지 못한다. 다시 말해, 피쉬는 '독자가 독서 행위 중 어떤 관습을 따르는가?'하는 질문을 못한다.
2. 시간적 연쇄에 따라 한 낱말씩 문장을 읽어나간다는 주장은 잘못이다. 즉 실제로 독자가 하나하나 끊어서 점진적으로 문장을 받아들인

다고 믿을 이유는 하나도 없다는 것이다. 가령 앞에서 든 밀턴의 구절 "그들은 깨닫지 못하지는 않았다"를 보고서 독자가 두 견해 사이에서 머뭇거릴 것이라고 가정하는 이유는 무엇인가?

피쉬는 한 연쇄 내의 다음 낱말이 나올 때마다 놀랄 준비가 되어 있는데, 이런 태도에는 무언가 인위적인 데가 있다. 피쉬 자신도 자신의 접근법이 자멸적으로 진행하는 텍스트에 적합하다는 점을 인정한다(그의 초기 저서 중 하나의 제목은 『자기 소모적 예술품』(*Self-Consuming Artifacts*, 1972)이다). 엘리자베스 프런드의 지적에 따르면 피쉬는 자신의 독자 지향론을 견지하기 위해서 독서의 실제 경험은 그 경험의 언어적 표현과 같은 것이 아니라는 사실을 애써 외면한다. 자신의 독서 경험을 해석 행위 자체로 다룸으로써 그는 경험 자체와 경험에 대한 이해 사이의 차이를 무시하고 있다. 따라서 피쉬가 우리에게 제공하는 것은 독서의 성격에 대한 명확한 설명이 아니라, 자기 자신의 독서 경험에 대한 그의 이해이다.

『이 클래스에 텍스트가 있는가』(*Is There a Text in this Class?*, 1980)에서 피쉬는 그의 초기 저서가 자신의 독서 체험을 규범으로 취급한 것임을 인정하고 '해석 공동체'(interpretative communities)라는 개념을 도입하여 초기의 입장을 정당화하려 한다. 피쉬는 결국 독자들에게 '독서할 때면 내가 했던 바를 그대로 하도록 공동체적 가설들을 채택하라'고 설득하고 있는 셈이다. 특정한 종류의 독서 전략을 채택하는 많은 상이한 독자군(群)이 있을 수 있음은 물론이다. 그러나 피쉬 작업의 이 국면에 오면, 어떤 특정한 해석 공동체의 전략이 독서 과정 전체 즉, 텍스트의 문체적 사시들과 독서의 경험을 결정해 버린다. 해석 공동체의 범주를 받아들이는 순간, 텍스트에 관한 질문과 독자에 관한 질문 가운데서 택일할 필요는 없어지고 따라서 주체와 객체의 문제도 깨끗이 소멸되고 만다. 그러나 이러한 해소로 치러야 하는 대가는 크다. 모든 의미 산출 과정을 해석 공동체의 기존 관습들에 환원함으로써, 피쉬는 해석 행위를 지배하는 규범들과는 어긋나는 해석이나 저항의 가능성을 일체 포기하는 듯 보인다. 엘리자베스 프런드가 지적하다시피, "동의(同意)의 제국주의에 의존하는 것은 공동체 체험이 피쉬가 설정하는 것보다 푸근하지 않은 독자들을 오싹하게 만들 수 있다".

프랑스의 기호학자 미셸 리파떼르는 시를 언어의 특수한 용법이라고 보는 점에서 러시아 형식주의자들과 견해를 같이 한다. 일상적 언어는 실제적이며 대개 어떤 종류의 '현실'을 지시하는 데 비해 시적 언어는 하나의 목적으로서의 메시지 그 자체에 초점을 맞춘다는 것이다. 그는 야콥슨에게서 이러한 형식주의적 관점을 따오지만, 한 유명한 논문에서 보들레르의 『고양이들』(Les Chats)에 대한 야콥슨과 레비-스트로스의 해석을 공격한다. 리파떼르에 따르면 교양있는 독자조차도 이들이 이 시에서 발견하는 언어적 자질들을 알아낼 수 없었다는 것이다. 문법적 음소적 패턴들의 온갖 양식이 그들의 구조주의적 접근법에 의해 들추어지지만, 그들이 지적하는 모든 자질들이 다 독자를 위한 시적 구조의 일부가 될 수는 없다. 그는 명백한 보기를 들어 이들의 주장을 반박하는데, 이들은 보들레르가 한 행의 마지막에 여성 명사인 기쁨(*volupté*, 말하자면 남성 명사인 *plaisir* 대신에)이라는 단어를 쓴 것으로 보아 여성 명사가 '남성' 운으로 사용되는 사실을 가지고 장난을 치고 있으며, 그럼으로써 이 시에 성적 애매모호성을 창출한다고 주장한 바 있다. 리파떼르는 상당히 훈련된 독자라도 '남성' 운이니 '여성' 운이니 하는 전문 용어를 들어보지도 못했을 것이라고 타당한 지적을 한다. 그러나 라파떼르는 야콥슨이 파악해낸 것이 독자가 텍스트에서 알아내는 것의 증거로 왜 중요하지 않다는 것인지 제대로 설명하지 못한다.

리파떼르는 『시의 기호학』(*Semiotics of Poetry*, 1978)에서 자신의 이론을 전개했는데, 능력있는 독자는 표면적 의미 이상의 것을 파악한다는 것이 그의 주장이다. 우리가 한 편의 시를 일련의 진술로 보는 경우, 그 시의 '의미'에 우리의 관심을 한정하고 있는 셈인데, 이때 의미란 그 시가 정보 단위들을 통해 재현한다고 할 수 있는 무엇이다. 우리가 한 편의 시의 '의미'에 관심을 둔다면, 우리는 그 시를 (무의미할 수도 있는) 일련의 무관한 조각들로 환원시키는 꼴이다. 시에 나타난 요소들(기호들)이 정상적인 문법이나 정상적인 재현과 다른 경우가 허다하다는 점에 주목할 때 비로소 진정한 반응이 시작된다. 시는 오직 〈간접적〉으로만 의미를 수립하는 듯하며, 그렇게 함으로써 '현실의 문학적 재현을 위협한다'. 시의 '의미'를 이해하는 데는 통상적인 언어 능력만 있으면 되지만, 독자에게는 시를 읽을 때 종종 마주치는 '비문법적인 부분들'을 다루기 위해 '문학적 능력' (이 용어에 대한 더 자세한 논의는 컬러 부분 4장 112-115쪽 참조)이 요구되는 것이다. 독서 과정 중에 비문법적인 부분이라는 장애에 부딪친 독자는 어쩔 수 없이 텍스트의 비문법적 자질들을 설명해 줄 두 번째 (더 높은) 의미 차원을 찾아내지 않을 수 없다. 그 결과 하나의 구조적 '주형'이 드러나는데, 이 주형은 한 문장 혹은 한 낱말로까지 좁혀질 수 있다. 이 주형은 간접적으로 추출되는 것으로, 실제로 시 속에 낱말이나 진술의 형태로 존재하지는 않는다. 시는 주형의 드러난 형태들, 다시 말해 낯익은 진술, 상투어, 인용구, 관습적 연상 등을 통해 그 주형과 맺어진다. 이 드러난 형태들을 '하이포그램'이라고 한다. 궁극적으로 시에 통일성을 주는 것은 주형이다. 이 독서 과정은 다음과 같이 요약될 수 있다.

1. 통상적인 '의미'를 찾으며 읽으려 한다.
2. 비문법적으로 여겨져서 통상의 모방적 해석을 방해하는 요소들에 초점을 맞춘다.
3. 텍스트에서 확대되어 있거나 익숙치 않은 표현을 수용하는 '하이포그램들'(혹은 진부한 문구들)을 발견한다.

4. ‘하이포그램들’에서 ‘주형’을 추출한다. 즉, ‘하이포그램들’과 텍스트를 산출할 수 있는 하나의 진술이나 낱말을 찾는다.

별로 자신은 없지만 이 이론을 워즈워스의 시 「졸음이 내 영혼을 덮었다네」(본장 71-72쪽 참조)에 적용해보면, 우리는 결국 ‘영혼과 물질’이라는 주형에 도달할 법하다. 이 텍스트에서 재생된 ‘하이포그램’은 이렇게 정리될 수 있을 듯하다. (1) 죽음은 삶의 종말이다. (2) 인간의 영혼은 죽지 않는다. (3) 죽으면 우리는 원래 우리가 나왔던 땅으로 돌아간다. 이 시는 하나의 주형으로부터 이러한 진부한 문구들을 예기치 않은 방식으로 재생시킴으로써 통일성을 획득한다.

이상이 나의 적용이지만, 리파떼르 자신이 예로 든 보들레르나 고띠에의 경우를 제시했더라면 그의 이론이 훨씬 더 설득력 있어 보였을 것은 말할 여지도 없다. 그의 접근법은 ‘정상적’ 문법이나 의미론을 거스르는 난해한 시를 읽는 방법으로 특히 적합한 듯 보인다. 그러나 독서의 일반 이론으로서 그의 이론은 문제가 많다. 누구나가 대뜸 생각할 법한 몇몇 종류의 독서(가령 시에서 정치적 메시지를 읽기)를 인정하지 않는 것도 작지 않은 문제이다.

심리학에서 독자 이론에 대한 접근법을 끌어낸 미국 비평가는 데이비드 블레이치이다. 그의 『주관적 비평』(*Subjective Criticism*, 1978)은 비평 이론의 패러다임이 객관적인 것에서 주관적인 것으로 바뀐 데 대한 이론적인 옹호이다. 그는 현대 과학 철학자들(특히 T. S. 쿤)이 객관적 사실 세계의 존재를 부정한 것은 올바르다고 주장한다. 과학에서조차, 지각자의 정신 구조가 객관적 사실로 간주되는 것이 무엇인지를 결정하는 것이다. “관찰 대상은 관찰 행위에 의해 변화된 형태로 나타나기 [때문에] 지식은 사람들에 의해서 만들어지는 것이지 발견되는 것이 아니다.” 그는 나아가 ‘지식’의 발전은 〈공동체의 필요〉에 의해 정해진다고 주장한다. ‘과학’이 ‘미신’을 대신했다는 말은 어둠에서 빛으로 나아갔다는 뜻이 아니라, 공동체의 긴급한 요구들이 낡은 신념 체계와 충돌하고 새로운 신념 체계를 요구함으로써 패러다임이 변하게 되었다는 것을 뜻한다.

'주관적 비평'은 '각자의 가장 시급한 동기는 자신을 이해하는 것'이라는 가정에 바탕을 두고 있다. 블레이치는 학급에서의 실험을 통해 (1) 텍스트에 대한 독자의 자발적 '반응'과 (2) 독자가 텍스트에 부여하는 '의미'를 구분하게 되었다. 후자는 대개 '객관적' 해석(교육적 상황에서의 타협으로서)으로 제시되지만 독자의 〈주관적 반응〉에서부터 발전될 수밖에 없다. 어떤 사고 체계가 채택되더라도 (가령 도덕적, 마르크스주의적, 구조주의적, 정신분석적 등) 특정 텍스트에 대한 해석은 개인적 '반응'의 주관적 개별성을 반영하는 것이 정상이다. '반응'에 바탕하지 않은 사고 체계 적용은 기존의 신조에서 비롯된 공허한 공식에 지나지 않을 것이다. 비평가가 애써 자기의 견해의 성장과 기원을 설명할수록 특정한 해석은 더 많은 의미를 얻는다.

독자중심 이론에는 단일한 지배적인 철학적 출발점이 있는 것은 아니다. 우리가 고찰한 비평가들도 전혀 다른 사상적 전통에 속해 있다. 독일의 이론가인 이저와 야우스는 현상학과 해석학에 의존하여 독자의 의식의 맥락에서 독서 과정을 설명하려 한다. 리파떼르는 특수한 〈문학적〉 능력을 갖는 독자를 전제하는가 하면 스탠리 피쉬는 독자는 문학적 문장이든 아니든 문장 내의 낱말 연쇄에 반응한다고 생각한다. 블레이치는 독서란 독자의 심리적 필요를 충족시키거나 아니면 적어도 거기에 의존하는 과정이라고 본다. 그리고 제7장에서 우리는 롤랑 바르트가 텍스트를 한없는 '약호들'의 놀이에 '개방'하여 의미 창조의 힘을 독자에게 부여함으로써 구조주의의 종언을 선언하고 있음을 보게 될 것이다. 이상의 독자중심 이론에서 다른 것을 취할 수도 있지만, 그 이론들이 신비평과 러시아 형식주의라는 텍스트 중심 이론들의 지배에 심각한 도전을 하고 있음은 이론의 여지가 없다. 우리는 이제 독자의 기여를 고려하지 않고서는 텍스트의 의미에 대해 말하지 못하게 된 것이다.

참고문헌

기본서

Bleich, David, *Subjective Criticism*(Johns Hopkins University Press, Baltimore and London, 1978).

Eco, Umberto, *The Role of the Reader: Explorations in the Semiotics of Texts* [1979] (reprint edn, Indiana University Press, Bloomington, 1984).

Fish, Stanley, *Self-Consuming Artifacts: The Experience of Seventeenth-Century Literature* (California University Press, Berkeley, 1972).

Fish, Stanley, *Is There a Text in This Class? The Authority of Interpretative Communities* (Harvard University Press, Cambridge, Mass., 1980).

Fish, Stanley, *Doing What Comes Naturally: Changes, Rhetoric, and the Practice of Theory in Literary and Legal Studies* (Clarendon Press, Oxford, 1990).

Ingarden, Roman, *The Literary Work of Art* [1931], trans. by George G. Grabowicz (Northwestern University Press, Evanston, Ill., 1973).

Iser, Wolfgang, *The Implied Reader* [1972] (Johns Hopkins University Press, Baltimore, 1974).

Iser, Wolfgang, *The Act of Reading: A Theory of Aesthetic Response* [1976] (Johns Hopkins University Press, Baltimore, 1978).

Iser, Wolfgang, *Prospecting: From Reader Response to Literary Anthropology* (Johns Hopkins University Press, Baltimore, 1989).

Jauss, Hans R., *Toward an Aesthetic of Reception*, trans. by T. Bahti (Harvester Wheatsheaf, Hemel Hempstead, 1982).

Miller, J. Hillis, *Thomas Hardy: Distance and Desire* (Oxford University Press, Oxford, 1970).

Miller, J. Hillis, *Theory Now and then* (Harvester Wheatsheaf, Hemel Hempstead, 1991).

Prince, Gerald, 'Introduction to the Study of the Narratee', in Jane P. Tompkins (ed.), below.

Riffaterre, Michael, 'Describing Poetic Structures: Two Approaches to Baudelaire's *Les Chats*', in *Structuralism*, J. Ehrmann (ed.) (Doubleday, Garden City, New York, 1970).

Riffaterre, Michael, *Semiotics of Poetry* (Indiana University Press, Bloomington; Methuen, London, 1978).

Riffaterre, Michael, *Text Production* [1979], trans. by Terese Lyons (Columbia University Press, New York, 1983).

Suleiman, Susan and Crosman, Inge (eds), *The Reader in the Text: Essays on Audience and Interpretation* (Princeton University Press, Princeton, NJ, 1980).

Tompkins, Jane P. (ed.), *Reader-Response Criticism: From Formalism to Post-Structuralism* (Johns Hopkins University Press, Baltimore and London, 1980).

보충자료

Cf. 'Introductions' to Suleiman and Crosman (eds), *The Reader in the Text*, and Tompkins (ed.), *Reader-Response Criticism* (above).

Eagleton, Terry, *Literary Theory: An Introduction* (2nd edn, Blackwell, Oxford, 1996), ch. 2.

Freund, Elizabeth, *The Return of the Reader: Reader-Response Criticism* (Methuen, London and New York, 1987).

Holub, Robert C., *Reception Theory: A Critical Introduction* (Methuen, London and New York, 1984).

McGregor, Graham and White, R. S. (eds), R*eception and Response:*

Hearer Creativity and the Analysis of Spoken and Written Texts (Routledge, London, 1990).

Sutherland, John, 'Production and Reception of the Literary Book', in *Encyclopaedia of Literature and Criticism*, Martin Coyle, Peter Garside, Malcolm Kelsall and John Peck (eds) (Routledge, London, 1990).

Wolfreys, Julian (ed.), *The J. Hillis Miller Reader* (Edinburgh University Press, Edinburgh, 2004).

Womack, Kenneth and Davis, Todd F., *Formalist Criticism and Reader-Response Theory* (Palgrave Macmillan, Basingstoke, 2002).

4 구조주의 이론

새로운 사상들은 흔히 당혹스럽고도 반지성적인 반발을 불러일으키는 법인데, '구조주의'라는 이름으로 묶일 수 있는 여러 이론들이 수용될 때도 특히 그러했다. 문학에 대한 구조주의적 접근법은 일반 독자의 마음속에 간직되어 있는 몇몇 믿음들에 도전한다. 문학 작품이란 작가의 창조적 삶의 산물이며 작가의 본질적 자아를 표현한다는 것이 우리의 오랜 느낌이었다. 텍스트는 우리 독자가 작가의 사상 및 감정과 정신적·인간적 친교를 맺는 자리라는 것이다. 독자들의 또 다른 기본적인 가정 하나는, 훌륭한 책이란 인간의 삶에 관한 진실을 말해준다는 것, 즉 소설이나 희곡은 '사물을 있는 그대로 말해' 주려 한다는 것이다. 그러나 구조주의자들은 작가는 '죽었고', 문학 담론은 어떠한 진리 기능도 가지고 있지 않다고 설득하려 든다. 존 베일리는 조나단 컬러의 저서에 대한 한 서평에서 반구조주의자들을 이런 발언으로 옹호하였다. "그러나 기호학의 죄는 픽션에서 진실에 대한 우리의 감각을 파괴하려 한 것이다 … 훌륭한 이야기에서 진실은 허구보다 앞서고 허구와 분리될 수 있다". 이에 반해 롤랑 바르트는 1968년에 쓴 한 논문에서 구조주의적 관점을 강력하게 내세우면서, 작가들은 기존의 글들을 혼합하는 능력, 재조립하거나 재배치하는 능력밖에 없다고 주장했다. 작가는 자신을 '표현하기' 위해 글을 사용하는 것이 아니라, 바르트가 애용하는 표현을 쓰자면 '항상 이미 쓰인' 언어와 문화의 저 방대한 사전에 의존할 따름이라는 것이다. 구조주의적 정신을 '반인본주의'라는 말로 표현해도 가히 잘못은 아니다. 사실 구조주의자들 자신부터가 인간 주체를 문학적 의미의 근원이자 기원으로 삼는 여타 모든 형태의 문학 비평에 반대하는 입장을 강조하기 위해 이 말을 사용해왔다.

언어학적 배경

죽고 난 뒤 『일반 언어학 강의』(*Course in General Linguistics*, 1915)라는 책 한 권으로 편집 출판된 스위스의 언어학자 페르디낭 드 소쉬르의 작업은 현대 문학 이론의 형성에 깊은 영향을 미쳤다. 소쉬르의 두 기본 개념은 '언어학 연구의 대상은 무엇인가'와 '언어와 사물의 관계는 무엇인가' 하는 질문에 새로운 해답을 준다. 그는 근본적으로 랑그(langue)와 파롤(parole), 즉 언어의 용례 이전에 존재하는 언어 〈체계〉와 개인적 〈발화〉(發話, utterance)를 구별한다. 〈랑그〉는 언어의 사회적 측면으로서, 우리가 화자로서 (무의식적으로) 의존하는 공유 체계이다. 〈파롤〉은 이 체계가 언어의 실제 용례를 통해 개별적으로 구체화된 것이다. 이 구별은 이후 모든 구조주의 이론에 필수적인 것이 된다. 언어학 연구의 고유한 대상은 개인적 발화가 아니라, 인간의 의미화 행위의 밑바탕에 깔려 있는 체계인 것이다. 다시 말해 우리가 시나 신화, 혹은 경제 행위를 조사하는 것은 거기서 어떤 규칙의 체계, 즉 어떤 문법이 사용되고 있는지를 찾기 위해서라는 것이다. 요컨대 인간은 앵무새와 전혀 다르게 말을 한다는 것이다. 명백하게 인간은 제대로 구성된 문장을 무수히 만들 수 있는 규칙의 체계를 파악하고 있는데, 앵무새는 그렇지 않기 때문이다.

소쉬르는 기존의 언어관, 즉 언어란 시간의 경과에 따라 점차적으로 축적된 말의 더미이며, 그 일차적인 기능은 세상의 사물들을 지칭하는 것이라는 생각을 거부하였다. 그의 관점에서 보면 낱말들은 지시 대상에 상응하는 기호가 아니라 '기표'(signifier) 혹은 '시니피앙'(signifiant)과 기의(signified) 혹은 시니피에(signifié)라는 두 부분(종이의 양면 같은)으로 이루어진 '기호'이다. 기표는 글로 쓰였건 말로 하였던 것이건 표시이며, 기의는 그 표시가 만들어질 때 '생각'된 것, 즉 '개념'이다. 그가 거부하고 있는 관점을 도표로 나타내면 다음과 같다.

상징=사물

이에 반해 소쉬르의 모델은 다음과 같다.

$$기호 = \frac{기표}{기의}$$

이 모델에서 '사물'이 끼어들 자리는 없다. 언어의 요소들은 낱말과 사물 사이의 무슨 결속의 결과로서 의미를 얻는 것이 아니라 어떤 관계 체계의 일부로서만 의미를 얻는다. 교통 신호등의 기호 체계를 생각해 보자.

빨강–노랑–파랑

$$\frac{기표(‘빨강’)}{기의(서시오)}$$

이 기호는 '빨강=서시오/파랑=가시오/노랑=기다리시오'라는 체계 내에서만 의미를 갖는다. 기표와 기의의 관계는 자의적이다. 아무리 자연스럽게 '느껴진다'해도 빨강과 가시오 사이에 본래적인 결합 관계가 존재하는 것은 아니다. 가령 영국은 유럽 경제 공동체(EEC)에 가입한 후, 부자연스럽게 보였던 새로운 전기 색채 약호를 받아들였다(대전帶電 상태를 빨간색 대신 갈색으로, 중성 상태를 검은색이 아니라 푸른색으로), 교통 체계의 각 색깔은 그 색깔 고유의 절대적인 의미를 갖고 있는 것이 아니라, 일정한 〈차이〉(difference)를 표시함으로써 의미를 띤다. 여기서 차이란 대립 및 대조의 체계 내에서 이루어지는 구별이라 하겠는데, 예컨대 신호등 '빨강'은 바로 '파랑 아님'이며 '파랑'은 '빨강 아님'이라는 뜻이다.

언어는 수많은 기호 체계 가운데 하나이다(혹자는 언어를 기본 체계로 보기도 한다). 기호 체계들에 대한 학문을 '기호학'이라고 한다. 구조주의와 기호학은 동일한 이론적 영역에 속한다고 보는 것이 일반적 견해이다. 덧붙여 두어야 할 것은, 구조주의는 본래적 의미에서의 '기호'를 포함하지는 않지만 기호 체계와 동일한 방식으로 다루어질 수 있는 그런 체계(예컨대 친족 관계는 그래서 인류학에 마찬가지로 중요한 연원을 두고 있다. 다음 98, 102쪽에 나오는 레비-스트로스 참조)를 흔히 취급한다는 점이다. 미국의 철학자 C. S. 퍼어스는 기호를 (1) '도상적인' 것, (2) '지표적인' 것, (3) '상징적인' 것 등 세 가지 유형으로 나누었는데, 이는 유용한 구별이다. 형상적 기호는 기호가 그 지시 대상을 〈닮은〉 경우로, 예컨대 배의 그림이나 넉석도로 표지판 따위이다. 지표적 기호는 기호가 인과 관계상 그 지시 대상을 〈연상〉시키는 경우인데, 예컨대 화재 표시로서의 연기나 비의 표시로서의 구름 따위이다. 상징적 기호는 기호가 그 지시 대상과 〈자의적〉 관계를 가지는 경우로 언어가 여기에 속한다.

가장 잘 알려진 현대의 기호학자는 구소련의 유리 로트만이다. 그의 저서 『시 텍스트의 분석』(*The Analysis of the Poetic Text*, 1976) 같은 저서에서 소쉬르적이자 체코적인 구조주의를 발전시켰다. 로트만과 프랑스 구조주의자들의 주된 차이 중의 하나는 로트만의 분석에는 가치 평가가 함축되어 있다는 점이다. 그가 생각하기에 문학 작품은 비문학 텍스트보다 '더 높은 정보 하중'을 가지기 때문에 더 가치 있다. 그의 접근법은 구조주의 언어학의 엄격함과 신비평의 꼼꼼히 읽기 기법을 결합시킨다. 이탈리아의 마리아 꼬르띠, 케사레 세그레, 움베르토 에코(포스트모던 소설가로서의 에코에 대한 간단한 논의는 8장 298-299쪽 참조)와 프랑스 출신의 미셸 리파떼르(본서 3장 참조)가 유럽 쪽에서 문학적 기호학을 주도하는 인물들이다.

구조주의적 연구가 크게 발전하게 된 것은 언어 체계의 최하위 요소인 음소의 연구가 진척되면서부터였다. 음소란 유의미한 음, 즉 언어 사용자에 의해 인지·지각된 음을 말한다. 특정 언어의 발화자가 낼 수 있을 상이한 '음들'은 수없이 많지만, 음소의 숫자는 제한될 것이다. 가령 'spin'이라는 단어의 발음은 본질적인 음소만 인지된다면 음운상의 차이가 많이 나도 무방할 것이다. 덧붙여 둘 것은 '본질적 음소'란 것은 단지 정신적 〈추상물〉일 뿐이라는 것이다. 즉 실제로 일어나는 모든 음들은 음소들의 변형들이다. 우리는 음을 그 나름의 의미를 가진 소리 조각으로 지각하는 것이 아니라, 다음 음과 일정하게 구별되는 것으로서 받아들이게 된다. 바르트는 바로 이 원칙을 그의 가장 유명한 책인 『S/Z』(7장 226-229쪽 참조)의 제목에 원용하였다. 이 제목은 발자크의 『사라진』(*Sarrasine*; 실제로 읽히기는 Sä-rä-zēn으로 읽힌다)에서의 두 치찰음(齒擦音), 즉 〈유성음〉(z)과 무성음(s)으로 구별되는 두 음소에서 나온 것이다. 한편, 음운적 (음소적이 아니라) 차원에서 원음(原音)상의 차이가 있어도 영어에서는 〈지각되지〉 않는 경우가 있다. 가령 'pin'의 /p/ 음은 'spin'의 /p/ 음과 분명히 다르지만 영어 사용자는 차이를 지각하지 못한다. 이는 그 차이가 영어에서의 낱말들 간의 의미를 '분화하지' 않는다는 뜻이다. 설혹 'sbin'이라고 말해도, 우리는 그것을 'spin'이라고 듣기 십상이다. 이러한 언어관의 요점은 우리의 언어 사용의 기반을 이루는 것은 하나의 〈체계〉라는 점, 즉 대립 항들이 짝을 이룬 〈이항 대립〉의 패턴이라는 점이다. 음소의 차원에서 보자면 이 대립 항에는 비음/비(非)비음, 모음/비모음, 유성음/무성음, 긴장음/이완음 등이 있다. 어떤 의미에서는 화자들이 규칙 일체를 내재화하고 있어서 언어를 구사하는 그들의 명백한 언어 〈능력〉에서 이것이 저절로 드러나는 것처럼 보인다.

이같은 유형의 '구조주의'를 우리는 메리 더글러스의 인류학에서도 볼 수 있다. 그는 구약의 레위기에 나오는 혐오스런 동물들에 대한 조사한 바 있다. 겉으로 보기에 동물의 정결함과 부정함은 무작위적 원칙에 의한 것처럼 보인다. 그는 이 문제를 일종의 음소 분석을 통해 해결하는데, 여기에 따르면 두 가지 규칙이 지켜지는 듯하다는 것이다.

1. "발굽도 갈라져 있고 반추도 하는 발굽 동물은 목자에게 적합한 음식의 모델"이며, 반만 해당되는 동물(돼지, 토끼, 바위오소리)은 부정하다.
2. 앞의 원칙이 해당되지 않는 경우에 적용되는 규칙으로, 각 동물은 생물학적으로 적합한 요소를 벗어날 수 없다는 것이다. 따라서 지느러미가 없는 고기는 부정하다 등등이다.

끌로드 레비-스트로스의 인류학은 더 복잡한 차원에서 신화, 제식, 친족 관계의 구조에 대한 '음소적' 분석을 발전시킨다. 구조주의자인 그는 금제, 신화, 혹은 제의의 기원이나 원인에 대해 묻지 않고, 대신 특정한 인간 행위의 저변에 깔린 차이의 체계를 찾는다.

이처럼 인류학의 예들이 보여주다시피, 구조주의자들은 인간이 구성한 의미 체계의 '문법', '구문' 혹은 '음소적' 패턴을 밝히려고 한다. 그 의미 체계가 친족 관계, 의복, 〈요리법〉, 서술적 담론, 신화, 토템 등 무엇이 되든 상관없다. 이러한 분석의 가장 생생한 예는 롤랑 바르트의 초기 저서로, 광범한 분야를 다룬 『신화학』(*Mythologies*,

1957)과 『유행의 체계』(*Système de la mode*, 1967)가 두드러진다. 또 이러한 연구의 이론적 바탕은 『기호학의 요소들』(*Elements of Semiology*, 1967; 7장 222-223쪽 참조)에 나온다.

바르트는 인간의 모든 행위가 공인된 변별적 관계의 체계를 전제하고 있다는 원칙을 사실상 모든 사회적 행위에 적용시킨다. 그는 사회적 행위들을 언어 모델에 따라 작용하는 기호 체계로 해석한다. 어떠한 실재의 발화(즉 파롤)도 그 이면에서 작용하는 하나의 체계(랑그)를 전제하는 법이다. 바르트는 언어 체계는 변화가 가능할 뿐더러 그 변화는 '발화'에서 시작되어야 함을 인정한다. 그럼에도 불구하고 어느 순간에든 어떤 작용 중인 체계 내지 일련의 규칙이 존재하고 있어서 거기에서 모든 '발화'가 비롯된다는 것이다. 의복 착용의 경우를 예로 들어보자. 바르트는 우선 그것을 개성의 표현이나 개인적 스타일의 문제로 보지 않고, 마치 언어처럼 작용하는 하나의 '의복 체계'로 본다. 그는 의복의 '언어'를 '체계'와 '발화'('결합체')로 나눈다.

체계	결합체
신체의 같은 부위에 같은 시간에 착용할 수 없고 그것을 변화시키면 복장의 의미에서도 상응하는 변화가 생기는 한 묶음의 걸칠 것들. 예) 모자 종류인 토크-보닛-후드 따위.	상이한 요소들을 가진 같은 유형의 옷을 병치시키기. 예) 스커트-블라우스-재킷.

옷차림의 '발화'를 위해서 우리는 제각각 다른 것으로 대체 가능한 걸칠 것들로 특정한 앙상블(결합체)을 선택한다. 말하자면 하나의 앙상블(예컨대 스포츠 재킷/회색 플란넬 바지/목이 나오는 흰 셔츠)은 한 개인이 어떤 목적을 위해 발화한 문장에 해당한다. 앙상블의 요소들은 서로 어울려서 어떤 종류의 발화를 하고 하나의 의미나 스타일을 만들어낸다. 실제로는 아무도 직접 체계 자체를 운용할 수는 없지만, 사람들은 그 체계를 구성하는 의복 세트들로부터 요소들을 선택

함으로써 그 체계를 다루는 그들의 〈능력〉을 나타낸다. 아래는 바르트가 제시하는 요리의 예를 그린 것이다.

체계	결합체
사람들이 어떤 의미를 고려하여 그 중 한 음식을 고르게 되는, 유사성과 차이를 가진 한 묶음의 음식물. 예) 앙트레, 구운 요리, 후식용 단것 등.	식사 중에 선택된 실제 음식의 연쇄. 예) 메뉴.

(골라서 시키는 메뉴를 가진 음식점에는 두 차원이 다 있다. 즉, 앙트레와 견본들.)

구조주의 서사학

언어학적 모델을 문학에 적용한다는 것은 석탄 산지로 유명한 뉴캐슬에 석탄을 보내는 일처럼 보인다. 도대체 문학이 이미 언어적인 판에 언어학적 모델을 비추어 문학을 조사한다는 말은 무슨 뜻인가? 우선 짚고 넘어가야 할 사실은 '문학'과 '언어'를 동일시하는 것은 잘못이라는 점이다. 문학이 언어를 매체로 〈사용〉하는 것은 사실이나, 그렇다고 문학의 구조가 언어의 구조와 동일하다는 말은 아니다. 문학적 구조의 단위들은 언어의 단위들과 일치하지 않는다. 가령 불가리아의 서사학자인 츠베탕 토도로프(본장 104-106쪽 참조)가 문학의 일반 '문법'을 수립할 새로운 시학을 주장할 때 그는 문학 행위를 지배하는 근본 규칙을 찾자는 말을 하고 있는 것이다. 그렇지만 한편으로 구조주의자들은 문학이 언어와 특별한 관계를 가진다는 데는 동의한다. 문학은 언어의 본성과 특수한 성질들에 주목한다는 것이다. 이

점에서 구조주의 시학은 러시아 형식주의와 밀접하게 연결된다.

구조주의 서사 이론은 몇몇 기본적인 언어학적 유추들에서 발전된다. 구문론)문장 구성의 규칙)이 서사 규칙의 기본 모델이다. 토도로프를 비롯한 논자들은 이를 '서사 구문론'이라고 한다. 문장 단위의 가장 기초적인 구문론적 구분은 주어와 술어 사이의 구분으로, "기사는(주어) 칼로 용을 죽였다(술어)"는 식의 문장이 그 예이다. 이 문장이 어떤 삽화나 심지어는 전체 이야기의 핵이 될 수 있다는 것은 분명하다. 이 문장에서 '기사'를 특정한 이름(란슬롯이나 거웨인 따위)으로, 또는 '칼'을 '도끼'로 바꾸어 넣어도 그 본질적 구조는 변함이 없다. 문장 구조와 서사 사이의 이러한 유추에 따라, 블라디미르 프로프는 러시아 동화의 이론을 개발했다.

한 문장의 '주어'를 전형적인 인물들(주인공, 악당 등)에 대입하고, '술어'를 이런 이야기에서의 전형적인 행동에 대입하는 것이 프로프식의 접근법이다. 이야기의 세부 내용들은 다양하고 풍부하지만, 그 모든 이야기들은 31가지의 '기능들'이라는 동일한 기본 묶음들에 바탕하여 구성되어 있다. 하나의 기능은 서사적 '언어'의 기본 단위로서, 서사를 구성하는 유의미한 행동들을 나타낸다. 이 기능들은 논리적 연쇄를 이루는데, 비록 그 기능 모두가 담긴 이야기는 없을지 몰라도, 각각의 이야기에서 그 기능들은 언제나 연쇄를 이루고 있다. 31가지 기능의 마지막 부분은 다음과 같다.

25. 어려운 과제가 주인공에게 부과된다.
26. 그 과제가 해결된다.
27. 주인공이 인정 받는다.
28. 가짜 주인공 혹은 악당이 폭로된다.
29. 가짜 주인공에게 새 모습이 주어진다.
30. 악당이 벌을 받는다.
31. 주인공은 결혼하고 왕위에 오른다.

이 기능들이 비단 러시아 동화나 기타 지역의 동화뿐 아니라 희극, 신화, 서사시, 로맨스, 그리고 따지고 보면 이야기 일반에도 나타난다는 사실은 쉽사리 알 수 있다. 그러나 프로프의 기능들은 말하자면 원형적인 단순함 같은 것이 있어서, 좀 더 복잡한 텍스트에 적용될 때는 정교화될 필요가 있다. 예컨대 오이디푸스 신화를 보자. 오이디푸스는 스핑크스의 수수께끼를 푸는 과제를 맡아, 이 과제를 해결하고 인정받아 결혼하여 왕위에 오른다. 이 점에서는 프로프의 기능과 동일하다. 그러나, 오이디푸스는 또한 가짜 주인공 내지 악당이기도 하다. 그는 폭로되고(테베로 오는 길에 아버지를 살해하고 여왕인 어머니와 결혼한다) 스스로를 징벌한다. 프로프는 31가지 기능에다 일곱 개의 '행동 영역' 내지 역할을 추가한 바 있다. 즉, 악당, 시혜자(제공자), 조력자, 공주(추구 대상인 인물)와 그 부친, 보내는 자, 주인공(탐색자 혹은 희생자), 가짜 주인공 등이다. 오이디푸스의 비극적 신화에서는 '공주와 그 부친'이 '어머니/여왕과 남편'으로 대체될 수밖에 없다. 결국 한 인물이 몇 가지 역할을 할 수도 있고, 혹은 몇 명의 인물이 똑같은 역할을 할 수도 있다. 오이디푸스는 주인공, 시혜자(수수께끼를 풀어 테베의 전염병을 막으므로), 가짜 주인공, 심지어 악당이기도 하다.

구조주의 인류학자 끌로드 레비-스트로스는 언어학 모델을 사용한 본격적인 구조주의적 방식으로 오이디푸스 신화를 분석한다. 그는 신화의 단위를 '신화소'(mythemes; 언어학의 음소 및 형태소의 비교할 것)라 부른다. 신화소는 언어학의 기본 단위처럼 이항 대립(본장 98쪽 참조)으로 구성되어 있다. 오이디푸스 신화의 바탕을 이루는 일반적인 대립은 인간의 기원에 대한 두 가지 견해 (1) 인간은 땅에서 태어났다는 견해 (2) 인간은 성교에 의해 태어났다는 견해이다. 이중 몇몇 신화소는 (1) 친족 관계의 〈과대〉 평가가(오이디푸스가 어머니와 결혼한다. 안티고네가 법을 어기고 오빠를 매장한다)와 (2) 친족 관계를 〈과소〉 평가(오이디푸스가 아버지를 죽인다. 에테오클레스가 형제를 죽인다)라는 두 반대 항 가운데서 어느 하나에 귀속된다. 레비-스트로스는 서사의 〈연쇄〉가 아니라 신화에 의미를 부여하는 구조적 〈패턴〉에 관심이 있는 것이다. 그는 신화의 '음소적' 구조를 찾는다. 그는 이 언어학 모델로 인간 정신의 기본 구조, 다시 말해 인간의 온갖 제도, 구성물, 지식의 형태들의 형성 방식을 지배하는 구조를 밝힐 수 있다고 생각한다.

A. J. 그레마스는 『구조주의 의미론』(*Sémantique Structurale*, 1966)에서, 프로프의 이론을 깔끔하게 다듬었다. 프로프가 하나의 장르에만 초점을 맞춘 데 비해, 그레마스는 서사에 문장 구조의 의미론적 분석을 가함으로써 이야기의 일반 '문법'을 목표로 삼는다. 프로프의 일곱 가지 '행동 영역' 대신에 그는 여섯 가지 역할(즉, 행위자)을 세 쌍의 이항 대립으로 제시한다.

주체/객체
송신자/수신자
조력자/반대자

이 쌍들은 모름지기 모든 서사에서 되풀이되는 다음의 세 가지 기본 유형을 나타낸다. 즉,

1. 욕망, 탐색, 혹은 목표(주체/객체)
2. 전달(송신자/수신자)
3. 보조적 도움 혹은 훼방(조력자/반대자)

이것을 소포클레스의 『오이디푸스 왕』에 적용해 보면 프로프의 범주를 사용할 때보다 더 깊이 있는 분석에 도달하게 될 것이다.

1. 오이디푸스는 아버지 라이우스의 살인자를 찾는다. 아이로니컬하게

도 그는 자기 자신을 찾는다(그는 주체이자 객체이다).

2. 아폴로의 신탁은 오이디푸스의 죄를 예언한다. 테이레시아스, 조카스타, 사자(使者)와 목자들 모두가 알게 모르게 그것이 사실임을 확인해준다. 이 극은 이 메시지에 대한 오이디푸스의 오해에 관한 것이다.
3. 테이레시아스와 조카스타는 오이디푸스가 살인자를 발견하는 것을 막으려 한다. 사자와 목자들은 부지중에 이 탐색을 돕는다. 오이디푸스 자신은 그 메시지의 정확한 해석을 방해한다.

프로프를 손질한 그레마스의 작업이 레비-스트로스에서 본 '음소적' 패턴화의 방향을 취하고 있음은 한눈에 알 수 있다. 그레마스는 이 점에서 러시아 형식주의자인 프로프보다 더 본격적인 '구조주의자'이다. 즉 그는 실체들 자체의 성격 대신 그것들 사이의 〈관계〉의 맥락에서 사고하는 것이다. 있을 수 있는 다양한 이야기의 연쇄를 설명하기 위해 그는 우선 프로프의 31가지 기능을 21가지로 줄이고, 이를 다시 '계약적'(contractual) 구조, '수행적'(performative) 구조, '이접적'(disjunctive) 구조라는 세 가지 구조(결합체)로 묶는다. 이 중 맨 먼저 나오는 계약적 구조가 가장 흥미로운데, 이는 계약이나 규칙의 수립·파기와 관련이 있다. 서사는 다음 두 개의 구조 가운데 어느 하나를 사용할 수 있을 것이다.

계약(혹은 금지) → 위반 → 징벌

계약 없음(무질서) → 계약 수립(질서)

오이디푸스 서사는 첫 번째 구조를 갖는다. 오이디푸스는 부친 살해와 근친 상간에 대한 금지를 위반하고 자신에게 벌을 내리는 것이다.

츠베탕 토도로프의 작업은 프로프나 그레마스를 비롯한 학자들의 성과를 종합하고 있다. 언어의 구문론적 규칙인 행위자 및 서사의 규칙, 형용사적·동사적 기능, 법과 상(相) 따위는 모두 서사로 위장되어 재천명된다. 이야기의 최소 단위는 '명제'(proposition)이며, 그것은 '행위자'(agent; 예컨대 사람)이거나 '술어'(predicate; 예컨대 행동)들 중 하나이다. 한 이야기의 명제 구조는 따라서 가장 추상적·보편적 형태로 설명될 수 있다. 토도로프의 방법을 이용해서 다음과 같은 명제들을 얻을 수 있다.

X는 왕이다.
Y는 X의 어머니다.
Z는 X의 아버지다.
X와 Y는 결혼한다.
X는 Z를 죽인다.

위는 오이디푸스 신화의 서사를 구성하는 몇 가지 명제들이다. X는 오이디푸스로, Y는 조카스타로, Z는 라이우스로 해독될 수 있다. 처음의 세 명제는 행위자를 명명하고, 나중의 두 명제는 술어를 포함한다(즉 왕이 되어 결혼하고 살인한다). 술어는 형용사처럼 일의 정태적 상태(왕이라는 것)를 지칭할 수도 있고, 동사처럼 동적으로 작용하여 법의 위반을 지적하기도 하는데, 이 경우가 명제의 가장 동태적인 유형이다. 토도로프는 일단 최소 단위(명제)를 수립하고 나서, 〈연쇄체〉와 〈텍스트〉라는 두 가지 상위 구성체에 대해 설명한다. 즉 일군의 명제들이 하나의 연쇄체를 이룬다는 것이다. 기본적인 연쇄체는 흐트러졌다가 변형된 형태로이긴 하나 재수립되는 어떤 상태를 묘사하는 다섯 가지 명제로 구성된다. 그 다섯 가지 명제는 이렇게 명명될 수 있다.

균형[1](예컨대 평화)
강제[1](적이 침공한다)
불균형(전쟁)
강제[2](적이 패퇴한다)
균형[2](새로운 조건에서의 평화)

마지막으로, 연쇄체들이 연속됨으로써 하나의 텍스트가 이루어진다. 연쇄체들은 여러 가지 방식으로 구성될 수 있는데, 예컨대 끼워 넣기(이야기 속 이야기, 옆길로 빠지기 등등), 연결짓기(일련의 연쇄체들), 바꾸기(연쇄체들을 섞어 짜기) 등도 가능하고 아니면 이런 방식들을 혼합한 경우도 있다. 토도로프가 쓴 보카치오의 『데카메론』 연구서(『데카메론의 문법』(*Gramaire du Décaméron*, 1969))는 가장 분명한 보기이다. 서사의 보편적 구문론을 수립하려는 토도로프의 시도는 과학적 이론의 분위기가 물씬 풍긴다. 이와 같이 확신에 찬 객관적 입장이 나중에 포스트구조주의자의 반발을 불러일으키는 것이다.

제라드 쥬네트는 프루스트의 『잃어버린 시간을 찾아서』(*À la recherche du temps perdu*)에 관해 연구하는 가운데 복잡하고도 강력한 담론 이론을 전개했다. 그는 '스토리'와 '플롯'을 구분한 러시아 형식주의의 방식(2장 51쪽 참조)을 세련시켜 이야기를 세 가지 차원으로 나눈다. 스토리(histoire), 담론(récit), 서사가 그것이다. 『아에네이드』(*Aeneid*) 2부를 예로 들어 설명하자면, 아에네이스는 청중에게 이야기를 하는 이야기꾼이고(서사), 하나의 언어적 〈담론〉을 제시하며, 또 그의 담론은 그 자신이 인물로 나오는 사건들을 재현하는 것이다(스토리). 쥬네트는 서사의 세 차원을 동사의 세 가지 성질에서 끌어낸 세 가지 상(相), 즉 〈시제〉, 〈법〉, 〈태〉와 연결시킨다. 한 가지 보기만 들면, 그의 '법'과 '태'의 구별은 '시점'이라는 낯익은 개념이 초래하는 문제점들을 말끔하게 정리해준다. '시점' 개념은 화자의 목소리(태)와 한 등장 인물의 시각(법, 분위기)을 구별짓지 못하기 십상이다. 예컨대 디킨즈의 『위대한 유산』에서 주인공이자 화자인 핍은 성숙한 자아의 서사 태(목소리)를 통해 어린 자아의 시각을 제시하는 것이다.

쥬네트의 논문 「서사의 변방들」("Frontiers of Narrative", 1966)은 그동안 별 진척이 없었던 서사 문제를 개관하고 있다. 그는 서사 이론의 문제를 세 이항 대립들을 통해 고찰한다. 즉, (1) '디에게시스'

와 '미메시스', 다시 말해 이야기와 모방 (2) '서사'과 '묘사', (3) 이야기와 담론 등이다. 첫 번째 이항 대립은 아리스토텔레스의 『시학』에 나오는데, 단순한 서사(작가가 자기 목소리로 작가로서 말하는 것)과 직접적 모방(작가가 한 인물의 인격을 빌어 말하는 때)을 구별하는 태도이다. 쥬네트는 이 구별이 유지되지 못한다고 주장한다. 그 까닭은 설사 누군가가 실제로 말한 바를 순수하게 재현해내는 직접적 모방이 〈있을 수 있다〉 하더라도, 그 모양은 실물이 화폭 위에 얹혀져 있는 네덜란드 회화 같은 꼴일 것이기 때문이다. 그는 이렇게 결론짓는다. "따라서 뭉학적 재현, 다시 말해 고대인들이 말한 〈미메시스〉는 이야기 더하기 '발화'가 아니라, 말하자면 이야기 오직 이야기일 따름이다." 두 번째 대립인 '서사와 묘사'는 서사의 활동적 측면과 명상적 측면의 구별을 전제한다. 전자는 행동 및 사건과 관계 있고, 후자는 사물이나 인물과 관계있다. 원래 사건과 행동이 스토리의 시간적·극적 내용의 핵심이기 때문에 우선은 '서사'가 본질적인 것처럼 보이며, 반면 '묘사'는 보조적·장식적인 것처럼 보인다. "그 남자는 탁자로 가서 칼을 집어 들었다"는 문장은 동적이며 어디까지나 서사적이다. 그러나 쥬네트는 이처럼 일단 이 구별을 지운 연후에, 곧바로 그 구별을 와해시켜 버린다. 그는 이 문장에서 명사와 동사가 서사적일 뿐 아니라 묘사적이기도 하다는 사실을 지적한다. 가령 '남자'를 '소년'으로, 아니면 '탁자'를 '책상'으로, '집어들었다'를 '움켜잡았다'로 바꾸는 경우, 우리는 바로 묘사를 변경한 셈이 된다. 마지막으로 '서사와 담론'의 대립은, '발언하는 사람이 아무도 없는' 그야말로 순수한 말하기와, 발언하는 사람을 인지할 수 있는 말하기를 구별한다. 여기서도 쥬네트는 '주관적' 채색이 배제된 순수한 서사가 있을 수 없음을 입증함으로써 이 대립을 해소시킨다. 어떤 서사가 아무리 투명하고 무매개적으로 보일지라도 판단하는 어떤 정신의 흔적이 전혀 없는 경우는 거의 없다는 것이다. 이런 의미에서 서사들은 거의 언제나 불순한 법이다. '담론'의 요소는 화자의 목소리를 통하든(필딩과

세르반테스), 인물 화자(스턴)나 서간체 담론(리차드슨)을 통하든 개입되기 마련이다. 쥬네트는 헤밍웨이와 해메트에서 서사가 최고도의 순수성에 다다랐다고 생각하며, 그 후 누보 로망과 더불어 서사는 작가 자신의 담론에 완전히 먹혀 버리기 시작했다고 본다. 다음 장에서 우리는 대립 항의 가정과 해체라는 쥬네트의 이론적 접근법이 자크 데리다의 '해체적' 철학에의 문을 열었음을 보게 될 것이다.

이 지점에서 독자는 구조주의 시학이 실제 비평가에게 거의 아무것도 제시하지 못한 것이 아닌가 따질 법도 하다. 구조주의적 글쓰기에 동화, 신화, 탐정 소설이 흔히 실례로 중요하게 취급되는 것도 의미가 없지 않을 것이다. 그 같은 연구의 목적은 문학 구조의 〈일반 원칙〉을 정의하는 데 있지 개별 텍스트를 해석하려는 데 있지 않다. 한 편의 동화는 『리어 왕』이나 『율리시스』보다 모든 스토리의 본질적인 서사 문법을 예시하는 더 분명한 본보기가 될 것이다. 츠베탕 토도로프의 명쾌한 논문 「탐정소설의 지형학」("The Typology of Detective Fiction", 1966)은 탐정 소설의 서사 구조를 연대에 따라 발전하는 세 유형, 즉 '추리물', '스릴러', '서스펜스 소설'로 구별한다. 그는 대중 문학의 서사 구조는 좀처럼 대중 장르의 규칙들을 벗어나지 않기 때문에 '위대한' 문학의 서사 구조보다 훨씬 더 체계적으로 연구될 수 있다는 사실을 십분 이용한다.

은유와 환유

구조주의 이론이 실제 비평가의 해석상의 적용을 위한 풍성한 토대를 제공해주는 사례가 몇 가지 있다. '실어증'과 그것이 시학에 시사하는 바에 대한 로만 야콥슨의 연구가 그 중 하나이다. 야콥슨은 언어의 수평적 차원과 수직적 차원이라는 기본적인 구별에서 출발하는데, 이는 랑그와 파롤의 구별과 연관된 것이다. 바르트의 의상 체계의 예에서 보았듯이, 수직적 차원에는 서로 대체될 수 있는 요소들의 목록(토크-보닛-후드)이 있고, 수평적 차원에서는 그 목록에서 선택된 요소들로 실제의 연쇄체(스커트-블라우스-재킷)가 구성된다. 따라서 주어진 문장도 수직적 혹은 수평적인 어느 한쪽으로 보여질 수 있다.

1. 각 요소는 가능한 요소들의 집합에서부터 〈선택〉되고 그 집합 내에서 다른 것으로 대체될 수 있다.
2. 그 요소들은 하나의 파롤을 구성하는 하나의 연쇄체로 〈결합〉된다.

이 구별은 음소, 형태소, 낱말, 문장 등 모든 차원에서 적용된다. 야콥슨은 실어증 어린이들이 이 차원 가운데 어느 하나를 사용할 능력을 상실한듯 보이는 사실에 주목하였다. 그는 실어증의 두 유형을 구별하여, 요소들을 하나의 연쇄체로 결합하는 능력이 결핍된 경우를 '인접성 혼란'으로, 한 요소를 다른 요소와 대체하는 능력이 결핍된 경우를 '유사성 혼란'으로 지칭한다. 단어 연상 테스트에서 만약 '오두막'이라는 말이 제시된다면, 첫 번째 유형에서는 일련의 동의어, 반의어, 기타의 〈대체어〉를 내놓을 것이다. 예컨대 '오막살이', '초가집', '대궐', '우리', '굴' 따위다. 두 번째 유형은 '오두막'과 결합하여 연쇄체를 이룰 수 있는 요소들을 내놓을 것이다. 예컨대, '…은 타버렸다', '…은 보잘것없는 작은 집이다'는 식으로, 야콥슨은 나아가 위의 두 가지 혼란은 발화의 두 가지 비유, 즉 은유(metaphor)와 환유(metonymy)와 상응함을 지적한다. 앞의 예에서 보다시피, '인접성 혼란'은 은유('오두막'을 '우리'로)에서처럼 수직적 차원에서 대체로 귀결되고 한편 '유사성 혼란'은 환유('오두막'과 연상된 '…은 타 버렸다')에서처럼 전체를 위한 연쇄체들의 부분들을 만드는 것으로 귀결된다. 야콥슨은 정상적인 발화 행위도 이 양극단 중의 한쪽으로 향하는 경향이 있으며, 문학적 스타일도 은유적이거나 아니면 환유적인 것 어느 한 쪽으로 경사되어 표현될 수밖에 없다고 주장한다. 이렇게 보면, 역사적으로 낭만주의 → 사실주의 → 상징주의로의 발전은, 스타일상으로는 은유적 → 환유적 → 다시 은유적인 것으로의 변화로 이해될 수 있다. 데이비드 로지는 『현대적 글쓰기의 양식』(*The Modes of Modern Writing*, 1977)에서 이 이론을 현대 문학에 적용했다. 그는 순환 과정에 몇 단계를 추가하여, 모더니즘과 상징주의는 본질적으로 은유적인 데 비해, 반모더니즘은 사실주의적이고 환유적이라고 한다.

예를 들어 보자. 넓은 의미에서 환유는 한 연쇄체 혹은 한 문맥 내의 한 요소에서 다른 요소로의 전이를 말한다. 가령 우리는 쥬스 한 〈잔〉(잔 자체가 아니라 그 〈내용물〉을 의미), 〈잔디〉(〈경마장〉을 뜻함), 백 개의 〈돛〉의 군단(〈배〉를 뜻함) 식으로 말한다. 본질적으로 환유가 작용하기 위해서는 일정한 〈문맥〉이 필요하다. 그래서 야콥슨은 사실주의를 환유와 관련시키는 것이다. 사실주의는 하나의 전체를 환기시키기 위해서 독자에게 여러 양상, 부분, 문맥상의 세부 묘사 등을 제시함으로써 그 대상을 표현한다. 디킨즈의 『위대한 유산』의 시작 부분을 생각해보라. 주인공 핍은 풍경 속에서의 한 정체성으로 자신을 세움으로써 시작한다. 그는 자신이 고아임을 생각하며, 그가 볼 수 있는 유일한 유물인 무덤을 통해 그의 부모를 그려볼 수 있다고 한다. “나는 아버지와 어머니를 본 적이 없기 때문에 도대체 그분들의 생김새에 대한 나의 상상은 〈말이 안 되게도〉(강조는 인용자) 그분들의 비석에서 비롯됐다. 아버지의 비석에 적힌 글씨를 보고 나는 그분이 각지고 뚱뚱한 남자라는 기이한 생각을 했던 것이다”, 핍의 이같은 식별 행위는, 그가 한 문맥의 두 부분, 즉 아버지와 아버지의 묘비를 연결시킨다는 점에서 환유적이다. 그러나 그것은 사실주의적인 환유가 아니라 ‘비사실주의적’인 변형, 즉 ‘기이한 생각’이다(어린애다운 발상이라는 점에서는 심리적으로 사실주의적이지만). 자기 삶에서의 진실이 드러나던 죄수의 출현이 있던 그날 저녁, 그 배경이 나오기 직전에 핍은 다음과 같이 묘사한다.

> 우리 마을은 바다에서 20마일 떨어진 습지대였는데, 마을 옆으로는 강이 구불구불 흐르고 있었다. 내가 〈사물의 정체〉(강조는 인용자)를 처음으로 가장 생생하고 뚜렷하게 느낀 때는 무척 쌀쌀했던 어느 늦은 오후 해질녘이었다. 그 기념할 만한 때에 나는 확실히 깨달았다. 쐐기풀이 무성하게 덮힌 이 음산한 장소는 묘지이고, 이 교구의 고(故) 필립 피립과 하늘 나라의 아내 조지애나는 죽어 묻혀 있고 … 묘지 너머의 저 어둡고 평평한 황무지, 둑과 언덕과 오솔길이 얽혀 있고 소들이 흩어져 풀을 뜯는 저 황무지는 습지대이며, 그 너머 잿빛의 나지막한 선은 강이며, 바람이 몰아쳐 오곤 하는 저 먼 거친 구렁은 바다이며, 그 모든 것이 두려워져서 울기 시작하는 와들와들 떠는 조그만 뭉치는 핍이라는 것을.

핍이 '사물의 정체'를 파악하는 양식은 환유적이며, 은유적인 것이 아니다. 묘지, 무덤, 습지, 강, 바다, 핍 등은 말하자면 문맥상의 자질들에서 환기되어 불려 나온다. 전체(사람, 배경)는 선택된 양상들을 통해 제시되는 것이다. 핍이 "와들와들 떠는 조그만 뭉치" 이상이라는 것(그는 또한 살과 뼈의 뭉치, 생각과 느낌의 뭉치, 사회적 역사적 세력의 뭉치이기도 하니까)은 분명하지만, 여기서 그의 정체는 환유, 즉 이 순간 그의 전체적 자아로 제시된 한 유의미한 세부를 통해 확정된다.

야콥슨의 이론을 쓸모 있게 다듬은 데이비드 로지는 "문맥이 무엇보다도 중요하다"는 올바른 지적을 한다. 그는 문맥이 변하면 비유가 바뀌어질 수 있음을 보여준다. 여기에 로지의 재미있는 보기가 있다.

> 사전 검열을 받는 영화에서는 성교의 영상적인 비유로 불꽃놀이와 해안에 부서지는 파도가 애용되는데, 그 절정이 독일 기념일의 해변에서 일

어난다면 환유적인 배경으로 위장될 수 있겠지만, 크리스마스 이브에 실내의 결채에서 일어난다면 두말할 여지없이 은유적으로 받아들여질 것이다.

이 예로 보아 야콥슨의 이론을 너무 고지식하게 사용할 일은 아니다.

구조주의 시학

조나단 컬러는 『구조주의 시학』(*Structuralist Poetics*, 1975)에서 처음으로 프랑스 구조주의를 영미의 비평론에 융합시키려고 시도했다. 그는 언어학이 인문학과 사회과학을 위한 최상의 인식 모델이라는 전제를 받아들인다. 그러나 그는 소쉬르의 '랑그'와 '파롤' 구별보다 노엄 촘스키의 '언어 능력'(competence)과 '언어 수행'(performance) 사이의 구별을 택한다.

'언어 능력' 개념은 한 언어의 〈화자〉와 밀접하게 연결된다는 이점이 있는 것이다. 촘스키에 의하면 언어의 이해를 위한 출발점은 모국어 화자의 능력, 다시 말해 언어 체계에 대한 지식에 무의식적으로 동화되어 그 지식을 바탕으로 올바른 문장을 만들고 이해할 수 있는 능력이다. 컬러는 이같은 관점이 의미하는 바를 문학 이론에 적용시킨다. "시학의 진정한 대상은 작품 자체가 아니라 그 작품의 가해성(可解性)이다. 우리는 작품이 어떻게 이해될 수 있는지를 설명해야 한다. 독자로 하여금 그 작품들을 이해할 수 있게 해주는 은연중의 지식 내지 관습이 형성되어야 한다." 그는 초점을 텍스트에서 독자로 옮기는 데 주력했다. 그는 우리가 텍스트의 해석을 지배하는 규칙은 정할 수 있지만 텍스트의 쓰기를 지배하는 규칙은 정할 수 없다고 생각한다. 능숙한 독자들에게 받아들여질 듯한 해석의 범위를 수립해나감으로써 어떤 규범과 과정을 통해 해석이 도출되는지는 정할 수 있을 것이다. 범박하게 말해, 능숙한 독자는 텍스트를 대할 때 그것을 어떻게 이해할지 알고 있는 것처럼 보인다. 즉, 그는 가능한 해석이 무엇이고 가능하지 않은 것이 무엇인지 결정할 줄 아는듯 보인다. 따라서 아주 괴상해 보이는 문학 텍스트까지도 이해하게 만드는 규칙들이 존재하는듯 보인다. 컬러가 보기에 그 구조는 텍스트의 바탕에 깔린 체계가 아니라, 독자의 해석 행위에 깔려 있는 체계에 있다. 괴상한 시의 보기로 다음의 3행시를 보자.

밤의 내게는 대개 걷기 위한 시간이다.
그것은 최상의 시절이었고, 또 최악의 시절이었다.
그 해가 정확히 언제인지 따질 필요는 없는 것이다.

내가 동료들에게 이 시를 읽어 보라고 하자마자 여러 가지 해석이 백출했다. 어떤 사람은 행마다 나타나는 〈테마상〉의 연관('밤', '시간', '시절', '해')에 주목하고, 어떤 사람은 하나의 〈상황〉(심리적이거나 외적이거나)을 그려내려 했고, 또 다른 사람은 형식적 패턴화를 통해 이 시를 보려했다(과거 시제 — 이었다 — 가 현재 시제 — 이다 — 의 틀 속에 있음). 또 누군가는 이 행들이 시간에 대한 세 가지의 다른 태도(특정적, 모순적, 비특정적)를 취한다고 보기도 했다. 그러다가 동료 중 한 사람이 결국 제2행이 디킨즈의 『두 도시 이야기』(*A Tale of Two Cites*)의 앞 부분에 나오는 구절임을 알아내긴 했으나 여전히 그것이 이 시에서 무엇인가 기능을 하는 '인용'이라는 것까지는 부정하지 않았다. 나는 마침내 다른 두 행도 디킨즈의 다른 소설, 즉 『골동품 상』(*The Old Curiosity Shop*)과 『우리들의 친구』(*Our Mutual Friend*)의 앞부분에서 따온 구절이라는 사실을 밝히지 않으면 안 되었다. 컬러식의 관점에서 중요한 것은 독자가 이처럼 당한다는 것이 아니라, 그들이 이 시행을 이해하려는 인식 가능한 과정을 밟았다는 것이다.

상이한 독자들이 상이한 해석을 내놓는다는 것은 모두 아는 바인데, 이 사실 때문에 독서 이론을 발전시키기에 아예 절망하는 이론가들도 더러 있는 반면, 컬러는 후에 『기호의 추구』(*The Pursuit of Signs*, 1981)에서 주장하듯이 해석의 다양성이야말로 이론이 설명해야 할 몫이라고 본다. 독자들은 의미를 다르게 볼 수가 있지만, 지금까지 살펴왔다시피 그들은 동일한 해석관습을 따르고 있을 수도 있다. 그는 한 가지 예로 신비평의 기본 가정인 통일성을 든다. 어떤 특정한 시에서 통일성을 발견하는 방식이 저마다 다를 수 있다, 그들이 찾는 의미의 기본 형식들(즉 통일성의 형식들)은 동일할 수 있다. 우리는 실제의 세계에서 우리 경험들의 통일성을 파악해야 한다는 의무감을 전혀 느끼지 않겠지만, 시의 경우에는 흔히 통일성을 찾기를 기대한다. 그렇지만 몇 가지 통일성의 모델들을 끌어들일 수 있고 또한 가지 모델 내에서도 그것을 한 편의 시에 적용하는 방법은 여러 가지이기 때문에 해석의 다양성은 생기기 마련이다. 컬러의 접근법에 대해서는 이론적 진전이 이루어질 전망을 보여준 면은 분명 평가되어야겠으나, 반면에 그가 특정한 해석 활동들의 〈내용〉을 검토하지 않은 점에 대해서 비판이 있을 수 있다. 예컨대, 그는 블레이크의 시 「런던」에 대한 두 가지 정치적 읽기를 검토하고서 이렇게 결론짓는다. "사회 체제의 잘못된 점에 대한 상이한 독자들의 설명들은 물론 다르나, 그 설명들에 하나의 구조를 부여하는 형식상의 해석 작용들은 유사하다". 해석 활동을 중요하게 취급하고 그 활동의 내용을 대수롭지 않게 취급하는 이론은 무언가 한계가 있다. 결국 신빙성의 정도가 다른 읽기들이 동일한 해석 관습들을 공유할 수는 있겠으되, 한 해석 모델을 다른 해석 모델보다 더 유효하거나 신빙성 있는 방식으로 보는 것에는 역사적 배경이 있을 법하다.

앞에서 지적한 것처럼 컬러는 텍스트 혹은 장르들의 구조에 관한 이론은 그것들을 산출하는 '능력'의 근본 형태가 존재하기 않기 때문에 가능하지 않다고 주장한다. 즉 우리가 논의할 수 있는 것은 자신이 읽는 것을 이해하는 독자들의 능력에 대해서일 뿐이다. 시인과 소설가는 이 능력에 기반하여 글을 쓴다. 즉 읽힐 수 있는 것을 쓰는 것이다. 텍스트를 문학으로 읽기위해서 우리는 '문학적 능력'을 소유하여야 한다. 이는 일상적인 언어적 발화들을 이해하기 위해 좀 더 일반적인 '언어적 능력'이 필요한 것과 마찬가지다. 우리는 교육 제도를 통해 이러한 문학의 '문법'을 습득하게 된다. 컬러는 한 장르에 적용되는 관습이 다른 장르에 적용되지 않을 것이고, 해석의 관습은 시기마다 다를 것이라는 점을 알고 있었지만, 역시 구조주의자인 그는 이론이란 통시적이고 역사적인 의미 체계가 아니라 정태적·공시적 의미 체계에 관계한다고 생각했다.

컬러의 접근법에서 가장 커다란 난제는 독자가 사용하는 해석의 규칙을 얼마나 체계화할 수 있는가 하는 문제다. 그는 독자들 사이에 깊이 뿌리박힌 〈이념적〉 차이를 무시하는데, 실상 이 차이는 독서 실제에서 순응하기를 요구하는 제도적 압력들을 와해시킬지도 모르는 것이다. 개별 텍스트에 관해서 한 시기에 산출될 수 있는 다양한 해석들을 설명해낼 단일한 틀, 단일한 규칙과 관습의 틀을 생각하기는 어려운 일이다. 어쨌든 '문학 비평'이라는 제도의 산물이라고 할 수 있는, 능숙한 독자라고 불리는 어떤 실체의 존재를 당연시해 버릴 수만은 없는 노릇이다. 그러나 이후의 작업인 『해체론에 관하여: 구조주의 이후의 이론과 비평』(*On Deconstruction: Theory and Criticism after Structuralism*, 1983)과, 특히 『기호 만들기』(*Framing the Sign*, 1988)에서 컬러는 이러한 순수 구조주의에서 벗어나 문학적 능력의 제도적 이념적 토대에 대한 근본적인 의문을 던지게 된다. 가령 후자의 책에서 그는 학계에 제도화되어 유지되는 전후 영미 비평의 강력한 경향, 즉 문학 전통에서 '특정 텍스트들'의 권위에 의해 비교(秘敎)적 원칙들과 가치관을 진작시키려는 경향을 탐구하고 그것에 도전한다.

구조주의는 문학이라는 미묘한 영역에 엄밀성과 객관성의 도입을 약속하기 때문에 일부 문학 비평가들의 관심을 끌어왔다. 그 엄밀성은 대가를 치르고서야 얻어진 것이다. 구조주의자들은 파롤을 랑그에 종속시킴으로써 실제 텍스트의 특수성을 무시하고 마치 어떤 보이지 않는 힘이 만들어낸 쇠줄밥의 문양이나 되는 것처럼 개별 텍스트를 다룬다. 소쉬르적 모델을 가장 성과 있게 적용한 것은 구조주의적 개념들을 〈은유〉로, 즉 텍스트를 분석하는 발견적 장치로 취급하는 경우였다. '과학적인' 문학적 구조주의를 수립하려는 시도들은 별로 눈에 띄는 성과를 상출 하지 못했다. 구조주의자가 자신의 탐구의 전장한 대상인 체계를 분리시키기 위해 실제 작품과 그것을 쓴 작가를 괄호 속에 넣음에 따라, 텍스트뿐 아니라 작가도 없어져 버리게 된다. 전통적인 낭만적 사상에서는 작가는 사고하고 괴로워하는 존재로서 작품에 선행하고 자신의 경험으로 작품을 길러내는 자다. 다시 말해 작가는 텍스트의 기원이며, 창조자이자 조상이다. 구조주의자들에 의하면, 쓰기에는 기원이 없고, 언어가 모든 개별적 발화보다 앞선다. 이런 의미에서 모든 텍스트는 '이미 쓰인' 것으로 이루어진다.

구조주의자들은 체계를 따로 분리시킴으로써 역사 또한 삭제한다. 왜냐하면 발견된 구조는 보편적이고(인간 정신의 보편 구조), 따라서 무시간적이거나, 아니면 변화 발전하는 어떤 과정의 임의적인 조각이기 때문이다. 역사적 문제는 성격상 〈변화〉 및 〈혁신〉과 유관한 데 비해, 구조주의는 하나의 체계를 떼어내기 위해 그와 같은 것들을 고려 대상에서 배제한다. 따라서 구조주의자들은 소설 장르의 발전이라든가 봉건 시대 문학 형식에서 르네상스 문학 형식으로의 변화 따위에 별 관심이 없는 대신, 이야기의 구조 자체와 한 시대를 지배하는 미학 체계에 관심을 기울인다. 그들의 접근법이 정태적·몰역사적이 되는 것은 어쩔 수 없는 노릇이다. 따라서 그들은 텍스트 생산의 계기(그 역사적 맥락, 과거의 글과 형식상의 관계 등)에도 텍스트의 수용 혹은 '재생산'의 계기(생산에 뒤따라 부과되는 해석, 이와 관련된 이론들에 대해서는 제3장 참조)에도 관심이 없는 것이다.

구조주의가 당대의 지배적인 신비평, 리비스식의 비평, 그리고 일반적으로 인문주의적 유형의 비평 행위에 도전하고 있음은 의심의 여지가 없다. 이 유형의 비평들은 하나같이 언어란 현실을 〈파악하는〉 능력을 가진 무엇이라는 관점을 전제했다. 언어는 작가의 정신이나 작가가 본 세계의 반영이라고 여겨졌다. 어떤 의미에서 작가의 언어는 그의 개성과 떼어져 생각할 수 없을 뿐더러, 바로 작가의 존재 그 자체를 표현하는 것이었다. 그러나 앞에서 보았다시피, 소쉬르적 관점은 언어의 선재성(先在性)에 주목한다. 태초에 말씀(언어)이 있었고, 말씀이 텍스트를 창조했다는 것이다. 구조주의자들은 작가의 언어가 현실을 반영한다고 하지 않고, 언어의 구조가 '현실'을 산출한다고 주장한다. 이것은 문학에 대한 엄청난 '탈신비화'이다. 의미의 근원은 이제 작가와 독자의 〈경험〉이 아니고, 언어를 지배하는 작용과 대립이라는 것이다. 의미는 개인이 아니라 개인을 지배하는 체계에 의해 결정된다.

구조주의의 핵심에는 인간의 모든 사회적·문화적 실제의 저변에 깔린 약호, 규칙, 체계를 찾아내려는 〈과학적〉 야심이 있다. 고고학과 지질학이 흔히 구조주의적 작업의 모델로 동원되는 것도 이 때문이다. 지표에 나타난 것은 더 깊은 역사의 흔적일 뿐이며, 지표 아래를 발굴함에 의해서만 표면에 드러난 것을 진정으로 설명해주는 지층이나 평면도를 찾아낸다는 것이다. 이런 점에서 모든 과학은 구조주의적이라고 주장하는 것도 가능하다. 예컨대, 해가 하늘을 가로질러 움직이는 것처럼 보이지만, 과학은 천체 운동의 진정한 구조를 찾아낸다.

구조주의라는 주제에 대해 어느 정도 지식을 갖춘 독자들이라면, 내가 이 장에서 구조주의의 고전적 유형만 다루었다는 것을 알 것이다. 이 고전적 구조주의의 옹호자들은 특정한 실제들의 기저에는 일정한 묶음의 관계들(대립들, 기능이나 진술의 연쇄체들, 구문론적 규칙들)이 깔려 있다는 것과 개별적 실행들은 풍경이 지층에서 비롯되는 것처럼 구조에서 비롯된다는 것을 주장한다. 구조는 기원의 중심 내지 시발점 같은 것이며, 다른 기원들의 중심들(개인이나 역사)을 대신한다. 그러나 쥬네트를 논할 때 이미 드러났다시피, 서사적 담론 내의 대립에 대한 정의 자체가, 정착·고정된 구조화를 거부하는 의미의 〈놀이〉를 설정하고 있다. 예를 들자면, '묘사'와 '서사'의 대립은 원래 두 번째 용어의 '특권화'를 조장하는 경향이 있다.('묘사'는 '서사'에 보조적이다. '서술자'는 서사하다보면 우연히 묘사하게 될 뿐이다). 그러나 이런 식으로 매겨진 서열을 따져 보게 되면, 어떤 서사이든 묘사를 내포하기 때문에 오히려 '묘사'가 지배적이라고 보게 되는 순간 그 같은 서열은 간단히 뒤집어진다. 이리하여 우리는 '서사'에 초점을 둔 구조를 해체하기 시작한다. 구조주의의 핵심에서 작용하는 이 '해체' 과정은 포스트구조주의라고 불리는 흐름의 주된 요소들 가운데 하나이다(제7장 참조).

▌참고문헌

기본서

[롤랑 바르트의 저작이나 그에 관한 후기 저작들은 제7장 참고문헌을 참고할 것.]

Barthes, Roland, *Writing Degree Zero* [1953], trans. by Annette Lavers and Colin Smith (Jonathan Cape, London, 1967).

Barthes, Roland, *Elements of Semiology* [1964], trans. by Annette Lavers and Colin Smith (Jonathan Cape, London, 1967).

Barthes, Roland, *Critical Essays* [1964], trans. by Richard Howard (Northwestern University Press, Evanston, Ill, 1972).

Barthes, Roland, *Selected Writings* [1982, as *A Barthes Reader* (Jonathan Cape)], trans. ed. and intro. by Susan Sontag (Fontana, London,

1983).

Blonsky, Marshall (ed.), *On Signs: A Semiotic Reader* (Basil Blackwell, Oxford, 1985).

Culler, Jonathan, *Structuralist Poetics: Structuralism, Linguistics and the Study of Literature* [1975] (Routledge, London, 2002).

Culler, Jonathan, *The Pursuit of Signs: Semiotics, Literature, Deconstruction* [1981] (Routledge, London, 2001).

Culler, Jonathan, *On Deconstruction: Theory and Criticism After Structuralism* (Routledge, London, 1983).

Culler, Jonathan, *Framing the Sing* (Basil Blackwell, Oxford, 1988).

de Saussure, Ferdinand, *Course in General Linguistics* [1915], trans. by Wade Baskin; intro. by Jonathan Culler (Fontana/Collins, London, 1974).

Genette, Gérard, *Narrative Discourse* [1972], trans. by Jane E. Lewin; foreword by Jonathan Culler (Basil Blackwell, Oxford, 1980).

Genette, Gérard, *Figures of Literary Discourse* [1966], trans. by Alan Sheridan (Basil Blackwell, Oxford, 1982).

Greimas, A. J., *Sémantique Structurale* [1966], trans. by Daniele McDowell, Ronald Schleifer and Alan Velie (University of Nebraska Press, Lincoln, 1983).

Innes, Robert E. (ed.), *Semiotics: An Introductory Reader* (Hutchinson, London, 1986).

Jakobson, Roman, 'Linguistics and Poetics', in T. Sebeok (ed.), *Style in Language* (MIT Press, Cambridge, Mass., 1960), pp. 350-77.

Jakobson, Roman (with Morris Halle), *Fundamentals of Language* [1956; revd edn, 1971] (Mouton, The Hague and Paris, 1975).

Lane, Michael (ed.), *Structuralism: A Reader* (Jonathan Cape, London, 1970).

Lévi-Strauss, Claude, *Structural Anthropology* [1958], trans. [1963] by Claire Jacobson and Brook G. Schoepf (Allen Lane, London, 1968).

Lodge, David, *The Modes of Modern Writing: Metaphor, Metonymy, and the Typology of Modern Literature* (Arnold, London, 1977).

Lotman, Yury, *The Analysis of the Poetic Text* [1972], ed. and trans. by D. Barton Johnson (Ardis, Ann Arbor, 1976).

Propp, Vladimir, *The Morphology of the Folktale* [1958; trans. by Laurence Scott; intro. by Svatava Pirkova-Jakobson] (revd edn, Texas University Press, Austin and London, 1968).

Todorov, Tzvetan, *The Fantastic: A Structural Approach to a Literary Genre* [1970], trans. by Richard Howard (Cornell University Press, Ithaca, 1973).

Todorov, Tzvetan, *The Poetics of Prose* [1971], trans. by Richard Howard (Cornell University Press, Ithaca, 1977). Includes 'The Typology of Detective Fiction'.

보충자료

Connor, Steven, 'Structuralism and Post-Structuralism: From the Centre to the Margin', in *Encyclopedia of Literature and Criticism*, Martin Coyle, Peter Garside, Malcolm Kelsall and John Peck (eds), (Routledge, London, 1990).

Culler, Jonathan, *Saussure* (Fontana, London, 1976).

Harland, Richard, *Superstructuralism: The Philosophy of Structuralism and Post-Structuralism* (Routledge, London, 1987).

Hawkes, Terence, *Structuralism and Semiotics* [1977] (2nd edn, Routledge, London, 2003).

Jackson, Leonard, *The Poverty of Structuralism: Literature and*

Structuralist Theory (Longman, London, 1991).

Jameson, Fredric, *The Prison-House of Language: A Critical Account of Structuralism and Russian Formalism* (Princeton Universitiy Press, Princeton, NJ and London, 1972).

Lodge, David, *Working with Structuralism* (Routledge, London, 1986).

Rimmon-Kenan, Shlomith, *Narrative Fiction: Contemporary Poetics* (2nd edn, Routledge, London and New York, 2002).

Scholes, Robert, *Structuralism in Literature: An Introduction* (Yale University Press, New Haven and London, 1974).

Sturrock, John, *Structuralism* (2ne edn, with intro. by Jea-Michel Rabaté, Blackwell, Oxford, 2003).

[NB. Most of the subsequent theoretical work related to this area constitutes, by definition, the 'Selected Reading' for '*Post*structuralist theories' (see Chaper 7).]

5 마르크스주의 이론

이 개론서에 소개된 여러 종류의 비평 중에서, 마르크스주의 비평은 가장 긴 역사를 가지고 있다. 1850년대 이미 마르크스 자신이 문화와 사회에 대해 중요한 일반론적인 이야기를 한 바 있다. 그렇다 하더라도 마르크스주의 〈비평〉은 20세기적 현상으로 이해하는 것이 옳다.

마르크스주의의 기본 강령들을 요약하는 것은 기독교의 본질적인 교리들을 요약하는 것만큼 어려운 일이지만 마르크스의 두 가지 잘 알려진 명제가 좋은 출발점을 제공해준다.

> 인간 의식이 인간의 존재를 결정하는 것이 아니라, 반대로 인간의 사회적 존재가 인간의 의식을 결정하는 것이다.

> 철학자들은 다양한 방식으로 세계를 단지 〈해석〉하기만 해왔다. 중요한 것은 그것을 〈변화〉시키는 것이다.

두 진술이 모두 의도적으로 도발적이다. 광범위하게 받아들여지고 있는 신조들을 뒤바꿔 놓음으로써 마르크스는 사람들의 생각을 반대

방향으로 돌려놓으려 했다. 첫 번째로, 철학은 단지 공허한 사색에 지나지 않았다. 이젠 철학이 실제 세계에 개입을 해야 할 때다. 두 번째로, 독일 철학에 있어서 헤겔과 그의 추종자들은 우리로 하여금 세계는 사고에 의해 지배되고 있고 역사의 과정은 이성의 법칙이 점진적이고 변증법적으로 전개되어 가고 있는 것이며 물질적 존재는 비물질적인 영적 본질이 밖으로 드러난 것이라는 것을 우리에게 설득해왔다. 사람들은 그들의 생각, 문화적 삶, 법 체계, 그리고 종교가 인간적이면서 또한 신적인 이성의 산물이며, 이러한 이성은 인간의 삶에 확고부동한 안내자로 생각되어야 한다고 믿도록 이끌려 왔다. 마르크스는 이 정식을 반전시켜 모든 정신적 (이데올로기적) 체계는 실제적인 사회적·경제적 존재의 산물이라고 주장한다. 지배적 사회 계급의 물질적 이해관계를 통해 사람들은 개인적 인간과 집단적 인간의 존재를 보는 방식을 결정한다. 예를 들어 법 체계는 인간적 혹은 신적 이성의 순수한 표현이 아니라 특정한 역사적 시점에서의 지배 계급의 이해관계를 궁극적으로 반영하고 있는 것이다.

한 설명에서 마르크스는 이 견해를 건축적인 비유로 기술하고 있다. '상부 구조'(이데올로기, 정치)는 '토대'(사회경제적 관계)에 의존한다. '의존한다'고 말하는 것은 '야기된다'고 말하는 것과는 다르다. 마르크스가 주장한 것은 우리가 '문화'라고 부르는 것이 독자적인 실재가 아니라, 인간 존재가 그 물질적 삶을 창출하게 되는 역사적 조건으로부터 분리될 수 없다는 것이다. 인간 역사의 특정한 단계에 있어서의 사회적·경제적 질서를 지배하고 있는 착취와 지배의 관계는 어떤 의미에서 그 사회의 총체적인 문화적 삶을 〈결정짓는다〉.

가장 단순화된 정식이라는 점에서 이 이론은 명백히 지나치게 기계적이다. 예를 들어, 『독일 이데올로기』(*The German Ideology*, 1846)에서 마르크스와 엥겔스는 도덕, 종교, 철학은 "인간의 두뇌에 형성된 환영"일 뿐이라고 말하고 있다. 즉, '실제적 삶의 과정'의 '반영이자 메아리'일 뿐이라는 것이다. 한편, 1890년대에 쓰인, 잘 알려진 일련의 편지에서 엥겔스는, 그와 마르크스가 항상 사회의 경제적 측면을 다른 측면들의 〈궁극적인〉 결정 인자로 간주하긴 했지만, 또한 예술, 종교 그리고 다른 형태의 의식들이 '상대적으로 자율적'이며 인간의 존재를 변화시킬 수 있는 독립적 능력을 가지고 있다는 것을 인식하고 있었다고 주장한다. 18세기 소설이나 17세기 유럽 철학을 살펴보면 우리는 이러한 글들이 초기 자본주의 사회가 발달하는 특정한 단계에서 등장함을 알 수 있다. 사회 계급간의 갈등이 이데올로기적 갈등을 일으키는 근거를 형성하게 된다. 문학과 예술은 이데올로기의 영역에 속해 있지만 그것들이 맺고 있는 이데올로기와의 관계는 종교적, 법적, 철학적 체계의 경우보다 때로는 덜 직접적이다.

경제적 발전과 예술적 발전 사이의 명백한 불일치의 문제가 논의되는 『개요』(*Grundrisse*)의 잘 알려진 구절에서 마르크스는 문학의 특수한 지위를 인정하고 있다. 희랍 비극은 예술적 진화의 한 정점으로 간주되고 있지만 그것은 현대사회에 더 이상 적합하지 않은 사회체계와 이데올로기적 양식(희랍 신화)에 상응하여 나타나는 것이다. 마르크스에게 있어서의 문제점은 이미 오래전에 사라진 사회체계에서 생산된 예술과 문학이 어떻게 여전히 미적 즐거움을 주고 있으며, '성취할 수 없는 규범적 이상'으로 생각될 수 있는가를 설명하는 것이었다. 그는 문학과 예술에 있어서 '초시간성'과 '보편성'을 아주 마지못해서 받아들이고 있는 듯이 보인다. 왜냐하면 이것은 결국 부르주아 이데올로기가 가지고 있는 기본 전제들을 받아들이는 것을 의미하기 때문이다. 그러나 이제는 마르크스가 문학과 예술에 대해 일반적으로 수용된 헤겔적인 사고로 다시 돌아가고 있음을 볼 수 있게 되었다. 2장에서의 무카로브스키에 관한 논의는 이제는 마르크스적 견해라고 불릴 수 있는 것을 확립시켜 놓았다. 즉 위대한 문학의 정전들은 사회적으로 생겨난 것이라는 사실이다. 희랍 비극의 '위대성'은 존재들의 보편적이고 불변하는 사실에서 오는 것이 아니라, 세대를 이어서 재생산되는 특정한 〈가치〉에서 오는 것이다.

문학의 특권적 지위를 부정한다 해도, 문학의 역사적 발전 과정이 역사의 일반적 과정으로부터 얼마나 독립되어 진행되어 있는가의 문제가 남는다. 트로츠키는 『문학과 혁명』에서 러시아 형식주의를 비판하면서 문학은 그 스스로의 독자적인 원리와 법칙을 가지고 있다는 사실에 동의했다. '예술적 창조'는 '예술의 특수한 법칙에 따라 형식을 변화시키고 변형시킨다'는 것을 그는 인정한다. 하지만 그는 '현실'이라는 것은 작가가 행하는 형식적 게임이 아니라 가장 핵심적 요인으로 남아 있는 것이라고 여전히 주장한다. 그럼에도 불구하고, 그의 주장은 문학 작품에 있어서 문학적 형식과 이데올로기적 내용의 상대적 중요성에 관한 마르크스주의 비평의 계속되는 논쟁을 예견하고 있다.

소련 사회주의 리얼리즘

서구에서 쓰인 마르크스주의 비평은 때로는 흥미진진하며 자극적이기도 했다. 그러나 공식적 공산주의의 '예술적 방법'으로서의 사회주의 리얼리즘은 서구 독자들에게 지루하고 답답하게 보일 수 있을 것이다. 소련 작가 연맹에 의해 주장된 신조는 1920년대에 해석된 바의, 혁명 전 레닌의 주장에 의존하고 있다. 이 이론은 문학의 진보, 계급 관계의 문학적 반영, 사회에서의 문학적 기능 등에 관한 몇 가지 중요한 질문을 제기했다.

우리가 본 바와 같이, 1917년의 혁명이 형식주의자들로 하여금 예술의 혁명적 이론을 계속 발전시켜 나갈 것을 추진하고 있을 때, 형식주의를 못마땅해 하고 19세기 러시아 리얼리즘의 전통을 새로운 공산주의 사회의 미학에 유일하게 적합한 기준을 제시해주는 것으로 보았던 정통적 공산주의 견해가 등장하고 있었다. 1910년경 일어났던 유럽의 예술, 음악, 문학에 있어서의 '모더니스트적' 혁명은, 이들 소련 비평가들에게는 후기 자본주의 사회의 퇴폐적 산물에 지나지 않았다. 전통적 리얼리즘에 대한 모더니즘적인 거부는 역설적이게도 사회주의 리얼리즘을 부르주아 미학의 주도적인 보호자로 남겨 놓았다. 톰 스토파드의 연극 『희화』(戱畵, *Travesties*, 1975)에서 초현실주의 시인 차라는 "혁명에서 참 이상한 것은 정치적으로 좌파가 되면 될수록 그들은 더욱더 부르주아적 요소를 좋아하게 된다는 것"이라고 불평하게 된다. 19세기 미학과 혁명적 정치를 결합하는 것이 소련의 이론을 만들어내는 핵심적인 방법으로 남게 된다.

'당파성'의 원리(당의 노동 계급을 향한 이상에 동참하는 것)는 거의 전적으로 레닌의 에세이 「당조직과 당의 문학」("party Organisation and Party Literature", 1905)으로부터 도출된 것이며 레닌이 모든 작가들은 그들이 쓰고 싶은 것을 자유롭게 쓸 수 있는 반면, 그들이 당의 정치적 노선에 동의하지 않는 한 그들의 작품이 당의 기관지에 실릴 수는 없을 것이라고 주장했을 때 그의 의도에는 의심스러운 점이 있다고 할 수 있다. 이러한 요구는 1905년의 불안정한 상황에서 어느 정도의 타당성을 가질 수 있으나 당이 출판을 장악하게 되는 혁명 이후에는 독재의 의미를 훨씬 더 갖게 된다.

'대중성'(narodnost)의 특질은 미학과 정치 모두에 중심적인 것이다. 어떤 시기의 예술 작품이든, 높은 수준의 사회 의식을 표현하고 진정한 사회적 조건에 대한 인식과 특정한 시대의 느낌을 드러냄으로써 이 특질을 성취하게 된다. 또한 현재의 역사의 진행 선상에서 미래의 발전을 감지하고 노동자 대중의 관점으로부터 사회 발전의 이상적인 가능성의 느낌을 제공해주면서 '진보적' 전망을 갖게 된다. 1844년의 「파리 초고」("Paris Manuscripts")에서 마르크스는 예술적이고 영적인 삶이 물질적 존재의 과정들로부터 분리되지 않았고 기술자가 여전히 미적 의식을 가지고 노동에 임했던 인간 역사의 초기 단계를 노동의 자본주의적 분화가 파괴시켰다고 주장한다. 정신적 노동과 육체적 노동의 분리가 영적 활동과 물질적 활동의 유기적 통합을 해체시켰고 그 결과로 대중은 그들의 노동에 창조적으로 참여하는 즐거움을 잃고 상품을 생산하도록 강요된다. 오직 민속 예술만이 대중예술로 살아남게 되었다. 고급 예술의 감상은 전문화되고, 시중 경제의 지배를 받게 되며 지배 계급의 특권층에만 국한되게 된다. 사회주의 사회에서 진정한 '대중적' 예술은 대중이 쉽게 즐길 수 있는 것이며 그들이 잃었던 존재의 총체성을 회복시켜준다고 소련 비평가들은 주장했다.

예술의 계급적 특성의 이론은 복잡한 것이다. 마르크스, 엥겔스, 그리고 소련적 전통의 저작들은 다음과 같은 이중의 강조를 해왔다. 한편으로는 작가의 개입 혹은 계급적 이해관계의 강조이며, 다른 한편으로는 작가의 작품에 있어서 사회주의 리얼리즘의 강조이다. 가장 조야한 형태의 사회주의 리얼리즘은 예술의 계급적 특성을 단순히 작가가 명시적으로 어떤 계급과 제휴되어 있는가의 문제로 다룬다. 마가렛 하크네스의 소설 『도시 소녀』(*City Girl*)에 대해 작가에게 보낸 편지(1888)에서 엥겔스가 그녀를 칭찬한 것은 그녀가 명백하게 사회주의적인 소설을 썼기 때문만이 아니다. 그의 주장에 따르면 부르봉왕조의 반동적 지지자인 발자크는 그 시기를 연구하는 '다른 모든 전문적인 역사학자, 통계학자들'보다 프랑스사회의 모든 경제적인 세부에 대해 더 통찰력 있는 설명을 제공하고 있다. 귀족 계급의 몰락과 부르주아 계급의 등장에 대한 통찰력으로 인해 발자크는 '자신의 계급에 대한 선호와 정치적 편견을 극복할' 수 있었다. 리얼리즘은 계급적 선호를 넘어선다. 이 주장은 사회주의 리얼리즘에 뿐만 아니라 그 이후의 마르크스주의 비평에도 강력한 영향력을 행사하게 된다.

사회주의 리얼리즘은 보다 높은 수준에서의 부르주아적 리얼리즘의 연장이자 발전으로 간주된다. 부르주아 작가들은 그들의 계급적 성분이나 겉으로 드러내는 정치적 입장에 따라서 평가되는 것이 아니라 그들 작품이 그 시대의 사회적 발전에 대한 통찰력을 드러낼 수 있는가에 따라 평가된다. 모더니스트 소설에 대한 소련의 반감은 이러한 맥락에서 가장 잘 이해될 수 있다. 1934년 소련 작가 회의에서의 칼 라덱의 기고문은 "제임스 조이스인가 아니면 사회주의 리얼리즘인가?"하는 선택의 문제를 제기한다. 토론 도중 라덱은 조이스를 위대한 작가로 옹호했던 또다른 공산당 대표인 헤르츠펠데를 신랄하게 공격했다. 라덱은 조이스의 실험적 기법과 '소시민적' 내용이 서로 긴밀하게 연결된 것으로 보았다. 평범한 개인의 보잘것없는 내적 삶에 대한 조이스의 천착은 근대라는 시대에 작용하고 있는 보다 큰 역사적 힘을 그가 전혀 인식하지 못하고 있다는 것을 보여준다는 것이다. 조이스에게 있어 "이 모든 세상은 중세의 책이 꽂혀 있는 책장, 사창가, 그리고 선술집 사이에 놓여 있다" "만약 소설을 쓴다면 조이스가 아니라 톨스토이와 발자크로부터 소설쓰는 법을 배우겠다"고 그는 결론지었다.

19세기 리얼리즘에 대한 이러한 칭찬은 이해할 만하다. 발자크, 디킨즈, 조지 엘리엇, 스탕달 등의 작가들은 사회 관계가 복잡하게 얽혀 있는 망 속에 개인이 어떻게 개입하게 되는가를 탐구하는 세련된 문학적 형식을 발전시켰다. 모더니스트 작가들은 이러한 작업을 포기하고 세계의 보다 파편화된 이미지를 반영하기 시작했으며 (그것들은 종종 염세적이고 내향적인 것이었다) '역사의 악몽' (그것이 바로 근대 사회이다)으로부터 도피해서 소외된 개인 의식을 다루게 된다. 영웅적 이미지를 투사하기 원했던 소련학파의 '혁명적 낭만주의'와는 가장 거리가 먼 것이었다. 1934년 작가 회의에서 기조 연설을 했던 안드레이 즈다노프는 작가들에게 스탈린이 '인간 영혼을 다루는 기술자'가 될 것을 요구했다는 사실을 상기시켰다. 이 단계에서 작가들에 대한 정치적 요구는 매우 노골적으로 집요해진다. 엥겔스는 지나치게 현실에 개입하는 글쓰기의 가치에 명백하게 의문을 품고 있었는데 즈다노프는 이러한 모든 의문들을 무시해버렸다. "그렇다. 소련의 문학은 경향적이다. 왜냐하면 계급 투쟁의 시기에는 계급 문학이 아닌 문학, 경향적이지 않은 문학, 비정치적이라고 주장하는 문학은 있지도 않고 있을 수도 없다".

루카치와 브레히트

최초로 중요한 마르크스주의 비평가인 게오르그 루카치를 다음에서 살펴보는 것이 적절하겠다. 왜냐하면 그의 작품은 전통적 사회주의 리얼리즘과 분리될 수 없기 때문이다. 그리고 리얼리즘에 관한 논쟁에서 그의 '상대자'였던, 극작가이자 이론가인 베르톨트 브레히트의 견해를 살펴보겠다. 루카치가 몇몇 소련 비평의 신조들을 미리 예견했다고도 말할 수 있지만 어쨌든 그의 리얼리즘적인 접근을 대단히 정교하게 발전시켰다. 그는 문학작품을, 스스로를 점진적으로 드러내고 있는 체계의 반영으로 다루면서 독특하게 헤겔적인 방식의 마르크스주의 사상을 시작했다. 리얼리스트 작품은 한 사회 질서의 근저에 존재하는 모순의 양식을 드러내야만 한다. 사회구조가 본질적으로 물질적이고 역사적이라고 주장한다는 점에서 그의 견해는 마르크스적이다.

루카치가 '반영'이라는 용어를 사용하는 방식은 그의 전 작업의 특징을 보여준다. 그 당시의 유럽 소설들의 '자연주의'를 거부하면서 그는 소설이 현실을 반영한다는 보다 오래된 리얼리즘적 견해로 돌아간다. 이때 현실의 반응이란 겉으로 드러난 모습을 표현하는 것이 아니라 현실의 '보다 진실되고 완벽하고 생생하고 역동적인 반영'을 의미한다.

'반영한다'는 것은 언어로 변형된 '정신의 구조를 형성하는 것'이다. 일반적으로 사람들은 실재에 대한 상(像)을 가지고 있다. 이 실재의 상은 대상물에 대한 의식일 뿐 아니라, 인간의 본성과 사회적 관계에 대한 의식이기도 하다. 하나의 상은 어느 정도 구체적일 수 있다고 루카치는 말한다. 소설은 독자들을, 사물에 대한 단순히 상식적인 이해를 뛰어넘는, 실재에 대한 보다 구체적인 통찰로 이끈다. 문학작품은 고립된 개별적 현상을 반영하는 것이 아니라, '삶의 통체적 과정'을 반영한다. 하지만 독자는 작품이 그 자체로서 실재가 아니라 '실재를 반영하는 특별한 형태'라는 것을 항상 의식하고 있다.

따라서 루카치에게 현실의 올바른 '반영'은 단순히 겉으로 드러난 모습을 표현하는 것 이상의 어떤 것을 포함한다. 재미있는 것은, 반영에 대한 그의 견해가 자연주의와 모더니즘을 동시에 비판하고 있다는 것이다. 임의로 제시된 일련의 이미지들은 현실의 〈객관적〉이고 공평한 반영이거나 (졸라와 그 외의 '자연주의'의 주창자들이 주장하는 것으로 알려져 있듯이) 또는 현실의 순수하게 〈주관적〉인 인상(조이스와 버지니아 울프가 보여주듯이)으로 이해될 수 있다. 이러한 임의성은 현실의 속성이거나 아니면 인지 행위의 속성으로 간주될 수 있다. 어떤 식으로 간주되든 간에 루카치는 그러한 단순히 '사진적인' 반영을 거부하고 있다. 대신 그는 제시된 이미지들의 '예술적 필연성'의 느낌을 우리에게 주는 진정으로 리얼리스트적인 작품을 기술한다. 작품들은 세계 그 자체의 '외연적 총체성'에 대응하는 '내재적 총체성'을 갖고 있다. 현실은 파편들의 단순한 흐름, 기계적 충돌이 아니라 하나의 '질서'를 갖고 있는 것이다. 소설가들은 이러한 질서를 '강렬한' 형식 속에서 표현한다. 작가는 이 세계에 추상적 질서를 부여하는 것이 아니라, 독자에게 우리 삶이 얼마나 풍요롭고 복합적인 것인가를 보여주는 이미지를 제시한다. 체험된 경험의 복합성과 미묘함이 가지고 있는 질서의 느낌이 이러한 이미지로부터 나오게 된다. 이러한 것은 사회적 존재의 모든 모순과 긴장이 형식적 총체를 통해 구체화될 때 성취될 수 있을 것이다.

마르크스 전통이 헤겔로부터 역사에 대한 변증법적 관점을 가져왔기 때문에 루카치는 내재해있는 질서와 구조의 원리를 주장할 수 있었다. 역사에서 발전적이란 임의적이거나 제멋대로인 것이 아니며 또한 곧바른 직선적인 진행과정도 아니다. 그것은 '변증법적' 발전 과정이다. 모든 사회 조직에서의 지배적인 생산 과정은 계급 투쟁을 통해 표현되는 내적 모순을 야기하게 된다. 자본주의는 봉건적 생산 양식을 파괴하고, 보다 높은 수준의 생산성(상품 생산)을 가능하게 하는, 절대적 사유 재산과 시장에 근거한 생산양식으로 봉건적 생산 양식을 대치함으로써 발전한다. 그러나 생산 과정이 점점 더 사회화됨에 따라 생산수단의 소유는 개인의 수중에 집중되게 된다. 방적기와 도구를 소유하고 있었던 노동자들은 결국은 팔 것이라고는 그들의 노동력밖에 남지 않게 된다. 본질적으로 내재하는 이러한 모순이 자본가와 노동자 사이의 이해 관계의 갈등으로 표현되게 된다. 자본의 사적 축적은 공장 노동의 토대이며, 따라서 모순(사유화/사회화)은 자본주의 생산양식의 본성의 핵심이 되는 필연적인 총체이다. 모순의 '변증법적' 해결은 항상 이미 그 모순 자체 안에 내포되어 있다. 만약 사람들이 그들의 노동력에 대한 통제를 다시 회복하게 된다면 생산 수단의 소유권 역시 사회화되어야만 한다. 이 간략한 해설의 의도는 리얼리즘에 대한 루카치의 전체적 이해가 어떻게 마르크스주의의 19세기적 유산에 의해 형성되었는가를 보여주려는 것이다.

일련의 뛰어난 저작들, 특히 『역사 소설』(*The Historical Novel*, 1937)과 『유럽 리얼리즘 연구』(*Studies in European Realism*, 1950)에서 그는 자신의 이론을 정교하게 하고 확장한다. 그리고 『현대의 리얼리즘의 의미』(*The Meaning of Contemporary Realism*, 1957)에서 그는 모더니즘에 대한 공산주의적 비판을 진전시킨다. 그는 조이스가 진정한 예술가라는 사실을 인정하지만 조이스의 역사관을 거부할 것을 우리에게 요구한다. 특히 세상에 일어나고 있는 일들에 대한 조이스의 '정태적' 관점이, 그 자체로서 본질적으로 정태적인 서사시적 구조 속에 반영되는 방식을 거부할 것을 요구한다. 루카치에 있어서, 인간 존재가 역동적인 역사적 환경의 일부라는 사실을 인식하지 못하는 이러한 잘못은, 카프카나 베케트 그리고 포크너의 작품에서 나타나듯이, 당시의 리얼리즘 전체에 널리 퍼져 있었던 것이다. 그의 주장에 따르면 이러한 작가들은 형식적 실험 — 몽타주 기법, 내적 독백, 의식의 흐름 기법, 보도 기사, 일기 등의 사용 — 에 지나치게 사로잡혀 있다. 이 모든 형식주의적인 기교들은 주관적 인상에 대한 좁은 관심의 결과인데, 이러한 관심 그 자체가 후기 자본주의의 고도의 개인주의로부터 생겨난 것이다. 객관적 리얼리즘 대신 우리는 불안감에 지배되는 세계관을 갖게 된다. 역사의 충만함과 그 사회적 과정은 부조리한 존재의 황폐한 내적 역사로 환원된다. 이러한 '실재의 희석'은 위대한 19세기 소설가들과, '사회주의자'는 아니었지만 진정한 '비판적 리얼리즘'을 성취한 그 이후의 계승자들(예를 들어 토마스 만)에서 찾을 수 있는 역동적이고 발전적인 세계관과 대조된다.

루카치에 의하면 모더니스트 작가들은 객관적 현실의 외부 세계로부터 개인을 분리시키면서부터 작중 인물의 내적 삶을 궁극적으로 영원불변하고 정태적인 특징을 띠게 되고 '사악하고 불가해한 흐름'으로 보게 된다. 몇몇 현대 작가들이 현대적 자아의 황폐하고 소외된 존재를 표현하면서 일종의 리얼리즘을 성취하고, 동시대의 현실을 표현하는 새로운 문학 형식과 기법을 어느 정도 발전시켰다는 사실을 루카치는 이해할 수 없었던 것으로 보인다. 모더니스트 〈이데올로기〉의 반동적 본성을 주장하면서 그는 모더니스트 작품의 〈문학적〉 가능성을 인정하기를 거부했다. 그는 모더니즘의 〈내용〉이 반동적이라고 생각했기 때문에 모더니즘의 〈형식〉도 마찬가지로 받아들일 수 없는 것으로 간주했다. 1930년대 초반 베를린에 잠시 머무르는 동안 그는 뛰어난 극작가인 베르톨트 브레히트를 포함한 동료 급진주의자들의 작품에 나타난 몽따쥬와 보도 기사의 모더니즘적 기법의 사용을 공격하게 되었다.

베르톨트 브레히트의 초기 극작은 급진적이고, 무정부적이고, 반부르주아적이었지만 반자본주의적인 것은 아니었다. 1926년경에 마르크스를 읽은 뒤, 비록 항상 국외자로 남아 있고 한번도 당에 소속된 적은 없었지만, 그의 청년기의 우상 파괴는 의식적인 정치적 참여로 전향하게 된다. 1930년경 그는 노동자 계급 관객을 겨냥한 소위 교훈극을 쓰고 있었으나, 1933년 나치가 권력을 잡게 되자 독일을 떠날 수밖에 없게 되었다. 그는 망명 중에, 주로 스칸디나비아 국가들에서 그의 주요 극작들을 썼다. 그후 미국에서 반미국적 행위를 조사하기 위한 매카시 위원회에 소환되었고 마지막으로 1949년에 동독에 정착했다. 그는 자신을 자산이며 동시에 부채로 간주했던 동독의 스탈린주의 정부 당국과도 좋은 관계를 가지지 못했다.

사회주의 리얼리즘에 대한 그의 반대가 동독 정부 당국을 자극했던 것도 명백하다. 그의 가장 잘 알려진 연극적 기제인 소격 효과는 러시아 형식주의의 '낯설게 하기' 개념을 연상시킨다(제2장 48-51쪽 참조). 사회주의 리얼리즘은 사실주의적 환상, 형식적 통일, 그리고 '긍정적인' 주인공 등을 선호한다. 그는 〈그의〉 리얼리즘 이론을 반아리스토텔레스적이라 불렀는데 이것은 그의 반대자들의 이론을 공격하기 위한 은밀한 방법이었다. 아리스토텔레스는 비극적 행위의 보편성과 통일성 그리고 감정의 '카타르시스'를 생성해내는 감정 이입을 통한 관객과 주인공 사이의 일체감을 강조했다. 브레히트는 '아리스토텔레스적인' 연극의 전통 전체를 거부했다. 극작가는 자연스럽게 연결되어 있는 플롯과 필연성 혹은 보편성의 느낌을 피해야만 한다. 사회적 불이익을 보여주는 사실들은 마치 그것들이 놀랍도록 부자연스럽거나 완전히 예상치 않은 것처럼 제시될 필요가 있다. '빵의 가격, 일자리의 부족, 전쟁의 선전 포고를 인간의 착취 행위의 결과가 아니라 지진이나 홍수와 같은 자연 현상인 것처럼' 간주하기가 너무나도 쉽기 때문이다.

관객들로 하여금 수동적인 자세로 연극을 받아들이도록 유인하는 것을 피하기 위해서, 현실의 환상은 소격 효과의 사용에 의해 깨어져

야만 한다. 배우는 맡은 배역에 빠져 스스로를 잃어버리거나 감정 이입을 통해 관객과 순수하게 하나가 되는 것을 추구해서도 안된다. 그들은 인지할 수는 있지만 익숙하지 않은 그러한 배역을 관객에게 제시하여야만 하며 그렇게 함으로써 비판적 평가의 과정이 작용하게 되는 것이다. 인물들의 상황, 감정, 난관들은 극의 외부로부터 이해되어야만 하며 낯설고 문제적인 것으로 제시되어야만 한다. 이것은 배우가 감정의 사용을 피해야만 한다는 것은 아니고, 단지 감정 이입에 의존하지 말아야 한다는 것이다. 이것은, 형식주의자들의 표현을 사용하자면, '문학적 기제를 그대로 드러내기'에 의해서 성취된다(제2장 50쪽 참조). 몸짓의 사용은 등장 인물의 감정을 밖으로 드러내는 중요한 방법이다. 몸짓이나 행위는 배역의 특정한 사회적 의미를 충격적인 방법으로 전달하는 기제로서 연구되고 연습된다. 이것은 배우와 배역의 완전한 일치를 강조하는 스타니슬라브스키적인 '방법적 연기'와 비교될 수 있다. '자발성'과 개성의 느낌을 주기 위해 미리 계산된 것보다는 즉흥성이 강조된다. 이렇게 등장인물의 내적 삶을 전면에 배치시킴으로써 그것의 사회적 의미는 사라져버린다. 말론 브란도나 제임스 딘의 몸짓은 개인적이며 특이하다. 반면에 '브레히트적인' 배우(예를 들어 피터 로어나 잭 니콜슨)는 숨은 것을 드러내기보다는 〈지시〉하는 식의 도식적 몸짓을 사용하면서 광대나 익살꾼처럼 연기한다. 어떤 경우에든, 그 '주인공'들이 대부분 평범하거나 거칠거나 부도덕한 인간들인 브레히트의 연극은 개성의 숭배를 강조하지 않는다. 억척어멈, 아스닥, 휴바이크 등은 '서사시적' 화폭 위에 그 윤곽이 대담하게 그려져 있다. 그들은 눈에 띄게 역동적인 사회적 존재이지만 특별히 부각될 수 있는 '내적' 삶을 갖지는 않는다.

브레히트는 루카치가 중요시하는 그러한 종류의 형식적 통일을 거부했다. 첫 번째로, 브레히트의 '서사극'은 아리스토텔레스의 비극과는 달리, 셰익스피어의 역사극이나 18세기 피카레스크 소설에서 볼 수 있는 그런 종류의 서로 긴밀하게 연결되어 있지 않은 일화들로,

시간과 장소의 인위적 구속이 없으며 '잘 짜여진' 플롯도 없다. 동시대인으로부터 받은 영감은 영화(찰리 채플린, 버스터 키튼, 아이젠스타인)와 모더니즘 소설(조이스와 도스 페소스)로부터 왔다. 두 번째로, 그는 좋은 형식의 어떠한 전범도 영원히 그 힘을 발휘할 수 없다고 믿었다. '영구적인 미학적 법칙'은 없다. 현실의 살아 움직이는 힘을 포착하기 위해 작가는 생각할 수 있는 모든 형식적 기제들(오래된 것이든 새로운 것이든)을 사용할 마음의 준비가 되어 있어야 한다. "우리는 리얼리즘을 특정한 시기에 속한 특정한 역사적 소설 형식(예를 들어 발자크나 톨스토이)의 고유한 속성으로 생각함으로써 리얼리즘의 순수하게 형식적이고 문학적인 기준을 세우게 되지 않도록 조심해야 한다". 그는 특정한 문학적 형식을 리얼리즘의 유일한 진정한 전범으로 신성시하려는 루카치의 욕망을 위험한 종류의 형식주의로 간주했다. 브레히트는 그 자신의 '소격 효과'가 리얼리즘의 정식으로 굳어진다면, 그것 역시 더 이상 효과를 가지지 못할 것이라는 사실을 인정한 첫 번째 작가가 되었을 것이다. 만약 우리가 다른 리얼리스트들의 방법을 베낀다면 우리는 더 이상 리얼리스트일 수 없을 것이다. "방법은 낡아서 쓸모없어지고, 자극은 실패한다. 새로운 문제들이 부상하고 새로운 기법을 요구한다. 현실은 변한다. 현실을 재현하기 위해서는 재현의 방법도 역시 변해야 한다". 이러한 말은 미학에 대한 브레히트의 비독단적이고 실험적인 견해를 극명하게 보여준다. 그러나 그의 정통성 부정에는 '자유주의적인' 요소는 전혀 없다. 독자들을 안이한 수동성으로부터 능동적인 참여로 일깨울 수 있는 새로운 방법에 대한 그의 지치지 않는 탐구는, 교활하게 변화무쌍한 자본주의 체제가 사용하는 모든 새로운 속임수를 폭로하려는 그의 열정적인 정치적 참여에서 비롯된 것이다.

프랑크푸르트학파와 그 이후: 아도르노와 벤야민

브레히트와 루카치가 리얼리즘에 대한 상반된 견해를 가졌던 반면, 마르크스주의 미학의 프랑크푸르트 학파는 리얼리즘을 완전히 부정했다. 프랑크푸르트 사회학 연구소는 헤겔적 마르크스주의에 기반을 두고 프로이트적 요소를 포함하는 광범위한 형태의 사회 분석인, 소위 '비판 이론'이라고 불리는 연구를 수행했다. 철학과 미학에서의 주도적인 인물은 막스 호르크하이머, 테오도르 아도르노 그리고 헤르베르트 마크쿠제였다. 이 연구소는 1933년 망명하여 뉴욕에 자리잡았는데, 결국은 1950년 아도르노와 호르크하이머의 주도하에 프랑크푸르트로 돌아가게 된다. 그들은 헤겔적인 방식을 따라서 사회 체계를 그 속에서 모든 제반 요소들이 동일한 본질을 반영하고 있는 하나의 총체로서 간주하고 있다. 현대 문화에 대한 그들의 분석은 독일에서 사회적 존재의 모든 단계에 헤게모니적 지배력을 행사하고 있었던 파시즘의 경험에 영향을 받았다. 미국의 대중 문화에서 그들은 독일과 유사한 '일차원적' 특질을 목격했으며 또한 상업주의가 삶의 모든 부분에 걸쳐 퍼져 있음을 보았다.

예술과 문학은 프랑크푸르트 학파의 사상에서 중요한 위치를 점유하고 있다. 초기의 비판 이론을 주도하면서 마르쿠제는 '긍정적 문화'의 개념을 제시했다. 이 개념을 통해서 그는 순응적(내적 성취를 위한 신비주의적 수양이라는 점에서)이자 동시에 비판적인(그 자체의 형식 속에 손상되지 않는 존재의 이미지를 갖고 있는 한), 문화의 변증법적 본성을 표현하고 있다. 마르쿠제는 '예술적 차원'의 부정적이고 초월적인 힘을 항상 주장하면서도, 한편으로는 청년기의 혁명적인 정치적 태도를 계속 유지하고 있었다. 비판 이론의 대표적 이론가인 아도르노에게 있어서의 예술은 — 철학과 함께 — 20세기의 '관료화된 세계'에 대한 유일한 저항의 무대이다. 아도르노는 문학이 현실과 직접적으로 접촉할 필요는 없다고 주장하면서 루카치의 리얼리즘에 대한 견해를 비판했다. 아도르노의 견해에 따르면 지배적 현실로부터의 예술의 분리는 특정한 의미와 힘을 예술에 부여한다. 모더니즘의 작품들은 그것이 암시하는 현실로부터 특정한 거리를 유지하고, 이 거리는 현실세계의 순응주의자적 경향을 비판할 수 있는 공간을 만들어 낸다. 대중 예술 형식들은 그것들을 형성했던 경제적 체계와 야합할 수밖에 없는 반면 '독자적인' 작품들은 그들이 관계를 맺고 있는 현실은 '부정할' 수 있는 힘을 가지고 있다. 모더니스트 작품이 개인의 소외된 내적 삶을 반영한다는 이유로 루카치는 그것들이 후기 자본주의 사회의 '퇴폐적' 구현이며, 자신이 속해 살 수밖에 없는 개체화되고 파편화된 세계를 작가가 넘어설 수 없음을 보여주는 증거라고 비판했다. 아도르노의 주장에 따르면 예술은 사회 체계를 단순히 반영하기만 할 수는 없으며 그 현시 안에서 간접적인 종류의 지식을 생산하는 자극제로 작용한다. "예술은 실제 세계의 부정적 지식이다". 이러한 기능은 직접적으로 논쟁적이고 비판적인 작품이 아니라 '난해한' 실험적 작품을 씀으로써 성취되는 것이라고 그는 믿었다. 이러한 입장은 루카치로부터 그를 분리시켰을 뿐 아니라 브레히트의 예술과 이상의 한계에 대한 그의 관점을 이끌었다.

프랑크푸르트학파의 견해에서 문학작품은 루카치에 의해 평가되는 형식적 일관성과 진보적 내용을 지향했던 것이 아니라 오히려 현실과 떨어져 거리를 둠으로써 새로운 통찰력 속으로 쉽게 몰두하거나 소비사회의 예술작품으로 변질되는 것을 방지하기 위해 노력했다. 모더니스트들은 현대적 삶의 비인간적인 장치를 완벽하게 표현하려 하기보다는 그 삶의 모습을 분열시키고 파편화하려 한다. 루카치는 이러한 종류의 예술에서 단지 퇴락의 증후만을 보고 그것이 무언가를 〈드러내는〉 힘을 가지고 있다는 것을 인식하지 못했다. 프루스트의 〈내적 독백〉의 사용은 소외된 개인주의를 반영하는 데 그치지 않고 현대사회의 어떤 진실(개인의 소외)을 포착하고, 우리로 하여금 이러한 소외가 객관적인 사회적 현실의 일부임을 볼 수 있게 한다. 사무엘 베케트의 『엔드게임』(*Endgame*)에 관한 복잡한 에세이에서 아도르노는 현대 문화의 공허함을 일깨우기 위해 베케트가 형식을 어떻게 사용하고 있는가에 대해 깊이 성찰하고 있다. 이 극이 암시하고 있는 것은 20세기 역사의 재난과 타락에도 불구하고 우리는 계속해서 마치 아무 변화도 없었던듯이 행동하고 있다는 것이다. 우리는 개별적인 주체가 통일되어 있고 실체를 가지고 있다거나 혹은 언어가 여전히 의미를 가진다는, 낡은 진실을 여전히 계속해서 바보같이 믿고 있는 것이다. 이 연극은 개성이라는 속이 빈 껍질과 파편화된 낡아빠진 표현의 언어만을 소유하고 있는 인물들을 보여준다. 이야기의 부조리한 단절, 왜소화된 인물 설정, 플롯의 결여, 이런 모든 것들은 이 연극이 암시하고 있는 현실로부터 거리감을 부여하는 미적 효과를 내는 주요한 요인이 되고 있으며, 그렇게 함으로써 현대사회에 대한 '부정적' 지식을 우리에게 제공한다.

마르크스는 헤겔의 변증법이라는 '신비의 외피'로부터 '이성의 핵'을 추출해냈다고 믿었다. 이 과정에서 남게 된 것은 인간 역사의 진정한 과정을 이해할 수 있는 변증법적 과정이다. 프랑크푸르트 학파의 작업은 변증법적 사고의 진정한 헤겔적인 미묘함을 상당히 가지고 있다. 헤겔적 전통에서 변증법의 의미는 '현실의 특정한 국면에 내재되어 있는 모순의 해결로부터 나오는 발전'이라고 요약될 수 있다. 예를 들어 아도르노의 『현대 음악의 철학』(*Philosophy of Modern Music*)은 작곡가 쉔베르그에 대한 변증법적인 설명을 개진하고 있다. 이 작곡가의 '무조(無調)' 혁명은 문화의 극단적인 상업화가 고전적 작품의 형식적 통일을 감상하는 청취자의 능력을 파괴시키는 역사적 상황 속에서 나온다. 영화, 광고, 대중 음악 등에서의 예술적 기교의 상업적 사용은 분쇄되고 파편화된 음악을 생산함으로써 작곡가로 하여금 반응하게 만든다. 그 과정에서 음악적 언어의 문법 그 자체가 부정된다. 각각의 개별적인 음조는 잘려 나가고 그것을 둘러싸고 있는 전후 맥락에 의해서 의미로 전환되지 못한다. 아도르노는 이러한 '무조적' 음악의 내용을 정신분석학의 언어로 기술한다. 고통스럽게 분리된 음조들은 무의식으로부터의 육체적 충동을 표현한다. 새로운 형식은 현대 사회에 있어서 개인의 의식적 통제를 상실하는 현상과 관계되어 있다. 격렬한 무의식적인 충동을 표현함으로써 쇤베르그의 음악은 이성이라는 검열자를 피해간다. 변증법은 이러한 새로운 체계가 후기 자본주의적 제국주의의 새로운 전체주의적 조직에 관계될 때 완성된다. 그 속에서 개인의 자율성은 집단적이고 단성적인 시장 체계에서 사라지게 된다. 다시 말하면 음악은 일차원적 사회에 대한 반역인 동시에 피할 수 없는 자유 상실의 한 증후이기도 한 것이다. 후기 자본주의 하에서 아도르노의 예술에 대한 입장의 변증법적 관점은 그 자체를 포스트모더니즘의 진부함을 넘어 진보적인 것으로 보는 '신유미주의'(본서의 '결론' 참조)와 같은 운동뿐 아니라, 포스트모던 예술과 사회에 관한 이후의 논쟁(제임슨 1991)에서 그의 저작을 영향력 있게 만들었다. 아도르노는 이러한 맥락에서 타협하지 않고, 비판적이며, 어느 정도 자율적인 문학과 문화에 대한 신념을 끊임없이 고취시킨다.

아도르노의 친구이자 또한 브레히트(기질과 시야에 있어서 아도르노에 적대적인)와 거숌 숄렘(자신의 오랜 동료 — 즉, 벤야민 — 가 유물론적 사상으로 전향한 것을 못마땅하게 여겼던, 유대 신비주의의 위대한 연구자)의 친구인 발터 벤야민은 그의 세대에서 가장 특이한 마르크스주의 사상가였다. 벤야민이 프랑크푸르트학파와 연합한 것은 잠깐 동안이었다. 그는 얼마 안 되는 수입을 위해 프랑크푸르트학파의 저널에 글을 쓰기도 했었지만, 한편으로는 그의 이념과 글쓰기에 대한 편집적 제약으로 인해 아도르노와 다투기도 했다. 괴테와 독일 바로크 연극에 집중되었던 그의 초기의 '학문적' 비평은 전설적으로 모호하고, 그의 문화적 저널리즘의 많은 부분 역시 감질나게 불가사의하다. 그의 일생의 작품과 주요 업적은 '19세기의 수도'인 파리의 상업적 문화에 대한 매혹적인 탐구인 '아케이드 기획'이었다. 이것은 그가 죽을 때까지 끝내지 못한 채 남겨졌다(그러나 1990년대 후반 번역되어 출판되었다). 그는 브레히트 연극의 최초의 그리고 가장 훌륭한 해석자 중의 하나이며, 예술 생산의 새로운 수단에 대한 담대하고 완강한 유물론 이론가였다. 그러나 그의 마지막 에세이인 「역사 철학 명제」("Theses on the Philosophy of History")는 마르크스의 변증법적인 유물론을 메시아적 신학의 용어와 결합시켰다. 벤야민의 가장 널리 알려진 에세이인 「기계 복제 시대의 예술 작품」은 현대의 기술적 형신(무엇보다도 사진과 영화)이 '예술 작품'의 지위를 현저하게 바꾸어 놓았다고 주장한다. 한때 예술 작품은 그것의 고유성에서 나오는 '아우라'(aura)를 가지고 있었다. 이것은 시각 예술의 경우 특별히 들어맞지만 문학의 경우 또한 사실이다. 새로운 대중매체는 유일하게 원본으로(마치 신성한 것처럼) 여겨지는 예술 작품의 의사-종교적인 정신을 파괴시켜 버렸다. 예술적 대상의 '복제'(사진과 라디오 전파에 의해서)는 그들이 실제로 복제를 위해서 의도되었다는 것을 점점 더 의미하게 된다. 그리고 영화가 등장함에 따라 우리는 '원본' 없이 '복제품'만을 발견하게 된다. 벤야민의 주장에 따르면 예술적 생산과 소비에 있어서의 새로운 정신적 특질의 기술적 기반이 바로 여기에 있는 것이다. 그 속에서 더 이상 '제의적'일 수 없는 예술은 정치를 향해 열려지게 된다. 재생산과 독창성의 상실에 대한 이러한 논쟁은 포스트모더니즘 논의에서 계속되어 왔고, 모방과 시뮬레이션이라는 주제에 관한 유물론적 용어를 제공해왔다. 벤야민의 에세이에 있는 희망적 관측의 요소들은 아도르노에게 지적받았었으나 후에 새로운 기술에 대한 구체적인 역사, 문화적 영향에 주목했다는 점에서 하나의 전범으로 남아 있다.

예술적 작업의 정치성에 대해 이것과 짝을 이루는 벤야민의 에세이 「생산자로서의 작가」("The Author as Producer")는 주로 베르톨트 브레히트의 연극을 염두에 두고 쓰였다. 그 에세이는 그 자체로 독창적이지만 아마도 지금은 덜 평가되고 있는 것 같다. 여기서 벤야민은 새로운 기술이 혁명적 잠재력을 가질 수 있는 반면, 그 혁명적 효과에 대한 보장은 없다고 주장했다. 사회주의 작가들과 예술가들이 그들의 작품 속에서 이 잠재력을 현실화할 필요가 있다. 벤야민은 여기서 또한 혁명적 예술이 올바른 주제를 강조함으로써 성취될 수 있다는 생각을 거부한다. (이러한 관점에서, 그의 견해는 당시 리얼리즘의 정통성에 대항해 제기된 것이었다.) 그 시대의 사회적 경제적 관계 내에서의 예술 작품이 차지하는 위치에 관심을 갖는 대신 그는 다음과 같은 문제들을 질문한다. '그 시대의 문학적 생산관계 내에서 한 작품의 기능'은 무엇인가? 예술가는 그(녀)의 시대의 〈예술적〉 생산력에 혁명적 변화를 가져올 필요가 있다. 그리고 적절한 예술적 기법이 사회적, 기술적 변화의 복합적인 역사적 결합에 대응하여 나오는 것이라 할지라도, 이것은 〈예술적 기법〉(technique)의 문제이다.

더 중요하고 상당히 영향력 있는 개념 – 도시 방랑자에 대한 개념(산책하는 사람 또는 윈도우 쇼핑하는 사람) – 은 '아케이드 기획'의 한 부분이기도 했던 19세기 시인 샤를 보들레르에 관한 벤야민의 연구에서 나온 것이다. 이후에 자넷 울프, 엘리자벳 윌슨과 다른 몇몇 사람들의 논평은 근대적 아내의 도시적 삶과 정체성에 젠더의 중요한 측면(여성 방랑자의 모습에서)의 논의를 유도했다. 문학연구에서 버지니아 울프는 딱 들어맞는 예가 되어 왔다. 또한 그 이후 비평은 이 개념을 또 한 번 새로운 기술에 대한 관심(영화와 인터넷, 프리드버그(1994), 도날드(2005) 참조)과, 1960년대의 프랑스 상황주의(French Situationist) 운동에서 유래한 '정신분석 지리학'에 대한 이해와 결합시켰다. 런던에 근거를 둔 소설가이자 저널리스트인 이안 신클레어 같은 작가는 이러한 자료들을 절충적으로 사용하였다. '문화적' 또는 '문학 지리학'에 대한 비평 경향은(소야, 1996; 도널드, 1999; 택커, 2003 참조) 현대 도시에 대한 벤야민의 초기 통찰력과, 종종 공간과 장소에 대한 푸코(제7장 참조)의 개념과 함께 계속 발전해왔다. 다른 한편, 벤야민의 서신과 다른 글들에 관한 90년대의 출판은 인문학과 사회과학이라는 광범위한 분야를 가로지르는 그의 작품에 대한 지속적 관심을 입증한다.

'구조주의적' 마르크스주의: 골드만, 알튀세, 마슈레이

1960년대 유럽의 지적 삶은 구조주의에 의해 지배되었다(제4장 참조). 마르크스주의 비평도 이러한 지적 환경에 영향받지 않을 수 없었다. 이 두 전통은 모두 개인은 그의 사회적 존재와 분리되어 이해될 수 없다고 믿고 있다. 마르크스주의자들은 개인이 사회체계 내에서 특정한 위치의 점유자이지, 자유로운 행위자는 아니라고 믿고 있다. 구조주의자들은 개인의 행위와 발언은 그것들을 생산하는 의미체계로부터 떨어져서는 아무런 의미도 갖지 못한다고 생각한다. 그러나 구조주의자들은 이러한 기층 구조들을 초시간적이며 자기 통제적인 체계로 간주하려 한다. 그러나 마르크스주의자들은 그것들이 역사적이고 변화하며 모순에 가득 찬 세계라고 생각한다.

프랑스에서 활동했던 루마니아 태생의 이론가인 루시앙 골드만은 작품이 개인적 천재성의 산물이라는 것을 부정하고 그것은 특정한 집단(혹은 계급)에 속해 있는 '초개인적 정신 구조'에 기반을 두고 있다고 주장했다. 이러한 '세계관'은 세계에 대한 마음속의 이미지를 변화하는 현실에 대응하여 맞춰감에 따라 끊임없이 구성되고 해체되는 것이다. 이러한 마음속의 이미지들은 일반적으로 사회적 행동 주체들의 의식 속에서 명확하게 정의되어 있지 않거나, 반쯤 인식된 상태로 남아 있지만, 위대한 작가들은 명징하고 일관된 형식을 통해서 세계관을 구체화시킬 수 있다.

골드만의 널리 알려진 저작인 『숨은 신』(*Le Dieu Caché*)은 라신의 비극, 파스칼의 철학, 프랑스 종교 운동(쟝세니스트), 그리고 하나의 사회집단 등이 서로 관련을 맺고 있음을 보여준다. 쟝세니스트의 세계관은 비극적이다. 이 세계관은 개인을 절망적으로 사악한 세계와 부재하는 신 사이에서 분열되어 있는 존재로 본다. 신은 세계를 버렸지만 여전히 그 존재를 믿는 자들에게는 절대적 권위를 행사하고 있다. 개인은 어쩔 수 없이 극단적이고 비극적인 고독을 택할 수밖에 없다. 라신의 비극에 깔려 있는 관계의 구조는 쟝세니스트들이 처한 곤경을 표현하며, 그 곤경은 다시 절대 군주가 재정적 지원을 중단함에 따라 점점 고립되고 힘이 약해진 군중 관례 계급인 귀족 계급의 몰락으로 이어진다. 이 비극의 '표면적'인 내용은 쟝세니즘과 아무 관계가 없는 듯이 보인다. 하지만 보다 심층적인 구조적 차원에서 그들은 동일한 형식을 공유하고 있다. "신과 세계로부터 동일한 거리를 유지하고 있는 '비극적 주인공'은 〈극단적으로 고독〉하다". 다른 말로 하면, 사회 계급과 문학 작품 간에 존재하는 의미있는 관계는 '반영된' 내용에서가 아니라 형식의 유사 혹은 '상응'에서 나타나는 것이다. 상응의 개념을 통해서 골드만은 독단적인 리얼리즘 전통의 한계를 뛰어넘어 생각할 수 있었고(그러나 그는 루카치치의 초기 저작에 대해서는 여전히 경의를 가지고 있었다) 문학과 문화에 대한 다양한 형태의 독특한 마르크스주의적 분석을 발전시킬 수 있었다. 그는 이러한 분석 방법을 '발생적 구조주의'라고 명명했다.

그의 후기 저작, 특히 『소설 사회학을 위하여』(*Pour une sociogie du roman*, 1964)는 현대 소설의 구조와 시장 경제의 구조 사이의 '상응 관계'에 주목하면서 프랑크푸르트학파와 유사점을 보이게 된다. 이미 1910년경에 자유주의 자본주의의 '영웅적' 시대로부터 제국주의 단계로의 전이가 이미 상당히 진행되어 있었다고 그는 주장한다. 그 결과로 경제 생활에 있어서 개인의 중요성이 급격하게 줄어든다. 마지막으로 1945년 이후의 시기에는 국가와 기업이 경제 체제를 통제하고 운영함에 따라 루카치가 ‘사물화’라고 부른 그러한 경향(즉 가치가 사용가치로 환원되고 인간 세계가 사물에 의해 지배되는 것)이 절정에 달하게 된다. 고전적 소설에서는 사물은 오직 개인과의 관계 속에서만 의미를 가질 수 있었다. 그러나 사르트르, 카프카, 로브-그리예의 소설에서는 사물의 세계가 개인을 대치하기 시작한다. 골드만 저작의 마지막 단계는, 문화의 구조가 단순히 경제 구조에 대응한다고 주장하는, ‘상부 구조’와 ‘토대’의 다소 조잡한 모형에 의존했다. 이러한 태도는 프랑크푸르트학파의 비관주의는 피하고 있지만 그들의 풍부한 변증법적 통찰력을 결여하고 있다.

프랑스 마르크스주의 철학자인 루이 알튀세는 특히 프랑스와 영국에서 마르크스주의 문학 이론에 주요한 영향력을 행사해왔다. 그의 저작은 구조주의와 명백히 연관되어 있으며, 포스트구조주의에 속한 것으로 주장되어 왔다(제7장 220-221쪽 참조). 그는 헤겔적 전통이 마르크스주의 철학에서 다시 부활하는 것을 거부했으며, 지식에 있어서의 마르크스의 진정한 공헌은 헤겔로부터의 ‘단절’에서 오는 것이라고 주장했다. 전체의 본질은 그 모든 부분에서 나타난다는 헤겔의 총체성의 설명을 그는 비판한다. 알튀세는 ‘사회 체계’나 ‘질서’와 같은 용어 사용을 피했는데, 그 이유는 그러한 용어들이 하나의 구조가 그것이 밖으로 현현되는 모든 방식을 결정하는 중심을 가지고 있다는 것을 상정하고 있기 때문이다. 대신 그는 ‘사회 구성체’에 대해 이야기하는데, 이것은 그에게 ‘탈중심화’된 구조를 의미한다. 살아있는 유기체와는 달리 이 구조는 지배 원리, 발생의 근원이 되는 인자, 전체를 관통하는 통일성 같은 것을 가지고 있지 않다. 이러한 관점이 함축하고 있는 의미는 흥미롭다. 사회 구성체 내에서의 다양한 요소들(혹은 단계들)은 하나의 본질적 단계(마르크스주의자에게는 경제적 단계)의 반영인 것으로 다루어지지 않는다. 각각의 단계들은 ‘상대적 자율성’을 가지고 있으며 단지 ‘최종적 계기’에서만 경제적 단계에 의해 궁극적으로 결정된다. (이 복잡한 정식은 엥겔스로부터 온 것이다)

사회 구성체는 그 안에서 다양한 수준들이 내적 모순을 가지고 서로 갈등하며 부딪히는 복합적인 관계를 맺으면서 존재하는 그러한 구조이다. 그 갈등은 본질적으로 절대 '단순한' 것이 아니며 '중층 결정' 되는 것이다. 이 모순의 구조는 주어진 역사적 단계에서 어떤 특정한 수준에 지배받을 수 있지만, 그것이 어떠한 수준인가 하는 것 자체가 경제적 수준에 의해 궁극적으로 '결정'된다. 예를 들어, 마르크스 자신도 인식했듯이, 중세의 사회 구성체 내에서 종교는 구조적으로 지배적이었으나, 이것은 종교가 그 구조의 중심이거나 핵심이었다는 것을 의미하는 것은 아니다. 비록 직접적인 것은 아니지만 그것의 주도적인 역할 자체가 경제적 수준에 의해 결정된 것이다.

알튀세는 예술을 단지 이데올로기의 한 형태로 다루기를 거부했다. 「예술에 관한 한 편지」('A Letter on Art')에서 그는 예술을 이데올로기와 과학적 지식 사이에 위치시킨다. 위대한 문학 작품은 우리에게 현실에 대한 적절한 개념적 이해를 제공해주지도 않고 또한 단순히 특정한 계급의 이데올로기를 표현해주는 것도 아니다. 그는 발자크에 대한 엥겔스의 주장을 끌어와서 다음과 같이 주장한다(128쪽 참조). 예술은 우리로 하여금 특정한 거리를 두고 이데올로기를 '보게 〈한다〉'. "예술은 이데올로기로부터 태어나고, 이데올로기에 깊이 침윤되어 있으며, 예술이 됨으로써 그 스스로를 이데올로기로부터 분리시키고, 이데올로기를 암시한다". 알튀세는 이데올로기를 "개인들이 그들의 진정한 존재 조건과 맺고 있는 상상적 관계의 재현"으로 정의한다. 이 상상적 의식은 우리가 자신의 세계를 인식하는 데 도움을 주지만, 한편으로는 우리가 세계와 맺고 있는 진정한 관계를 은폐하거나 억압한다. 예를 들어 '자유'라는 이데올로기는 노동자를 포함한 모든 사람들이 자유로워야 한다는 믿음을 강조한다. 그러나 그것은 또한 자유 자본주의 경제체제의 진정한 관계들을 은폐하고 있다. 지배적인 이데올로기 체제는 지배계급에 의해서 사물에 대한 상식적인 견해로 받아들여지게 되며 따라서 지배계급의 이해 관계가 확보된다.

그러나 예술은 그 예술을 형성시켰던 바로 그 이데올로기로부터 '한 발 물러서 있기'(예술의 형식적 구성으로부터 나오는 허구적 거리)를 성취한다. 이러한 방식으로 중요한 문학 작품은 작가의 이데올로기를 넘어서고, 이데올로기를 비판한다. 그럼에도 불구하고 이데올로기는 문학 작품들 속에 완전히 '스며들어'가 있다.

삐에르 마슈레이의 『문학 생산의 이론』(*A Theory of Literary Production*, 1966)은 예술과 이데올로기에 관한 알튀세의 논의를 처음으로 확장시켰다. 그는 작품을 '하나의 창조물' 혹은 자족적인 완성품으로 다루지 않고, 그 과정을 통해서 서로 본질적으로 다른 종류의 재료들이 다시 만들어지고 변화되는 하나의 '생산'으로 간주했다. 이러한 재료들은 통제되고 통일된 예술 작품을 창조하기 위해 의식적으로 사용되는 '자유로운 도구'들이 아니다. 지배적인 예술 규범과 작가의 의도와는 상관없이 주어진 재료들을 가지고 작업하는 데 있어서 작품은 그것이 '무엇을 하고 있는지'를 완전하게 의식할 수 없다. 다시 말하면, 작품은 하나의 '무의식'이다. '무의식'은 프레드릭 제임슨의 『정치적 무의식』(1981; 다음 159-161쪽 참조)에서 텍스트의 억압된 역사서사에 관해 분석된 개념이다. 사실상 이것은 이데올로기가 자칭 통합된 텍스트에 들어가서 변형시키는 방식에 대한 설명이다. 이데올로기는 일반적으로 마치 그것이 자연스러운 것처럼, 즉 마치 그것의 상상적이고 고정되지 않은 담론이 현실에 대한 완전하고 통일된 설명을 하고 있는 것처럼 체험된다. 이데올로기가 일단 텍스트 속으로 스며들어 가게 되면 그것의 모든 모순과 틈들이 드러나게 된다. 리얼리즘의 작가들은 텍스트 안의 모든 요소들을 통합하려 한다. 그러나 텍스트가 되는 과정에서 작품은 그것이 사용하는 담론의 이데올로기적 불일치에 상응하는 일탈과 누락을 피할 수 없이 생산하게 된다. "왜냐하면 무엇인가를 이야기하기 위해서는 〈얘기하지 말아야 할〉 다른 어떤 것이 있어야 하기 때문이다". 문학 비평가는 한 작품의 모든 부분이 어떻게 서로 잘 맞아떨어지는가를 보여주거나, 명백한 모순을 조화시키고 얼버무리는 데 관심을 갖고 있지 않다. 마치 정신분석가처럼 비평가는 텍스트의 무의식 — 즉 이야기되지 않은 것과 피할 수 없이 억압된 것 — 에 주목해야 한다.

이러한 접근이 어떻게 적용될 수 있을 것인가? 드포의 소설 『몰 플랜더즈』(*Moll Flanders*)를 살펴보자. 18세기 초 부르주아적 이데올로기는 도덕적 요구와 경제적 요구 사이의 모순을 적당히 숨겨 버린다. 즉 한편으로는 훗날의 이익을 위해 눈앞의 만족을 지연시킬 것을 요구하는 인간 삶에 대한 섭리적 견해와 다른 한편으로는 인간관계로부터 모든 가치를 고갈시키고 가치를 단지 상품에만 고정시키는 경제적 개인주의 사이의 모순을 말하는 것이다. 이 이데올로기적 담론은 『몰 플랜더즈』 작품 안에서 작용하면서 그 모순들이 밖으로 드러나도록 재현된다. 문학 형식이 이데올로기에 가하는 작용은 이러한 불일치 효과를 생산해낸다. 몰을 화자로서 사용하는 문학적 기법 그 자체가 이중의 관점을 내포하고 있다. 그녀는 자신의 이야기를 때로는 진행형으로 때로는 회고적으로 들려준다. 그녀는 창녀이자 도둑으로서의 자신의 이기적 삶을 즐기는 참여자이면서 동시에 다른 사람에 대한 경고로 자신의 죄악에 찬 삶을 진술하는 도덕론자이다. 이 두 가지 관점은 뉴게이트 감옥에 있는 동안 보관해두었던, 부정하게 긁어 모든 재산으로 그녀가 새 사업을 벌였던 버지니아에서의 성공적인 투기의 일화에서 상징적으로 결합된다. 이러한 경제적 성공은 또한 그녀의 사악한 삶에 대한 회개의 보상이기도 한 것이다. 이러한 방식으로 문학 형식은 유동적인 이데올로기의 담론을 '응고'시킨다. 이데올로기적 담화에 형식적 실체를 부여함으로써 작품은 그것이 사용하는 이데올로기 속에 존재하는 허점과 모순을 드러내 보여준다. 작가가 이 효과를 〈의도〉하는 것은 아니다. 왜냐하면 이 효과는 텍스트에 의해, 말하자면 '무의식적으로' 생산되는 것이기 때문이다. 따라서 비평가들은 균열과 침묵(텍스트에서 '말해지지 않은')을 드러내려 노력할 것이다. 이것은 알튀세가 '징후적 읽기'라고 이름 붙였던 것으로 결정론적 이데올로기의 한계를 드러낸다.

그 기간 동안은 상당히 영향력 있었던 후일에 쓴 짧은 연구인 에띠엔느 발리바와의 공동 논문 「이데올로기 형태로서의 문학에 관하여」("On Literature as an Ideological Form", 1978)에서 마슈레이는 프랑크푸르트학파가 옹호했고 알튀세가 여전히 유지하고 있었던 문학의 전통적인 개념으로부터 점점 더 극단적으로 결별하게 된다. '문학적인 것'의 문화는 이제 그것이 언어를 통해서 계급 지배를 재생산하도록 기능하는 교육 체계 안에서의 핵심적인 실천 행위로 재고되고 있다. 이것은 알튀세가 소위 '이데올로기적 국가 기구'라고 명명했던 교육체계 내에 위치된 것으로 이해되어 문학연구에 더 확장되고 완전한 유물론적 이데올로기 개념을 부여했다.

'신 좌파' 마르크스주의: 윌리엄즈, 이글턴, 제임슨

미국에서 마르크스주의 이론은 프랑크푸르트 학파의 헤겔적 전통에 지배되어 왔다. (『텔로스』(*Telos*)지는 이 전통의 기수이다) 영국에서 마르크스주의 비평의 부흥(1930년대부터 퇴조한 뒤로)은 1968년의 '혼란'과 그에 따른 대륙 사상의 유입에 의해 추진되었다(『뉴 레프트 리뷰』(*New Left Review*)는 중요한 통로였다.) 각 나라에서 작용하는 특정한 조건들에 반응하여 한 중요한 이론가가 부상했다. 프레드릭 제임슨의 『마르크스주의와 형식』(*Marxism and Form*, 1971)과 『언어의 감옥』(*The Prison-House of Language*, 1972)은 마르크스헤겔주의 철학자라는 이름에 값하는 변증법적 분석의 역량을 보여주었다. 테리 이글턴의 『비평과 이데올로기』(*Criticism and Ideology*, 1976)는 알튀세와 마슈레이의 반헤겔적 마르크스주의에 기반을 두고, 영국

비평의 전통에 대한 인상적인 비판과 영국 소설의 전개 과정에 대한 급진적인 재평가를 했다. 보다 최근에 제임슨과 이글턴은 포스트구조주의의 도전에 창조적으로 대응해 왔다(제8장의 "포스트모더니즘과 마르크스주의" 부분을 참조. 마르크스 비평이론에 대한 차후의 다른 변화에 대한 논의는 제6장의 마르크스주의 페미니즘과 제7장의 신역사주의와 문화 유물론 부분을 참조.)

물론 이 분야에서 이미 작업하고 있었던 탁월한 존재가 있다. 바로 레이몬드 윌리엄즈이다. 문화 비평적 사고의 영국적 전통의 주류에 대한 재평가로부터 시작하여(『문화와 사회 1780-1950』(*Culture and Society 1780-1950*)), 윌리엄즈는 사회적 의미의 전 영역 — 즉 '삶의 총체적 방식'으로서의 '문화' — 에 대한 급진적인 이론을 구축하는 작업을 시작했다. 이 포괄적인 관점은 계속적인 이론적 작업뿐 아니라 연극, 소설, 텔레비전에 대한 특정한 연구를 통해서 발전되었다. 윌리엄즈의 포괄적 기획 — 모든 형태의 의미 행위를 그것의 실제적인 생산 조건에서 연구하는 것 — 은 항상, 눈에 띄게 역사적이고 유물론적이었다. '문화 유물론'은 그가 최종적으로 부여한 이름이다. 그러나 그의 작업을 '마르크스주의적'인 것으로 규정하기 시작한 것은 1977년, 그의 입장에 대한 보다 진전된 주장을 출판하면서부터이다(『마르크스주의와 문학』(1977). 가장 중요하게 정의된 이 입장은 이탈리아의 철학자이자 정치운동가인 안토니오 그람시(1891~1937)가 만들어 낸 '헤게모니' 개념의 사용이었다. 윌리암즈는 헤게모니가 '전 사회 과정'을 권력과 영향의 구조들과 지배, 종속, 대립의 패턴과도 관련시켰다. 헤게모니는 권력관계를 보기 위한 조작과 세뇌로서, '사실상 삶의 전 과정에 침윤되어, 계급사회의 헤게모니적 질서가 '상식'이 되고 세상이치가 된다는 심도와 '조화'로 작동함으로서, 사회 통제에 대한 이상과 이데올로기의 공식 작동을 뛰어넘었다. 윌리암즈가 설명하는 것처럼 헤게모니는 '사회에서 대부분의 사람들을 위한 현실감을 구성한다. … 하나의 "문화", 그러나 문화는 특정계급의 종속과 체험된 지배로서 보여진다.' 이러한 사고가 윌리엄즈를 결정적으로 마르크스 전통 내에 위치시켰고, 이는 마치 추상적인 것을 거부하는 것이자 유물론과 이데올로기에 대한 개념의 한계를 정하는 것이다. 사실상 그는 학창시절의 공산주의자 정설을 오랫동안 거부해왔다.

그의 초기 저작에서 나타나는 강력하면서도 독특한, 그가 이용할 수 있는 마르크스 강령과 거리를 두고 계속 발전시켰던 이론 구성은 때때로 보다 젊은 세대의 마르크스주의자들에게는 이론적으로 또한 정치적인 약점으로 이해되었다. 이글턴이 지배적인 리비스적 전통을 거부할 뿐만 아니라 그의 스승인 윌리엄즈에 대한 혁명적 비판을 함으로써 자신의 이론적 개입을 시작했다는 사실이 이점을 부분적으로 설명해 주고 있다. 이글턴은 나중에, 가장 분명하게는 윌리엄의 죽은 시기인 1988년에(Eagleton, 1989) 이 관점을 수정했다. 이 지점에서 영국 문화, 문학연구, 문화연구에 대한 영향력 있는 좌파 대중 지식인으로서의 윌리엄즈의 독특한 입장들은 명확해졌고, 『희망의 원천들』(*Resources of Hope*, 1989)이라는 그의 유고 저작의 서명에 효과적으로 요약되었다. 그의 주요 학문적 공헌은 '문화 유물론'(제7장 273-274, 276-279쪽 참조)이라 명명된 분석의 정치화된 전통주의자 양식의 토대를 놓는데 도움을 주었다. 문화 유물론은 특히 스튜어트 홀(홀 참조, 1996)의 저작의 영국문화연구에서 채택된 형식 속에서, 대중문화연구에 있어서는 앞에서 말한 것처럼 헤게모니에 대한 그람시적 개념과 윌리엄즈의 문화에 대한 '지배적인', '잔여의', '부상의' 측면 간의 관련된 구분을 발전시켰다(윌리엄즈, 1977).

『비평과 이데올로기』에서 이글턴은, 알튀세와 마찬가지로. 비평은 '이데올로기 이전의 역사'로부터 분리되어 '과학'이 되어야만 한다고 주장했다. 중심 문제는 문학과 이데올로기 사이의 관계를 정의하는 것이다. 왜냐하면 그의 견해에 따르면 작품은 역사적 현실을 반영하는 것이 아니라, '현실'에 어떤 〈효과〉를 발생시키기 위해 이데올로기에 작용하는 것이다. 텍스트는 현실과의 관계에 있어서 자유롭게 보일 수도 있다(그것은 인물과 상황을 마음먹은 대로 창조한다). 그러나 이데올로기의 사용에 있어서 텍스트는 자유롭지 못하다. 여기서 '이데올로기'란 정형화된 신조를 가리키는 것이 아니라, 개인이 스스로 체험한 경험에 대해 가지게 되는 정신적 상(像)을 형성하는 모든 재현의 체계를 가리키는 것이다(미적, 종교적, 법적 등). 텍스트에서 생산되는 의미와 인식은 이데올로기 자체가 현실에 작용한 결과에 다시 작용하는 것이다. 이것은 텍스트가 두 단계에 걸쳐서 현실에 작용한다는 점을 의미한다. 이글턴은 가장 일반적인 텍스트 전 단계 형태의 이데올로기로부터 텍스트 자체의 이데올로기에 이르기까지 복합적 층위들을 살펴보면서 그의 이론을 계속 심화시켜 나간다. 그는 문학이 이데올로기로부터 거리를 유지할 수 있다는 알튀세의 견해를 거부한다. 그것은 이미 존재하고 있는 이데올로기적 담론에 대한 복잡한 재작용이다. 그러나 마슈레이(앞의 글 147-148쪽 참조) 이후 그 문학적 결과는 단지 다른 이데올로기적 담론의 반영이 아니라, 특수한 종류의 이데올로기의 〈생산〉이다. 이 이유로 비평은 단지 문학적 형식의 법칙이나 이데올로기 이론에 관심이 있는 것은 아니고, '이데올로기적 담론이 문학으로서 생산되는 법칙'에 관심이 있다.

이글턴은 이데올로기와 문학적 형식 사이의 상호 관계를 보여주기 위해 조지 엘리엇으로부터 D. H. 로렌스까지의 일련의 소설들을 살펴본다. 그는 19세기 부르주아 이데올로기가 생명력이 결여된 공리주의와 사회에 대한 일련의 유기적 개념(주로 낭만주의적 인문주의 전통으로부터 도출된)을 뒤섞어 놓았다고 주장한다. 빅토리아 시대 자본주의는 그것이 점점 '조직체화'됨에 따라, 그것에 공감하고 있는 낭만적 전통의 사회적·미학적 유기체론으로 지지될 필요가 있었다. 이글턴은 각 작가의 이데올로기적 상황을 살펴보고 그들의 사고 속에서 발전되고 있는 모순과 그러한 모순의 대결이 그들의 작품에서 어떻게 시도되고 있는가를 분석한다. 예를 들어, 소설이 삶의 유동성을 전혀 독단적이지 않은 방법으로 재현하고 있다고 믿는다는 점에서, 그리고 사회 역시 이상적으로는 현대 영국의 소외된 자본주의 사회에 저항하는 유기체적 질서라고 믿는다는 점에서, 로렌스는 낭만주의적 인문주의의 영향을 보여준다. 자연주의적 인문주의가 1차대전 동안 붕괴한 이후, 로렌스는 '남성적'과 '여성적' 원리라는 이원적 정형을 발전시켰다. 이 대립은 그의 작품의 다양한 단계를 통해서 발전되고 수정된 후에, 궁극적으로는, 비개성적인 '남성적' 힘과 '여성적' 부드러움을 결합하고 있는 멜러즈라는 인물(『채털리 부인의 사랑』(*Lady Chatterley's Lover*))을 통해 해소된다. 소설 속에서 다양한 형태를 취하게 되는 이 상반된 결합은 현대 사회 내부에 '깊이 자리 잡은 이데올로기적 위기'에 관련된 것일지도 모른다.

포스트구조주의 사유의 영향은 1970년대 후반 이글턴의 작품에 급진적인 변화를 가져왔다. 그의 관심은 알튀세의 '과학적' 태도로부터 브레히트와 벤야민의 혁명적 사상으로 옮겨가게 된다. 이 전이로 이글턴은 『포이에르바흐 테제』(*Theses on Feuerbach*, 1845)의 고전적인 마르크스주의 혁명 이론으로 다시 돌아가게 된다. "객관적 진실이 인간의 사고에 속한 것인가의 문제는 이론의 문제가 아니라 〈실천〉의 문제이다 … 철학자는 다양한 방식으로 세계를 〈해석〉하기만 했다. 중요한 것은 그것은 〈바꾸는〉 것이다". 이글턴도 데리다와 폴 드 만에 의해 전개된 '해체론'(7장 참조)이 모든 확실성, 모든 고정되고 절대적인 형태의 지식들이 기초하고 있는 토대를 파괴시키는 데 유용하다고 믿는다. 반면에 그는 물질적 '이해 관계'(특히 계급적 이해관계)와 '객관성'을 소부르주아적으로 부정한다는 점에서 해체론을 비판한다. 이글턴이 이제 알튀세가 아닌 레닌의 이론적 견해를 신봉하게 되었다는 사실을 주목한다면 이 명백하게 상반되는 견해는 이해될 수 있다. 즉 올바른 이론은 "진정하게 대중적이고 진정하게 혁명적인 운동의 실천 행위와 긴밀하게 연결된 경우에만 최종적인 모습을 갖게된다". 이제 마르크스주의 비평의 임무는 철학이 아닌 정치학에 의해 결정되는 것이다. 비평가는 이미 받아들여진 '문학'의 개념을 깨뜨리고 독자의 주체를 형성하는 데 있어서의 문학의 이데올로기적 역할을 드러내야만 한다. 사회주의자로서 비평가는 "비사회주의적 작품이 정치적으로 바람직하지 않은 효과를 생산하는 수사적 구조를 밖으로 드러내어" 보여주어야 하고 "가능하다면 그러한 작품이 사회주의를 위해 기능할 수 있도록 작품이 갖고 있는 '원래의 의도에 거슬러서' 그것을 해석해야만" 한다.

이 단계에 있어서 이글턴의 주요 작품은 『발터 벤야민 혹은 혁명적 비평을 위하여』(*Walter Benjamin or Towards a Revolutionary Criticism*, 1981)이다. 벤야민의 색다른 유물론적 신비주의는 혁명적 비평을 생산하기 위하여 '원래 의도에 거슬러서' 읽혀지고 있다. 그의 역사관은 반동적이고 억압적인 기억에 의해 항상 위협받고 은폐되는 과거로부터 역사적 의미를 강력하게 포착하는 것을 내포한다. 우익적인 (정치적) 움직임이 나타날 때, 과거로부터의 목소리는 포착되고 그것의 '진정한' 목적에 맞게 전유될 수 있다. 벤야민이 칭찬한 브레히트의 연극은 종종 역사의 끊임없이 계속되는 이야기를 단절시키고 과거를 다시 새겨넣는 가능성을 열어 놓으면서, 역사를 '흐름에 거슬러서' 재해석한다. 예를 들어, 셰익스피어의 『코리어래너스』(*Coriolanus*)와 게이의 『걸인의 오페라』(*Beggar's Opera*)는 그들의 잠재적인 사회주의적 의도를 드러내기 위해 '다시 쓰인다'. (브레히트는 그답게 우리는 단지 셰익스피어의 자의식이 강한 주인공들과 공감하는 데 그칠 것이 아니라, 코리어래너스의 비극뿐 아니라 '특히 평민들'의 비극을 감상할 수 있어야만 한다고 주장한다.) 이글턴은 브레히트가 보여준 의미에 대한 급진적이고, 기회주의적인 접근을 높이 평가한다. "하나의 작품은 6월에는 사실주의적이고 12월에는 반사실주의적일 수 있다". 이글턴은 마르크스주의 이론의 전개 과정이 어떻게 노동 계급 투쟁의 상황을 언제나 반영하게 되는가를 보여주는 페리 앤더슨의 『서구 마르크스주의에 대한 고찰』(*Considerations on Western Marxism*, 1976)을 자주 언급한다. 예를 들어, 이글턴은 현대 문화에 대한 프랑크푸르트학파의 강도 높은 '부정적' 비판이 첫 번째로는 서구에서의 파시즘의 지배에 대한 반응이며, 그 다음으로는 미국 전역에 퍼져 있는 자본주의 지배에 대한 반응이라는 것은 믿지만 또한 그것이 프랑크푸르트학파가 노동 계급으로부터 이론적으로 그리고 실천적으로 분리된 결과라고 믿고 있다. 그러나 이글턴의 혁명적 비평을 확연하게 〈현대적인 것〉으로 만드는 것은 그가 라캉의 프로이트적 이론과 자크 데리다의 강력한 해체 철학(제7장 참조)을 전략적으로 전개시키고 있다는 점이다. 사회주의와 여성주의에 정치적인 영향을 받아 리차드슨의 소설을 재해석하고 있는 『클라리사의 겁탈』(*The Rape of Clarissa*, 1982)은 이러한 수정된 비평적 전략의 힘을 예시해준다.

이글턴의 작업은 계속 발전하고 변화한다. 『미학의 이데올로기』(*The Ideology of the Aesthetic*, 1990)는 '파리'의 선구자들보다도 프랑크푸르트의 선구자를 상기시키는 책이다. 계몽주의 이후 유럽에서의 '미학'의 문화를, '정상적인' 부르주아적 주체의 형성을 공고히 하는 수행 주체로서, 또한 동시에 억압될 수 없고 파편화되어 있는 욕망의 담지체로서 간주하면서, 변증법적으로 점검하고 있다. 그의 최근의 주요 저작 중 하나는 아일랜드 문학과 그와 연계된 아일랜드의 지적이며 정치적인 문화에 관한 3부작의 첫 작품인 『히스클리프와 대기근』(*Heathcliff and the Great Hunger*, 1995)이다. 다른 여러 주제 중에서, 이글턴은 이 책에서 에밀리 브론테의 『폭풍의 언덕』(*Wuthering Heights*)에 관심을 돌려 그것을 아일랜드 기근의 문맥 속에 위치시키고, 초기의 관심을 다시 재조명하면서 아일랜드 망명객들의 상황 — 특히 오스카 와일드와 조지 버나드 쇼 — 을 다루고 있다. 『미친 존과 주교 그리고 아일랜드 문화에 대한 몇몇 에세이들』(*Crazy John and the Bishop and Other Essays on Irish Culture*, 1998)과 『학자와 반항아들: 버크에서 예이츠까지 아일랜드의 문화적 사상』(*Scholars and Rebels: Irish Cultural Thought from Burke to Yeats*, 1999)은 『히스클리프와 대기근』 이후에 출판되었다. 두 저작은 잊혀진 작가들과 사상가들의 재발견과 함께 폭넓은 문화 역사적 범위를 연결한다. 『학자와 반항아들』에 등장하는 이들 중 전문가 공동체(윌리엄 와일드, 찰스 레버, 쉐리단 르 파누를 포함하는)는 『더블린 대학 잡지』를 중심으로 진행되었고, 젊은 아일랜드 운동과 관련되었다. 이 3부작은 '문화유물론'에 영향 받은 예로 설명될 수 있다. 보통 말하는 다른 저작, 예를 들어 『문화의 이상』(*The Idea of Culture*, 2000)과 『달콤한 폭력: 비극의 이상』(*Sweet Violence: The Idea of the Tragic*, 2002)과 함께 문화유물론은 새로이 알게 된 아일랜드의 반식민주의적 저항의 대의에 대한 정치적 연대를 확인해주면서 1980년대 후반 이후 레이몬드 윌리엄즈와 서구 마르크스주의 전통에 대한 이글턴의 명백한 빚을 보여준다. 두 경향은 이글턴이 데리, 더블린과 2001년 이래 문화 이론 교수로 재직했던 맨체스터 사이에서 살았던 인생의 '귀향'에 딱 들어맞는다. 더 관련된 저작의 경향은 그의 소설 『성자와 학자들』(*Saints and Scholars*, 1987)과 데릭 저먼의 영화 대본, 《비트겐슈타인》(*Wittgenstein*, 1993), TV와 라디오 작품인 『성 오스카』(*St Oscar*)와 『백색, 금색, 그리고 회저』(*The White, The Gold, and the Gangreen*, 1997)에서 발전된다. 학문적 저작과 예술이 일반적으로 분리되어 있고, 풍자가 사라졌다고 생각되는 이 시대에 이러한 예술 작품들은 그 자체로서, 이글턴의 문화적 기획에 통렬한 유머와 함께 새로운 폭과 정교함을 가져다준다. 만일 이러한 방식의 글쓰기가 일시적으로 보류된다면, 비록 예기치 않은 자서전체의 『문지기』(*Gatekeeper*)가 확실히 코미디를 만들었지만, 작품이 점점 일관성이 있다는 공통의 목적은 서양 철학과 문학 전통에서 전통을 반대하는 지속적 가치와 지식인들의 정치적 역할과 관련이 있다. 이글턴은 스스로를 공공연하게 그리고 정기적으로 자주 포스트모더니즘의 허황된 주장에 대해 반대하는 의사를 밝히도록 만들었다(제8장 310-312쪽 참조). 그 두드러진 예가 가야트리 스피박의 타협된 반계몽주의에 대한 반대이다(「겉만 번지르르한 슈퍼마켓」, 그녀의 『포스트 식민 이성 비판』(제9장 337-338쪽 참조)에 대한 1999년 서평 참조.) 이글턴의 『이론 이후』(*After Theory*, 2003)(본서의 결론 참조)은 여전히 도발적이고 독창적이며 매우 참여적인 흐름을 이어나간다.

노동 운동이 부분적으로 부패했고 정치권력으로부터 완전히 배제되었던 미국에서 주도적인 마르크스 사상가가 등장했다는 것은 중요한 사건이다. 한편, 프랑크푸르트학파와 미국 사회에 대한 이글턴의 주장을 상기한다면 프레드릭 제임슨의 작업이 이 학파로부터 영향을 받았다는 사실은 상당한 의미를 갖는다. 『마르크스주의와 형식』(1971)에서 그는 마르크스주의 문학 이론의 변증법적 측면을 탐구한다. 일련의 정교한 연구(아도르노, 벤야민, 마르쿠제, 블로흐, 루카치, 사르트르) 뒤에 그는 '변증법적 비평'의 전체적 윤곽을 보여준다.

독점 자본주의의 후기 산업 사회 세계에서 의미를 가질 수 있는 유일한 종류의 마르크스주의는 "헤겔 철학의 위대한 주제들 즉, 부분과 전체의 관계, 구체와 추상의 대립, 총체성의 개념, 외양과 본질의 변증법, 주체와 객체의 상호 작용"을 탐구하는 마르크스주의뿐이라고 제임슨은 믿고 있다. 왜냐하면 변증법적 사고에 있어서 고정되고 불변하는 '객관물'이란 없기 때문이다. 하나의 '객관물'은 보다 큰 전체와 피할 수 없이 얽혀 있고, 또한 사고하는 정신과 연결되어 있는데 이러한 사고하는 정신 자체도 역사적 상황의 일부인 것이다. 변증법적 비평은 개별적인 문학 작품을 분석을 위해 따로 떼어놓지 않는다. 개체는 항상 보다 큰 구조(전통 혹은 운동)의 일부이거나, 역사적 상황의 일부이다. 변증법적 비평가는 문학에 적용할 미리 정해진 범주를 갖고 있지 않으며, 그 혹은 그녀가 선택한 범주(문체, 인물, 이미지 등)는 궁극적으로 비평가 자신의 역사적 상황의 한 측면으로 이해되어야 한다는 것을 항상 인식하고 있는 것이다. 제임슨은 웨인 부스의 『소설의 수사학』(*Rhetoric of Fiction*, 1961; 제1장 33쪽 참조)이 적절한 변증법적 자기 인식을 결여하고 있다는 것을 보여준다. 부스는 소설에서의 '관점'의 개념을 사용하는데, 이 개념은 상대주의를 함축하고 있다는 점, 그리고 고정되거나 절대적인 관점이나 판단 기준을 거부한다는 점에서 매우 현대적인 개념이다. 그러나 부스는 '내포된 저자'가 나타내는 특정한 시점을 옹호함으로써 19세기 소설의 확실성을 복원하려고 하는데, 이것은 조직적인 계급 체계 속에 위대한 중산 계급의 안정의 시대에 대한 향수를 반영하는 태도이다. 변증법적인 마르크스주의 비평은 그 자체 개념의 역사적 기원을 항상 의식하고 있으며, 그러한 개념들이 화석화되어 현실의 압력이 둔감해지는 것을 허용하지 않는다. 시간 속의 우리는 주관적 존재의 외부로 나갈 수 없으나 우리의 생각의 단단한 외피를 뚫고 '실재 그 자체에 대한 보다 분명한 파악'을 시도〈할 수 있다〉.

변증법적 비평은 장르나 혹은 일련의 작품들의 내적 형식을 드러내려 했고 한 작품의 표면으로부터 문학적 형식이 구체적인 것과 깊숙이 연관된 단계에까지 파고들어 간다. 제임슨은 헤밍웨이를 예로 들어 소설에서 '경험의 지배적 범주'는 글을 쓰는 과정 그 자체라고 주장한다. 헤밍웨이는 다음의 두 가지 작업을 잘 수행할 수 있는 특정한 종류의 아무 꾸밈없는 문장을 그가 만들어낼 수 있다는 것을 발견했다. 즉, 물리적 환경을 나타내면서 사람들 사이의 분노의 긴장을 암시하는 것이다. (예를 들면 "그들은 탁자에 앉아 있고 소녀는 계곡의 약간 건조한 측면의 언덕을 바라보았고, 남자는 그녀와 테이블을 바라보았다", 『여자 없는 남자』(*Men without Women*)에서 「하얀 코끼리 같은 언덕」("Hills Like White Elephants", 1928)) 이렇게 해서 얻어진 글쓰기 기술은 자연 세계(특히 피를 보는 스포츠)와 관련하여 표현된 다른 인간적 기술들과 개념적으로 연결된다. '남자다움'에 대한 헤밍웨이적 숭배는 기계적 기술의 미국적 이상을 반영하는 것이지만 인간의 기술을 여가의 영역으로 치환시킴으로써 산업사회에서의 소외 상황을 거부하고 있다. 헤밍웨이의 아무 장식없는 문장들은 미국 사회에 복잡한 조직 속으로 파고들어 가지 못하고, 따라서 그의 소설들을 이국적 문화의 두께가 제거된 현실을 향하고 있으며 이 두

께가 제거된 현실 속에서 개인은 '대상의 청결함'과 조우하게 되고 따라서 헤밍웨이의 문장 속으로 포섭되게 된다. 이러한 방식으로 제임슨은 문학적 현실이 어떻게 구체적 현실과 깊은 관계를 맺게 되는가를 보여준다.

그의 『정치적 무의식』(*The Political Unconscious*, 1981)은 그가 초기에 가졌던 이론의 변증법적 개념을 계속 유지하고 있지만 또한 서로 상반되는 다양한 사상의 전통(구조주의, 포스트구조주의, 프로이트, 알튀세, 아도르노)을 마르크스주의 이론으로 탁월하게 통합시키고 있다. 제임슨은 인간사회의 파편화되고 소외된 상황이, 삶과 지각이 '집단적'이었던 원시 공산주의의 원래 상태를 함축하고 있다고 주장한다. 인류가 블레이크적 타락을 고통스럽게 겪고 있을 때, 바로 인간의 감각 그 자체가 전문화의 분리된 영역을 확립해놓았다는 것이다. 화가는 시각을 하나의 전문화된 감각으로 다룬다. 그 혹은 그녀의 그림은 소외의 증후이다. 그러나 그림은 또한 원초적 충만함의 세계의 상실에 대한 보상이기도 하다. 그들은 색채 없는 세계에 색채를 제공해준다.

모든 이데올로기는 사회로 하여금 그 자신에 대한 설명을 제공해줄 수 있게 하는 '봉쇄의 전략'이며 이러한 설명은 역사적 배후에 있는 모순을 은폐시켜준다. 그리고 이러한 억압의 전략을 강요하는 것은 바로 역사(경제적 필연성의 야만적 현실) 그 자체이다. 문학 텍스트도 같은 방식으로 작용한다. 그들이 제시하는 해결책은 역사의 억압을 드러내주는 징후에 지나지 않는다. 제임슨은 자신의 목적을 위한 분석적 도구로 A. J. 그레마스의 구조주의 이론('기호적 직사각형')을 능숙하게 사용한다. 봉쇄의 텍스트적 전략은 그 스스로를 형식적 전형으로 제시한다. 그레마스의 구조주의적 관계는 가능한 인간관계의 모든 항목(성적, 법적)을 제시한다. 이러한 관계들은 텍스트의 전략에 적용될 때 분석자로 하여금 — 피에르 마슈레이를 따라서(1978; 앞의 글 147-148쪽 참조) —〈말해지지 않은〉 가능성을 드러낼 수 있게 한다. 이 '말해지지 않은 것'이 바로 억압된 역사이다.

제임슨은 또한 이야기와 해석에 대한 강력한 주장을 발전시킨다. 그는 이야기가 단순한 문학적 형식이나 양식이 아니라 근본적인 '인식론적 범주'라고 믿는다. 현실은 인간 정신의 이야기 형식을 통해서만 스스로 드러낸다. 과학 이론조차 이야기 형태를 띤다. 더욱이 모든 이야기는 해석을 요구한다. 여기에서 제임슨은 '강한' 해석에 반대하는 포스트구조주의자들의 공통된 주장에 대해 답변을 하고 있다. 들뢰즈와 가타리(『앙띠오이디푸스』(*Anti-Oedipus*); 제7장 243쪽 참조)는 모든 초월적 해석을 공격하고 텍스트에 강한 '의미'를 부여하는 것을 피하는 '내재적' 해석만을 인정한다. 초월적 해석은 텍스트를 지배하려고 하며 그렇게 함으로써 텍스트가 가진 진정한 복합성을 〈약화시킨다〉. 제임슨은 스스로 내재적 접근이라고 주장하는 신비평의 예를 솜씨 있게 들며, 사실은 그것이 초월적이며 그것의 지배적 조직 원리는 '인본주의'라는 것을 보여준다. 모든 해석은 필연적으로 추월적이며 이데올로기적이라고 그는 결론짓는다. 결국 우리가 할 수 있는 것은 이데올로기를 초월하는 수단으로 이데올로기를 사용하는 것일 뿐이다.

제임슨의 '정치적 무의식'은 프로이트로부터 '억압'의 본질적 개념을 가져오지만 그것을 개인적 수준에서 집단적 수준으로 끌어올린다. 이데올로기의 기능은 '혁명'을 억압하는 것이다. 억압하는 자만이 이러한 정치적 무의식을 필요로 하는 것은 아니다. '혁명'이 억압되지 않을 경우 그들의 존재가 견딜 수 없는 것이 될 것이라는 사실을 깨닫게 될 피억압자에게도 마찬가지이다. 소설을 분석하기 위해 우리는 부재하는 원인('비혁명')을 찾아 확인할 필요가 있다. 제임슨은 세 가지 '지평'(예를 들어, 그레마스를 원용하는 내재적 분석의 단계, 사회적 담화 분석의 단계, 역사적 해석의 획기적 단계)을 포함하는 비평적 방법을 제시한다. 세 번째 지평은 제임슨의 마르크스주의 사회 모형에 대한 복합적 재고에 기초하고 있다. 대체로 그는 사회적 총체를

'탈중심화된 구조'로 보는 알튀세와 견해를 받아들인다. 이 '탈중심화된 구조' 속에서는 다양한 수준들이 '상대적 자율성'을 가지고 발전되고 다양한 시간대에 작용한다(예를 들어, 봉건 시대와 자본주의 시대의 공존). 적대적이고 서로 어울리지 않는 생산 양식들의 이러한 복합적 구조는 이질적 〈역사〉이며, 이러한 이질적 역사는 텍스트의 이질성 속에 반영되어 나타난다. 제임슨은 여기에서 현실 그 자체를 단지 또 다른 하나의 텍스트로 다루면서 텍스트와 현실 사이의 구분을 없애려고 하는 포스트구조주의자들을 향해 대답을 하고 있는 것이다. 텍스트가 그것의 〈외부〉에 있는 사회적 문화적 이질성과 관계되는 경우에나 텍스트적 이질성은 이해될 수 있다는 것을 그는 보여준다. 이 점에서 그는 마르크스주의적 분석의 여지를 계속 유지하고 있다.

조셉 콘래드의 『로드 짐』(*Lord Jim*)에 대한 그의 해독(解讀)은 그 텍스트에 적용되어 온 다양한 유형의 해석들(인상주의적, 프로이트적, 실존주의적 등등)이 실제로 텍스트 안에 있는 어떤 것을 표현하고 있다는 것을 보여준다. 각각의 해석양식은 자본의 요구에 부응하는 근대사회 내에서의 전개 과정을 반영한다. 예를 들어, 인상주의는 자본주의적 예술 애호가인 슈타인이라는 인물 속에 전형화되고 있다. 제임슨은 나비 채집에 대한 그의 열정을 콘래드 자신의 "인상주의의 열정적 선택의 알레고리 즉, 있는 그대로로의 살아있는 삶의 모습을 포착하고 역사적 상황으로부터 그 살아있는 삶의 모습을 비틀어 떼어냄으로써 … 시간을 넘어 상상계 속에 그것을 보존하려는 사명에 대한 알레고리"로 간주한다. 이렇게 이야기를 통해 역사에 반응하는 것은 이데올로기적으로 조건 지워진 것이면서 동시에 유토피아적인 것이다. 즉 그것은 역사를 억압하면서 동시에 이상적 미래를 상상한다.

서사에 대한 제임슨의 강한 '인식론적' 이해는, 지금까지 그의 가장 중요한 저작인 『포스트모더니즘, 혹은 후기 자본주의의 문화적 논리』(*Post-modernism, or the Cultural Logic of Late Capitalism*, 1991)의 정치적 동기를 잘 보여주고 있다. 그는 포스트모더니즘이 단순히 하나의 스타일이 아니라, 오히려 우리시대에 있어서의 '문화적으로 지배적인 것'이라고 주장한다. 그것은 우리의 모든 예술적 지적 활동을 다시 기획하며, 전혀 다른 경험의 양상을 가져오고, 따라서 가장 깊은 단계에서, 우리가 현대 세계에 대해서 무엇을 알 수 있는가에 대한 근본적인 조건을 제공해준다(제8장의 310-311쪽 참조). 제임슨은 특히나 그가 '인식의 지도그리기'(부분적으로는 비판적 도시 지리학에서 유래되었고, 로스앤젤레스의 보나벤처 호텔에서 있었던 유명한 토의에서 유래된)라고 용어를 붙인 전략을 세계자본주의 체계의 이해, 필수적인 비판과 초월을 위해 도입했다. 그래서 개인 주체에게 '세계적 체계에서 어느 정도 고조된 감각'을 부여하고, '행위와 투쟁'에 대한 우리의 능력을 새롭게 해줄 '교육학의 정치 문화'는 '세계적인 인식의 지도그리기'에 전념하는 '새로운 정치 예술'에 의존하게 될 것이다. 그러나 동시에 제임슨은 자신의 사상의 특징인 긴장감으로 이후에 「정치 예술의 본질에 대한 불가능한 문제에 관하여」("on the impossible matter of the nature of a political art")에서 약 열 페이지에 걸쳐 우울하게 사색한다. 거기에는 앞으로의 진전도 없고 운동도 없다. 다만 이 불가능성에 대한 사유가 '시간을 재는 가장 나쁜 방법은 아닐지도 모른다'는 위안이 있을 뿐이다. 여기에 내포된 것은 다국적 자본의 세계 공간이 사실은 지도로 그릴 수 없다는 것이다.

이 책과 다른 연구들에 있는 제임슨 작품의 이론, 문학, 예술, 영화, 건축과 대중매체의 영역을 뛰어넘는 고도의 예술적 기교에 대한 광범위한 논의는 영감을 주기도 하지만, 정치적으로 그 결과는 탄력적이면서도 비관주의적인 '후기 마르크스주의'이다. 헤겔과 아도르노에게 빚지고 있는(제임슨, 1991) 후기 마르크스주의는 변화를 위한 사회적 동인에 대한 확신에 믿음을 잃어버린 것이다. 따라서 정치적 이상주의와 초기 글에서 나타났던 명백한 변증법적 사고에 대한 신념은 현재 우리가 기껏해야 불가능한 것이 무엇인지 알 수 있다는 견해로 약해졌으며, 우리가 전지구적 자본주의 내에 있는 것처럼 멈춰져 있다. 현재 다시 유행하는 '모더니티'와 문화적 차이를 인정하는 것을 목표로 하는 '대안적 모더니티'의 개념에 대한 응답으로 보다 최근 그가 쓰고 있는 것처럼, '모더니티의 근본적 의미는 전 세계 자본주의 그 자체이다. 그 체계에 대한 세 번째 혹은 후기 단계에서 자본주의 세계화에 의해 기획된 표준화는 보편적 세계질서에 의해 식민화된 미래세계에서 문화 다양성을 위한 이 모든 경건한 희망에 상당한 의구심을 던진다'(2002).

이 장의 논의 과정에서 우리는 '구조주의적' 마르크스주의에 주목했다. 칼 마르크스의 경제적 저술들 자체는 본질적으로 구조주의적인 것으로 간주되었다. 그러나 마르크스주의와 구조주의(4장 참조) 사이에는 유사점보다는 차이점이 훨씬 크다는 것을 강조할 필요가 있다. 마르크스에 있어서 이론의 궁극적 기반은 인간사회의 물질적 역사적 존재이다. 그러나 구조주의에 있어서 마지막 토대는 언어의 본질이다. 마르크스주의 이론은, 사회 속에서 일어나며 문학 형식을 통해 간접적으로 나타나는 역사적 변화나 갈등에 관한 것인 반면, 구조주의는 역사적 조건으로부터 분리된 체계의 내적 작용을 연구한다.

▌참고문헌

기본서

Adorno, Theodor W., *Prisms* [1955], trans. by Samuel and Shierry Weber (Neville Spearman, London, 1967).

Adorno, Theodor W. and Horkheimer, Max, *Dialectic of Enlightenment* [1944], trans. by John Cumming (Allen Lane, London, 1972).

Adorno, Theodor W., Benjamin, Walter, Bloch, Ernst, Brecht, Bertolt and Lukács, Georg, *Aesthetics and Politics*, trans. and ed. by Ronald Taylor; afterword by Fredric Jameson (New Left Books,

London, 1977).

Althusser, Louis, *For Marx* [1965], trans. by Ben Brewster (Allen Lane, London, 1969).

Althusser, Louis, *Lenin and Philosophy and Other Essays* [1969], trans. by Ben Brewster (Verso, London, 1971). Includes 'Ideology and Ideological State Apparatuses' and 'A Letter on Art'.

Anderson, Perry, *Considerations on Western Marxism* (Verso, London, 1976).

Baxandall, Lee and Morawski, Stefan, *Marx and Engels on Literature and Art* (International General, New York, 1973).

Benjamin, Walter, *Illuminations* [1955; trans. by Harry Zohn, 1968], ed. and intro. by Hannah Arendt (Jonathan Cape, London, 1970).

Benjamin, Walter, *Charles Baudelaire: A Lyric Poet in the Era of High Capitalism* [1955], trans. by Harry Zohn (New Left Books, London, 1973).

Benjamin, Walter, *Understanding Brecht* [1966], trans. by Anna Bostock (New Left Books, London, 1973).

Benjamin, Walter, *Correspondence of Walter Benjamin, 1910-1940*, trans. by Manfred and Evelyn Jacobson; ed. by Gershom Schloem and Theoder Adorno (Chicago University Press, Chicago, 1994).

Benjamin, Walter, *Selected Writings* [original trans. by Edmund Jephcott et al., 1972], 4 vols, ed. by Michael W. Jennings, Howard Eiland et al., (Harvard University Press, Cambridge, Mass., 1996-2003). Especially vol. 2, 1927-34 (1999).

Benjamin, Walter, *The Arcades Project* [unfinished, posthumous: 1972)., trans. by Howard Eiland and Kevin McLaughlin (Harvard University Press, Cambridge, Mass. and London, 1999).

Eagleton, Terry, *Criticism and Ideology* (New Left Books, London,

1976).

Eagleton, Terry, *Marxism and Literary Criticism* [1976] (2nd edn, Routledge, London, 2002).

Eagleton, Terry, *Walter Benjamin or Towards a Revolutionary Criticism* (New Left Books, London, 1981).

Eagleton, Terry, *The Rape of Clarissa* (Basil Blackwell, Oxford, 1982).

Eagleton, Terry, *Literary Theory: An Introduction* [1983] (2nd edn, Blackwell, Oxford, 1996).

Eagleton, Terry, *Against the Grain: Essays 1975-1985* (Verso, London, 1986).

Eagleton, Terry, *The Ideology of the Aesthetic* (Basil Blackwell, Oxford, 1990).

Eagleton, Terry, *Ideology: An Introduction* (Verso, London, 1991).

Eagleton, Terry, *Wittgenstein: The Terry Eagleton Script, The Derek Jarman Film* (BFI, London, 1993).

Eagleton, Terry, *Heathcliff and the Great Hunger* (Verso, London, 1995).

Eagleton, Terry, *The Illusions of Postmodernism* (Blackwell, Oxford, 1996).

Eagleton, Terry, *St Oscar and Other Plays* (Blackwell, Oxford, 1997).

Eagleton, Terry, *Crazy John and the Bishop and Other Essays on Irish Culture* (University of Notre Dame Press, Notre Dame, 1998),

Eagleton, Terry, *Scholars and Rebels: Irish Cultural Thoughts from Burke to Yeats* (Blackwell, Oxford, 1999).

Eagleton, Terry, 'The Gaudy Supermarket', *London Review of Books*, 21, 10(1999), 3-6.

Eagleton, Terry, *The Idea of Culture* (Blackwell, Oxford, 2000).

Eagleton, Terry, *The English Novel: An Introduction* (Blackwell, Oxford, 2004).

Eagleton, Terry and Milne, Drew (eds), *Marxist Literary Theory: A Reader* (Basil Blackwell, Oxford, 1995).

Goldmann, Lucien, *The Hidden God* [1955], trans. by Philip Thody (Routledge & Kegan Paul, London, 1964).

Jameson, Fredric, *Marxism and Form: Twentieth-Century Dialectical Theories of Literature* (Princeton University Press, Princeton, NJ, 1971).

Jameson, Fredric, *The Prison-House of Language: A Critical Account of Structuralism and Russian Formalism* (Princeton University Press, Princeton, NJ, and London, 1972).

Jameson, Fredric, *The Political Unconscious: Narrative as a Socially Symbolic Act* [1981] (Routledge, London, 2002).

Jameson, Fredric, *The Ideologies of Theory. Vol. 1 Situations of Theory, Vol. 2 The Syntax of History* (Routledge & Kegan Paul, London, 1988).

Jameson, Fredric, *Postmodernism, or the Cultural Logic of Late Capitalism* (Verso, London, 1991).

Jameson, Fredric, *The Seeds of Time* (Columbia University Press, New York, 1994).

Jameson, Fredric, *The Cultural Turn: Selected Writings on the Postmodern* (Verso, London, 1998).

Jameson, Fredric, *The Jameson Reader*, ed. by Michael Hardt and Kathi Weeks (Blackwell, Oxford, 2000).

Jameson, Fredric, *A Singular Modernity* (Verso, London, 2002).

Lukács, Georg, *The Historical Novel* [1937], trans. by Hannah and Stanley (Merlin Press, London, 1962).

Lukács, Georg, *Studies in European Realism* [1950], trans. by Edith Bone (Merlin Press, London, 1972).

Lukács, Georg, *The Meaning of Contemporary Realism* [1957], trans. by John and Necke Mander (Merlin Press, London, 1963).

Macherey, Pierre, *A Theory of Literary Production* [1966], trans. by Geoffrey Wall (Routledge & Kegan Paul, London and Boston, 1978).

Macherey, Pierre and Balibar, Etienne, 'On Literature as an Ideological Form', in Robert Young (ed.), *Untying the Text: A Poststructuralist Reader* (Routledge & Kegan Paul, London and Boston, 1981) and Francis Mulhern (ed.) *Contemporary Marxist Literary Criticism* (Longman, London and New York, 1992).

Marcuse, Herbert, *One-Dimensional Man* (Beacon, Boston: Sphere, London, 1964).

Marcuse, Herbert, *Negations* (Allen Lane, London, 1968).

Marcuse, Herbert, *The Aesthetic Dimension* (Macmillan, London, 1979).

Pêcheux, Michel, *Language, Semantics and Ideology* [1975], trans. by Harbans Nagpal (Macmillan, Basingstoke, 1982).

Sartre, Jean-Paul, *What is Literature?* [1948; 1st trans. 1949; trans. by Bernard Frechtman; intro. by David Caute, 1967] (Routledge, London, 2001).

Willett, John (ed.), *Brecht on Theatre* (Methuen, London, 1964).

Williams, Raymond, *Culture and Society* 1780-1950 (Chatto & Windus, London, 1958).

Williams, Raymond, *The Long Revolution* (Chatto & Windus, London, 1961).

Williams, Raymond, *Television: Technology and Cultural Form* (Fontana/Collins, London, 1974).

Williams, Raymond, *Marxism and Literature* (Oxford University Press, Oxford, 1977).

Williams, Raymond, *Politics and Letters: Interview with New Left Review* (Verso, London, 1979).

Williams, Raymond, *Problems in Materialism and Culture* (New Left Books, London, 1980).

Williams, Raymond, *Keywords: A Vocabulary of Culture and Society* (Fontana/Collins, London, 1983).

Williams, Raymond, *Towards 2000* (Chatto & Windus, London, 1983).

Williams, Raymond, *Writing in Society* (Verso, London, 1984).

Williams, Raymond, *Resources of Hope* (Verso, London, 1988).

Williams, Raymond, *What I Came to Say* (Hutchinson Radius, London, 1989).

Williams, Raymond, *The Politics of Modernism: Against the New Conformists*, ed. by Tony Pinkney (Verso, London, 1989).

Williams, Raymond, *The Raymond Williams Reader*, ed. by John Higgins (Blackwell, Oxford, 2000).

보충자료

Belsey, Catherine, *Critical Practice* [1980] (2ne edn, Routledge, London, 2002).

Bennett, Tony, *Formalism and Marxism* [1979] (2nd edn, Routledge, London, 2003).

Brooker, Peter, *Bertolt Brecht: Dialectics, Poetry, Politics* (Croom Helm, London and New York, 1988).

Brooker, Peter and Thacker, Andrew (eds), *Geographies of Modernism: Cultures, Spaces* (Routledge, London and New York, 2005).

Donald, James, *Imagining the Modern City* (Athlone Press, London, 1999).

Donald, James, 'Flannery', In Peter Brooker and Andrew Thacker (eds, 2005), above.

Eagleton, Terry (ed.), *Raymond Williams: Critical Perspectives* (Polity Press, Oxford, 1989).

Friedberg, Anne, *Window Shopping. Cinema and the Postmodern* (California University Press, Berkeley, 1994).

Gibson, Nigel and Rubin, Andrew (eds), *Adorno: A Critical Reader* (Blackwell, Oxford, 2001).

Gilloch, Graeme, *Walter Benjamin: Critical Constellations* (Polity Press, Cambridge, 2001).

Hall, Stuart, *Critical Dialogues in Cultural Studies*, ed. by Dave Morley and Kuan-Hsing Chen (Routledge, London, 1996).

Haslett, Moyra, *Marxist Literary and Cultural Theories* (Palgrave Macmillan, Basingstoke, 1999).

Hawkes, David, *Ideology* (2nd edn, Routledge, 2003).

Higgins, John, *Raymond Williams: Literature, Marxism and Cultural Materialism* (Routledge, London, 1999).

Homer, Sean, *Fredric Jameson: Marxism, Hermeneutics, Postmodernism* (Polity Press, Cambridge, 1998).

James, C. Vaughan, *Soviet Socialist Realism: Origins and Theory* (Macmillan, London and Basingstoke, 1973).

Jameson, Fredric, *Late Marxism: Adorno or the Persistence of the Dialectic* (Verso, London, 1990).

Jarvis, Simon, *Adorno: A Critical Introduction* (Polity Press, Cambridge, 1998).

Jay, Martin, *The Dialectical Imagination: A History of the Frankfurt School* (Heinemann, London, 1973).

Kuhn, Tom and Giles, Steve (eds and trans.), *Brecht on Art and Politics* (London, Methuen, 2003).

Lunn, Eugene, *Marxism and Modernism* (Verso, London, 1985).

Montag, Warren, *Louis Althusser* (Palgrave Macmillan, Basingstoke, 2002).

Mulhern, Francis (ed.), *Contemporary Marxist Literary Criticism* (Longman, London and New York, 1992).

Nelson, Cary and Grossberg, Lawrence (eds), *Marxism and the Interpretation of Culture* (Macmillan, London, 1988).

Roberts, Adam, *Fredric Jameson* (Routledge, London, 2000).

Sinclair, Iain, *Lights Out For the Territory* (London, Granta 1997).

Soja, Edward W., *Thirdspace* (Blackwell, Oxford, 1996).

Thacker, Andrew, *Moving Through Modernity: Space and Geography in Modernism* (Manchester University Press, Manchester, 2003).

Wilson, Elizabeth, 'The Invisible *Flaneuse*', in Sophie Watson and Katherine Gibson (eds), *Postmodern Cities and Spaces* (Blackwell, Oxford, 1995), pp. 58-79.

Wolff, Janet, 'The Invisible *Flaneuse*: Women and the Literature of Modernity', *Theory, Culture and Society*, 2, 3 (1985), 37-46.

Wright, Elizabeth, *Postmodern Brecht: A Re-Presentation* (Routledge, London, 1988).

6 페미니즘 이론들

여성 작가들과 여성 독자들은 항상 '어긋나게' 작업을 할 수 밖에 없었다. 아리스토텔레스는 "여성은 어떤 특질의 결핍으로 여성이 된다."고 단언했고, 성 토마스 아퀴나스는 여자란 "불완전한 남자"라고 믿었다. 존 단은 「대기와 천사들」("Air and Angels")에서, 형태는 남성적이고 질료는 여성적이라는 아퀴나스의 이론, 즉 우월하고 신적인 남성적 지성이, 유순하고 비활성적인 여성적 질료에 남성의 형태를 각인한다는 이론을 넌지시 비추었다(그러나 반박하지는 않았다). 멘델 이전 시대에 남자들은 그들의 정자를, 정체성이 결여되어서 남성의 각인을 받을 때까지 대기하고 있는 난자에게 형태를 부여하는 활성적인 종자로 간주했다. 아이스킬로스의 3부작 『오레스테이아』(*The Oresteia*)에서, 어머니는 아이의 어버이가 아니라고 아폴로가 제기한 남성 주장에 아테네는 승리를 인정하고 있다. 이러한 남성 원리의 지성의 승리는 육감적인 복수의 여신들의 군림에 종말을 가져 왔고 모권제에 대한 가부장제의 우위를 주장하게 된다. 오랜 역사를 통하여, 페미니즘(feminism; 이 〈용어〉는 1890년대가 되어서야 영어로 사용되었지만, 여성들의 가부장제에 대한 의식 투쟁은 훨씬 더 거슬러 올라가기 때문에)은 이와 같은 가부장제 문화의 독선적인 확신을 흔들어놓고, 성적 평등에 대한 신념을 주장하고, 사회를 변화시킴에 있어서 성차별주의적 지배를 근절하고자 했다. 예컨대 메리 엘만은 『여성에 대하여 사고하기』(*Thinking about Women*, 1968)에서, 앞에서 언급한 정자/난자 관계에 관하여, 오히려 난자를 ('냉담하다기'보다는) 대담하고 독립적이며 개인주의적이라고 보고, 정자를 ('열정적이라기'보다는) 순응적이고 양순한 것으로 볼 수도 있다고 제안함으로써 남성 위주로 보는 방식들을 '해체한다.' 또한 페미니즘 〈비평〉은 다양한 양상으로 문학과 문학 비평에 관해 당연시된 가부장적 개념들로부터 스스로를 해방시키려고 했다. 서론에서 잠시 언급한 것처럼, 이 비평은 어떤 특정한 '접근'에 의해 통합되는 것에 대한 거부이며 기존의 모든 이론적인 실천들의 교란과 전복을 의미해 왔다. 이러한 관점에서 볼 때, 서론에서도 시사한 것처럼, 페미니즘과 페미니즘 비평은 '이론' 또는 '이론들'이라기보다는 문화 〈정치학〉이라고 명명되는 편이 더 나을 것이다.

사실 일부 페미니스트들은 학계에서 '이론'이 종종 남성적이고 심지어는 남자다운 것, 즉 지적인 작업의 딱딱하고 추상적인 〈아방가르드주의〉가 된다는 바로 그 이유 때문에 이론을 포용하려고 들지 않았다. 그리고 페미니스트들은 그들의 전반적인 기획의 일부로 여성의 성적 발달에 관한 프로이트의 이론과 같은 남성적 '학문'의 기만적인 객관성을 폭로하는 데 주력했다. 그러나 아주 최근의 페미니즘 비평 — 이론의 '경직성과 한정성'을 피하고 인정된 (따라서 아마도 남성에 의하여 생산된) 개념적인 입장에 속하여 묶일 수 없는 여성 담론을 전개하려는 욕망에서 — 은 포스트구조주의 및 포스트모더니즘적 사고에서, 특히 이들이 권위나 진리라는 (남성적인) 개념을 반박하고 있는 것처럼 보이기 때문에, 이론적인 지지를 발견하게 되었다. 7장에서 살펴보겠지만, 특히 정신분석 이론은 남성에 의해 형성된 문학 담론에 대한 여성 작가들과 비평가들의 전복적인 '무형의' 저항을 표현함에 있어서 페미니즘 비평가들에 의해 강력하게 사용되어 왔다.

그러나 여기서 우리는 현대 페미니즘 비평의 중심적인 특징이자 문제점과 만나게 된다. 즉, 한편으로는 다양한 '이론들'이 증식하여 경험적인 것이 이론적인 것을 능가하여 격상하는 결과를 당연히 초래하게 되는 광교회파식의 다원론과 다른 한편으로는 학계에서 남성적 이론에 의한 통합의 위험을 무릅쓰고, 그래서 대다수 여성들과의 접촉과 그 실천의 정치적인 동력과의 접촉을 상실할 수도 있는 위험을 무릅쓰는 이론적으로 세련된 실천이라는 두 경쟁적인 장점들과 그 장점들 사이의 논쟁과 만나게 된다. 메리 이글턴은 『페미니즘 문학 비평』(*Feminist Literary Criticism*, 1991; 2판본은 1995)이라는 비평선집의 서문에서 '비개인적'이고 '사심이 없으며,' '객관적'이고 '공적'인, '남성적' 〈이론〉과 '개인적'이고 '주관적'이며, '사적'인 '여성적' 〈경험〉 사이의 서열적인 이분법적 대립을 강화하는 경향에 의해 생긴 "페미니즘 전반에 걸친 … 이론에 대한 의심"을 역시 주목한다. 그녀는 바로 이러한 이유 때문에 현대 페미니즘 비평 내에 '개인적인' 것('개인적인 것은 정치적인 것'이라는 말이 1970년에 케롤 해니쉬에 의해서 만들어진 이래로 페미니즘의 주요한 슬로건이 되었다), '경험적인' 것, 어머니(the Mother), 육체(the Body), 〈열락〉(*jouissance*, 제7장 225-226쪽과 다음에서 다룰 「프랑스 페미니즘 비평이론」("French Feminist Critical Theories")의 내용을 참조)에 찬사를 보내는 강력한 요인이 있게 된다고 지적한다. 그러나 그녀는 또한 많은 페미니스트들이, 단순히 이론 '외부에' '자유로운' 입장이 존재하지 않는다는 이유로, 그리고 그러한 입장이 있다는 전제 위에 이론의 영역에서 사퇴하는 것은 '개인적인 경험의 이론화되지 않은 정치학'이란 주관주의에 얽히게 됨과 동시에 이로 인하여 자신을 무력하게 만들고, '자기도 모르게' 잠재적으로 복고적인 입장을 취하게 된다는 것을 이유로, 다른 비평 이론들 — 마르크스주의, 정신분석, 포스트구조주의, 포스트모더니즘, 포스트식민주의 — 과의 논쟁에 참여하고 〈있음〉을 주지하고 있다. 이러한 맥락에서, 이글턴은 일레인 쇼월터가 그녀의 이론적인 틀을 명확하게 하는 것을 거부하는 것에 대한 토릴 모이의 비판을 언급하고 있다(아래 191-192쪽 참조).

이러한 대안적인 견해들은 결국 페미니즘 비평 논의 내의 한 〈입장〉에 해당하며, 그리고 우리로 하여금 페미니즘 비평의 주요한(그리고 문제가 있는) 특징(또한 이글턴의 저서의 구조적인 장치가 되는)으로 다시 돌아가게 한다. 지난 25년간에 걸쳐 페미니즘 비평 이론은 〈특히〉 모순, 교환, 논쟁을 의미해 왔다. 그리고 진정 이 이론은 일련의 창조적인 대립, 비판과 역비판에 기초하고 있으며, 흐름에 있어서 일관되면서도 혁신적이며, 다른 (남성적) 이론들뿐만 아니라 페미니즘 자체의 입장과 논제까지도 도전하고 전복시키고 확장시키고 있다. 이런 까닭에 하나의 '거대 서사'는 없고 특정한 문화적 정치적 욕구와 무대 — 가령, 계급, 성별, 인종 — 에 그리고 때로는 어느 정도 서로간의 갈등에 기초한 많은 〈작은 서술들〉(*petits récits*)만 있는 것이다. 이는 현대 페미니즘 비평 이론들이 지닌 창조적으로 '열린' 동력을 대변하는 동시에, 이제는 꽤 지난 시간에 걸쳐 그러한 다양하면서 태생적이며 스스로를 문제화하는 영역에 대하여 간략한 개요를 제공함에 있어서의 어려움을 보여준다. 따라서 본장에서는 민족중심주의의 도전을 깊이 의식하면서, 1960년대 이전의 소위 '제2의 물결' 이론가들의 실질적인 성과까지를 이루는 지배적인 백인, 유럽 및 북미 페미니즘 이론들에 대한 개관을 시도한다. 이는 이 시기에 걸친 중요한 논쟁들과 차이들 — 특히 영미와 프랑스 운동 사이 — 을 규명하는 것이다. 이렇게 함에 있어서, 필자들은 전략적으로 더욱 최근의 '제3세계'/'제3의 물결' 페미니즘 비평 이론가들에 대한 언급은 본서의 마지막 세 개의 장으로 미룰 것이다. 거기서 이 이론가들은 현대 '포스트모던' 이론들이 국가, 민족, 성적 정체성을 해체시키며 복잡하게 상호작용하는 영역에 적절히 가담하고 있다.

제1의 물결 페미니즘 비평: 울프와 드 보바르

물론 전반적으로 페미니즘은 장구한 〈정치적〉 역사를 가지고 있는데, 미국과 영국에서는 적어도 19세기와 20세기 초반에 걸쳐 실질적인 세력으로 발전하였다. 사회적·정치적·경제적 개혁을 강조하는 여권 운동과 여성 참정권 운동들이 이 단계를 형성하는데 주요한 결정적인 요인들이 되며, 이 단계는 메기 험이 『페미니즘들』(*Feminisms,* 1992)에서 시사한 것처럼, 1960년대의 '새로운' 페미니즘과 부분적으로 모순 관계에 놓여 있다. 이 새로운 페미니즘은 여성됨의 독특한 '물질성'을 강조하고 페미니즘적 입장과 정체성에 의해서 창조된 도덕적 유대성과, 동시에 젠더 구성과 차이에 대한 정신분석적· 언어학적 및 사회적 이론들에서 도입한 여성의 구현에 대한 새로운 '지식'을 (두 가지 의미로) 발생시켰다. 그 이전 시기의 페미니즘 〈비평〉은 그 자체가 완전히 성숙한 이론적인 담론이라기보다는 '제1의 물결' 관심사들의 반영이라고 할 수 있다. 이 시기에 활동하고 저술을 한 많은 페미니스트들(예컨대, 올리브 쉬라이너, 엘리자베스 로빈스, 도로시 리차드슨, 캐서린 맨스필드, 레베카 웨스트, 레이 스트라시, 베라 브리튼, 위니프레드 홀트비) 가운데 주요한 인물로는 두 사람을 꼽을 수 있다. 메리 이글턴의 말을 빌리자면, 이 두 인물은 후대의 페미니즘 비평가들이 초점을 맞추게 될 수많은 문제들을 '천명한,' '현대의 논의에 기초를 마련한 어머니'이자, 스스로 논의들 간의 갈등을 일으키는 영역이 된 버지니아 울프, 그리고 메기 험이 '제1의 물결'을 종결시킨 저서라고 한 『제2의 성』(*The Second Sex,* 1949)을 쓴 시몬느 드 보바르이다.

전통적으로 버지니아 울프의 명성은 여성으로서 그녀 자신의 창조적 글쓰기에 근거하고 있는데, 후대 페미니즘 비평가들은 아주 독특한 관점들에서 그녀의 소설들을 광범위하게 분석했다(아래 176-177,

187, 191, 203-204쪽 참조). 그녀는 또한 페미니즘 이론에 중요한 공헌을 한 주된 두 텍스트 『자기만의 방』(*A Room of One's Own*, 1929)과 『3기니』(*Three Guineas*, 1938)를 썼다. 다른 '제1의 물결' 페미니스트들과 마찬가지로, 울프는 남성들과 비교하여 여성들의 물질적인 난점들에 주로 관심을 두었는데, 전자의 텍스트는 여성의 문학적 생산의 역사와 사회적 상황에 초점을 맞춘 것이고, 후자는 남성의 권력과 직업들(법, 교육, 의학 등)과의 관계에 관한 것이다. 비록 『3기니』에서 '페미니스트'라는 칭호를 스스로 포기하지만, 이 두 저서에서 울프는 육아수당에 대한 요구와 이혼법 개정에서부터 여자 대학과 여성 신문에 대한 제안에 이르기까지 넓은 범주의 견해의 페미니즘 기획을 촉진시키고 있다. 『자기만의 방』에서, 그녀는 또한 여성의 글쓰기는 여성의 경험을 그것 자체의 권리로 탐구해야 하지, 남성의 경험과 관련된 여성의 경험에 대한 상대적인 평가를 이루어서는 안 된다고 주장한다. 따라서 이 에세이는 여성의 글쓰기라는 변별적인 전통의 가능성에 대한 초기의 진술과 탐구가 된다.

따라서 페미니즘에 대한 울프의 전반적인 공헌은 젠더 정체성이 사회적으로 구성된 것이라서 도전받을 수 있고 변형될 수 있다는 그녀의 인식이라고 할 수 있지만, 또한 페미니즘 비평에 있어서도 그녀는 여성 작가들이 직면하고 있는 문제들을 끊임없이 검토했다. 여성들은 그들의 문학적 야망을 가로막는 사회적 경제적 방해물들에 항상 직면해왔다고 울프는 믿었으며, 그녀 스스로도 자신이 받은 한정된 교육(예컨대, 그녀의 오빠들과는 달리 그녀는 그리스어 교육을 받지 못했다)을 의식했다. '페미니스트적' 의식을 거부하고 '여성다움 또는 남성다움과의 직면으로부터 도피'(『자기만의 방』)할 수 있도록 자신의 여성성이 무의식적이 되기를 원하여, 그녀는 블룸즈베리의 '양성론'이라는 성적 윤리를 차용하였고 '남성적' 자기실현과 '여성적' 자기 소멸 사이에서 균형을 얻기 원했다. 이러한 측면에서 볼 때, 버지니아 울프는 남성적 및 여성적 섹슈얼리티 사이의 갈등으로부터 수동적인 후퇴를 수락한 사람으로 소개되지만(특히 일레인 쇼월터에 의해서), 토릴 모이는 울프의 이러한 전략에 대하여 아주 다른 해석을 전개하고 있다. 페미니즘과 아방가르드 글쓰기를 결부시킨 크리스테바의 논의(아래 198-199쪽 참조)를 적용하여, 모이는 울프가 남성적 및 여성적 유형 사이의 '균형'에는 관심이 없고 고정된 젠더 정체성의 완전한 〈전위〉(displacement)에 관심이 있으며, 그녀의 모더니즘 소설들에서 고정된 관점들을 분산시킴으로써 젠더의 본질주의적 개념을 와해시키고 있다고 주장한다. 울프는 단순히 전도된 남성적 쇼비니즘일 뿐인 그러한 페미니즘의 유형을 거부할 뿐이며, 또한 여성적 글쓰기의 변별성에 대하여 상당한 인식을 보여주고 있다고 모이는 주장한다.

여성 작가들에 대한 울프의 가장 재미있는 에세이들 중 하나는 「여성을 위한 직업」("Professions for Women")으로, 거기서 그녀는 자신의 직업이 두 가지 면에서 방해를 받고 있다고 본다. 첫째, 그녀는 여성다움에 대한 지배적인 이데올로기에 의해 구속과 규제를 받는다는 것이다. 둘째, 여성적인 열정을 표현하는 것에 대한 금기가 그녀로 하여금 '[그녀] 자신의 육체로서의 경험에 대한 진실을 말하는 것'을 막는다는 것이다. 여성적 섹슈얼리티에 대한 이러한 부정은 결코 울프 자신의 작품과 인생에서 의식적으로 전복된 적이 없었고, 그녀는 여자는 심리적으로 남자들과 달라서가 아니라 그들의 사회적 위치가 다르기 때문에 다르게 글쓰기를 한다고 생각했다. 그러므로 그녀의 여성의 경험에 대한 글쓰기 시도는 여성의 구속된 삶을 묘사하는 언어적인 방법들의 발견을 목표로 하며, 여자들이 마침내 남자들과 동등한 사회적 경제적 평등을 획득하게 된다면, 아무것도 여성들로 하여금 예술적인 재능을 자유롭게 개발하는 것을 막을 수 없을 것이라고 그녀는 믿었다.

프랑스의 페미니스트이며, 장-폴 사르트르의 일생의 동반자이고, 낙태 지지 및 여권 운동가이며, 『새로운 페미니즘』(*Nouvelles féministes*) 이라는 신문과 페미니즘 이론 저널인 『페미니즘의 문제들』(*Questions féministes*)의 발간인인 시몬느 드 보봐르는 '제1의 물결' 페미니즘이 '제2의 물결'로 넘어가는 과도기의 인물이다. 막대한 영향력을 행사한 그녀의 저서 『제2의 성』이 분명히 제1의 물결의 '유물론'에 열중하지만, 한편으로 이 책은 양성의 이해관계 사이의 커다란 차이를 인식하고 여성에 대한 경제적인 것뿐만 아니라 생물학적이고 심리학적인 남성의 차별을 공격함으로써 제2의 물결의 신호탄이 되고 있다. 이 책은 현대 페미니즘의 기본적인 문제들을 상당히 명확하게 확립하고 있다. 여성이 자신을 규정하려고 할 때, 그녀는 "나는 여자"라고 말함으로써 시작하지만, 남자는 그렇게 하지 않을 것이다. 이 사실은 '남성적' 그리고 '여성적'이라는 용어 사이의 근본적인 비대칭을 드러내 보인다. 남자가 인간적인 것을 규정하지, 여자가 하는 것이 아니며, 그 불균형은 구약 성서에까지 거슬러 올라간다. 남자들 사이에 흩어져, 여자들은 별도의 역사와 자연스러운 유대감을 가지지도 못한 채, 다른 억압받는 집단과는 달리 결속하지도 못했다. 여성은 남성과 한쪽으로 치우친 관계를 맺도록 단단히 고정되어있다. 남성은 '주자'(the One)이고 여성은 '대타자'(the Other)이다. 남성의 우위는 순종에 대한 이데올로기적인 분위기를 확보했다. 즉, "입법자, 신부, 철학자, 작가, 과학자는 여성의 종속적인 위치가 하늘의 뜻이며 지상에서 이로운 것이라는 것을 보여주려고 애써"왔고, 버지니아 울프식으로 여성을 '대타자'로 가정하는 것이 여성 자신들에 의해서 보다 더 내면화되고 있다.

드 보봐르의 저서는 주의 깊게 성(sex)과 젠더(gender)를 구별하고, 사회적 및 자연적 기능들 사이의 상호 작용을 살펴본다. "여자는 태어나는 것이 아니라, 오히려 만들어지는 것이다. … 이 피조물을 만드는 것은 바로 문명 전체이다. … 다른 누군가의 개입만이 개인을 하나의 〈대타자〉로 확립시킬 수 있다." 그 '다른 누군가'의 (남성적) 존재를 형성하는 것이 바로 생물학, 심리학, 재생산, 경제학 등에 관한 해석의 체계들이다. '여성임'과 '한 여성'으로서 구성됨을 결정적으로 구별함으로써 드 보봐르는 만약 여성들이 그들의 대상화로부터 벗어나게 된다면 가부장제의 몰락을 단정할 수 있다고 본다. 다른 '제1의 물결' 페미니스트들과 같이, 그녀는 생물학적인 차이로부터 자유로워지기를 원하며, '여성성'을 불신하고 있다. 그래서 그녀는 육체를 찬양하고 무의식에 대한 중요성을 인식하고 있는 몇몇 당대의 페미니스트들로부터 그녀 자신을 구별한다.

제2의 물결 페미니즘 비평

아마도 범박한 방법이겠지만, '제2의 물결'의 시작은 백인, 이성애자, 중산층의 미국 여성들 — 직업 없이 집안에 갇혀 있는 — 의 절망을 드러내 보임으로써 페미니즘을 실질적으로, 그리고 처음으로 국가적인 논란거리로 만든 1963년 베티 프리단의 『여성의 신비』(*The Feminine Mystique*)의 출판에서 발견될 수 있을 것이다(프리단은 1966년에 전국 여성 협회(NOW, the National Organization of Woman)를 창립하였다). '제2의 물결' 페미니즘과 페미니즘 비평은 1960년대 중반과 후반의 여성 해방 운동 — 이에 의하여 '제2의 물결' 페미니즘과 페미니즘 비평이 형성되었고 또 그 자체가 그 운동의 형성을 도운 — 의 산물이라고 말해도 무방하겠다. 비록 제2의 물결 페미니즘은 모든 영역에 있어서 여성의 권리를 위한 제1의 물결의 투쟁을 계속 공유해왔지만, 그 주된 강조점은 재생산의 정치학, 여성들의 '경험,' 성적 '차이' 그리고 억압의 한 형태이면서 동시에 찬양해야 할 어떤 것인 '섹슈얼리티'로 옮겨졌다.

다섯 가지의 주안점들이 성적 차이에 대한 대부분의 논의들에 포함되어 있는데, 그것은 생물학, 경험, 담론, 무의식, 그리고 사회적 및 경제적 상황들이다. 생물학을 근본적인 것으로 다루며 사회화를 경시하는 논의들은 주로 여성을 '그들의 자리에' 두려는 남성들에 의해 사용되었다. 옛 라틴 속담인 "여성은 단지 자궁에 지나지 않는다"(Tota Mulier in utero)는 말은 이러한 사고방식을 일찍이 확립시켰다. 만약에 여성의 육체가 여성의 운명이라면, 부여된 성역할을 문제시하는 모든 시도들은 자연적 질서에 공공연히 도전하는 것이 된다. 또 한편으로, 일부 급진적 페미니스트들은 여성의 생물학적인 속성들을 열등성이라기보다는 우월성의 근원으로 찬양하고 있는 반면, 다른 페미니스트들은 삶과 예술에 있어서 긍정적인 여성적 가치들의 근원으로 여성의 특수한 〈경험〉에 호소하고 있다. 이 논의는 오직 여자들만이 특수한 여성적 생명의 경험들(배란, 생리, 출산)을 겪어 왔기 때문에, 그들만이 여성의 삶에 대해서 말할 수 있다는 것으로 발전된다. 더 나아가 여성의 경험은 다른 인식적 및 정서적 삶을 포함하고 있다고 한다. 즉 여성들은 남자들과 같은 방식으로 사물들을 보지 않으며, 중요하거나 중요하지 않은 것에 대하여 다른 사고와 느낌들을 가진다는 것이다. 이러한 접근에 대한 영향력 있는 예는 여성의 글쓰기에 있어서 성적 차이에 대한 문학적 재현에 중점을 둔 일레인 쇼월터의 작업이다(아래 188-192쪽 참조).

세 번째 주안점인 담론은 페미니스트들의 상당한 관심을 받고 있다. 데일 스펜더의 『남성이 만든 언어』(*Man Made Language*, 1980)는 그 제목이 시사하듯이 근본적으로 남성이 지배하는 언어에 의해 여성들은 억압을 받아 왔다고 보고 있다. 무엇이 '진실한' 것인가는 누가 담론을 지배하느냐에 달려 있다는 푸코의 주장(제7장, 267-268쪽과 그 다음을 참조)을 받아들인다면, 담론에 대한 남성의 지배가 여성을 남성적 '진리' 내부에 감금시키고 있다는 사실이 명백해진다. 이러한 관점에서 볼 때, 여성 작가들은 별개의, 특히 '여성적인' 담론을 창조한다기보다는 언어에 대한 남성의 지배에 대하여 경쟁을 하고 있는 것으로 이해할 수 있게 된다. 이에 대한 반대의 견해를 여성 사회

언어학자인 로빈 라코프(1975)가 취하고 있는데, 그녀는 여성의 언어가 '유약함'과 '불확실성'의 패턴을 지니고 있으며 '사소한' 것, 경박한 것, 진지하지 않은 것에 초점을 두고 있고, 개인적인 정서적 반응을 강조함으로써 여성의 언어는 사실 열등하다고 믿고 있다. 남성적인 발언이 '더 강하므로' 남성과 동등한 사회적 평등을 획득하려고 하는 여성들은 남성적인 발언을 채택해야 한다고 그녀는 주장한다. 그러나 대부분의 페미니스트들은 강한 남성과 연약한 여성의 전형을 생산하는 이러한 유형의 가부장제 이데올로기에 의해 여성은 세뇌되어 왔다고 보고 있다. 라캉과 크리스테바의 정신분석 이론이 네 번째, 즉 무의식에 대한 주안점을 제공한다. 몇몇 페미니스트들은 '여성적'인 것을 '남성적'인 담론의 권위를 와해시키는 경향을 지닌 과정들과 연관시킴으로써 생물학주의와는 완전히 다른 입장을 취하였다. 의미들의 자유로운 작용을 고무하거나 고취시키며 '종결'을 저지하는 것은 무엇이든지 간에 '여성적'인 것으로 간주된다. 여성적 섹슈얼리티는 정의하는 것을 거부한다는 점에서 혁명적이며 전복적이며 이질적이며 '개방적'이다. 즉 만약 여성적인 원리가 있다면, 그것은 여성적인 것에 대한 남성적인 규정 밖에 머물러 있을 따름이다. 앞에서 살펴본 것처럼, 버지니아 울프는 여성의 글쓰기에 대한 그녀의 분석에 사회학적인 차원을 포함시킨 최초의 여성 비평가였다. 그 이후로, 특히 마르크스주의 페미니스트들은 변화하는 사회적 및 경제적 상황들을 양성간의 권력의 변화하는 균형과 관련시켰으며, 따라서 페미니즘이 보편적 여성성의 개념을 거부한다는 점을 강조하고 있다.

특정한 주제들이 제2의 물결 페미니즘을 지배하고 있는데, 이 주제들은 가부장제의 편재성, 여성에 대한 현존하는 정치적 조직의 부적절성, 그리고 해방의 문화정치학의 중심이 되는 여성의 차이에 대한 찬양 등이다. 이러한 주제들은 가부장제 내에서 여성들의 파괴적인 중립성을 파헤친 저메인 그리어의 『여자 내시』(*The Female Eunuch*, 1970)와 같은 대중적인 저서에서부터, 사회주의에 대한 비평적인 재평가(쉴라 로우보텀)와 정신분석(줄리엣 미첼)을 거쳐, 케이트 밀레트와 아드리안 리치의 급진적 (레즈비언) 페미니즘(리치에 대해서는 제10장, 373쪽 참조)에 이르기까지 제2의 물결의 수많은 주요 저서들 속에 면면히 흐르고 있다. 특히 페미니즘 문학 이론에 있어서, 제2의 물결 페미니즘은 일레인 쇼월터의 '여성중심 비평'(gynocriticism)이 선봉이 되는 소위 '영미' 비평, 즉 경험적인 접근 방법의 출현에 이른다. 이 영미 비평은 여성의 글쓰기의 특수성과 여성 작가들의 전통의 회복, 여성 자신의 문화에 대한 면밀한 검토 등을 집중적으로 다루고 있다. 그러나 이러한 논쟁에 있어서, 약간 뒤에 나온 그리고 보다 이론 쪽으로 경도된 '프랑스' 페미니즘 비평은, 특히 줄리아 크리스테바, 엘렌 씨이주, 루스 이리가라이 등의 작업에 기초을 두고, 작가('여성')의 〈젠더〉를 강조하는 것이 아니라 텍스트('여성적인')의 '글쓰기-효과' ― 여기에서 여성적 글쓰기(*l'écriture féminine*)가 거론된다 ― 를 강조한다. 여기서 주목할 점은 '영미'와 '프랑스' 페미니즘 비평의 이러한 구별이 제2의 물결 발전에 있어서 하나의 의미 있는 단층선이 되어, 1960년대 후반 이래로 비평 이론에 있어서 두 개의 주도적이고 영향력 있는 운동들을 구별해 준다는 것이다. 그러나 이러한 구분은 네 가지 중요한 이유로 인해 문제의 소지가 있다. 첫째, 이런 구분은 유용한 〈국가적인〉 분류가 아니며 (예컨대, 많은 영국과 미국 비평가들은 '프랑스적'으로 묘사될 수 있다), 따라서 기원이 된 국가보다는 소용된 지적인 전통을 구분하는 것으로 이해되어야 한다. 둘째, 이렇게 둘로 구분하는 것은 그 밖의 다른 지역, 특히 '제3세계' 페미니즘 비평의 유입을 배제하고 있는 것처럼 보인다. 셋째, 이 구분은 너무나 단순한 이분법적 대립으로 구체화되어, 두 운동 내부의 매우 다양한 실천들을 억압한다. 넷째, 이 구분은 또한 두 운동들의 유사성을 은폐한다. 두 학파 모두 분석의 선두에 '여성적 미학'이라는 개념을 내세우며, 생물학적 결정론의 위험을 무릅쓰고 있다. 즉, '영미' 비평은 페기 카무프의 말처럼, "생물학적으로 결정된 여성이라는 종(種)에 의해 서명된” 작품들을 추구하고, ‘프랑스 페미니즘’은 은유적이기보다는 ‘말 그대로’ 여성 육체를 특권화하고 있다는 것이다. 그러나 이보다 더 최근의 전개 양상을 검토하기 이전에, 우리는 1960년대 후반에 나온 창시적인 한 텍스트를 주목해야 하겠다.

케이트 밀레트: 성정치학

미국에 있어서 제2의 물결 페미니즘은 시민권 운동, 평화 운동 그리고 다른 저항 운동들로부터 그 원동력을 얻고 있으며, 케이트 밀레트의 급진적 페미니즘은 이러한 입장에 있다. 메리 엘만의 『여성에 대하여 사고하기』(*Thinking about Women*, 1968)가 출판된지 2년 뒤에 그리고 저메인 그리어의 『여자 내시』(*The Female Eunuch*), 에바 피지스의 『가부장적인 태도들』(*Patriarchal Attitudes*) 그리고 쉴라미스 파이어스톤의 『성의 변증법』(*The Dialectic of Sex*)이 (모두 1970년에 출판) 출판되기 바로 직전인 1969년에 처음 출판된 밀레트의 『성정치학』(*Sexual Politics*)은 제2의 물결 페미니즘이 상당히 가시적이며 자기 인식적이며 행동주의적인 운동이 된 시기 그리고 이 책 자체가 당시의 〈유명한〉 텍스트가 된 시기의 특징을 동시에 보여준다. 이 책 제목이 지니는 의미 있는 유산에서도 분명하듯이, 이 책은 아마도 그 시기의 가장 유명한 그리고 가장 영향력 있는 책으로 (이 책이 갖는 불완전성에도 불구하고, 아래 참조) 남성 문화에 대한 맹렬하면서도 낙관적이고 포괄적이며 재치 있으면서도 불경스러운 파괴 작업으로 기억되고 있으며, 이러한 점에서 아마도 그 시대의 한 기념비적인 책이 될 것이다.

역사, 문학, 정신분석, 사회학, 그리고 다른 분야에 걸친 밀레트의 주장은 경제적 불평등만큼 이데올로기적인 주입 역시 여성 억압의 원인이 된다는 것이다. 이 주장은 재생산, 섹슈얼리티, 재현(특별히 언어적 그리고 시각적 '여성의 이미지,' 특히 포르노그래피)에 대한 제2의 물결의 사고를 열어주었다. 밀레트 저서의 제목인 『성정치학』은 그녀가 전반적으로 퍼져 있는 것으로 보는, '하나의 정치적인 제도로서 체계적인 개관'을 요구하는 '가부장제'에 대한 그녀의 견해를 공표했다. 가부장제는 여성을 남성에게 종속시키거나 여성을 열등한 남성으로 다루고 있으며, 직접적으로나 간접적으로 시민적 및 가정적 생활에 있어서 여성을 억압하기 위해 권력을 행사하고 있다. 밀레트는 사회과학으로부터 '성'과 '젠더'의 중요한 구별, 즉 성은 생물학적으로 결정된 것이지만 젠더는 〈문화적으로〉 획득된 성적 정체성을 일컫는 심리학적인 개념이라는 구별을 도입하여 다른 페미니스트들과 함께 문화적으로 학습된 '여성적' 속성들(수동성 등)을 '자연적인' 것으로 취급하는 사회과학자들을 공격했다. 밀레트는 남성들뿐만 아니라 여성들도 이러한 태도들을 영속시켜 왔다는 것을 인식하고 있으며, 지배와 종속이라는 불평등하고 억압적인 관계 속에서 이러한 성역할들을 실행하는 것이 바로 그녀가 '성정치학'이라고 부르는 것이다.

『성정치학』은 남성주의적인 역사적, 사회적 및 문학적 여성의 이미지들에 대한 선구자적인 분석으로, 여기 우리의 맥락에서 페미니즘 문학 비평을 형성하는 텍스트가 된다. 밀레트는 〈문학〉을 하나의 원천으로 특권화함으로써 글쓰기, 문학연구, 비평을 특히 페미니즘에 적합한 영역으로 확립시키는데 도움을 주었다. 여성성의 사회적 구성의 주요한 요소는 문학적 가치와 전통 자체를 형성한 남성들의 방식이다. 따라서 여성들은 종종 그들의 관심사를 당연히 부적당한 방식으로 표현하려고 애써왔다. 예컨대, 서술에 있어서, 모험과 낭만적 추구를 형성하는 전통들은 '남성적' 추진력과 의도성을 가진다. 더구나 남성 작가는 늘 그의 독자들이 남자들인 것처럼 발언한다. 한편 대중문화에서 광고도 이와 같은 경향의 명백한 예들을 제공한다. 그러나 울프와 드 보봐르와 관련해서도 말했던 것처럼, 여성 독자가 이러한 가부장적 진지에서 (무의식적으로) 결탁하여 '남자로서' 읽는 것도 또한 가능하다. 여성 독자의 이러한 교화에 저항하기 위해서, 밀레트는 남성 소설에서 발견되는 섹슈얼리티의 억압적인 재현들을 드러내 보이고 있다. 〈여성〉독자의 관점을 의도적으로 전경화시킴으로써, 그녀는 D. H. 로렌스, 헨리 밀러, 노만 메일러, 장 쥬네의 소설에서 성적 묘사에 스며들어 있는 남성적 지배를 강조하는데, 가령 로렌스의 경우 그의 팰러스주의(phallocracy)에 대해 익살스러우면서도 신랄하게 깎아내리는 분석을 하고 있다.

밀레트의 책은 가부장제 문화에 대한 강력한 비판을 가했지만, 다른 페미니즘 비평가들은 그녀가 남성 작가들만을 선택한 것은 너무 비전형적이며 소설에 있어서 상상력의 전복적인 힘을 충분히 이해하지 못했다고 믿고 있다. 예컨대, 그녀는 쥬네의 『도둑일기』(*The Thief's Journal*)의 이색적이며 전복적인 성격을 간파하지 못했으며, 동성애가 묘사된 세계에서 오로지 여성의 함축된 종속과 격하만을 본다는 것이다. 밀레트에 의하면, 남성 작가들은 그들의 젠더로 인하여 소설에서 현실 세계의 억압적인 성정치학을 재생산하도록 강요받는 것처럼 보인다고 하는데, 말해, 그녀는 제임스 조이스의 여성적 섹슈얼리티에 대한 취급을 과소평가하는 그런 접근을 하고 있다. 그러므로 일부 페미니스트들은 밀레트가 성차별주의적 이데올로기를 모든 남성 작가들이 불가피하게 조장해야 하는 맹목적인 억압으로 취급함으로써, 남성 지배에 대하여 일차원적인 견해만을 취하고 있다고 보고 있다. 밀레트에 대한 철저한 비판인 「급진적 페미니즘과 문학: 밀레트의 『성정치학』을 다시 생각하기」("Radical Feminism and Literature: Rethinking Millett's *Sexual Politics*", 1979)에서, 코라 카플란은 밀레트가 "이데올로기를 모든 계층의 남성들이 여성을 구타하는 데 사용하는 보편적인 남근 곤봉(penile club)"으로 보고 있음을 지적했다. 카플란은 소설이 일반적인 가부장제에 대해서는 '진실'되고 '전형적'

이지만, 동시에 소설이 여성을 재현하는 것을 '거짓된' 것으로 보는 밀레트의 많은 소설 분석의 조야함과 모순성을 지적하고 있다. 그 분석의 환원적 반영주의로 인하여 중재하고 있는 '소설의 수사학'을 제대로 설명하지 못하고 있다는 것이다.

마르크스주의 페미니즘

사회주의/마르크스주의 페미니즘은 1960년대 후반과 1970년대에, 특히 영국에서, 제2의 물결의 강력한 분파의 하나였다. 그것은 마르크스주의의 계급 분석을 여성의 물질적 및 경제적 억압의 역사로까지 확장시키고, 특히 가족과 여성의 가사 노동이 어떻게 노동의 성적 분업에 의해서 구성되며 그것을 재생산하고 있는가를 검토하고자 했다. 역사의 다른 '남성적' 형태들과 마찬가지로, 마르크스주의는 여성의 경험과 활동의 상당히 많은 부분을 무시했는데(쉴라 로우보템의 가장 영향력 있는 저서 중에 『역사로부터 숨겨져서』(*Hidden from History*)라는 제목의 책이 있다), 따라서 마르크스주의 페미니즘의 기본 과제는 젠더와 경제 사이의 복잡한 관계들을 드러내 보이는 것이다. 줄리엣 미첼의 초기 에세이인 「여성: 가장 긴 혁명」("Women: The Longest Revolution", 1966)은, 밀레트와 파이어스톤과 같은 급진적 페미니스트들의 비역사적인 저작과는 〈대조적으로〉, 가부장제가 여성의 재생산적인 기능과의 관계 속에서 미치는 구조적 통제를 역사화하는 선구적인 시도였고, 쉴라 로우보텀은 『여성의 의식, 남성의 세계』(*Women's Consciousness, Man's World*, 1973)에서, 노동 계급 여성들은 일터와 가정에서 노동의 성적 분업으로 인한 이중 억압을 경험하고 있다는 점과 마르크스주의 역사 편찬은 주로 개인적인 경험의 영역, 특히 여성 문화의 영역을 무시하고 있다는 점을 모두 인식하고 있었다.

문학적인 맥락에서, (위에서 언급한) 급진적 페미니스트 밀레트에 대한 코라 카플란의 비판은, 특히 그 이데올로기에 대한 관심에 있어서, 사회주의 페미니즘 비평의 경우라고 할 수 있으며, 미셸 바레뜨는, 『오늘날의 여성 억압: 마르크스주의 페미니즘 분석의 문제점들』(*Women's Oppression Today: Problems in Marxist Feminist Analysis*, 1980)에서, 젠더 재현에 대한 마르크스주의 페미니즘의 분석을 제시하고 있다. 첫째, 남성과 여성들이 문학을 〈생산하는〉 조건들은 물질적으로 다르고, 이들이 쓰는 것의 내용과 형식에 영향을 준다는 버지니아 울프의 유물론적인 주장, 즉 젠더 전형화의 문제들은 역사 속에서 그 문제들의 물질적 조건으로부터 분리될 수 없다는 주장을 그녀는 격찬한다. 이것은 해방이란 문화 내의 변화들만으로는 도래할 수 없다는 것을 의미한다. 둘째, 젠더 이데올로기는 남성과 여성의 글들이 읽혀지는 방법과 우수한 정전들이 어떻게 확립되는가에 영향을 미친다. 셋째, 페미니즘 비평가들은 문학 텍스트의 허구적인 본질을 고려해야 하며 모든 남성 작가 작품들의 성차별주의를 비난함으로써 (밀레트 참조) 그리고 모든 여성 작가들이 젠더 문제를 제기하고 있다고 인정함으로써 '맹렬한 도덕주의'에 빠져들면 안 된다. 텍스트는 고정된 의미를 가지고 있지 않다. 즉, 해석은 독자의 상황과 이데올로기에 달려 있다. 그러나 여성들은 젠더가 문화적으로 규정되고 재현되는 방식에 그들의 영향력을 발휘할 수 있으며 그렇게 하도록 시도해야 한다.

『페미니즘 비평과 사회적 변화』(*Feminist Criticism and Social Change*, 1985)의 서문에서, 주디스 뉴톤과 데보라 로젠펠트는 여성의 이미지를 보편적으로 무력하고 선한 것으로 투사하는 페미니즘 비평가들의 '비극적' 본질주의를 피하는 유물론적 페미니즘 비평을 주장한다. 이들은 길버트와 구바의 영향력 있는 저서 『다락방의 미친 여자』(*The Madwoman in the Attic*, 1979; 아래 참조)의 편협한 문학성을 비판하고, 특히 젠더 역할을 구성함에 있어서 중요한 역할을 하고 있는 사회적 경제적 현실들을 길버트와 구바가 간과하고 있다고 비판하고 있다. 그 대신에 페니 보우멜라, 코라 카플란과 마르크스주의 페미니즘 문학 동맹은 젠더 범주의 역사적 형성을 이해하기 위해, 알튀세와 바슈레이(제5장 참조)에 의해서 전개된 일종의 이데올로기적 분석을 문학 텍스트에 도입했다. 그러나 현재의 마르크스주의 페미니즘은 포스트모더니티의 정치적 '조건'은 물론, 아마도 영미와 프랑스 페미니즘 사이의 '논쟁'의 압도적인 영향 때문에, 그 선명한 입장을 제대로 드러내지 못하고 있다.

일레인 쇼월터: 여성중심 비평

토릴 모이의 『성과 텍스트의 정치학』(*Sexual/Textual Politics*, 1985)은 '영미 페미니즘 비평'과 '프랑스 페미니즘 이론'이라는 두 가지 주요 부분으로 되어 있다. 이 책은 현대의 페미니즘 비평 이론의 주요 논쟁들 중 하나에 첨예한 초점을 맞추었을 뿐만 아니라, 하나의 성명을 내걸고 있다. 모이의 '비평'으로부터 '이론'으로의 (의식적인) 빗나감은 기술적인 묘사 〈그리고〉 가치 판단 둘 다를 드러내 보인다. 즉 모이에 의하면, 영미 비평은 이론적으로 소박하거나 이론화 자체를 거부하는 한편, 프랑스 비평은 이론적으로 자의식적이며 정교하다. 본장 182쪽에서 살펴본 것처럼, 사실 이 두 가지 '접근' 사이에는 공통된 영역과 상호 침투가 있으며(적어도 이들은 모두 계급, 인종, 역사를 결정적인 요인으로 보지 않는 경향이 있다), 이들은 모두 페미니즘 비평적 발언의 주요한 양상들을 규명하는 작업에 끊임없이 이바지하고 있다. 프랑스 쪽에 대해서는 뒤에서 보다 충분히 고려해 보기로 하겠다.

사실, 주요 '영미' 비평가들은 미국인들이다. (엘만과 밀레트의 작업에 의해서 주도된) 1970년대 초기의 '여성 이미지' 비평이 단순화되고 획일적인 것으로 점차 여겨지기 시작함에 따라, 〈여성〉 작가들과 이들을 논의하기 위한 〈페미니즘적〉 비평 담론에 대한 연구를 불러일으킨 몇몇 저작들이 등장했다. 엘렌 모어즈의 『여성 작가들』(*Literary Women*, 1976)은 주도적인 남성적 전통에 개별적으로 그림자를 던지는 여성의 글쓰기의 '대체적' 전통에 대한 기본적인 밑그림 또는 '지도 그리기'라고 할 수 있다. 그러나 일레인 쇼월터 이후, 이러한 종류의 주요한 저작은 산드라 길버트와 수잔 구바의 기념비적인 책인 『다락방의 미친 여자』(1979)인데, 여기서 이들은 제인 오스틴 이후 주요 여성 작가들이 "가부장제 문학의 척도에 상응하면서도 동시에 그것을 전복함으로써" 변별될 수 있는 여성적 목소리를 획득했다고 주장한다. '천사'와 '괴물'(또는 '미친 여자': 샬롯 브론테의 『제인 에어』에 대한 이들의 읽기에서 책의 제목을 따옴)이라는 여성적 전형들이 받아들여지는 동시에 해체된다. 그러나 메리 제코부스가 지적하듯이, 길버트와 구바는 여성 작가들을 "가부장제가 초래한 음모에 대해 유별나게 명확히 발언하는 희생자들"로 간주함으로써 그들의 자유를 제한하는 경향이 있다. 그리고 가부장제에 의한 여성 억압에 관한 '이야기'의 이러한 계속적인 다시 말하기는 바로 페미니즘 비평이 뛰어넘고자 하는 매우 권위적이며 가부장적인 비평과의 속박적이고 문제가 많은 관계에 페미니즘 비평을 가둬둔다고 토릴 모이는 덧붙여 지적한다.

아마도 제2의 물결의 가장 영향력 있는 미국 비평가는 일레인 쇼월터이고, 특히 그녀의 『그들만의 문학』(*A Literature of Their Own*, 1977)이 그러하다. 여기서 쇼월터는 (그 대부분은 '역사로부터 숨겨져' 있었던) 여성 작가들의 문학사를 개관하고, 그들의 물질주의적, 심리적 및 이데올로기적 결정 요인들의 개요를 보여주는 역사를 생산하고, (여성 독자들과 관련된) ‘페미니즘 비판’과 (여성 작가들과 관련된) ‘여성중심 비평가들’(gynocritics)을 격상시키고 있다. 쇼월터의 책이 시도하고 있는 바는 브론테 자매 이후 영국 여성 소설가들을 여성의 경험의 관점에서 검토하는 것이다. 쇼월터는 고정된 또는 타고난 여성적 섹슈얼리티나 여성적 상상력은 없지만, 그럼에도 불구하고 여성의 글쓰기와 남성의 글쓰기 사이에는 심오한 〈차이〉가 있으며, 하나의 전체적인 글쓰기 전통이 남성 비평가들에 의해서 무시되어 왔다는 견해를 취하고 있다. 즉 “여성 전통의 잃어버린 대륙이 영문학의 바다로부터 아틀란타 섬처럼 솟아오르고 있다.”는 것이다. 그녀는 이러한 전통을 세 단계로 나눈다. 첫 번째인 ‘여성적’(feminine) 단계(1840-80)는 엘리자베스 가스켈과 조지 엘리엇을 포함하며, 여성 작가들이 그들로 하여금 시녀로 남도록 요구하는 주도적인 남성적 미적 기준들을 모방하고 내면화하는 단계이다. ‘페미니즘적’ 단계(1880-1920)는 남성적 가치에 〈저항하고〉 분리주의적인 아마존적 이상향과 여성 참정권론자 자매애를 옹호하는 엘리자베스 로빈스와 올리브 쉬라이너와 같은 급진적 페미니즘 작가들을 포함한다. 세 번째인 ‘여성의’(female) 단계(1920년 이후)는 이전 단계들의 특징들을 물려받아서 〈자아 발견〉의 단계 특히 여성의 글쓰기와 여성의 경험에 대한 개념을 발전시켰다. 쇼월터에 의하면, 레베카 웨스트, 캐서린 맨스필드, 도로시 리차드슨은 가장 중요한 초기 ‘여성’ 소설가들이었다. 조이스와 프루스트가 주관적 의식에 대한 장편소설들을 쓰고 있었던 같은 시기에 그 소설들에 견줄 수 있는 리차드슨의 장편 소설인 『순례』(*Pilgrimage*)는 여성의 의식이라는 주제를 다루었다. 글쓰기에 대한 그녀의 견해(「예술에 있어서 여성들」(“Women in the Arts”, 1925) 참조)는 최근의 페미니즘 이론들을 예견하고 있다. 즉 그녀는 확정적인 견해들과 의견들(그녀는 이것들을 ‘남성적인 것들’이라고 불렀다)을 거부하는 ‘복합적인 수용성’을 옹호하였다. 리차드슨은 여성적 정신의 형상과 조직이라고 여겨지는 것을 전달하기 위하여 의식적으로 생략적이며 파편화된 문장들의 생산을 시도했다. 버지니아 울프의 뒤를 이어, 섹슈얼리티에 대한 새로운 솔직함(가령, 간통과 레즈비어니즘)이 여성의 소설에, 특히 진 리스에서 볼 수 있듯이, 들어오게 되었다. 그 뒤를 여성적인 불만을 표현할 욕구를 더 이상 느끼지 않는 대학 교육을 받은 신세대의 여성들이 따랐는데, A. S. 바이어트, 마가레트 드래블과 브리지드 브로피가 거기에 속했다. 그러나 70년대 초반에 페네로프 모티머, 뮤리엘 스파크, 도리스 레싱의 소설들 속에서 보다 분노에 찬 어조를 지향하는 또 한 번의 변화가 일어났다.

쇼월터 책의 제목은 그녀가 버지니아 울프에게 빚을 지고 있음을 보여주고 있으며, 메리 이글턴이 지적한 것처럼, 그들의 기획은 매우 유사하다. "여성의 글쓰기와 페미니즘 연구에 대한 열정은 … 두 비평가를 연결시켜준다. 여성의 삶의 비가시성을 인식하고 있는 그들은 잊혀진 선구자들을 찾으려고 노력하면서, 그 복구의 본질적인 작업에 활발히 임하고 있다." 그러나 쇼월터는 (여성다움을 거부하는) 울프의 양성론으로의 '후퇴'와 '회피적인' 문체에 대해서는 그녀를 비판하고 있다. 이글턴이 지적하듯이, 이 점이 정확히 토릴 모이가 쇼월터와 의견을 달리하는 곳이며, 영미 및 프랑스 비평적 페미니즘들 사이의 대립의 초점이 첨예하게 인식되는 곳이다. '프랑스적인' 모이에게는, 울프가 단일한 자아를 거부하고 전복하는 것과 그녀의 '유희적인' 텍스트성은 울프의 장점이 되지만, 반면에 '영미' 여성중심 비평가 쇼월터는 여성 작가와 인물에, 그리고 정통성의 표식으로서 여성의 〈경험〉— 문학 작품에 의해서 재현될 수 있으며 경험적으로 거론될 수 있는 '현실' (특히 여성이 되는 것이 무엇인가에 대한 종합적인 이해)의 개념 — 에 중점을 두고자 한다. 실제로, 전반적인 '영미' 전통에 영원히 지속되는 '정통성'과 '여성의 경험'이라는 개념들 속에 내재된 종족 중심적 가설들에는 보다 심각한 문제점이 있다. 메리 이글턴이 지적했듯이, 백인이며 이성애자인 중산층 여성이 표준으로 간주되고 있으며 생산된 문학의 역사는 "남성 전통만큼이나 거의 선별적이고 이데올로기적으로 구속되어" 있다. 모이에 의하면, 쇼월터의 영미 페미니즘 비평은 또한 이론화 되지 않는다는 것 그리고 동시에 그 이론적 토대가 불안정하다는 것을 특징으로 한다. 특히 그것이 문학과 현실 그리고 문학적 평가와 페미니즘 정치학 사이에 만들어 놓은 연관성 속에서 그러한 특징이 가장 두드러진다. 쇼월터 저서는 프랑스의 이론적인 발의들에 관여하고 포함시키는 것에 대한 저항을 하나의 특색으로 하는데, 그 이유는 그 저서가 그 발의들에 의하여 거의 확실하게 해체되기 때문인 것이다. 그런데 역설적으로, 여성중심 비평가들이 스스로 여성의 경험과 문화를 긍정적으로 가시적인 것으로 만들고 권력을 가지도록 만들고 있는 것으로 여겼던 시점에, 포스트구조주의 페미니즘은 섹슈얼리티를 텍스트화하고 '여성 글쓰기와 여성에 대한 글쓰기'의 전반적인 기획이 오해를 받고 있는 것으로 간주한다. 현대정신분석에 의해서 시작된 여성의 차이에 대한 바로 이러한 보다 급진적인 이론적 분석이 우리가 지금 다루려고 하는 것이다.

프랑스 페미니즘: 크리스테바, 씨이주, 이리가라이

'프랑스' 페미니즘 비평 이론으로부터의 낙진을 국경으로 막을 수 없다는 것은 분명하지만, 이러한 또 하나의 주요한 분파인 '제2의 물결'이 프랑스에서 발원했다는 것은 사실이다. 시몬느 드 보봐르가 여성을 남성에 대한 '대타자'로 인식한 것에서 유래하여, 섹슈얼리티(계급 및 인종과 함께)는 사람 집단들 사이의 '차이' ─ 한 집단으로 하여금 다른 집단을 지배하거나 억압하게 할 수 있도록 사회적으로 문화적으로 조작된 차이들 ─ 를 등록하는 이분법적인 대립(남성/여성, 흑인/백인)으로 확인된다. 특히 프랑스 페미니즘 이론가들은 남성이 만들어 놓은 전통적인 성적 차이의 전형들의 파괴를 강구함에 있어서, 그러한 전형들이 만들어지는 영역인 동시에 특히 '여성의 언어' 속에 묘사될 수 있는 해방적인 성적 차이의 증거로 언어에 관심을 집중해 왔다. 문학은 이러한 것이 인식되고 통용될 수 있는 하나의 상당히 중요한 담론이다. (미국과 그 밖의 다른 지역의 흑인 및 레즈비언 페미니스트들은 인종 그리고/또는 성적 성향에 의해 그들의 '차이'가 결정되는 보다 복잡한 입지들과 관련하여 이러한 생각들을 전개하고/하거나 비판했다.)

프랑스 페미니즘은 정신분석, 특히 자크 라캉의 프로이트에 대한 재작업(본서 7장 참조)에 의해 상당히 영향을 받았고, 이러한 점에 있어서 지금까지 많은 페미니스트들이 공유해 온 프로이트에 대한 적대감을 극복했다. 라캉 이전에 프로이트의 이론은, 특히 미국에서(앞에서 다룬 케이트 밀레트와 비교), 노골적인 생물학적 단계로 격하되었었다. 즉 남자의 성기를 본 여아는 남근이 없기 때문에 자신을 여성으로 인식한다는 것이다. 여아는 자신을 부정적으로 규정하여 '남근선망'(penis envy)를 불가피하게 겪는다. 프로이트에 따르면, 남근선망은 여성들에게 있어서 보편적인 것이며 그들의 '거세 콤플렉스'의 원인이 되며, 여자들로 하여금 자신들을 권리가 있는 긍정적인 성보다는 '결핍된 남자들'(*hommes manqués*)로 보게 하는 결과를 초래한다. 어니스트 존스가 프로이트의 이론을 '팰러스중심적'(phallocentric)이라고 칭한 최초의 사람인데, 이 용어는 일반적으로 남성의 지배를 논의할 때 페미니스트들에 의해 널리 채택되고 있다. 그러나 줄리엣 미첼은 『정신분석과 페미니즘』(*Psychoanalysis and Feminism*, 1975)에서, "정신분석은 가부장제 사회를 〈위한〉 추천이 아니라 가부장제적 사회에 〈대한〉 하나의 분석이다"라고 주장하면서 프로이트를 변호했다. 그녀는 프로이트가 현실 자체가 아니라 하나의 사회적 현실의 〈정신적인 재현〉을 묘사하고 있다고 믿는다. 프로이트에 대한 그녀의 변호는 라캉의 영향을 훨씬 많이 받은 재클린 로즈의 『비전의 영역에서의 섹슈얼리티』(*Sexuality in the Field of Vision*, 1986)와, 미첼과 로즈의 『여성적 섹슈얼리티: 자크 라캉과 프로이트 학파』(*Female Sexuality: Jacques Lacan and the École Freudienne*, 1982)로부터 상당한 도움을 받은 쇼샤나 펠만의 저서(『문학과 정신분석』*Literature and Psychoanalysis*, 1977)와 더불어, 현대의 정신분석적 페미니즘의 토대를 제공하는데 도움을 주었다. 테리 이글턴의 말을 빌면, 부득이 페미니스트들은 여성을 "수동적이며, 나르시시즘적이고, 마조히즘적이며, 남근을 선망한다"고 보는 견해에 통렬하게 대응해 왔다. 그러나 일부 프랑스 페미니스트들은 프로이트의 '남근' 또는 '팰러스'가 하나의 '상징적인' 개념이지 생물학적 실체는 아니며, 라캉은 이 용어를 풍요제에서의 팰러스에 대한 고대적 의미에 의존하여 사용한 것이라고 강조해 왔다. 이 용어는 또한 〈권력〉으로서의 그 기관의 상징적인 의미와 관계하여 시학과 인류학 문헌에서도 사용되고 있다.

페미니스트들은 성적 차이의 언어학적인, 그리고 사회적인 임의성을 분명하게 보여주는데 유용한 라캉의 도표들 중 하나를 발견했다.

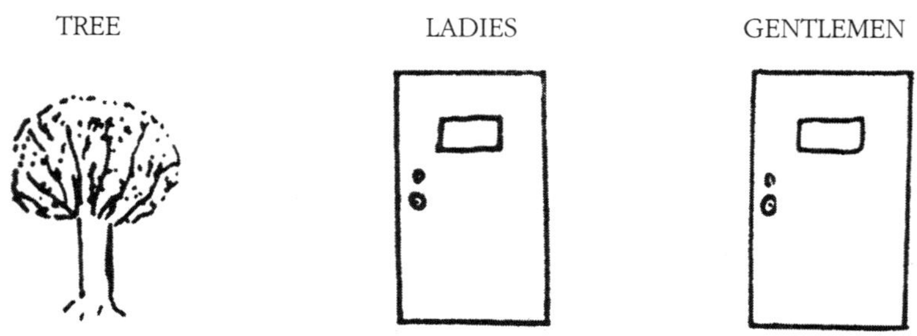

첫 번째 기호는 '도상적'인 것으로, 단어와 사물 사이의 '자연적인' 대응을 설명해 주며, 언어에 대한 소쉬르 이전 단계의 옛 개념을 요약하고 있다. 그 개념에 따르면, 단어와 사물은 하나의 보편적인 의미에서 자연스럽게 통합되어 있는 것으로 보인다. 두 번째 도형은 옛

조화를 파괴하고 있다. 즉, '숙녀'와 '신사'라는 기표들은 동일한 문에 부착되어 있다. '같은' 문들이 언어의 다른 체계로 들어가도록 되어 있어서, 우리는 이들을 '다른' 것으로 보게 된다는 것이다. 마찬가지로, '여성'이라는 단어는 하나의 기표이지, 생물학적 여성은 아니다. 즉, 한 특정한 육체와 '여성'이라는 기표 사이에는 단순한 일치가 이루어지지 않는다는 것이다. 그러나 이것은 만약 우리가 기표의 왜곡시키는 각인을 제거한다면, '실제의,' '자연스러운' 여성이 상징화가 시작되기 전에 존재했었을 것처럼 나타날 것임을 의미하지 않는다. 즉, 우리는 결코 의미화의 과정 밖으로 나가 어떤 중립적인 지대로 발을 내디딜 수는 없다. 그런데 팰러스중심주의(하나의 기표로서 팰러스의 우월성)에 대한 페미니즘적 저항은 바로 이 의미화의 과정 안에서부터 나와야만 한다는 것이다. 7장에서 살펴보게 되겠지만, 이 기표는 '거세'를 '벗어나고' 그리고 괴로워하는 '주체'보다 더욱 강력하다. '여성'은 팰러스중심주의의 거세력에 의해서 외부의 어둠('어두운 대륙')으로 유배된 주체 위치를 대변한다. 사실, 이러한 억압은 '팰러스중심주의' (가부장적 담론에 의해서 행사되는 지배에 대한 데리다(Derrida)의 용어)에 의해서 담론을 통해서 작용하고 있기 때문이다. 하지만 흑인 페미니즘 비평가 카디아투 카네는 (드 보봐르 작품에서 나타나고 그리고 「메두사의 웃음」("The Laugh of the Medusa")에서 "당신은 아프리카이며, 당신은 흑인이다. 당신의 대륙은 어둡다. 어둠은 위험하다"는 씨이주의 언급에서 유형화된) 모든 여성의 전복적인 잠재력을 암시하는 '어두운 대륙' 모티프에 대한 페미니즘적 반복에 내재하는 위험을 지적해냈다. 카네는 "그녀가 전적으로 남성적인 것으로 분류한 역사로부터 여성들을 해방시키고자 하는 (씨이주의) 충동이 흑인의 종속과 제국주의 지배에 대한 이미지들 사이를 자유롭게 부유하는 역사 속으로 모든 여성들을 감금하고 만다."고 쓴다(「사랑, 애도, 은유: 정체성에 관한 용어들」("Love, Mourning and Metaphor: Terms of Identity", 1992)). 물론 여성이 지배당하고 순응하는 자이자 또한 가부장제를 거부하는 저항적 주체라는 복합적인 위치에 있다는 생각은 새롭지 않다. 이러한 생각은 정신분석가이자 번역가이고 프로이트의 동료였던 조안 리비에르가 1929년에 쓴 한 에세이에서 처음으로 소개된 '가면무도'(masquerade)라는 명시적 개념에서 그 세부 내용들이 표현되고 있다. 리비에르가 주장한 바에 의하면, 여성들은 여성은 어떠해야만 한다는 남성이 가진 이미지에 부합되는 '여성다움' 혹은 '여성성'이라는 공적인 가면을 차용한다. 따라서 여성들은 가부장제의 스테레오타입들에 순응한다. 그러나 이것이 어떤 역할이나 수행을 수반하는 한, (리비에르는 그 가면 뒤에 '진정한 여성다움은' 없다고 말하지만), '가면무도'는 가정된 또는 부과된 여성 정체성에 대한 비판을 내포하고 있다. 이런 식으로 정체성이 구성되는 것으로 이해하는 것은 '가면무도'에 보다 긍정적인 면모를 대여하는 것이며, 이를 퀴어 이론과 주디스 버틀러의 글에서 수행성 이론들이 채택하고 있다(10장 참조).

라캉에게 있어서, 팰러스중심주의의 문제는 기호의 구조와 불가분의 관계를 가진다. 왜냐하면 그 기표, 즉 팰러스는 온전한 존재와 권력의 약속을 제공하는데, 그것은 획득될 수 없는 것이기 때문에, 남성과 여성 모두를 '거세 콤플렉스'로 위협한다. 젠더 스테레오타입들과 같은 사회적 · 문화적 요인들은 이 무의식적 '결핍'의 영향을 강조하거나 약화시키겠지만, 신체 기관이 아닌 온전한 존재의 기표가 되는 팰러스는 '거세 콤플렉스'의 보편적인 원천으로 남는다. 라캉은 때때로 이 고집스러운 기표를 '아버지-의-이름'(Name-of-the-Father)으로 부름으로써, 그것의 비'실제적인,' 비생물학적인 존재 양식을 강조하고 있다. 아이는 〈유사〉와 〈차이〉의 관계들로 이루어진 언어의 '상징적' 질서로 진입함으로써 정체성의 인식에 도달하게 된다. 오직 아버지의 법칙(the law of the Father)에 의해서 부과된 배제 원칙(만약 이것이면, 저것은 아니다)을 받아들임으로써 아이는 언어 질서에 의해서 그 아이에게 할당된 젠더화된 영역으로 진입할 수 있다. 아버지

역할의 〈은유적인〉 속성을 인식하는 것이 매우 중요하다. 그는 우월한 생식 기능을 가져서가 아니라 언어 체계의 한 결과로서 입법자의 위치에 놓이게 된다. 어머니는 욕망을 '문명화된'(즉 억압된) 방식으로 통제하는 아버지의 기능의 〈기표〉('아버지-의-이름')에 접근할 수 있기 때문에 어머니는 아버지의 말을 인식한다. 오직 성적 차이(양자택일)와 통제된 욕망의 필연성을 받아들임으로 아이는 '사회화' 될 수 있는 것이다.

그러나 페미니스트들은 반대하기를, 비록 우리가 팰러스에 대한 엄격한 '상징적' 견해를 취할지라도, 라캉의 이론에 있어서 그것에 부여된 의미화 내의 특권적인 위치가 매우 불균형하다는 것이다. 제인 갤롭에 의하면, 성적 차이에 라캉의 범주를 적용하면 여성적 섹슈얼리티의 종속은 불가피한 것처럼 보인다. 남자는 팰러스에 의해서 약속된 전체적인 온전성이 되지 못함으로써 '거세되는' 반면에, 여자는 남자가 되지 못함으로써 '거세되는' 것이다. 그럼에도 불구하고, 라캉의 접근은 그것이 생물학적인 결정론을 능가하고 프로이트 정신분석을 사회적 체제(언어를 통해서)와 접촉하게 한다는 이점을 가진다. 더 나아가, 갤롭이 또한 언급한 것처럼, 라캉은 '페미니즘적' 반(反)로고스중심주의 담론을 진전시키는 경향이 있다. 즉, 라캉은 의식적으로 페미니스트는 아니지만, 그는 결론을 주장하는 것이나 사실을 확정하는 것을 거부하며, '교태를 부리는 듯하고,' 유희적이며, '시적'이다. 프로이트가 대답하지 않은 질문, 즉 '여자는 무엇을 원하는가?'(*Was will das Weib?*)를 그가 상기할 때, 그는 여성적인 것은 '유동적'이고 유동성은 '불안정한' 것이므로, 그 질문은 그냥 열린 채 남겨 두어야 한다는 결론을 내린다. "여자는 동일하게(*pareil*; 유사하게, 동등하게, 비슷하게) 말하지 않는다. 그녀가 말하는 것은 흐르고(*fluent*) 있다. 속이고 있다(*flouant*)." 여기에, 또 다시, 여자들을 불안정하며 예측할 수 없으며 변하기 쉽다고 치부함으로써, 그들을 주변으로 추방하는 팰러스중심적인 체계로 미끄러져 들어갈 위험이 있다. 그러나 여성의 '열림'이 가부장적인 체계로 복귀하는 것을 막아 주는 것으로 보이는 것은 이러한 개방성에 대한 긍정적인 〈특권화〉인 것이다. 여성적 섹슈얼리티는 시적인 생산성 — 일원론적 의미의 압제와 로로스 중심주의적인 (그러므로 팰러스중심주의적인) 담론을 파괴하는 정신신체적(psychosomatic) 충동 — 과 직접적으로 연관되어 있다. 이러한 이론의 주요 지지자들이 줄리아 크리스테바와 엘렌 씨이주이다.

크리스테바의 저서(제7장 240-242쪽 참조)는 주로 '닫힌,' 합리적 체계와 '열린,' 전복적인, '비합리적인' 체계 사이의 양극성을 중심적인 개념으로 취하고 있다. 그녀는 시가 두 체계 사이에 균형을 가질 수 있고, 때로는 '합리적인' 체계 밖에서 작용하는 욕망과 공포의 기본적인 충동들에 그 자체를 개방하기 때문에, 시를 분석의 '특권적인 자리'가 될 수 있는 것으로 간주했다. 그녀의 '기호'계 그리고 '상징'계 사이의 중요한 구분은 수많은 다른 양극성들을 낳는다. 아방가르드 문학에 있어서, (프로이트의 꿈 이론에 대한 라캉의 해석에서 설명된 것처럼) 일차적 과정들은 언어의 합리적인 질서화를 침범하고 '화자'와 독자의 통일된 주체성의 전복을 위협한다. '주체'는 더 이상 의미의 근원이 아니라 의미의 자리로 여겨지며, 그러므로 정체성의 급진적인 '분산'과 일관성의 상실을 겪을 수 있다. 오이디푸스 이전 단계에서 아이가 경험하는 '충동'은 하나의 언어와 같으나 아직 하나의 언어로 체계화된 것은 아니다. 이러한 '기호적인' 재료가 '상징적인' 것이 되기 위해서는 안정되어야 하는데, 이는 유동적이며 율동적인 충동에 대한 억압을 내포한다. 기호적인 담론에 가장 유사한 발화는 아이의 오이디푸스 이전 단계의 '옹알거림'이다. 그러나 언어 자체가 이 기호적인 유동의 어떤 것을 지니고 있고, 특히 시인은 이것의 공명에 박자를 맞출 태세가 되어 있다. 정신신체적인 충동이 오이디푸스 이전 단계적이기 때문에 충동은 어머니의 육체와 연관되어 있고, 자유롭게 유동하는 자궁의 바다와 포근한 감각성의 어머니 젖가슴은 오이디푸스 이전 단계 경험의 첫 장소가 된다. 크리스테바는 어머니-

아이 결합에 의해 경험되는 일체적이고 충만한 영역을 '기호학적 코라'라고 명명했는데, '코라'는 플라톤의 『티마이오스』(*Timaeus*)에서 세계들 사이를 연결하는 통로나 다리를 표시하는데 사용되는 용어였다. 그 반면에 '상징적인' 것은 담론이 출현하도록 검열하고 억압하는 아버지의 법칙과 연관되어 있다. 여성은 담론에 선행하는 침묵과 모순이며, 그녀는 외부에 서서 말의 의식적인 (합리적인) 질서를 전복할 것을 위협하는 '대타자'인 것이다

이러한 사고는 크리스테바의 저서에서 '비체'(abjection)라는 개념과 연관이 있는데, 이것은 '나'와 '나 아닌 것'을 구분할 수 없게 된 상태에서 생기는 공포에 명명된 개념이며, 이 개념의 최초이자 주요한 실례로 모태 안에서의 배아의 존재(크리스테바, 1982)를 들 수 있다. '비체'는 주체가 독립된 정체성을 가지기 위해 쫓아내려고 하지만 그 몸이 '폐기물'(체액, 배설물, 담즙, 토사물, 점액)을 섭취하고 배출하는 것 모두를 멈출 수 없기 때문에 그럴 수 없는 무엇이다. 그러므로 비체란 청결과 불결함, 자아와 타자(주로 자아와 그의 어머니를 포함해서) 사이의 접경을 이루는 난처하고 순환하는 표지이다. 켈리 올리버(1993)가 논평한 것과 같이, 비천은 '최초로 어머니와 거의 나르시시즘적으로 동일시하는 것을 거부'하는 하나의 방식이다. 이러한 경계선은 (종교의식, 신앙고백, 그리고 매장의식에서처럼) 사회적 질서의 유지를 위협하는 그 자체의 불쾌감을 주면서도 동시에 유혹적인 그러한 양상들을 스스로에게서 씻어내려고 하는 사회와 개인 주체에 의해 항상 감시되어야 한다. 이와 같이, 비체는 프로이드의 억압이란 개념과 구별되어야만 한다. 크리스테바는 그 개념을 도스토예프스키, 프루스트, 조이스, 보르헤스와 아르또가 쓴 문학작품을 논의하고, 주로 프랑스의 소설가 루이 페르디낭 셀린느의 반유태주의 신념을 이해하는 방법으로 사용한다. 크리스테바는 문학과 성경을 비체의 '특권화된 기표들'로, "배설물의 … 정체를 벗기고 비체를 비워버리는 것"을 수행하는 것으로 본다(1982). 크리스테바의 사상을 논하는 한 토

론에서 모드 엘만(1990)은 T. S. 엘리엇의 『황무지』를 "그것이 억압하려 애쓰는 공포를" 다시 새겨 넣는 것으로, 즉 "자신이 비방하는 여성성에 매혹된" 것으로 읽는다. 엘만은 엘리엇의 시가 "영문학에서 가장 비체다운 텍스트들 중의 하나"라고 결론짓는다. 이 외에도 그 개념은 고딕문학과 영화(크리드, 1993; 투르코트, 1995; 캐벌라로, 2002 참조)에 대한 최근의 연구에서 어떻게 타자와 연관된 불합리성과 정신적 혼란이 일정하게 여성으로, 또는 크리드의 지칭에서처럼, '괴물 같으면서 여성적인 것'으로 형성되고 있는지를 논증하기 위해 많이 이용되고 있다. 그러한 텍스트들에서 '여성'은 사회-성적 규범의 바깥에 있는 한 위치로 단순히 주변화되기보다는, 오히려 쫓겨나서 동시에 외적이자 내적인 영역인 것으로부터 위협을 하고 있다.

그러나 오이디푸스 이전 단계는 성적으로 분화되어 있지 않기 때문에(비록 기호계는 명백하게 '여성적'이지만), 크리스테바가 '여성적인' 것을 생물학적인 여성 그리고 '남성적인' 것을 생물학적인 남성과 동일시하지 않았다는 것을 우리는 명심해야 한다. 그럼에도 불구하고 그녀는 스스로 '페미니스트'라고 명명하는 것을 거부했다. 그러나 사실 크리스테바는 여성을 대표하여 해방적인 에너지의 억압되지 않은 그리고 비억압적인 유동을 주장한다고 말할 수 있다. 아방가르드 시인은 여성이든 남성이든 어머니-의-육체(the Body-of-the-Mother) 속으로 들어가고, 아버지-의-이름(the Name-of-the-Father)을 거부한다. 예컨대 말라르메는 통사론의 법칙을 전복시킴으로써 아버지의 법칙을 전복시키며 '어머니의' 기호계의 유동을 그가 회복함으로써 어머니와 동일시한다. 문학에서, 기호계와 상징계의 만남이 일어나며, 여기서 전자는 후자에서 자유롭게 벗어나는데, 이러한 만남은 언어적인 '유희'를 초래하게 된다. 그 결과로 생겨나는 '열락'은 '균열'(rupture)에 가까운 '황홀'(rapture)을 일으킨다. 크리스테바는 이 시적 혁명이 일반적인 정치적 혁명과 그리고 특별히 페미니즘적 해방과 밀접하게 연결되어 있는 것으로 본다. 페미니즘 운동은 '아방가르드의 담론'에 부합하는 '일종의 무정부주의'를 발명해내야 한다. 무정부주의는 팰러스중심주의의 지배를 파괴하는 페미니즘에 의해 필연적으로 채택되는 철학적이며 정치적인 입장이다. 씨이주와 이리가라이와는 달리 크리스테바는, 최초의 페미니즘이 전복과 충돌에 대한 보다 일반적인 이론의 한 부분이었기 때문에, 여성의 억압을 원칙적으로 다른 주변화된 또는 착취된 집단들의 억압과 다른 것으로 취급하지 않는다. 위에서 다룬 것처럼 문학과 영화 연구에서 유통되는 '비체'라는 개념 역시 후기식민주의 연구 — 특히 '포스트모던 고딕'의 형식 — 에서 제기되었던 권력, 편견, 배제, 전복과 같은 보다 폭넓은 이슈들과 분명한 관계가 있다(겔더, 2000; 테일러, 스미스와 휴즈 (편집), 2003; 뉴먼, 2004 참조). 비록 상이한 평판을 받았다고 거론되지만, 『나는 내가 낯설다』(*Strangers to Ourselves*, 1991)에서 크리스테바의 생각들 역시 여기에 부합된다. 따라서 마단 사럽은 '외국인'과 '외국스러움'에 대한 크리스테바의 언급이 유용한 것을 발견하지만(1996), 반면 데이비드 펀터(2000)는 이것들이 '기묘하게 오도되고' 있다는 것을 발견하며, 『중국 여성에 대하여』(*About Chinese Women*, 1977)에서 그녀의 초기 일반화들을 '전적으로 비난받을 만한' 것으로 판단한다. 가야트리 스피박 역시 크리스테바의 '"고전적인" 동양'에 대한 '원시주의적인 숭배'를 지적하면서, 이 저서에 대하여 비판적인 입장을 보였다(1987; 또한 9장 353쪽 참조, 그리고 더 이상의 논의를 위해서는 겔더와 제콥스, 1998 참조).

많은 프랑스 페미니스트들은 여성 섹슈얼리티가 지하의 그리고 미지의 실체이나 문학적 글쓰기에서 그 자체를 재현할 수 있다고 주장해 왔다. 엘렌 씨이주는 '여성적 글쓰기'라고 그녀 자신이 부르는 담론에서 여성성의 긍정적인 재현을 주장하는 창조적인 작가이자 철학가인데, 그녀의 에세이 「메두사의 웃음」(1976)은 여성들로 하여금 그들의 글쓰기에 그들의 '육체들을' 던져 넣기를 요구하는 '여성적 글쓰기'의 유명한 선언서라고 하겠다. 버지니아 울프가 여성의 육체에 대하여 말하고자 하는 갈등을 단념한 반면에, 씨이주는 쏟아져 나오는 여성의 무의식에 대하여 황홀경 속에서 쓰고 있다. "너 자신을 써라. 너의 육체에 귀를 기울여야 한다. 오직 그 때만이 무의식의 광대한 자원들이 솟구쳐 흘러나올 것이다." 여성의 상상력은 무한하고 아름다우며 진실로 해방된 여성 작가는, 그러한 작가가 존재하게 된다면, 이렇게 말할 것이다.

> 나는 … 흘러넘친다. 나의 욕망들은 새로운 욕망을 발명해냈고, 나의 육체는 들리지 않는 노래들을 알고 있다. 계속하여 다시 … 나는 내가 솟구치게 할 수 있었던 – 틀 속에 넣어져 악취 풍기는 돈을 받고 팔 수 있는 것들보다 훨씬 더 아름다운 형태로 솟구치는 – 투명한 격류들로 충만해짐을 느꼈다.

글은 전복적인 사고가 싹틀 수 있는 장소이기 때문에, 팰러스중심적인 전통이 대부분의 경우에 여성들의 목소리를 억압하는 데 성공해왔다는 것은 특히 수치스러운 일이다. 여성은 자신을 검열에서 풀어야 하며, "봉인되어 온 그녀의 소유물들, 그녀의 기관들, 그녀의 거대한 육체적 영역들을" 회복해야 하고 (너무 호색적이거나 또는 너무 불감증인 것에 대한, 너무 모성적이거나 또는 너무 비모성적인 것에 대한) 그녀의 죄의식을 던져 버려야 한다. 그러나 씨이주 이론의 핵심은 이론에 대한 그녀의 거부이다. 즉 여성의 글쓰기는 "언제나 팰러스중심적인 체계를 지배하는 담론을 능가할 것이다"라는 것이다. 언제나 사회는 '대타자' 또는 부정적인 어떠한 위계질서들을 구축할 것이며, 여성적 글쓰기는 '남성적인' 상징적 언어를 전복시키는 동시에 여성을 위한 새로운 정체성들을 창조하며, 나아가 이 새로운 정체성들은 새로운 사회적 제도로 이어질 것이다. 그러나 전략인지 아닌지 모르겠지만 그녀 자신의 저서에는 이론적인 모순이 있다. 담론의 자유로운 유희에 대한 그녀의 관심은 생물학주의를 거부하지만, 그녀의 여성의 육체에 대한 특권화는 그것을 포용하는 것 같다는 것이다. 즉 그녀는 남성/여성의 이분법적 대립을 거부하며 데리다의 '차연'의 원리를 취하지만(예컨대, 「글쓰기의 (책략)이용」("The (R)use of Writing", 1970, 1984 번역)과 같은 제임스 조이스에 관한 그녀의 연구는 비생물학적인 글쓰기의 불안정한 성질을 확인하려는 그녀의 시도를 대변한다), 그러나 그녀는 '여성적 글쓰기'를 아이와 어머니의 몸과의 언어 이전 상태의 유토피아적인 합일 속에서 차이가 폐지되는 라캉의 오이디푸스 이전 단계인 '상상'계와 연관시키고 있다.

'선한 어머니'로의 이러한 해방적인 복귀는 여성적 글쓰기에 대한 씨이주의 시적 비전의 원천이며 그것은 새로운 형태의 섹슈얼리티의 가능성을 열고 있다. 그녀는 버지니아 울프가 지지한 일종의 중립적인 양성애는 반대하지만, 대신에 그녀가 '차이들을 무효화하는 것을 거부하며 차이들을 불러일으키는' 〈다른 양성애〉라고 부르는 것을 옹호한다. 『사라진』에 대한 바르트의 연구(제7장 226-229쪽 참조)가 서술적 양성애의 뛰어난 예이며, 여성적 섹슈얼리티에 대한 씨이주의 설명은 종종 아방가르드 텍스트에 대한 바르트의 설명을 "천 한 개의 작열하는 입구를 지닌 여성의 육체는 … 단일한 판에 박힌 옛 모국어로 하여금 하나 이상의 언어로 반향하게 만든다"고 씨이주는 쓴다. 물론 이것은 '열락'이며 바르트와 크리스테바에서 성적 오르가즘과 다의성의 말의 함축들을 결합한 것이다. 텍스트의 쾌락은, 모든 억압들을 다 버리고, 강렬한 위기(의미의 죽음)에 도달한다. 팰러스중심적 담론의 법칙에 대한 그러한 위반은 여성 작가의 특별한 임무이며, 남성이 지배하는 담론 '내에서' 늘 작용해 왔으며, 그녀는 '그녀 자신을 위해서 내부에 들어갈 수 있는 언어를 발명할' 필요가 있다.

씨이주의 접근은 본질적으로 그리고 전략적으로 공상적이어서 존재하는 언어를 묘사하기보다는 가능한 언어를 상상한다. 그러나 이것은 여성을 오로지 '자궁의 더듬거리며 말하기'에 의해서만 방해를 받는 정치적 및 지적 침묵으로 몰고 가는 위험을 무릅쓴다. 이러한 위험은

버지니아 울프가 본 것과 다소 같은 방식으로 여성 작가들을 아버지와 어머니 사이에 끼어 있다고 보는 크리스테바에 의해 잘 이해된다. 한편으로 작가로서 그들은 불가피하게 "특권적인 아버지-딸 관계와 연관되어 지배, 과학, 철학, 전문직 등을 추구하는 경향을 낳는 팰러스적 지배"와 결탁하게 된다. 다른 한편으로 "침묵의 수면 밑에 있는 육체의 안정에서 도피처를 찾아냄으로써 우리는 역사 속으로의 진입을 포기하며, '팰러스적'으로 여겨지는 모든 것을 피하게 된다."

루스 이리가라이의 『다른 여성의 반사경』(*Spéculum de l'autre femme*, 1974)은 보다 엄격하게 철학적인 견지에서 씨이주와 유사한 생각들을 개진하고 있다. 그녀는 여성에 대한 가부장적인 억압이 여성 섹슈얼리티의 프로이트의 이론과 관련된 부정적인 구성의 유형에 기초하고 있다고 본다. 예컨대, '남근 선망'의 개념은 여성을 남성이 (위태롭게) 소유하고 있는 남근을 결핍한 남성의 '대타자'로 보는 견해에 기초하고 있다. 여성은 남성의 부정적인 거울 이미지를 제외하고는 다른 형태로는 절대로 존재한다고 볼 수 없다. 이러한 의미에서, 여성들은 남성의 응시로는 보이지 않으며 히스테리나 신비주의 속에 일종의 환영적인 존재만을 획득할 수 있을 따름이다. 신비주의자처럼 여성은 개인의 주체적인 존재에 대한 모든 의식을 상실할 수 있으므로 가부장적인 그물을 통하여 빠져나갈 수 있다. 남성들은 시각지향적(그들은 절시증적[scopophilic; 시각을 통해 성적 쾌감을 느끼는 — 역주]이다)인 반면에, 여성들은 촉각을 통해 쾌락을 추구한다. 그러므로 여성의 글쓰기는 유동성 및 촉각과 연관되며, 그 결과 "그녀의 '문체'는 확고히 확정된 모든 형태들, 숫자들, 생각들, 개념들을 거부하고 폭발시킨다." 달리 말해, 이리가라이는 여성들의 성애(eroticism)의 급진적인 '타자성'과 언어 속에서의 그것의 분열적인 활동을 촉진한다. 여성들의 차이 — 그들의 유동성과 다양성 — 에 대한 찬양만이 여성들에 대한 전통적인 서구의 재현을 파열시킬 수 있다.

이러한 '포스트구조주의적' 개념으로부터 나오는 비평적 입장들에 대한 페미니즘 이론의 전개와 유통은 제8장, 제9장, 제10장에서 다루겠다. 그러나 여기서 이러한 종류의 비평들은 '여성'이 하나의 사람이 아니라 하나의 '글쓰기 효과'이며, '여성적 글쓰기'는, 메리 제코부스의 말대로, "텍스트의 섹슈얼리티가 아니라 성의 텍스트성을 주장한다"고 인지하는 경향이 있음을 주지할 필요가 있다. 이러한 종류의 비평들은 글쓰기를 '젠더화'된 것으로 보지 않지만 고정된 의미를 교란시키고자 한다. 또한 이 비평들은 작가의 통제나 비평적 통제를 벗어나 텍스트의 자유로운 유희를 장려하며, 반인본주의적, 반사실주의적, 그리고 반본질주의적이며, 사실상 정치적 · 문화적 및 비평적 해체의 잠재적인 형태를 대변한다. 특별히 문학 연구의 관점에 있어서, 이 비평들은 문학의 정전을 (만약 타파시키지 않는다면) 재평가하고 재형성하며, 일원론적이거나 보편적으로 채택된 이론 체계를 거부하며, 담론 실천의 모든 영역을 공공연히 정치화시킨다. 이들은 유동적, 복합적, 이어적(heteroglossic), 그리고 전복적이며, 그래서 계몽주의 이래로 서구 — 식민주의적 — 문화를 지배해온 '지배' 서술들에 대한 현대의 포스트구조주의적 그리고 포스트모더니즘적 공격의 중심에 위치한다. 우리가 이제 살펴보게 될 것은 바로 이러한 운동들의 기원적인 발달이다.

참고문헌

기본서

Abel, Elizabeth (ed.), *Writing and Sexual Difference* (University of Chicago press, Chicago, 1982; Harvester Wheatsheaf, Hemel Hempstead, 1983).

Barrett, Michèle, *Women's Oppression Today: Problems in Marxist Feminist Analysis* (Verso, London, 1980).

Belsey, Catherine and Moore, Jane (eds), *The Feminist Reader: Essays in Gender and the Politics of Literary Criticism* (2nd edn, Palgrave Macmillan, Basingstoke, 1997).

Cixous, Hélène, 'The Laugh of the Medusa' [1975; revd 1976 version trans. by Keith and Paula Cohen], reprinted in Elaine Marks and Isabelle de Courtivron (eds), below.

Cixous, Hélène, *Writing Differences: Readings from the Seminar of Hélène Cixous*, Susan Sellers (ed.) (Open University Press, Milton Keynes, 1988).

Cixous, Hélène, *The Selected Plays of Hélène Cixous* (Routledge, London, 2003).

Cixous, Hélène, and Mireille Calle-Gruber, *Hélène Cixous, Rootprints: Memory and Life Writing*, commentary by Jacques Derrida (Routledge, London, 1997).

de Beauvoir, Simone, *The Second Sex* [1949], trans. by H. M. Parshley (Bantam, New York, 1961; Penguin, Harmondsworth, 1974).

Eagleton, Mary (ed.), *Feminist Literary Theory: A Reader* (2nd edn, Blackwell, Oxford, 1995).

Ellmann, Mary, *Thinking About Women* (Harcourt Brace Jovanovich, New York, 1968).

Felman, Shoshana (ed.), *Literature and Psychoanalysis* (Johns Hopkins University Press, Baltimore, 1977).

Feminism: Critical Concepts in Literary and Cultural Studies, 4 vols, ed. by Mary Evans (Routledge, London, 2000).

Friedan, Betty, *The Feminine Mystique* (Dell, New York, 1963).

Gallop, Jane, *Feminism and Psychoanalysis: The Daughter's Seduction* (Macmillan, Basingstoke, 1982).

Gilbert, Sandra and Gubar, Susan, *The Madwoman in the Attic: The*

Woman Writer and the Nineteenth Century Literary Imagination (Yale University Press, New Haven, 1979).

Gilbert, Sandra and Gubar, Susan, *No Man's Land: The Place of the Woman Writer in the Twentieth Century* (Yale University Press, New Haven, 1988).

Humm, Maggie, *The Dictionary of Feminist Theory* (Harvester Wheatsheaf, Hemel Hempstead, 1989).

Humm, Maggie (ed.), *Feminisms: A reader* (Harvester Wheatsheaf, Hemel Hempstead, 1992).

Irigaray, Luce, *Speculum of the Other Woman* [1974], trans. by Gillian C. Gill (Cornell University Press, Ithaca, 1985).

Irigaray, Luce, *This Sex Which Is Not One* [1977], trans. by Catherine Porter with Carolyn Burke (Cornell University Press, Ithaca, 1985).

Irigaray, Luce, *The Irigaray Reader*, ed. and intro. by Margaret Whitford (Blackwell, Oxford, 1991).

Jacobus, Mary (ed.), *Women Writing and Writing About Women* (Croom Helm, London, 1979).

Jacobus, Mary, *Reading Woman: Essays in Feminist Criticism* (Methuen, London, 1986).

Jahnson, Barbara, *A World of Difference* (Johns Hopkins University Press, Baltimore, 1987).

Kaplan, Cora, *Sea Changes: Culture and Feminism* (Verso, London, 1986).

Kauffman, Linda S., *American Feminist Thought at Century's End: A Reader* (Basil Blackwell, Oxford, 1993).

Kolodny, Annette, 'Dancing Through the Minefield: Some Observations on the Theory, Practice and Politics of a Feminist Literary

Criticism', *Feminist Studies*, vol. 6 (1980), 1-25.

Kristeva, Julia, *About Chinese Women* [1977], trans. by Anita Barrows (Marion Boyars, New York and London, 1986).

Kristeva, Julia, *Desire in Language: A Semiotic Approach to Literature and Art*, trans. by Thomas Gora, Alice Jardine and Leon S. Roudiez; ed. by Leon. S. Roudiez (Columbia University Press, New York, 1980).

Kristeva, Julia, *Powers of Horror: An Essay on Abjection* (Columbia University Press, New York, 1982).

Kristeva, Julia, *The Kristeva Reader*, ed. by Toril Moi (Basil Blackwell, Oxford, 1986).

Kristeva, Julia, *Strangers to Ourselves*, trans. by Leon S. Roudiez (Columbia University Press, New York, 1991; also pub. by Harvester Wheatsheaf).

Marks, Elaine and de Courtivron, Isabelle (eds), *New French Feminisms: An Anthology* (Harvester Wheatsheaf, Hemel Hempstead, 1981).

(The) Marxist-Feminist Literature Collective, 'Women's Writing: *Jane Eyre, Shirley, Villette, Aurora Leigh*', *Ideology and Consciousness*, 3 (Spring, 1978), 27-48; pp. 27-34 are reprinted in ch. 3 of Peter Brooker and Peter Widdowson (eds), *A Practical Reader* (see Introduction, 'Selected Reading').

Millett, Kate, *Sexual Politics* (Doubleday, New York, 1970).

Mitchell, Juliet, *Psychoanalysis and Feminism* (Penguin, Harmondsworth, 1975).

Mitchell, Juliet, Women: *The Longest Revolution: Essays on Feminism, Literature and Psychoanalysis* (Virago, London, 1984).

Moers, Ellen, *Literary Women* (Anchor Press, Garden City, 1976).

Moi, Toril (ed.), *French Feminist Thought: A Reader* (Basil Blackwell,

Oxford, 1987).

Newton, Judith and Rosenfelt, Deborah (eds), *Feminist Criticism and Social Change: Sex, Class, and Race in Literature* (Methuen, London, 1985).

Riviére, Joan, 'Womanliness as a Masquerade', *International Journal of Psycho-Analysis*, 10 (1929), 303-13.

Rose, Jacqueline and Mitchell, Juliet (eds), *Feminine Sexuality, Jacques Lacan and the École Freudienne* (Macmillan, Basingstoke, 1982).

Saguaro, Shelley (ed.), *Psychoanalysis and Woman* (Palgrave Macmillan, Basingstoke, 2000).

Showalter, Elaine, *A Literature of Their Own* (Princeton University Press, Princeton, NJ, 1977).

Showalter, Elaine (ed.), *Speaking of Gender* (Routledge, London, 1989).

Speader, Dale, *Man Made Language* (Routledge, London, 1980).

Spivak, Gayatri Chakravorty, *In Other Worlds: Essays in Cultural Politics* (Routledge, London, 1987). See also 'Selected Reading' for Chapter 9.

Wittig, Monique, *The Lesbian Body* [1973], trans. by David Le Vay (Peter Owen, London, 1975).

Woolf, Virginia, *A Room of One's Own* (Hogarth Press, London, 1929).

Woolf, Virginia, *Three Guineas* (Hogarth Press, London, 1938).

Woolf, Virginia, *On Women and Writing* [1979], selected and intro. by Michèle Barrett (The Women's Press, London, 2001).

보충자료

Belsey, Catherine, 'Critical Approacher', in Claire Buck (ed.), *Bloomsbury Guide to Women's Literature* (Bloomsbury, London, 1992).

Benstock, Shari, Ferriss, Suzanne and Woods, Susanne, A Handbook of Literary Feminisms (Oxford University Press, New York and Oxford, 2002).

Bronfen, Elisabeth, *Over Her Dead Body: Death, Femininity and the Aesthetic* (Manchester University Press, Manchester, 1992).

Bray, Abigail, *Hélène Cixous: Writing and Sexual Difference* (Palgrave Macmillan, Basingstoke, 2003).

Cavallaro, Dani, 'The Abject', in *The Gothic Vision: Three Centuries of Horror, Terror and Fear* (Continuum, London, 2002), pp. 199-206.

Célestin, Roger, DalMolin, Eliane and de Courtivron, Isabelle (eds), *Beyond French Feminisms: Debates on Women, Culture and Politics in France 1980-2001* (Palgrave Macmillan, Basingstoke, 2003).

Creed, Barbara, *The Monstrous Feminine: Film, Feminism and Psychoanalysis* (Routledge, London, 1993).

Culler, Jonathan, 'Reading as a Woman', in *On Deconstruction: Theory and Criticism after Structuralism* (Routledge, London, 1983).

de Lauretis, Teresa (ed.), *Feminist Studies/Critical Studies* (Indiana University Press, Bloomington, 1986).

Eagleton, Mary, *A Concise Companion to Feminist Theory* (Blackwell, Oxford, 2003).

Ellman, Maud, 'Eliot's Abjection', in John Fletcher and Andrew Benjamin (eds), *Abjection, Melancholia and Love: The Work of Julia Kristeva* (Routledge, London, 1990), pp. 178-98.

Felski, Rita, *Beyond Feminist Aesthetics: Feminist Literature and Social Change* (Hutchinson Radius, London, 1989).

Fullbrook, Edward and Kate, *Simone de Beauvoir: A Critical Introduction* (Polity Press, Cambridge, 2007).

Fuss, Diana, *Essentially Speaking: Feminism, Nature and Difference* (Routledge, London, 1989).

Gallop, Jane, *Around 1981: Academic Feminist Literary Theory* (Routledge, London, 1992).

Gates, Henry Louis, Jr (ed.), *Reading Black: Reading Feminist: A Critical Anthology* (Meridian, New York, 1990).

Gelder, Ken, 'Global/Postcolonial Horror' and 'Postcolonial Voodoo', *Postcolonial Studies*, 3, 1 (May, 2000), 35-8 and 89-98.

Gelder, Ken and Jacobs, Jane M., *Uncanny Australia: Sacredness and Identity in a Postcolonial Nation* (Melbourne University Press, Melbourne, 1998).

Grosz, Elizabeth, *Jacques Lacan: A Feminist Introduction* (Routledge, London, 1990).

Kamuf, Peggy, 'Writing Like a Woman', in Sally McConnell *et al.*, (eds), *Women and Language in Literature and Society* (Praeger Publishers, New York, 1980).

Kenneh, Kadiatu, 'Love, Mourning and Metaphor: Terms of Identity', in Isobel Armstrong (ed.), *New Feminist Discourses: Critical Essays on Theories and Texts* (Routledge, London, 1992).

Kaplan, Cora, 'Feminist Literary Criticism: "New Colours and Shadows"', in *Encyclopaedia of Literature and Criticism*, Martin Coyle, Peter Garside, Malcolm Kelsall and John Peck (eds) (Routledge, London, 1990).

Kaplan, Cora, 'Radical Feminism and Literature: Rethinking Millett's *Sexual Politics*' [1979], reprinted in Mary Eagleton (ed., 1995), (see *Key texts* above).

Lakoff, Robin, *Language and Woman's Place* (Harper & Row, New York, 1975).

Laqueur, Thomas, *Making Sex: Body and Gender from the Greeks to Freud* (Harvard University Press, Cambridge, Mass. and London, 1990).

Lechte, John and Zournazi, Mary (eds), *The Kristeva Critical Reader* (Edinburgh University Press, Edinburgh, 2003).

McAfee, Nölle, *Julia Kristeva* (Routledge, London, 2003).

Miller, Nancy (ed.), *The Poetics of Gender* (Columbia University Press, New York, 1986).

Miller, Nancy, *Getting Personal: Feminist Occasions and Other Autobiographical Acts* (Routledge, London, 1991).

Mills, Sara, *Feminist Stylistics* (Routledge, London, 1995).

Mills, Sara, Pearce, Lynne, Spaull, Sue and Millard, Elaine, *Feminist Readings/Feminists Reading* (Harvester Wheatsheaf, Hemel Hempstead, 1989).

Modleski, Tania, *Feminism Without Women: Culture and Criticism in a 'Postfeminist' Age* (Routledge, London, 1991).

Moi, Toril, *Sexual/Textual Politics: Feminist Literary Theory* [1985] (2nd edn, Routledge, London, 2002).

Moi, Toril, *Feminist Literary Theory and Simone de Beauvoir* (Basil Blackwell, Oxford, 1990).

Moi, Toril, *What Is a Woman? And Other Essays* (Oxford University Press, Oxford, 2002).

Newman, Judie, 'Postcolonial Gothic: Ruth Prawer Jhabvala and the Sobhraj Case', in Fred Botting (ed.), *Gothic: Critical Concepts in Literary and Cultural Studies* (Routledge, London, 2004), pp. 293-307.

Oliver, Kelly, *Reading Kristeva: Unraveling the Double-Bind* (Indiana University Press, Bloomington, 1993).

Punter, David, *Postcolonial Imaginings: Fictions of a New World Order* (Edinburgh University Press, Edinburgh, 2000).

Robbins, Ruth, *Literary Feminisms* (Palgrave Macmillan, Basingstoke, 2000).

Rose, Jacqueline, *Sexuality in the Field of Vision* (Verso, London, 1986).

Sarup, Madan, *Identity, Culture and the Postmodern World* (Edinburgh University Press, Edinburgh, 1996).

Sellers, Susan (ed.), *Feminist Criticism: Theory and Practice* (Harvester Wheatsheaf, Hemel Hempstead, 1991).

Sellers, Susan, *Hélène Cixous: Authorship, Autobiography and Love* (Polity Press, Cambridge, 1996).

Taylor, Jonathan, Smith, Andrew and Hughes, William (eds), *Empire and the Gothic: The Politics of Genre* (Palgrave Macmillan, Basingstoke, 2003).

Tidd, Ursula, *Simone de Beauvoir* (Routledge, London, 2003).

Turcotte, Gerry, 'Sexual Gothic: Marian Engel's Bear and Elizabeth Jolley's The Well', in *ARIEL: A Review of International English Literature*, 26, 2 (1995), 65-91.

Waugh, Patricia, *Feminine Fictions: Revisiting the Modern* (Routledge, London, 1989).

Weedon, Chris, *Feminist Practice and Poststructuralist Theory* (2nd edn, Blackwell, Oxford, 1996).

Weedon, Chris, *Feminism, Theory and the Politics of Difference* (Blackwell, Oxford, 1999).

Whitford, Margaret, *Luce Irigaray: Philosophy in the Feminine* (Routledge London, 1991).

7 포스트구조주의 이론

60년대 후반 어느 시점에서 구조주의는 '포스트구조주의'를 탄생시켰다. 일부 논평자들은 후기의 발전은 이미 전기의 양상 속에 내재해 있었다고 믿고 있다. 그렇다면 포스트구조주의는 구조주의의 함축된 의미를 좀 더 완전하게 풀어내는 작업이라고 단순히 말할 수도 있을 것이다. 그러나 이러한 계통적 서술이 아주 만족스러운 것은 아니다. 왜냐하면 포스트구조주의가 구조주의의 과학적인 자부심을 위축시키고자 노력하고 있다는 것은 명백하기 때문이다. 만일 구조주의가 영웅적으로 인위적인 기호세계를 지배하려는 욕망을 품었다면, 포스트구조주의는 희극적이고도 반영웅적으로 그러한 주장을 진지하게 받아들이기를 거부한다. 그러나 포스트구조주의의 구조주의에 대한 조롱은 거의 자기 조롱에 가깝다. 왜냐하면 포스트구조주의자들은 갑작스럽게 자신들의 방식의 잘못을 발견하게 된 구조주의자들이기 때문이다.

소쉬르의 언어이론에서 이미 포스트구조주의적인 반대운동의 단초를 찾아볼 수 있다. 우리가 살펴본 바와 같이, 랑그는 말하기나 글쓰기의 개별적인 경우인 파롤을 지탱하는 구조로 작용하는 체계적인 언어양상이다. 기호는 또한 두 부분으로 구성된다. 기표와 기의는 동전의 양면과 같다. 그러나 소쉬르는 또한 기표와 기의 사이의 필연적인 관계가 전혀 없다는 것을 지적한다. 언어는 때때로 두 개의 개념들(기의들)에 어휘(기표)가 하나일 경우도 있다. 예를 들면, 영어 단어 'sheep'은 양이라는 동물을 가리키고 'mutton'은 그 고기를 뜻한다. 그러나 프랑스어에서는 한 단어로('mouton') 두 가지 기의들을 모두 표현한다. 이것은 마치 다양한 언어들이 한편으로는 사물들과 이념들의 세계를 다른 개념(기의)들로 조각하고, 다른 한편으로는 다른 단어들(기표)로 구성하는 것과 같다. 소쉬르가 설명하듯이, "하나의 언어체계는 일련의 이념의 차이들과 결합된 일군의 소리의 차이들이다." 기표 'hot'은 'hat', 'hit', 'hop', 'hog', 'lot' 등과 〈다르기〉 때문에 기호의 한 부분으로서 작용할 수 있다. 이러한 '차이들'은 다른 기의들과 연계를 맺을 수 있는 것이다. 소쉬르는 다음의 유명한 발언으로 결론을 맺는다. "언어에는 〈적극적인 관계들 없이〉 오직 차이들만이 있을 뿐이다." 그러나 우리가 잘못된 결론을 서둘러 내리기 전에 소쉬르는 즉각, 이 말이 우리가 기표와 기의를 분리해서 생각할 경우에만 해당된다고 덧붙인다. 소쉬르가 우리에게 하나의 기의는 그 자체만의 기표를 찾아 그것과 〈적극적인 단위〉(positive unit)를 만들어내려는 자연스러운 경향이 있다는 것을 확신시켜 준다. 소쉬르가 의미화 과정에서 어느 정도의 안정성이 있다고 주장하는 것은 '프로이트 이전적인' 사고방식이다. 왜냐하면 기표/기의 관계가 자의적이기는 하지만, 실제로 말하는 사람들은 특정 기표들이 특정 개념들과 안전하게 연계되는 것을 요구하므로, 그들은 기표와 기의가 하나의 통합된 전체를 형성하고 어떤 의미의 정체성을 보존하고 있다고 가정하기 때문이다.

포스트구조주의 사상이 발견한 것은 의미화 과정이 본질적으로 〈불안정한〉 속성을 가지고 있다는 것이다. 기호는 양면을 가진 하나의 단위라기보다는 움직이는 두 층위 사이에 존재하는 순간적인 '고정물'이다. 소쉬르는 기표와 기의가 분리된 두 체계라는 것은 인식했으나, 그 두 체계가 함께 만났을 때 의미 단위들이 얼마나 불안정할 수 있는가를 이해하지 못했다. 소쉬르는 언어가 물리적 현실과 독립된 하나의 총체적 체계라고 설정한 후, 비록 기호를 두 부분으로 분리시킨 것이 기호의 일관성을 없애고자 함에도 불구하고, 그는 기호의 일관성에 관한 감각을 보유하고자 노력했다. 포스트구조주의자들은 다양한 방법으로 기호의 두 부분들을 억지로 분리시켜 놓았다.

기호의 통일성이 한 단어(기표)의 의미(기의)를 찾기 위해서 사전을 펼 때마다 분명히 확인될 수 있느냐고 우리는 물을 수 있다. 사실 사전은 의미 확정의 기혹한 지연만을 확인해 줄 뿐이다. 왜냐하면 우리는 하나의 기표에서 여러 가지 기의를 찾을 뿐 아니라('crib'은 여물통, 어린이 침대, 오두막, 직업, 광산의 판벽, 표절, 문자적 직역, 카드놀이에서 버린 패를 의미한다). 각각의 기의들도 사전에서 그 나름대로의 일련의 기의들('bed'는 잠자리, 화단, 굴의 양식장, 하천 바닥, 지층을 의미한다)을 가진 것으로 추적될 수 있는 또 다른 기표가 되기 때문이다. 그 과정은 끊임없이 계속되는데 마치 기표들은 카멜레온의 생존 방식처럼 각각의 새로운 맥락과 더불어 그들의 색채를 변화시킨다. 포스트구조주의의 대부분의 에너지는, 기표가 다른 기표들과 더불어 의미의 고리와 역류를 형성하고 기의의 질서 정연한 요구를 거부하는 기표의 집요한 활동을 추적하는 데 투입되었다.

구조주의자들은 우리가 4장에서 이미 살펴보았듯이 언어가 선재(先在)하는 실재를 반영하거나 인간의 의도를 표현하기 위한 도구라는 생각에 도전한다. 구조주의자들은 '주체들'(subject)이 '언제나 이미'(always already) 제자리를 차지하고 있는 언어 구조들에 의해 생산된다고 믿는다. 주체의 발화는 구조주의 분석의 진정한 대상인 랑그가 지배하는 파롤의 영역에 속한다. 의사소통에 대한 이러한 체계적인 견해는 개인들이 타자들이나 사회와 관계를 맺게 되는 모든 주관적인 과정들을 배제한다. 구조주의를 비판하는 포스트구조주의자들은 '말하는 주체' 또는 '과정 속의 주체'의 개념을 도입한다. 그들은 언어를 하나의 몰개성적인 체계로 보는 대신 언어가 다른 체계들 그리고 특히 주관적인 과정들과 언제나 접합되어 있는 것으로 간주한다. 사용 중인 언어라는 개념은 '담론'이란 용어 속에 요약되어 있다.

바흐친학파는(2장 참조) 아마도 소쉬르적인 언어 개념을 거부한 최초의 현대 문학 이론가들일 것이다. 그들은 언어의 모든 사용 예들이 사회적 맥락 속에서 고려되어야 한다고 주장했다. 모든 발화는 잠재적으로 하나의 투쟁의 장이다. 왜냐하면 사회적 공간 속에 들어온 모든 단어는 하나의 대화를 암시하며 따라서 이론(異論)의 여지가 있는 해석을 의미하기 때문이다. 기표와 기의 사이의 관계는 언제나 간섭과 갈등으로 얼룩져 있다. 언어는 사회생활과 명쾌하게 분리될 수 없다. 왜냐하면 언어는 인간적 투쟁과 상호작용의 끊임없는 과정들로부터 생겨나는 의미에 의해 오염되고 상호 교직되고 불투명하게 채색되기 때문이다.

후에 이와 유사한 운동이 언어 사상에서 생겨났다. 서사(histoire, narrative)와 담론(discours, discourse)을 놀랍게도 구분한 에밀 방브니스트는 언어의 비주체화된 영역이라는 개념을 보존하려고 노력했다. 방브니스트는 (프랑스 소설에서 '과거 역사적' 내지 '부정(不定) 과거 시제'의 사용에서 특징적으로 나타나는) 서술적인 언어 사용은 화자의 간섭이 전적으로 결여되어 있다고 주장했다. 이 주장은 사용 중인 언어는 모두 '대화적'이라는 바흐친의 신념을 부정하는 것처럼 보인다. '나-당신'의 차원은 주관적 중재 없이 그 자체를 서술하는 것처럼 보이는 순수한 서사 속에서 배제되어 있다. 소설 속에 내장된 대화들은 그 자체로 명백한 주관적 기원이 없는 서사의 권위에 의해 도입되고 사용된다. 캐서린 벨지가 지적하듯이, "고전적 리얼리즘은 저자와 독자가 공유하는 의미들(기이하게도 그 의미들의 기원은 담론 외적인 것에서 연유된다)의 주체가 되는 하나의 모델을 제안한다"(『비평적 실천』(*Critical Practice*, 1980)). 제라드 쥬네트(4장 106-108쪽 참고)와 다른 많은 사람들에 의해 증명되고 있듯이, 서사/담론의 구별은 이론적으로 빈틈이 있다. 조지 엘리엇의 소설 『미들마치』의 첫 장의 첫 문장을 살펴보자. "부룩양에게는 초라한 의상에 의해 돋보이는 것처럼 보이는 그런 종류의 아름다움이 있었다." 서사의 측면에서 우리는 부룩양이 어떤 종류의 아름다움을 가졌다는 말을 듣고 있으며 그 문장의 몰개성적인 구문은 그 문장에 객관성과 진리를 부여하는 것처럼 보인다. 그러나 '그런 종류'라는 표현은 즉시 '담론적' 측면을 끌어들인다. 그 표현은 독자들이 인식하고 확인할 것이라고 기대되는 어떤 것을 지시하기 때문이다. 롤랑 바르트라면 조지 엘리엇이 여기에서 '문화적 약호'(바르트 부분 참조)를 사용하고 있다고 말했을 것이다. 이것은 저자가 특수한 문화적인 가설을 보증하고 있을 뿐만 아니라 저자와 독자 사이의 '나-당신' 관계가 환기되고 있다는 사실을 강조한다. 포스트구조주의자들은 서술이 담론적 측면을 결코 피할 수 없다는 사실에 동의할 것이다. "단지 담론만 존재할 뿐이다"는 슬로건은 엄밀한 설명을 필요로 하지만, 그것은 이 장의 요점을 효과적으로 요약해 준다.

포스트구조주의적 사고는 종종 경험주의(empiricism: 영국에서 적어도 17세기 중엽 이후로 계속 지배적인 철학 양식)를 비판하는 형식을 취한다. 경험주의 사상은 주체를 모든 지식의 원천으로 간주했다. 즉 인간의 마음은 외부로부터 인상을 받아들여서, 그것을 걸러내어 세상의 지식으로 조직하게 되는데, 그 세상 지식은 외견상 투명한 언어매체로 표현된다. '주체'는 '객체'(object)를 파악하고 그것을 말로 표현한다. 이 모델은 주체와 객체를 분리된 영역들로 나누기를 거부하는 '담론 형성'(discursive formation) 이론에 의해 도전을 받아 왔다. 지식은 언제나 주체의 경험에 선행하는 담론들로부터 형성된다. 심지어는 주체 자체조차도 자율적이거나 통합된 정체성이 아니고, 언제나 '과정 중에' 있다(뒤에 크리스테바와 라캉 부분 참조). 과학의 역사와 철학에서도 유사한 변이가 있었다. T. S. 쿤(3장 77쪽 참조)과 폴 화이레아벤트는 과학에서 지식이 지속적으로 진전된다는 신념에 도전했고, 과학이 하나의 담론적 형성(또는 '패러다임')에서 또 다른 담론적 형성으로의 〈불연속적인〉 운동 속에서, 즉 일련의 도약과 간극들 속에서 '진전한다'는 것을 보여주었다. 개별적인 과학자들은 텅 비어있는 감각들(과 기술적으로 확장된 감각들)의 거울을 통해 객체를 이해하는 주체들이 아니다. 그들은 자신들의 사회와 문화의 관계 속에서 역사적으로 위치하고 있는 특정한 과학적 담론들의 개념적인 한계 내에서 그들의 연구를 수행하고 상세히 기록한다.

미셸 푸코(267-271쪽 참조)의 저작은 몇 걸음 더 나아가서 종종 과학의 이름으로 제도권들이 미친 사람들, 병자들, 범죄자들, 가난한 사람들과 비정상적인 사람들을 정의 내리고 배제함으로써 권력과 지배를 수행할 수 있게 했던 담론적 형성에 대한 지도를 그렸다. 푸코에게는 담론이란 언제나 권력과 분리될 수 없다. 왜냐하면 담론은 모든 제도권이 지배하고 질서를 부여할 때 사용하는 매체이기 때문이다. 담론이 말할 수 있는 것은 무엇인가, '진리'의 기준은 무엇인가, 권위있게 말할 수 있는 자는 누구인가, 그러한 담화가 가능한 곳은 어디인가를 결정한다. 예를 들어 영문학의 학위를 취득하기 위해서 우리는 인가받은 교육 기관에 다니거나 아니면 통신 교육을 받아야 한다. 그 교육 기관의 인정받은 교사들만이 학과목들의 공부 방식을 결정하도록 권리를 위임받는다. 주어진 기간 내에 어떤 특정한 종류의 말하기와 글쓰기만이 유효하다고 인정된다. 푸코를 비판하는 마르크스주의자들은 푸코의 담론 형성 이론이 부당하게 비관적이라고 비판하고, 지배 담론에 저항하고 그것들을 전복시킬 가능성을 좀 더 즉각적으로 허용하는 이데올로기 형성체로서의 담론을 이론화할 것을 제안하였다(다음의 "신역사주의와 문화 유물론" 부분 참조).

루이 알튀세는(5장 참조)는 「이데올로기와 이데올로기적 국가 기구들」("Ideology and Ideological State Apparatues", 1969)에서 담론 이론에 중요한 기여를 하였다. 우리는 우리로 하여금 모두 사회 구조 속에서 일정한 입장을 취하도록 소환하는 이데올로기의 '주체들'이라고 알튀세는 주장한다. 이러한 소환은(또는 '호명'(interpellation)) '국가 기구들'(종교적, 법적, 교육적 등등)과 물적으로 연계된 담론 형성물들을 통해 작동한다. 이데올로기가 유도하는 '상상계적'(imaginary) 의식은 개인들이 자신들의 '진정한 존재 상태'와 관련시키는 방식을 우리에게 제공해 준다. 그러나 그것은 단지 분열되지 않은 조화로운 '이미지'일 뿐이므로, 사실상 개인들과 사회 구조 사이의 실제적인 관계들을 억압한다. 알튀세는 '담론'을 '이데올로기'로 번역하고 지배-종속 모델을 도입함으로써 그 이론에 정치적인 의미를 부여하고 있다. 자신의 이론을 위해 알튀세는 실체가 있고 통합된 주체성(어린 시절의 오이디푸스 이전 단계는 '상상계'적 단계로부터 파생된 환상)에 대한 인간주의적 개념에 의문을 제기하는 자크 라캉(라캉 부분 참조)의 정신분석학적인 용어를 채택하고 있다. 그러나 주체 형성에 대한 알튀세의 모형은 좀더 정태적이다. 라캉은 주체를 '자아'(ego)의 의식적인 생활과 '욕망'의 무의식적인 생활 사이에서 분열되어 있는 영속적으로 불안정한 실체라고 생각한다. 콜린 맥케이브는 호명에 대하여 좀 더 라캉적인 모형을 그리는 것이 가능하다고 제시한 바 있다.

> 타자의 위치에서 주체의 분열을 마르크스적으로 읽는 것은 복합적인 담론 형성물들에 의해 그 또는 그녀를 위해 만들어진 위치에 대한 개인적인 가설을 이론화하고, 이러한 위치들은 언어와 욕망의 장에서 그들의 구성적인 불안정에 의해 끊임없이 위협받고 침식당할 것이라고 주장하게 될 것이다. (맥케이브 「담론에 관하여」("On Discourse"), 1981)

주체성과 관련하여 이데올로기적인 담론들의 작동에 대하여 좀 더 정교한 설명을 제공하는 데 어느 정도 도움을 준 미셸 페쉐의 저작은, 이데올로기들의 담론적 힘에 대한 저항의 가능성을 비관적으로 생각한 푸코를 문화 유물론(Cultural Materialism)의 주장들이 반격하는 "신역사주의" 부분에서 논의 될 것이다.

롤랑 바르트

바르트(또한 4장 97-100쪽 참조)는 의심할 바 없이 1960년대와 1970년대의 프랑스 이론가들 중에서 가장 재미있고 재치 있고 과감하였다. 바르트의 경력을 보면 여러 번의 전환을 시도 했으나 그의 중심 주제는 변하지 않았다. 즉 모든 재현 형태의 관습성이 바로 그것이다. 그는 (초기의 한 에세이에서) 문학을 "사물들의 의미가 아니라 사물들의 의미화에 관한 메시지('의미화'(signification)란 의미 자체가 아니라 의미를 생성해내는 과정을 말한다)"라고 정의 내린다. 바르트는 '시적인' 것을 "메시지에 대한 장치"라고 말한 로만 야콥슨의 정의를 상기시키고 있으나, 그는 작업이 진행되면서 점점 더 예측이 불가능해 보이는 의미화의 〈과정〉을 강조한다. 한 작가가 범할 수 있는 최악의 죄는 언어가 독자들이 확고하고 통합된 '진리'나 '실재'를 이해하게 만드는 자연스럽고 투명한 매체라고 가정하는 것이다. 우쭐한 작가는 모든 글쓰기의 책략을 인식하고 계속해서 그것과 유희를 한다. 바르트가 가장 증오하는 부르주아 이데올로기는 독서는 자연스러운 것이고 언어는 투명하다는 문제 많은 견해를 조장한다. 부르주아 이데올로기는 기표를 기의의 온건한 동반자로서 간주할 것을 고집하여, 결국 위압적인 방식으로 모든 담론을 억압하여 하나의 의미로 만든다. 아방가르드 작가들은 언어의 무의식이 표면 위로 떠오르는 것을 허용한다. 그들은 기표들이 마음내키는 대로 의미를 창출하여 기의의 검열과 하나의 의미에 대한 기의의 억압적인 고집을 약화시키는 것을 허용한다.

만약 바르트에게서 포스트구조주의적인 양상을 찾는다면, 그것은 그가 과학적 열망을 포기한다는 점이다. 『기호학의 요소들』(*Elements of Semiology*, 1967)에서 바르트는 구조주의적 방법인 인간문화의 모든 부호 체계들을 설명할 수 있다고 믿었다. 그러나 바로 같은 텍스트에서 바르트는 구조주의적 담론 자체가 설명의 대상이 될 수 있다는 것을 인정했다. 기호학적 탐색자는 자신의 언어를 '제1의 질서'인 대상-언어에 대해 당당하게 작동하는 하나의 '제2의 질서'인 담론으로 간주한다. 제2의 질서 언어는 메타언어(metalanuage)로 불린다. 모든 메타 언어는 제1의 언어질서 위치에 놓일 수 있고 또 다른 메타 언어에 의해 심문을 받을 수 있다는 것을 인식한 바르트는 모든 메타 언어들의 권위를 무너뜨리는 무한한 퇴행('아포리아')을 감지했다. 이것은 우리가 비평가로서 읽을 때, 담론 밖으로 결코 한 발자국도 나아갈 수 없고 그 후로 계속되는 확고한 심문적 독서의 입장을 결코 채택할 수 없다는 것을 의미한다. 비평적 해석들을 포함하여 모든 담론들은 똑같이 〈허구적〉이다. 반면에 아무 것도 진리의 자리에서 서로 분리되어 존재하지 않는다.

소위 바르트의 포스트구조주의적 시기를 가장 대표적으로 보여주는 것은 그이 짧은 에세이 「저자의 죽음」("The Death of the Author", 1968)이다. 바르트는 저자가 의미의 원천인 텍스트의 기원이며 해석의 유일한 권위를 갖는다는 전통적인 견해를 거부한다. 이 말은 처음에는 그 역사적 · 전기적 배경으로부터 문학 작품이 독립(자율성)한다는 이미 잘 알려진 신비평적인 교리를 다시 진술하는 것처럼 들린다. 신비평가들은 하나의 텍스트의 통일성은 저자의 의도가 아니라 그 구조 속에 들어 있다고 믿었다. ('의도의 오류'에 관한 논의는 1장 29-31쪽 참조). 그러나 이러한 가지 충족적인 통일성은 그 저자와 내밀한 연관 관계를 가진다. 왜냐하면 신비평가들의 견해로는 이 통일성은 세계에 대한 저자의 직관들과 부합되는 복잡한 언어적 연출('언어적 도상'(verbal icon))을 제시하기 때문이다. 바르트의 공식은 그러한 인간주의적 개념들을 아주 극단적으로 거부한다. 바르트의 저자는 모든 형이상학적 지위를 빼앗기고 그 무한한 인용, 반복, 반향 그리고 지시의 창고인 언어가 교차하고 재교차하는 위치(십자로)로 전락하였다. 따라서 독자는 텍스트에 들어갈 때 자유롭게 아무 데서나

들어간다. 그것은 정확한 길이 없기 때문이다. 저자의 죽음은 개인적인 발화들(파롤들)을 몰개성적인 체계들(랑그들)의 산물로 취급하는 구조주의 안에 이미 내재해 있다. 바르트에서 새로운 것은 독자들이 기의를 고려하지 않고 텍스트의 의미부여 과정을 자유롭게 개방하고 폐쇄한다는 생각이다. 독자들은 텍스트에서 자유롭게 즐거움을 취하고, 기표가 기의의 손아귀를 벗어나 실수하고 미끄러질 때, 그 기표의 협곡을 마음대로 자유롭게 따라간다. 독자들은 또한 언어라는 제국의 현장이지만, 자유롭게 텍스트를 의미의 체계들과 연계시키고 저자의 '의도'를 무시한다. 데니스 포터의 『블랙아이즈』(*Blackeyes*, 1987)에서 중심 인물은 관찰자의 깊은 응시의 표지를 기다리는 부호의 개방성을 가진 사진 모델이다. 블랙아이즈는 "수동적인 것의 육감성을 표현한다. 그녀의 완벽한 계란형 얼굴은 남성의 욕망이 투사될 수 있는 하나의 빈 공간이었다. 그녀의 빛나는 커다란 흑옥 같은 눈은 아무 말도 하지 않았으며 또 그런 식으로 모든 것을 말했다. 그녀는 유연했다. 그녀는 그 어느 자태로나 그 어느 말로든지 반복해서 감탄적인 소망으로 창조되기 위해 거기에 존재했다." 그녀는 완전히 독자의 즐거움에 좌우되는 포스트구조주의적인 텍스트이다. (이보다 앞선 관찰자의 묘사에 이용될 수 있는 '자유로운' 등장 인물들의 다른 예들은 – 그 인물들이 모두 여성이라는 점에 유념하라 – 다음과 같다. 로렌스 스턴이 자신의 인물 묘사 대신에 독자가 이 세상에서 가장 '욕정적인' 여성에 대하여 그들 자신의 이상적인 묘사로 채우도록 아무것도 써 있지 않은 텅 빈 페이지를 남겨 놓은 소설 『트리스트램 섄디』의 미망인 위드맨 여사, 항상 예속을 강요하는 남성의 시선에 의해 만들어진 이미지들로 구성된 것으로 종종 간주되는 하디 소설의 테스 그리고 저자 자신도 알 수 없는 '수수께끼'라고 생각하는 존 파울즈의 소설 『프랑스 중위의 여자』에 나오는 사라 우드러프이다.)

『텍스트의 즐거움』(*The Pleasure of the Text*, 1973)에서 바르트는 독자의 이러한 무절제한 방종에 천착한다. 바르트는 '즐거움'의 두 가지 의미를 구별하면서 논의를 시작한다.

즐거움(Pleasure)

'기쁨'(Pleasure) 　　　　　　　　　　'열락'(bliss)

즐거움 안에는 '열락'(또는 황홀(jouissance)에는 오르가즘적 의미가 함축되어 있다)과 그것의 희석된 형태인 '기쁨'이 있다. 텍스트의 총체적인 기쁨은 단일한 투명한 의미를 〈초월하는〉 모든 것을 가리킨다. 독서를 할 때 우리는 하나의 연계 관계, 하나의 반향 또는 하나의 참조를 본다. 그리고 텍스트의 이러한 단순하고 선형적인 흐름의 분열은 기쁨을 준다. 즐거움은 두 표면 사이의 〈접합〉의 산물(솔기, 잘못 또는 결점)과 관련된다. 왜냐하면 발가벗은 육체가 옷을 만나는 곳이 관능적인 기쁨의 중심이기 때문이다. 텍스트 안에서 그 효과는 비정통적이거나 그릇된 어떤 것을 발가벗은 언어와 연계시키는 것이다. 사실주의적인 소설을 읽을 때, 우리는 자신의 주의를 방황하게 내버려 두거나 도망침으로써 또 다른 '기쁨'을 창조해낸다. "위대한 서술들에서 기쁨을 창조해내는 것은 읽혀지는 것과 읽혀지지 않는 것 사이에서 생기는 바로 그 리듬이기 때문이다." 이것은 특히 관능적인 글을 읽을 때 그러하다(물론 바르트는 포르노그라피가 열락의 텍스트들을 가지지 못하는데, 그 이유는 포르노그라피가 우리에게 궁극적 사실을 주기 위해 지나치게 노력하기 때문이라고 주장한다). 좀 더 제약적인 기쁨의 독서는 문화적 습관에 부합하는 편안한 실천이다. 열락의 텍스트는 "독자의 역사적, 문화적, 심리적 가설들을 흔들어 놓으며 … 언어와 독자의 관계에 어떤 위기를 불러온다." 그러한 텍스트는 분명 시장 경제에서 요구되는 일종의 쉽게 누려진 기쁨과 부합되지 않는다. 사실 바르트는 '열락'이 권태와 아주 근접해 있다고 생각한다. 왜냐하면 만일 독자들이 문화적 가성들의 황홀한 붕괴에 저항한다면, 그들은 모더니스트 텍스트에서 필연적으로 권태만을 발견하게 될 것이기 때문이다. 조이스의 소설 『피네간의 경야』에 대해 열락을 느끼는 독자들이 얼마나 있었던가?

바르트의 『S/Z』(*S/Z*, 1970)는 감명 깊은 포스트구조주의적 작업이다. 바르트는 "하나의 단일한 구조 속에서 … 세상의 모든 이야기들을 보려고" 노력하는 구조주의적 서술학자들의 헛된 야망들을 암시하면서 글을 시작한다. 〈그〉 구조를 찾아내려는 시도는 헛된 것이다. 왜냐하면 각 텍스트는 '차이'가 있기 때문이다. 이러한 차이는 일종의 유일무이성이 아니라 텍스트성 자체의 결과이다. 각 텍스트는 '이미 쓰인 것들'의 무한한 바다를 다른 방식으로 다시 지시한다. 어떤 글쓰기는 특수한 의미와 지시를 주장함으로써 텍스트와 이렇게 '이미 쓰인 것'을 독자가 자유롭게 다시 연결시키는 것을 포기하게 만들려고 애쓴다. 사실주의 소설은 제한된 의미를 가진 '닫혀진' 텍스트를 제공한다. 다른 텍스트들은 독자가 의미를 〈생산〉하도록 격려한다. 글을 읽는 '나'는 '그 자체가 이미 다른 텍스트들의 다원성'이며, 읽히는 것을 이러한 다원성과 연계를 가지게 함으로써 의미를 생산해낼 수 있는 최대한의 자유가 아방가르드 텍스트에 의해 허용된다. 첫 번째 유형의 텍스트는 독자가 단지 고정된 의미의 소비자가 되는 것을 허용할 뿐이나, 반면에 두 번째 유형의 텍스트는 독자를 생산자로 만든다. 첫 번째 유형은 '읽을 수 있는'(lisible) 텍스트, 두 번째 유형은 '쓸 수 있는'(scriptible) 텍스트로 불리운다. 첫 번째 유형은 읽히도록 (소비되도록) 만들어지고, 두 번째 유형은 쓰이도록 (생산되도록) 만들어진다. 쓸 수 있는 텍스트는 비록 그것에 대한 바르트의 설명이 모더니즘의 텍스트를 암시하고 있지만, 이론 속에서만 존재한다. "이러한 이상적인 텍스트는 기의들의 구조가 아니라 기표들의 화려한 모임이다. 그것은 시작이 없다 … 우리는 여러 개의 입구를 통해 그것에 접근한다. 이 입구들 중 그 어느 것도 권위적으로 정문이라고 선언될 수 없다. 이 텍스트가 동원하는 약호들은 눈이 닿는 곳까지 확장된다."

'약호들'(codes)이란 무엇인가? 위의 인용문으로 분명히 알 수 있듯이, 약호들은 우리가 예상할 수 있는 의미의 구조주의적 체계들은 아니다. 텍스트에 적용하기 위해 선택된 체계가 무엇이든지 간에(마르크스주의, 형식주의, 구조주의, 정신분석주의), 우리는 하나 이상의 텍스트가 지니고 있는 실질적으로 무한히 많은 '목소리들'을 활성화시킬 수 있을 뿐이다. 독자는 다른 견해들을 채택하기 때문에 텍스트의 의미는 내재적인 통일성이 전혀 없는 수많은 파편들 속에서 생산된다. 『S/Z』는 발자크의 소설인 『사라진』(*Sarrasine*)을 읽은 것이다. 바르트는 이 소설을 561개의 읽기 단위들(lexias)로 나누었다. 읽기 단위들은 다섯 개의 약호들의 그물망을 통해 연계적으로 읽힌다.

해석학적(Hermeneutic)
의미적(Semic)
상징적(Symbolic)
행위적 또는 서술적(Proairetic)
문화적(Cultural)

해석학적 약호는 담론이 시작될 때마다 생겨나는 〈수수께끼〉와 관련이 있다. 이것은 누구에 관한 것인가? 무엇이 일어나고 있는가? 장애물은 무엇인가? 누가 살인 행위를 범했는가? 주인공의 목적이 어떻게 이루어질 것인가? 탐정 소설은 종종 '추리 소설'(whodunit)로 불려지고, 따라서 이 장르에 대한 수수께끼의 특별한 중요성이 주의를 기울인다. 『사라진』에서 수수께끼는 라 잠비넬라의 주의를 둘러싸고 있다. "그녀는 누구인가?"라는 질문에 대한 최종적인 답변이 나오기 전에 ('그녀는' 여장을 한 카스트라토(소년기에 거세당한 가수)이다), 담론은 답변이 계속 지연되면서 장황하게 된다. '그녀'는 '여성'(유혹)이며 '본성을 벗어난 사람'(애매모호성)이고, '아무도 모르는'(꽉 막힌 답변) 사람이다. '의미적' 약호는 성격 묘사나 일반 묘사 속에서 종종 환기되는 함축된 의미와 관계된다. 예를 들어 라 잠비넬라에 대한 초기의 설명은 '여성성'과 '부'(富)와 '유령성'이라는 의미소를 부각시킨다. 상징적 약호는 다가성과 '전도성'을 허용하는 대칭성과 반명제들과 관련을 맺는다. 그것은 사람들이 들어갈 수 있는 성적이며 정신분석적인 관계 양식을 만들어 명시해 준다. 예를 들어 우리가 사라진에게 소개되었을 때, 그는 '아버지와 아들'의 상징적인 관계 속에서 제시된다("그는 법률가의 외아들이었다 …"). 어머니의 부재는 (그녀는 언급되고 있지 않다) 의미심장하다. 그리고 아들이 예술가가 되고자 결심할 때 그는 더 이상 아버지의 '총애'를 받지 못하고 '저주'를 받는다(상징적 반명제). 서술의 이러한 상징적 약호화는 후에 우리가 어머니가 없는 자리에 들어와서 아버지와 아들 사이의 화해를 가져오는 따뜻한 마음의 소유자인 조각가 부사르동에 관해 읽게 될 때 발전된다. 행위적 약호는 (또는 행동의 약호는) 행동과 행태의 기본적인 연계 논리와 관련이 있다. 바르트는 이야기 단위 95와 101 사이에서 그러한 연계에 주목한다. 즉 서술자의 여자 친구는 늙은 카스트라토를 만지면서 식은땀을 흘리며 갑자기 소리를 지른다. 그의 친척들이 놀란 듯한 반응을 보일 때, 그 여자 친구는 두려움에 옆방으로 들어가 침대에 몸을 던지는 것이다. 바르트는 이 연계를 '접촉하기'라는 약호화된 행동의 5단계로 나누고 있다. (1) 만지기, (2) 반응, (3) 일반적인 반응, (4) 달아나기, (5) 숨기. 이 5단계는 무의식적으로 그 약호를 작동하는 독자가 '자연스럽다거나' 또는 '사실주의적인' 것으로 인식하는 연계를 형성한다. 마지막으로 문화적 약호는 사회에 의해 생산된 '지식'의 공동 보고(신체적, 의학적, 심리적, 문학적 등등)에 대한 모든 지시를 포용한다. 사라진은 "미래의 재능이 젊음의 열정과 투쟁하는 그러한 작품들 중 하나 속에서"(단위 174) 처음으로 그의 천재성을 보여 준다. '그러한 작품들 중 하나'는 이 '약호'에 신호를 보내기 위한 규칙적인 공식이다(조지 엘리엇과 관련하여 219쪽 참조). 바르트는 이중적인 문화적 참조, 즉 '나이의 약호와 예술의 약호(훈련으로서의 재능, 열정으로서의 젊음)'을 교묘하게 지적한다.

바르트는 왜 열락의 아방가르드 텍스트가 아닌 사실주의적인 소설을 선택하여 연구하였는가? 담론을 재단하고 약호들의 악보를 통하여 담론들의 의미들을 확산시킴으로써 그는 텍스트가 사실주의 이야기로서 지닌 고전적인 지위를 부정하는 것처럼 보인다. 단편 소설은 리얼리즘을 위한 '한계 텍스트'(limit text)로서 노출되고 있다. 양면 가치의 요소들은 그러한 글에서 우리가 예상하는 재현의 통일성을 파괴한다. 거세의 주제, 성역할의 혼란, 자본주의적 부의 원천을 둘러싼 신비들 모두가 반재현적인 독서를 유도한다. 이것은 마치 포스트구조주의의 원리들이 소위 말하는 이러한 사실주의적 텍스트에 이미 각인되어 있는 것과 같다.

정신분석학 이론들

정신분석과 문학 비평 사이의 관계는 20세기에 상당 기간동안 지속되었다. 언어로 표명되는 성욕에 근본적으로 관심을 보이는 정신분석 비평은 문학적인 '무의식'(unconscious)을 추구하면서 특히 세 가지 주요 양상, 즉 저자(그리고 그것의 필연적 결과인 '등장인물'), 독자, 그리고 텍스트를 취급했다. 정신분석 비평의 시작은 지그문트 프로이트가 문학 작품을 예술가의 징후로서 분석한 것이었는데, 여기에서 저자와 텍스트 사이의 관계는 꿈꾸는 사람들과 그들의 '텍스트'(문학='환타지')와 유사하다. 그 후 그것은 텍스트에 대한 독자의 거래적인 관계가 전경화되는 정신분석적 독자 반응 비평을 통해 포스트프로이트주의자들(3장 참조)에 의해 변형되었다. 그리고 정신분석 비평은 프로이트에 〈반대하여〉 문학 작품은 작가나 독자의 개인적인 심리에 초점을 맞추는 것이 아니라, 과거 문화의 이미지들, 신화들, 상징들, '원형들'과 같은 집단 무의식과 개인적인 것 사이의 관계를 재현한다는 칼 융의 '원형' 비평에 의해 논박의 대상이 되었다. 최근에 와서 정신분석 비평은 자크 라캉과 그 추종자들의 저작에 의해 포스트구조주의 맥락에서 재구성되었다. 이들은 '욕망'(desire)의 역동적인 개념과 구조주의 언어학의 모형을 결합시켜 영향력 있는 쇄신 작업을 해왔다. 이것은 특히 페미니스트 정신분석 비평에서 그러하다(6장 193-205쪽 참조). 이 비평의 관심사를 엘리자베스 라이트는 다음과 같이 지적하였다.

> 성별의 여러 형상들이 역사 속에 자리 잡힌 방식을 강조하면서, 문학, 문화 그리고 성적 정체성의 상호 작용에 관심을 기울이는 페미니스트 정신분석적 논구는 아마도 정신분석 비평의 가장 과격한 형태가 될 가능성이 있다. 왜냐하면 이 비평은 바로 주체성의 구성에 아주 깊은 관심을 가지기 때문이다. (라이트, 1990)

현대 문학연구는 무의식(프로이트가 대문자로 나타내고 정의한 용어)과 종종 섹슈얼리티 논쟁과 연결되는 '억압'의 개념과 효과에 대해 지속적으로 관심을 가져왔다. 몇몇의 다른 개념들(아래에서 논의될) — 예를 들어, '사후성'(Nachträglichkeit; 트라우마의 '통과')와 '기괴함'(uncanny) — 은 새로운 명성을 얻었는데, 그 개념들은 시간, 주관성, 의미의 불확실성을 탐색하고 받아들일 준비가 되어 있으며 동시대적 관심사와 경합하기 때문이다. 그러므로 이러한 개념들은 포스트구조주의의 맥락과 '혼종성', '제설통합주의', '임계성/간극성/계역성'과 같은 용어를 사용함으로써 불안정한 경계와 정체성에 관심을 가지는 포스트식민연구(8장 참조)와 유사한 경향 안에서 새로운 비평적 통용성을 얻었다. 또한 과거의 전-식민주의 또는 빈식민주의적 역사들의 억압과 마주쳐야 하는 포스트식민문학은 종종 출몰, 악몽, 환영,

귀신, 유령의 서사가 있는 고딕 또는 호러 소설의 비유법을 사용한다. 여기서 다시 정신분석과 포스트구조주의의 통찰 사이의 교차가 일어난다(자크 데리다 부분의 253-255쪽 참조).

프로이트는 소위 '늑대인간'(프로이트, 1974, 17:3-122)의 사례 연구에서 '사후성'의 개념을 소개한다. '늑대인간'은 1살 반에 그의 부모의 삽입성교를 목격했다고 이야기되지만, 그 사건이 주는 트라우마적인 충격은 그가 성적으로 성숙한 이해를 갖게 되기까지 지연된다. 이것이 함축하는 바는 하나의 사건은 두 가지의 결과로 일어난 효과라는 것이다. 최초의 사건은 이후 그 사건에 대한 해석적 구성 또는 사건에 대한 좀 더 급진적인 주석을 통해 기억될 만큼 중요성을 가진 것처럼 보여진다. 다시 말해 나중의 시점에서 그것에 대해 구성하기 전에는 초기의 사건이라는 것은 없다. 그러므로 의미는 언제나 '통과'의 과정을 거친 회고적 결과이다. 이것은 나중에 일어난 일이 더 먼저 일어난 원래 사건의 '결과'이기보다는 '원인'이라고 여기는 것이므로, 기억과 개인적 역사에 관한 급진적인 비선형적 개념을 암시한다. 이는 프로이트와 포스트구조주의의 개념인 '차후성'(belatedness)과 '지연' 사이의 예기치 않은 친화성을 보여주며, 글쓰기와 자서전 연구, 역사적 시퀀스와 인과관계의 표준적 개념을 문제화하는 역사소설과 상관성을 보여준다. 프로이트의 개념과의 상관성을 함축하는 연구의 예는 피터 니콜스의 토니모리슨의 『빌러비드』 읽기이다(브룩커와 위도우슨 편집, 1996, 441-456; 서론에 있는 참고문헌에서 「문학이론 선집」("Anthology of Literary Theory") 참조). 모리슨의 『빌러비드』는 빌러비드라는 이름을 지닌 죽은 딸이 소녀가 되어 되돌아온다는 유령이야기이다. 모리슨의 다른 소설과 함께 이 소설은 데이비드 펀터의 『포스트식민적 상상들』(*Postcolonial Imaginings*, 2000)에서 '유령출몰'(haunting)과의 관계에서 논의된다.

프로이트는 그의 논문 「기괴함」("the uncanny", 1919)에서 독일어 unheimlich(기괴함, 친숙하지 않은, 무섭고 겁나는)와 heimlich(가정의, 친숙한)의 용어학을 탐구하면서 이 반대의미를 지닌 두 용어가 같지는 않지만 어떤 특정한 지점에서 매우 가깝다는 것을 밝혀낸다. '집에 속함/머무름'이라는 의미의 heimlich가 또한 숨겨짐, 비밀의, 시야로부터 멀어짐과 연관된 의미를 만들어내기 때문이다. 프로이트는 이를 '어느 정도 또는 또 다른 종류의 "Heimlich"가 있다'고 말한다(1974, 17권 226쪽). 프로이트는 기괴함을 첫째, '원시적인' 무의식의 생존과 나중에 억압된 세계에 대한 애니미즘적(animistic)이고 신화적이며 신비적인 관점과 연관시키며, 둘째, 반복의 발생과 우연, 분신과 연관 짓는다. 프로이트는 이 단어를 유아기에서 억압된 경험의 결과로 이해했다. 프로이트는 'unheimlich'을 한때는 친숙(heimisch)했던 것으로 결론 내린다. 이때 접두어 'un'은 억압의 증표이다(1974, 17권 245쪽).

기괴함은 문학 서사에서 특히 과학소설, 호러, 환타지, 고딕 장르(잭슨, 1981; 보팅, 1996을 참조)와, 탈식민적 고딕의 예를 포함해 단일한 자아의 개념을 불안정하게 만드는 억압된 내적자아의 투사인 타자 또는 에일리언의 형상과 분명 연관이 깊다. 게다가 만약 우리가 문학을 친숙하고 당연시 되는 것들을 '낯설게 하는' 것으로 여긴다면, 문학도 기괴함의 예가 될 것이다(로일, 2003 참조). 프로이트가 논문에서 설명한 주요한 내용 또한 독일의 낭만주의 작가 E. T. A 호프만의 '모래남자'의 이야기와 같은 문학 작품 그 자체에 있다. 이 이야기에서 학생들은 잃어버린 그의 눈에서 공포에 질린다. 그의 공포의 근원은 그의 유년시절에 일어난 가족 변호사의 방문이다. 그 당시 그의 아버지는 만약 그가 말을 듣지 않는다면 모래남자가 네 눈을 뽑아갈 거라 위협하며 그를 침실로 보냈다. 이 일로 인해 소년은 변호사와 결과적으로 다른 남자(안과의사, 안경판매원)를 모래남자와 연관시키며, 이 형상으로 인해 죽을 만큼 큰 공포의 덫에 빠진다. 프로이트는 이 이야기를 오이디푸스 콤플렉스의 개념으로 읽어내며 실명에 대한 소년의 공포가 거세공포의 치환된 표현이라 설명한다. 그러므로 소년과 독자는 억압되어있지만 친밀한 거세불안을 치환된 실명에 대한 '기괴함'의 공포로서 경험한다.

하지만 이러한 프로이드의 독해는 환원적이며 선별적인 것으로 간주되어 왔다. 엘렌 씨이주는 기괴함의 개념에 생명력을 불어넣고 예를 제공하기 위해 이야기에 주목한 프로이트에 의해 무시된 이야기 속 인형의 형상을 끄집어냄으로서 반박한다(6장의 참고문헌 가운데 1976년 글을 참조). 우리는 또한 안젤라 카터의 이야기 「보라색 숙녀의 사랑」("The Loves of Lady Purple")을 통해 이 이야기를 살아있는 뱀파이어 인형에 관한 것이라 읽을 수 있다. 제인 메리 토드(1986)는 거세공포와 여성신체에 대한 남성의 응시 사이의 교착점을 탐구했다. 이러한 종류의 다시 읽기와 다시 쓰기는 프로이트 이론에서 가정되는 남성규준에 대한 페미니즘의 계속된 논쟁의 예이면서, 좀 더 여성중심적인 버전의 '기괴함'을 소개하는 예이다(라이트, 1989).

자크 라캉

서구 사상은 오랫동안 하나의 통합된 '주체'의 필요성을 가정해 왔다. 어떤 것을 〈안다는〉 것은 아는 행위를 실천하는 통합된 의식을 미리 상정한다. 그러한 의식은 다소 초점이 맞춰진 렌즈와 같아서 그것이 없으면 아무것도 분명한 대상으로 나타나지 않는다. 이 통합된 주체가 객체와 진리를 인식할 때 이용하는 매체는 〈구문〉(syntax)이다. 하나의 질서 정연한 구문은 질서 정연한 마음을 만들어 낸다. 그러나 이성은 결코 모든 사물들을 가지 생각대호 다루지 못했다. 이성은 언제나 즐거움(술, 섹스, 노래), 웃음 그리고 시의 전복적인 소음으로부터 위협을 받아 왔다. 플라톤과 같은 금욕적인 이성주의자들은 언제나 이러한 위험한 영향들을 예의 주시한다. 이러한 영향들은 모두 하나의 개념, 즉 '욕망'으로 요약될 수 있다. 분열은 단순히 문학적인 수준을 넘어 사회적인 수준으로 넘어갈 수 있다. 시적 언어는 지배적인 사회 담론들이 어떻게 새로운 '주체의 입장들'의 창출로 약화될 수 있는가를 보여준다. 이것은 주체가 결코 그 사회적 또는 성적 역할을 기다리는 단순한 하나의 빈 공간이 아니라, 〈'과정 속에' 있고 현재와 다른 것이 될 수 있다〉는 것을 암시한다.

라캉의 정신분석학적인 글들은 비평가들에게 새로운 '주체'이론을 제공했다. 마르크스주의, 형식주의 그리고 구조주의 비평가들은 '주관주의' 비평들을 낭만적이고 반동적이라고 무시해 버렸으나, 라캉식의 비평은 '말하는 주체'에 대해 좀 더 수용 가능한 '유물론적' 분석을 발전시켰다. 언어학자 에밀 방브니스트에 따르면, '나', '그', '그녀' 등은 단지 언어가 규정하는 주체 입장들에 불과하다는 것이다. 내가 말할 때 나는 나 자신을 '나'라고 하고, 나와 말하는 사람을 '당신'이라고 지시한다. '당신'이 대답할 때, 인칭들은 역전되어 '내'가 '당신'이 되는 등등으로 바뀐다. 우리는 이처럼 이상한 인칭들의 역전을 받아들일 때에만 의사 소통이 가능하다. 그러므로 '나'라는 단어를 사용하는 자아는 이 '나'와 동일하지 않다. 내가 "내일 나는 졸업한다"고 말할 때 이 진술에서 '나'는 '언명의 주체'(subject of the enunciation)으로 잘 알려지고, 그 진술을 하는 자아는 '언명을 하고 있는 동작의 주체'이다. 포스트구조주의 사상은 이 두 주체들 사이의 틈으로 들어가지만 낭만주의 사상은 단순히 이 두 주체를 무시한다.

라캉은 인간 주체들이 언어체계 안에서만 의미를 취하여 선행하는 기표체계로 들어간다고 생각한다. 언어로 진입함으로써 우리들은 관계적인 체계(남성/여성, 아버지/어머니/딸) 안에서 주체의 위치를 찾을 수 있다. 이러한 진입에 선행하는 과정과 단계들은 무의식에 의해 지배된다.

프로이트에 따르면 유아기 초기 양상에서는 리비도적인 충동들이 확정적인 성적 대상을 전혀 가지고 있지 않고 육체의 다양한 성감대 주위(입, 항문, '성기')에서 작용한다. 성별이나 정체성이 수립되기 전에는 오로지 '쾌락원리'의 법칙만이 있을 뿐이다. '현실 원칙'은 궁극적으로 어머니를 향한 남아의 오이디푸스적인 욕망을 '거세'(castration)의 처벌로 위협하는 아버지의 형태로 개입한다. 욕망의 억압은 남아가 아버지의 위치 그리고 '남성적' 역할을 자신의 것으로 동일시하는 것을 가능케 만든다. 여성의 오이디푸스적 항해는 훨씬 직선적이지 않으며 프로이트 고유의 성차별은 일부 페미니스트 비평가들의 공격을 받았다(6장 참조). 이 단계에서 '가부장적인 법'으로 상징되는 도덕, 법률과 종교가 도입되고, 아이에게서 '초자아'(superego)의 발전을 유도한다. 그러나 억압된 욕망은 사라지지 않고 무의식 속에 남게 됨으로써, 근본적으로 〈분열된〉 주체가 생겨난다. 실제로 이 욕망의 힘은 무의식인 것〈이다〉.

라캉이 '상상계'(the imaginary)와 '상징계'(the symbolic)로 구분한 것은 크리스테바가 '기호적'(semiotic)인 것과 '상징적'인 것으로 나눈 것과 상응한다(제6장 197-198쪽 참조). 이 '상상계'에서는 주체와 객체 사이의 분명한 구별이 없다. 객체를 주체와 분리시켜 줄 어떤 중심적 자아가 존재하지 않는다. 언어 이전의 '거울의 단계'(mirror phase)에서는 아이는 이러한 '상상계'의 존재 상태 내부로부터 거울에 (실제 거울이 있을 필요는 없다) 나타나는 파편화된 자아의 이미지 속으로 어떤 통일성을 투사하기 시작한다. 여기에서 그 또는 그녀는 하나의 '허구적인' 이상, 즉 '자아'를 만들어 낸다. 이러한 거울적(speculum=mirror) 이미지는 아직도 부분적으로 상상적이지만(그 이미지가 아이인지 아니면 또 다른 것인지는 분명하지 않다), 또한 부분적으로는 '다른 것'으로서 차별화되어 있다. 이 상상적인 경향은 심지어는 자아가 형성된 후에도 계속된다. 왜냐하면 통합된 자아라는 신화는 세계 속의 객체들을 '타자들'로 동일시 할 수 있는 이러한 능력에 의존하기 때문이다. 그럼에도 불구하고 어린아이가 만일 그 자체의 힘으로 하나의 주체가 되려 한다면, 그는 또한 자신을 다른 사람들과 차별화하는 법을 배워야 한다. 어린아이는 아버지의 금지로 '차이'(남성/여성, 아버지/아들, 있음/없음 등등)들의 '상징의' 세계로 무작정 휩쓸려 들어간다. 실제로 '팰러스'(phallus)는 (남근이 아니라 그것의 '상징'이다) 라캉의 체계 안에서 특권화된 기표로, 모든 기표들이 그들의 기의들과 통합을 이루는 데 도움을 준다. 상징적 영역에서 팰러스는 왕이다. 앞으로 우리가 보게 되겠지만 페미니스트 비평가들은 이 점에 관해 할 말이 많다.

상상계나 상징계 모두 그들의 범위를 넘어서는 어떤 곳에 남아 있는 실재계(the Real)를 충분히 이해할 수 없다. 실재계는 주체와 재현을 넘어선 것이자 닿지 않는 너머이기 때문이다. 사럽(Sarup)은 '실재계'는 '표현불가능성'의 영역이며, 그것에 관해 말할 수 없고, 언어에 속하지 않는다고 주장한다. 그것은 주체가 표현 불가능한 향유와 죽음을 만나는 위치이다(1992). 우리의 본능적인 〈필요〉(need)는 만족을 위한 우리의 〈요구〉(demand)를 표현하는 담론으로 형성된다. 그러나 담론이 필요를 형성함으로써 만족을 가져다주는 것이 아니라, 기표의 고리 속에서 계속 달리는 〈욕망〉(desire)을 남겨 놓는다. '내'가 말로 나의 욕망을 표현할 때, '나'는 언제나 그 자체의 내밀스런 게임으로 계속 압박하는 그 무의식에 의해 전복된다. 이러한 무의식은 의식을 피해 가는 은유적이며 환유적인 대치와 전위로 작용하지만 꿈과 농담과 예술 속에서 그 모습을 드러낸다.

라캉은 소쉬르의 언어로 프로이트의 이론들을 다시 진술한다. 본질적으로 무의식적인 과정들은 불안정한 〈기표〉와 동일시된다. 우리가 보았듯이 분리된 기표 체계와 기의 체계 사이의 간극을 접합하려던 소쉬르의 시도는 부질없는 것이었다. 예를 들어 하나의 주체가 싱징적 질서로 들어가서 '아들'이나 '딸'로서의 하나의 〈위치〉를 받아들일 때, 기표와 기의의 어떤 연결이 가능해진다. 그러나 '나'는 결코 내가 생각하는 곳에 존재하지 않는다. 즉 '나'는 분열된 존재로서 기표와 기의의 축에 서 있으므로, 결코 나의 위치에 완전한 현존을 제공할 수 없다. 기호에 대한 라캉의 설명에 따르면 기의는 '떠 있는' 기표 밑에서 '미끄러진다.' 프로이트는 꿈을 억압된 욕망들의 주요 배출구라고 생각했다. 프로이트의 꿈 이론은 하나의 텍스트 이론으로 재해석 되었다. 무의식은 해독될 필요가 있는 상징적 이미지들 속에 의미를 숨긴다. 꿈의 이미지들은 '축약'(condensation; 여러 개의 이미지들이 결합한다)과 '전위'(displacement; 의미가 하나의 이미지로부터 인접한 이미지로 전이된다)를 경험한다. 라캉은 첫 번째 과정을 '은유'(metaphor) 두 번째 과정을 '환유'(metonymy)라고 부른다(4장의 야콥슨 참조). 다시 말해 라캉은 왜곡되고 수수께끼 같은 꿈의 작업이 기표의 법칙을 따른다고 믿고 있다. 프로이트의 '방어기제들'은 또한 비유법(아이러니, 생략 등등)으로 취급된다. 모든 종류의 심리적 왜곡은 어떤 신비스러운 언어 이전의 충동이라기보다 기표의 변덕으로 다시 진술되고 있다. 라캉에게는 왜곡되지 않은 기표들은 결코 없었다. 그의 정신분석은 무의식에 대한 과학적인 수사학이다.

라캉의 프로이트주의는 현대 비평으로 하여금 사물을 지시하고 사상이나 감정을 표현할 수 있는 언어의 능력에 대한 신념을 포기할 것을 조장하였다. 모더니즘 문학은 지배적인 서술의 지위를 포기하고 그 의미의 자유 유희를 즐기는 점에서 종종 꿈을 닮고 있다. 라캉 자신도 두 개의 일화를 가진 하나의 이야기로 지금까지 많이 논의된 바 있는 포우의 단편 소설 「도둑맞은 편지」(“The Purloined Letter”)에 관한 글을 썼다. 첫 번째 일화에서 여왕이 예상 외로 자신의 내실로 들어온 왕의 눈길에 아직 띄지 않았지만 테이블 위에 그녀가 놓아 둔 편지에 대해 노심초사하고 있음을 장관은 감지한다. 장관은 유사한 편지를 그 편지와 바꾸어 놓는다. 여왕은 왕이 눈치 챌 것이 두려워 그 일에 참견할 수가 없다. 두 번째 일화에서 장관의 집에서 편지를 찾지 못한 경찰서장 뒤를 따르는 뒤팽(탐정)은 장관의 벽난로 선반

위의 카드함에 공공연히 밀어 넣어둔 그 편지를 즉시 발견한다. 뒤팽은 되돌아와서 장관의 정신을 혼란시키고 비슷한 편지와 그 편지를 바꾸어 놓는다. 라캉은 편지의 내용이 결코 밝혀지지 않고 있다는 사실을 지적한다. 그 이야기는 개인들의 성격이나 편지의 내용에 의해서가 아니라 각 일화 속의 세 사람과 관련하여 편지가 놓이게 되는 〈위치〉에 의해 전개된다. 편지와의 이러한 관계를 라캉은 세 종류의 '일별'에 따라 정의 내린다. 첫 번째 일별은 아무것도 보지 못한다(왕과 경찰서장의 시선). 두 번째 일별은 첫 번째 일별이 아무것도 보지 못한 것을 눈치 채지만 비밀이 안전하게 유지된다고 생각한다(여왕의 시선과 두 번째 일화에서 나타나는 장관의 시선). 세 번째 일별은 앞의 두 일별들이 '숨겨진' 편지가 노출된 채로 그냥 놓여있음을 보게 된다(장관과 뒤팽의 시선). 그러므로 편지는 서술의 등장인물들을 위해 주체적 위치를 만들어 주면서 하나의 기표로 행동한다. 라캉은 이 이야기가 상징적 질서는 '주체를 형성한다' 정신분석학 이론을 예증해주며, 주체는 '하나의 기표적 순례'로부터 '결정적인 방향 지시'를 받아들인다고 생각한다. 라캉은 그 이야기를 정신분석의 알레고리로 다루고 있으며, 또한 정신분석을 허구의 모형으로 간주한다. 두 번째 장면에서 첫 번째 장면의 구조가 반복되는 것이 순수한 기표(편지)의 영향에 의해 지배되고 등장인물들은 무의식이 시키는 대로 그들의 위치로 움직여 들어간다. (라캉의 에세이뿐만 아니라 라캉의 읽기에 대한 자크 데리다의 비판적인 읽기를 좀 더 완전하게 설명한 것으로는 로버트 영의 『텍스트 풀어내기』(*Untying the Text*, 1981)에 실린 바바라 존슨의 글을 들 수 있다. 포스트구조주의 사살을 탁월하게 설명한 존슨은 포우 〉 라캉 〉 데리다 〉 존슨으로 바뀌듯이, 의미의 전위가 끊임없이 이루어질 수 있음을 소개하고 있다.)

포스트구조주의적 사상의 추진력의 일부로서 라캉의 정신분석 사상들은 (또한 알튀세(앞의 220-221쪽) 크리스테바와 들뢰즈와 가타리(뒷부분 참조)) 최근 영국 문학 비평이론에서 중심적인 지위를 누려왔다. 그러나 '언어적 대전환'(linguistic turn)이 전반적으로 문화 형태들의 연구에 계속적으로 영향을 미침에 따라 영국 정신분석 학파는 — 이의 계보학은 프로이트의 런던 체제 시절로부터 직접 연유되었고 멜라니 클라인, D. W. 위니콧, 윌프레드 비온 그리고 R. D. 랭과 같은 사람들이 여기에 포함된다 — 라캉이 이전에 '포트스구조주의화'시켰던 프로이트 정신분석 시나리오를 복잡하게 만들고 있다. 실천적인 정신분석학적 탐구의 확장을 강조하는 것은, 특히 프로이트적 방법의 핵심으로 간주되고 있는 모든 종류의 (집단 작업을 포함해서)전이/반전이(transference/countertransference)의 절충 속에서 만나는 궁극적으로 이론화할 수 없는 현상들에 관한 연구에 초점을 맞추는 것이다. 예를 들어 마이클 러스틴은 『좋은 사회와 내면세계』(*The Good Society and the Inner World*, 1991)에서 "파리를 경유하는 모든 메시지들의 폭로"에 대해 유감을 표시했고 정신분석학의 "임상 작업 속의 고유한 토대"에 대해 라캉이 관심을 가지지 않고 있다고 논평하고 있다. 이러한 정서는 R. W. 코넬에 의해 다음과 같이 요약되었다. "이론가들은 함께 논의할 단 두 개의 사례도 없이 아버지의 법칙이나 승화의 중요성을 논의하고 있다." 영국학파는 이론적인 '패러다임의 전환들'도 세심한 '정상 과학'의 배경이 필요하고 라캉 이후의 프랑스 정신분석학은 실제적인 심리 현상들의 역동성을 좀 더 분석하기보다는 문화적 이론화에 더 많은 관심을 가지고 있다는 견해를 가지고 있는 듯하다.

그러나 영국 정신분석학파는 임상 작업과 정신분석학이 표현되는 담론을 이어주는 정교한 다리가 없고, 문학이론을 학제적으로 제안하는 데 있어서 너무 단순하고 시대에 뒤떨어진 것으로 보일 수 있다(문학이론을 이해하는데 아직 F. R. 리비스의 영향이 남아 있고 정전의 개념에 대한 문제 제기도 없다). 그러나 영국정신분석학파는 문학연구와 문화연구에서 엄청나게 생산적이 될 수도 있다. 그 중 특별히 관심을 끄는 분야는 클라인 이후의 아이-어머니 관계(오이디푸스나

앙띠오이디푸스 이론들보다 더 근본적인 것으로 간주되는)에 대해 강조하기, 계발되는 마음이 (그것의 사회적인 구조화가 무엇이든 간에) 지닌 수행적인 창조성, 그리고 정신분석학적인 '주체'를 넘어서 소규모 그리고 좀 더 대규모 집단 작업으로 확장하기 등이다. 첫 번째 분야는 크리스테바의 사상 속에 이미 암시되어 있고 (다음 크리스테바 부분과 198-201쪽 참조) 많은 페미니스트 이론 속에서 채택되고 있다. 두 번째 분야는 클라인의 저작에 대한 섭렵을 보여주는 데리다가 아르또와 『햄릿』에 대해 행한 논의 속에서도 나타난다 — 그러나 이 분야는 좀더 협력이 가능한 영역이 있다. 세 번째 분야는 알튀세가 무의식과 이데올로기를 유용하게 연결시킨 것처럼 개인적인 것과 정치적인 것 사이를 연결시킬 가능성을 가지고 있다. 윌프레드 비온의 선구적인 작업 이래로 집단의 상호작용에 관한 정신분석적 연구는 — 담론 자체보다 실존적으로 더 원초적인 단계에서 — 문학이 상호텍스트적인 대항감정과 경쟁의식 속에서 어떻게 생산되는가, 비평적이며 이론적인 운동들이 (포스트구조주의, 신역사주의 그리고 포스트모더니즘을 포함하여) 지적인 권위뿐 아니라 정서적인 권위를 왜 가지는가, 그리고 '엄밀한 과학'도 실제로 발전되고 있는 정신분석적인 조건들을 이해하는 데 커다란 암시를 줄 수 있다. 따라서 문학이론이 프로이트의 '코페르쿠스적인 혁명'이래로 문화적 이해에 대한 충분한 설명을 제시하기 위해 파리의 이론적인 전진과 영국 학파의 분석적인 전진 모두로부터 이득을 취할 수 있는 우호 협상의 가능성이 남는다.

줄리아 크리스테바

크리스테바의 저작은 문학텍스트 연구와 일관되게 연결되어 있다(그녀의 정신분석학적 이론이 페미니즘에 끼친 영향, 여성작가가 사회에 대해 가지는 혁명적 가능성에 대해서는 6장 참조). 이 장에서 꼽은 크리스테바의 핵심적인 기여 두 가지는 초기의 에세이에서 나타나며, 후에 『시적언어의 혁명』(*The Revolution of Poetic Language*, 1974)과 『언어의 욕망』(*Desire in Language*, 1980)에서 수합된다. 1960년대 후기에 씌여진 두 에세이 「경계진 텍스트」("The Bounded Text"), 「말, 대화, 그리고 소설」("Word Dialogue and Novel")에서 크리스테바는 후에 포스트구조주의와 연결되는 '상호텍스트성'의 개념을 제안하기 위해 미하엘 바흐친의 저작과 러시아 형식주의를 끌어들인다. 크리스테바는 텍스트 쓰기가 '텍스트들의 치환, 상호텍스트성'과 '주어진 텍스트의 공간, 몇몇의 발화, 다른 텍스트로부터 가져온 것, 사로 교차되고 상쇄시키는 것' 안에서 구성된다고 본다. 또한 크리스테바는 (그녀가 소속되어 있던 파리의 텔켈(Tel Quel) 그룹의 다른 구성원들과 마찬가지로) 언어학과 이데올로기의 접점을 추구하면서, '이념소'(ideologeme)라는 개념을 도입하기 위해 바흐찐과 메드베데프의 『문학연구에서의 형식적 방법』(*The Formal Method in Literary Scholarship*)을 참고한다. 이념소는 '외부적 텍스트들' 혹은 그녀의 용어에 의하면 '사회와 역사의 텍스트' — 후에 프레드릭 제임슨에 의해 서사적 텍스트성의 개념으로 좀 더 발전되는(5장의 참고문헌 가운데 '기본서' 참조) — 와 주어진 텍스트 배열의 교차를 제안하기 위해서였다.

『시적 언어의 혁명』에서 크리스테바는 우리에게 '정상'인(체계적이고 합리적인) 것과 '시적'인(이질적이고 비합리적인) 것 사이의 관계에 대한, 정신분석학적 이론에 기반한 복잡한 설명을 내놓는다. 태초에 인간은 신체적이고 심리적인 충동들이 리듬에 맞춰 흐르는 공간이다. 이러한 충동들의 불확정적인 흐름은 점차적으로 가족과 사회의 제약들(배변훈련, 젠더동일시, 공과 사의 구분 등등)에 의해 규율된다. 최초의 전오이디푸스 단계에서, 충동들의 흐름은 어머니에게 집중되고 개성의 형성이 아니라 단지 육체의 부위들과 그것들 간의 관계들의 대략적인 경계설정만을 허용한다. 운동들, 제스처들, 소리들, 리듬들의 조직되지 않은 전언어적 흐름은 성인의 성숙한 언어적 수행 아래 남아 활동하는 기초로 존재한다. 이 조직되지 않은 전-기표적 과정을 크리스테바는 '기호계'라고 부른다(제6장 198-201쪽 참조). 우리는 이미지가 '비논리적'인 방식으로 처리되는 꿈 안에서, 그리고 문학 안에서 이러한 활동을 알아차릴 수 있다(236-237쪽의 라캉 부분 참조). '기호계'는 크리스테바가 라캉을 따라 '상징계'라 명명한 것들인 논리와 정합적인 구문론과 합리성의 제약 아래에 있다. '상징계'로의 진입은 주체에게 정체성을 수여하지만, 상징계는 '기호계'를 넘어서는 지배를 결코 완수하지 못한다.

크리스테바의 제목에 나오는 '혁명'이라는 단어는 다방면의 혁신이라는 제한된 것으로 보여져왔지만 이것이 단순히 은유적인 것만은 아니다. 그녀의 견해로는 급진적인 사회 변화의 가능성은 권위 있는 담론들의 분열과 연관되어 있다. 시적 언어는 특별히 사회의 '닫힌' 상징적 질서를 '가로질러서' '기호학적'인 것의 전복적인 개방성을 도입한다. 즉 "무의식 이론이 추구하는 것을 시적 언어는 사회 질서 내에서 그리고 사회 질서에 저항하여 실천한다." 크리스테바는 어떤 경우에는 모더니스트 시가 실제로 먼 미래에 사회가 좀 더 복합적인 형태로 진화되었을 때 초래될 사회 혁명을 예견하고 있다고 생각한다. 그러나 또 다른 경우에 크리스테바는 부르주아 이데올로기가 시적혁명을 사회 내에서 거부하는 억압된 충동들을 위한 안전핀으로 취급함으로써만 이러한 시적 혁명을 쉽게 회복시킬 것이라는 우려를 나타낸다.

들뢰즈와 가타리

질 들뢰즈와 펠릭스 가타리는 그들의 저서 『앙띠오이디푸스: 자본주의와 정신분열증』(*Anti-Oedipus: Capitalism and Schizophrenia*, [1972], 1983)과 『카프카: 소수문학을 위하여』(*Kafka: Towards a Minor Literature*, [1975], 1986)에서 정신분석을 과격하게 비판하고 ─ 라캉을 끌어들이거나 그를 초월하면서 ─ 동시에 그들이 '정신분열 분석'(Schizoanalysis; 특히 『앙띠오이디푸스』의 4장 참조)이라는 이름을 붙인 텍스트 자세히 읽기 접근 방식을 제시한다. 정신분석에 대한 그들의 공격은 그것이 결핍이나 필요에 토대를 두고 있는 욕망의 재현을 일차적인 목표로 삼는다. 들뢰즈와 가타리는 욕망이란 무의식을 흉하게 만드는 자본주의의 기재라고 생각한다. 예를 들어, 권력 관계의 내면화된 자치로서 담보가 된 오이디푸스 콤플렉스는 가족 내에서 일어나는 자본주의의 억압의 결과이다. 정신분열분석은 이와 반대로 욕망이 속박되지 않는 '흐름' ─ 오이디푸스적 '불안'에 의해 봉쇄되지 않고 새로운 시작의 긍정적인 원천인 에너지이다 ─ 이 〈만들어지는〉 무의식을 구성한다. '정신분열 분석'은 욕망의 해방을 의미하기 때문이다. 편집증적인 무의식적 욕망이 국가, 가족, 교회, 학교 등의 측면에서 '영토화하는' 것이라면, 분열증적 욕망은 이러한 (자본주의적인) 총체성의 전복을 제공하면서 '탈영토화'(deterritorialize)한다. 이러한 의미에서 엘리자베스 라이트가 지적했듯이, 들뢰즈와 가타리의 "'유물론적인 정신의학'은 그들이 억압이라기보다 압제라고 본 것으로부터 리비도적인 흐름을 방출시키려는 시도를 할 때 하나의 정치적인 요소가 된다."

문학과 정신분열의 관계는 문학도 역시 체계를 전복시킬 수 있고 체계로부터 해방될 수 있다는 점이다. 그러나 저자/텍스트도 잠재적으로 혁명적인 담론들을 활성화시키기 위해 '욕망을 해방시키는 독자', 즉 '분열분석가'를 필요로 한다. 들뢰즈와 가타리는 그들의 계획에 특히 적합하다고 생각한 카프카에 대한 분석을 통해(그들이 애용하는 개념 속에서 카프카의 작품은 움직임과 변덕스러운 생산의 예인 '리좀'(rhizome; 根莖, 뿌리줄기) — "예상치 않게 숨어 있던 식물의 싹이 돋아나오는 풍요로운 구근(球根)"이다[라이트]) 그의 작품을 자세하고, 텍스트적이고, 전적으로 반신비평적이고, 해체를 다시 해체하는 분석이라는 화려한 솜씨를 보여준다. 그들의 분석으로 텍스트 내의 '간극들'과 긴장들, 지속적으로 유동적인 이미지들의 결합, 정신분석적인 담론과 다른 문학-비평적 담론 안에 있는 재현, 상징 그리고 텍스트에 대한 '정상적'인 개념들의 전복이 드러난다. 작품을 '텍스트'가 아니라 본질적으로 약호가 해독된 것으로 간주함으로써, '혁명적인' 정신분열 분석적 독자/작가의 실천은 지정된 모든 재현을 '탈영토화'할 것이다. 따라서 카프카의 경우 욕망의 무의식적인 담론들이 가족과 국가의 담론들보다 더욱 강력한 것임을 폭로함으로써 그의 '혁명적인' 힘을 설명하고 있다. 카프카는 또한 중요한 특징으로 '소수자'문학을 대표한다. 이는 어떤 면에서, 작가의 사회적 위치를 주변화된 것으로 인식한다는 것이다: 독일어로 글을 쓰는 체코의 유대인. 그러나 좀 더 일반적으로, 들뢰즈와 가타리는 '소수자'문학을 비 순응주의적인 것이자, 혁신적이며, 질문하고 주어진 세계를 '재현'하거나 주어진 양식에 맞춰 따라가는 것이 목적인 '주류'문학에 저항하는 것이라고 설명한다. 이러한 구분은 『천개의 고원』(*A Thousand Plateaus*, 1987)에서 나온 것이다. 이러한 의미에서 '소수자 문학'은 '창의적'이며 정체성을 가진 훌륭한 문학을 묘사하는 말이 된다. 소수자 문학은 '되기'의 문학이다. 그것은 이미 존재하는 세계와 흔히 인간 정체성이라 간주되는 것들을 단순히 '표현'하는 것과는 다르다. 그것은 지배적 문화양식과 사고방식에 영향을 끼치는 저항적이고 대인적인 힘을 가지는 '차이'의 문학과 연결된다. 그럼에도 불구하고 카프카 혹은 일반적으로 '소수자문학'에 대한 찬사는, 혁명적인 '소수자화'라는 정치적 기획과 이와 연관되는 분열증이 오로지 전치되고, 보기에 따라서는 제한된 형태로 문학의 영역과 문학비평의 영역에서만 찾아볼 수 있다는 점에서 역설적이다. 하지만 문학을 공부하는 학생이라면 이러한 적용에 분명 흥미를 느낄 것이다. 이와 관련해서, 카프카에 관한 공동 저작과 들뢰즈의 초기 연구인 『프루스트와 기호』(*Proust and Signs*, 1964, 1973년 번역됨) 외에도, 그의 저작 『에세이들: 비평과 진단』(*Essays: Critical and Clinical*, 1997)에서 명백하고 적절한 글들을 볼 수 있다. 부커낸과 마크(2001)는 들뢰즈의 이 이론을 계속해서 다루고 있는 반면, 콜브룩(2002)은 좀 더 발전된 몇몇 연구에서 좀 더 넓은 프로젝트를 설명하는 철학적 생각에 대한 분명하고 도움이 되는 설명을 제공한다.

해체론 : 자크 데리다

1966년 존스 홉킨스 대학교의 한 심포지엄에서 발표된 데리다의 논문 「인간과학담론에서의 구조, 기호 그리고 유희」("Structure, Sign, and Play in the Discourse of the Human Sciences")로 실질적으로 미국 내에서 새로운 비평 운동이 시작되었다. 그 논문에서 플라톤 이래로 서양 철학의 기본적인 형이상학적 가설들이 문제시되었다. 데리다는 '구조주의' 이론에서조차 '구조'개념이 항상 어떤 종류에 의미의 '중심'을 미리 상정하고 있다고 주장한다. 이 '중심'은 구조를 지배하나 그 자체는 (그 중심의 구조를 찾는 것은 또 다른 중심을 찾는 것이리라) 구조 분석에 종속되지 않는다. 사람들은 중심을 원한다. 왜냐하면 중심은 〈현존으로서 존재〉(being as presence)를 보장하기 때문이다. 예를 들어 우리는 우리의 정신적 신체적 삶이 하나의 '나'에 중심을 두고 있다고 생각한다. 그리고 이러한 개성은 이러한 공간 속에서 지속되는 모든 것의 구조 밑에 깔려 있는 통일성의 원리이다. 프로이트의 이론들은 의식과 무의식 사이의 자아의 분열을 밝혀냄으로써 이러한 형이상학적인 확실성을 완전히 약화시켰다. 서구 사상은 존재, 본질, 실체, 진리, 형식, 시작, 종말, 목적, 의식, 인간, 신 등과 같이 중심화하는 원리들로 작동하는 수많은 용어들을 개발했다. 데리다가 그러한 용어들 밖에서 생각할 가능성을 주장하지 않는다는 사실에 주목하는 것은 중요하다. 왜냐하면 어떤 특정한 개념을 무력화시키기 위한 어떤 시도도 그 개념이 의존하는 용어들과 연루되어 있기 때문이다. 예를 들어 만일 우리가 '무의식'이라는 파괴적인 반대 세력을 주장하여 '의식'이라는 중심화하는 개념을 무력화시키고자 한다면 우리는 새로운 중심을 도입할 위험에 처하게 될 것이다. 왜냐하면 우리는 우리가 해체시키려는 그 개념 체계(의식/무의식)에 진입할 수밖에 없기 때문이다. 우리가 〈할 수 있는〉 일이란 한 체계(육체/영혼, 선/악, 진지함/비진지함)의 어느 한 극단이 현존의 중심이자 보증인이 되는 것을 허용하지 않는 것이다.

하나의 중심에 대한 이러한 욕망은 데리다의 고전적인 저작인 『그라마톨로지에 관하여』(*Of Grammatology*)에서 '말씀중심주의'(logocentrism)라고 불린다. '로고스'(희랍어로 '말'을 뜻함)는 신약 성서에서 최대로 가능한 현존의 중심화의 의미를 가진 용어이다. "태초에 말씀이 있었다." 모든 사물의 기원이 되는 '말씀'은 세계의 완전한 현존을 승인한다. 따라서 모든 것은 이 하나의 원인의 결과이다. 성경은 쓰인 것임에도 불구하고 하나님의 말씀은 본질적으로 〈구어적〉이다. 살아있는 육체로부터 방출된 음성으로 된 말씀은 쓰인 말씀보다 기원이 되는 사상에 더 가까운 것처럼 보인다. 데리다는 이렇게 쓰기보다 말하기에 특권을 더 많이 부여하는 것이 (데리다는 이것을 '음성중심주의'(phonocentrism)라고 부른다) 말씀중심주의의 고전적인 특징이라고 주장한다.

무엇이 기호가 완전한 현존에 이르는 것을 방해하는가? 데리다는 기호의 분리된 성질을 전달하기 위해 '차연'(差延)이라는 용어를 만들어 냈다. 프랑스어에서는 'différance'의 'a'는 들리지 않고 단지 '차이'(différence)만이 들린다. 애매 모호성은 글쓰기에서만 감지될 수 있다. 동사 'différer'는 '차이나다'와 '연기하다'의 두 가지 뜻이 있다. '차이나다'는 공간적인 개념이다. 기호는 체계 내에서 공간화되는 차이들의 체계로부터 생성되기 때문이다. '연기하다'는 시간적인 개념이다. 기표들은 '현존'의 끊임없는 연기를 강제로 실행하기 때문이다. 음섬중심적 사상은 '차연'을 무시하고 음성으로 된 말의 자기존재를 고집한다.

음성중심주의는 글쓰기를 말하기의 오염된 형식으로 간주한다. 말하기가 기원이 되는 사실에 더 가까운 듯 보인다. 말하는 것을 들을 때 우리는 그것에 글쓰기에 결여되어 있다고 보는 '현존'이 있다고 생각한다. 위대한 배우, 웅변가 또는 정치가의 말하기에는 '현존'이 있다고 생각한다. 위대한 말하기는 말하는 사람의 영혼을 구체화하는 것이다. 글쓰기는 상대적으로 순수하지 않고, 상대적인 영속성을 가진 물리적인 표식에서 그 자체의 체계를 강요한다. 글쓰기는 반복(인쇄, 재인쇄 등등)될 수 있고 이러한 반복은 해석과 재해석을 가져온다. 심지어 말하기가 해석을 당하는 경우 그것은 보통 씌어진 형태로 이루어진다. 글쓰기는 글쓴이의 존재를 필요로 하지 않으나 말하기는 언제나 즉각적인 현존을 암시한다. 말하는 사람에 의해 만들어진 소리들은 공중에서 사라지며 (기록되지 않는다면) 아무런 흔적을 남기지 않기 때문에 글쓰기에서처럼 기원이 되는 사상을 오염시키지 않는 것처럼 보인다. 철학자들은 종종 글쓰기에 대한 그들의 혐오감을 표현했다. 왜냐하면 그들은 글쓰기가 철학적 진리의 권위를 파괴할 것을 두려워하기 때문이다. 이 진리는 쓰일 때 오염될 위험이 있는 순수한 사상(논리, 사상들, 명제)에 의존한다. 프랜시스 베이컨은 과학적 진보의 중요한 장애물의 하나는 웅변에 대한 사람이라고 믿었다.

"인간은 내용보다 말들을 더 많이 추구하기 시작하였고 내용의 무게 … 건전한 주장보다도 … 수사어구와 비유법을 더 추구하였기 때문이다." 그러나 '웅변'이란 단어가 제시하듯이, 베이컨이 반대했던 글쓰기의 특질들은 원래 웅변가들에 의해 발전된 특질들이다. 따라서 사상의 순수성을 더럽힐 것 같은 정교화라는 바로 그 글쓰기의 특징들은 원래 말하기를 위해 계발된 것이었다. '글쓰기'와 '말하기'를 이렇게 연결시키는 것은 데리다가 이른바 '폭력적인 위계 질서'라고 부른 것의 한 예이다. 말하기기 충분한 현존을 가지고 있는 반면에 글쓰기는 2차적이며 그것의 물질성으로 말하기를 오염시키겠다고 위협한다. 서양 철학은 현존을 보존하기 위해 이러한 순위 매기기를 지지했다. 그러나 베이컨의 예에서 볼 수 있듯이 그 위계질서는 쉽게 원상으로 돌릴 수 있고 역전될 수도 있다. 우리는 말하기와 글쓰기가 모두 확실한 글쓰기의 특징들을 공유한 것을 보기 시작한다. 왜냐하면 이 둘 모두가 현존이 없는 의미 부여의 과정들이기 때문이다. 위계질서의 역전을 완성시키기 위해서 우리는 이제 말하기는 글쓰기의 한 종류라고 말할 수 있다. 이러한 역전은 데리다적인 '해체론'의 첫 번째 단계이다.

말하기와 글쓰기 사이의 구분에 대해 데리다가 의문을 제기하는 것은 '철학'과 '문학' 그리고 '문자 그대로인' 것과 '비유적인' 것 사이의 구별에 대하여 그가 문제제기 한 것과 유사하다. 철학은 그 자체의 텍스트성을 무시하거나 거부하는 경우에만 철학적이 될 수 있을 뿐이다. 철학은 자체가 그러한 오염으로부터 벗어나 있다고 믿기 때문이다. '문학'은 철학에 의해 단순히 '허구'로, 그리고 '비유법'의 손아귀에 잡혀 있는 담론으로 간주된다. 철학/문학의 위계질서를 역전시킴으로써, 데리다는 철학을 〈말소 상태〉(sous rature)로 만들고 있다. 즉 철학은 그 자체가 수사학에 의해서 통제되지만, 독특한 '글쓰기' 형태로 보존된다(우리는 여전히 '철학'을 말소 표식으로 보고 있다). 철학을 문학으로 읽는 것은 문학을 철학으로 읽는 것을 막지 못한다. 일부 데리다주의자들이 이러한 부분적인 해체에 책임이 있지만, 데리다는 이 새로운 위계질서(문학/철학)를 주장하기를 거부한다. 이와 비슷하게 '문자 그대로의' 언어는 사실상 비유성이 상실된 '비유적' 언어라는 것을 알 수 있다. 하지만 '문자 그대로의' 것이라는 이념은 삭제된 것이 아니라 오로지 해체될 뿐이다. 이것은 실제로 남아 있으나 '말소상태'에 있다.

데리다는 말하기/글쓰기와 같은 대구 사이의 불안정한 관계를 전달하기 위해 '보충'이란 용어를 사용한다. 루소에게는 글쓰기란 단지 말하기에 대한 보충이다. 글쓰기는 비본질적인 어떤 것을 추가하기 때문이다. 프랑스어에서 'suppléer'는 또한 '대치하다'(대신하다)를 의미하고 데리다는 글쓰기가 말하기를 보충할 뿐만 아니라 대신한다는 것을 보여준다. 그 이유는 말하기가 언제나 이미 씌어진 것이기 때문이다. 인간의 모든 행위는 이러한 보충성(추가-대치)을 포함한다. 우리가 자연이 '문명'에 선행했다고 말할 때 우리는 순수한 현존이 단순한 보충보다 좋다고 주장하는 또 다른 폭력적인 위계질서를 주장하는 것이다. 그러나 만일 우리가 자세히 살펴본다면 자연은 언제나 이미 문명에 의해 오염되었다는 것을 발견하게 된다. 왜냐하면 '본래의' 자연이란 결코 없고 단지 우리가 추진시키기를 워하는 신화만이 있기 때문이다.

다른 예를 생각해보자. 밀턴의 『실낙원』은 선과 악의 구별에 토대를 두고 있다고 말할 수 있다. 선은 독자적으로 존재의 완전성을 가지고 있다. 선은 하느님으로부터 나온 것이다. 악은 본래의 존재의 통합을 오염시키는 두 번째로 온 것이며 보충이다. 그러나 만일 우리가 좀 더 자세히 살펴보면 역전이 일어나고 있음을 알게 된다. 예를 들어 만일 우리가 악이 없이 선만이 있었던 시대를 추구한다면 우리는 우리 자신들이 심연의 퇴행 속에 갇혀 있다는 것을 알게 된다. 그것은 타락 이전에 존재했던가? 사탄의 몰락 이전에? 무엇이 사탄의 몰락을 가져왔는가? 교만이다. 누가 교만을 만들어냈는가? 천사들과 죄로부터 자유로웠던 인간을 창조한 하느님이다. 우리는 결코 수순한 선만이 존재했던 본래의 순간에 도달하지 못한다. 우리는 이 위계질서를 뒤집고는 타락 이후가 되기까지는 인간에 의한 '선한' 행동은 전혀 없다고 말할 수 있다. 아담의 첫 번째 희생 행위는 타락한 이브에 대한 사랑의 표현이다. 이러한 '선'은 악 이후에만 온다. 신의 금기 자체가 악을 미리 상정한다. 『아레오파지티카』(*Areopagitica*)에서 밀턴은 서적 검열을 반대했다. 왜냐하면 그는 우리가 악에 대항하여 싸울 기회가 주어질 때에야 비로소 덕을 갖출 수 있다고 믿었기 때문이다. "우리를 정화시키는 것은 시련이다. 그리고 이 시련은 반대되는 것 때문에 존재한다." 그러므로 선은 악이 나온 〈뒤에〉 온다. 이러한 혼란을 정리할 수 있는 비판적인 신학적 전략들이 많이 있다. 그러나 해체를 위한 토대는 여전히 남아 있다. 그러한 읽기는 그 위계질서를 주목함으로써 시작되고 계속해서 그것을 역전시키고, 궁극적으로는 우세한 위치는 제2의 용어로 대치시킴으로써 새로운 위계질서에 대한 주장에 저항한다. 블레이크는 밀턴이 그의 위대한 서사시에서 사탄의 편을 들었다고 믿었고, 셸리는 사탄이 하나님보다 도덕적으로 우수하다고 생각했다. 블레이크와 셸리는 간단히 이 위계질서를 역전시켜 선을 악으로 대치했다. 해체적 읽기는 계속 나아가 두 개의 항목이 '폭력' 없이는 양 방향 그 어느 쪽으로 위계질서화될 수 없다는 것을 인식할 것이다. 악은 추가이며 〈동시에〉 대치이다. 해체는 하나의 텍스트가 〈그 자체의 힘으로 수립하려는 듯이 보이는 법칙들을 위반하는〉 순간을 찾을 때 시작될 수 있다. 이 지점에서 텍스트들은 말하자면 산산조각이 난다.

데리다는 「서명 사건 맥락」이라는 글에서 글쓰기의 특징으로 다음의 세 가지를 들고 있다.

1. 쓰인 기호는 특별한 맥락 속에서 기호를 방출하는 주체가 없는 곳에서뿐만 아니라 특별히 듣는 사람이 없는 곳에서 반복될 수도 있는

하나의 효시이다.

2. 쓰인 기호는 그것의 '실제적인 맥락'을 파괴할 수 있고 글쓴이의 의도와 상관없이 다른 맥락에서 읽힐 수 있다. 기호들의 어떤 고리도 (인용문에서와 같이) 다른 맥락의 담론 속에 '접목'될 수 있다.
3. 쓰인 기호는 두 가지 의미에서 '공간화'(espacement)에 종속된다. 첫째, 그것은 어떤 특별한 고리에서 다른 부호들과 분리된다. 둘째, 그것은 '현재의 참조점'으로부터 분리된다(즉 그것은 그 내부에 실제로 존재하지 않는 것만을 지시할 수 있다).

이러한 특징들은 글쓰기를 말하기와 구별짓는 것처럼 보인다. 글쓰기는 무책임과 연관된다. 왜냐하면 만일 부호들이 맥락에서 벗어나 반복될 수 있다면, 그 부호들은 어떤 권위를 가질 수 있는가 하는 의문이 생기기 때문이다. 데리다는 예를 들어 우리가 구두의 부호들을 해석할 때 그 발화에 어떠한 강세, 음조나 왜곡이 포함될 수 있더라도, 우리는 어떤, 안정되고 동일한 형태들(기표들)을 인정해야만 한다는 사실을 지적함으로써, 계속해서 그 위계 질서를 해체한다. 우리는 우연한 음성적 (소리)재료를 배제하고 순수한 형태를 회복해야 하는 것처럼 보인다. 이 형태는 우리가 글쓰기의 특징이라고 생각했던 반복될 수 있는 기표이다. 다시 한번 우리는 말하기가 글쓰기의 일종이라는 결론에 도달한다.

J. L. 오스틴은 '화용론'(speech acts)을 발전시켜 유일하게 의미 있는 진술들만이 세상의 사태를 성명하는 진술들이라고 추정했던 오래된 논리적 실증주의적인 언어관을 대치할 수 있게 했다. 다른 모든 종류의 진술들은 실제적인 것들이 아니라 '의사진술들'(pseudo-statements)이다. 오스틴은 첫 번째(지시적 진술)를 나타내기 위해 '진술 발화적'(constative)이라는 용어를 사용하며 발화들이 설명하는 행위들을 실제로 수행하는 그러한 발화들을 나타내기 위해 '수행적'(performative)이라는 용어를 사용한다("나는 완전한 진리, 그리고

진리만을 말할 것을 선서합니다"는 선서를 〈수행하고〉 있다). 데리다는 말하기가 하나의 의미를 가지기 위해 어떤 것을 재현할 필요는 없다는 것을 인식함으로써 오스틴의 이론이 말씀중심주의 사상과 단절한다는 것을 인정한다. 그러나 오스틴은 또한 언어적 힘의 차이를 구별한다. 단순히 언어적 발화(가령, 하나의 영어문장을 말하기)를 하는 것은 하나의 〈언표적〉(言表的, locutionary) 행위이다. 〈발화 수반적〉(illocutionary) 힘을 가진 말하기 행위는 그 행위를 수행하는(약속하고 맹세하고 주장하고 확증하고 등등) 것을 포함한다. 만일 말하는 행위가 어떤 결과(주장으로 나는 당신을 〈설득한다〉. 나는 맹세로 당신을 〈확신시킨다〉 등등)를 가져온다면, 그것은 '발화 효과적'(perlocutionary)인 힘을 갖게 된다. 오스틴은 말하기 행위들은 맥락이 있어야 한다고 주장한다. 하나의 선서는 단지 적절한 사법 제도 내의 법정에서나 선서가 관습적으로 수행되는 다른 상황들에서만 발생할 수 있다. 데리다는 말하기 행위의 반복 가능성('iterability')이 하나의 맥락에 부가되기보다 좀 더 근본적이라고 제시함으로써 화용론에 의문을 제기한다.

오스틴은 계속해서 수행적이 되기 위해서 하나의 진술은 '진지하게' 행해져야 되며 농담이 되거나 연극이나 시에서 사용되어서는 안된다고 말한다. 할리우드 영화의 재판 장면에서 행하는 선서는 하나의 실제-생활의 선서에 대해 '기생적'이다. 데리다를 반박한 글인 「차이들을 반복하기」("Reiterating the Differences")에서 존 설은 오스틴의 견해를 옹호하고, '진지한' 수행적 진술은, 만일 그것이 반복될 수 있는 부호 연속체가 (바르트는 '언제나-이미-쓰인 것'이라고 부른다)아닌 경우에는, 발생할 수 없다고 능숙하게 증명한다. 실제 법정에서의 선서는 단지 사람들이 영화나 책에서 벌이는 특별한 경우의 게임에 불과하다. 오스틴의 순수한 수행적 진술과 순수하지 않고 기생적인 해석이 공통으로 가지고 있는 것은 그들 모두가 '쓰인 것'에 전형적으로 존재하는 반복과 인용과 관계를 맺는다는 점이다.

1966년 논문이후 데리다는 미국학계에서 명사가 되었고 예일 대학교에서 교편을 잡게 된다. 1984년 이래로 그는 파리의 사회과학고등연구원에서 교수로 재직해 있으면서 유럽과 미국의 몇몇 대학들에서 방문교수로 재직했다. 1992년 200여 명의 교수들의 반대와 논쟁에도 불구, 캠브리지 대학에서 수여하는 명예박사학위를 수여받았다. 그는 자신의 글쓰기가 종교를 포함해 윤리학과 정치학의 질문들에 좀 더 열린 후기 다작의 시기를 보낸 후 2004년 10월에 세상을 떠났다. 비록 그의 사상이 미국과 다른 곳에서 때때로 비방받고 데리다 고유의 논점에서 이탈되었음에도 불구하고, 지난 삼십년 이상 그의 영향력은, 그의 죽음에서 드러난 것처럼 넓고도 깊다. 그의 글쓰기는 지속적으로 몇몇 독자들을 좌절시키고 괴롭혔다고 이야기되지만, 그럼에도 불구하고 몇몇 좌파 이론가들은 – 특히 1990년대 초기, 윤리학과 정치학의 질문들에 대한 짧지만 많은 개입이 있었을 때 – 만족했다. 그의 후기의 중요한 몇 가지는 그의 글들인 「법의 힘」(“Force of Law”, 1994), 『우정의 정치학』(*Politics of Friendship*, 1997), 『환대』(*Of Hospitality*, 2000), 『세계시민주의와 용서』(*On Cosmopolitanism and Forgiveness*, 2001), 그리고 오랜 연구저작인 『마르크스의 유령』(*Spectres of Marx*, 1994)에 번역되어있다.

데리다의 저작이 어려운 이유는 애초에 그의 글이 철학, 언어학, 정신분석, 문학, 예술, 건축과 윤리학을 넘나들기 때문이다. 데리다의 글은 전통적인 분과학문과 학제의 경계를 침범한다. 데리다는 이 영역들 중 확정적으로 어느 한 곳에 속하지 않을 뿐 아니라 그의 저작은 분과학문와 정전적 재현이 의존하는 가정과 관습에 끊임없이 의문을 제기한다. 그것이 바로 그의 저작을 ‘포스트구조주의’(그리고 더 넓은 지적 경향과 연계하는 유용한 신호)라는 용어로 지칭하는 이유이다. 그러나 그의 저작은 가정된 이분법적 구분과 데리다가 분과학문과 관련 있다고 묘사한 사고방식(modus operandi)을 특징으로 하는 가정된 전체에 끊임없이 질문을 던지기 때문에 ‘해체론’적이라 묘사하는 것이 좀 더 정확할 것이다. 데리다가 전형적으로 쓰는 말처럼 '해체론의 과업은 … 철학의 "타자"를 발견하는 것'이다. 그 결과는 이제는 인문학의 급진적 영역에서 일반화된 정체성, 기원, 의도, 의미 생산에 대한 의문제기이다.

이 시기에서 가장 논쟁적이면서 중요한 이슈 중 하나는 해석의 '정치학'과 관련 있다: 많은 경우, 자기 지시성이 아니라 텍스트성과 해체에 관한 데리다의 생각의 명백한 함축에서, 정합적인 인간주체는 세계 안의 물질적 지시성의 현실과 윤리적이고 정치적인 프로젝트와 연관되어야 하는 인간행위주체의 개념을 부정해왔다. 데리다의 진술 가운데 일부는 — 가장 유명하며 종종 인용되는 코멘트: "il n'y a pas de hors-texte"(번역하자면, "텍스트 외부에는 아무것도 없다") — 이러한 반응에 부채질을 해왔다. 이 구절의 대안적인 번역은 '텍스트의 외부는 없다'로 데릭 아트리지에 의해 제안되었다. 이는 텍스트성과 서사로부터 벗어날 수 없다는 것을 의미하며 텍스트의 좀 더 침투적인 성격을 강조한다. 하지만 해체론은 형식주의라는 혐의와 정치적 무저항주의에 대항하는 기나긴 다툼을 지켜보아야 했다. 이러한 점에서 가장 중요한 만남은 아마도 마르크스주의와의 만남일 것이다. 예를 들어, 테리 이글턴(5장의 참고문헌 가운데 1983년과 1996년의 글 참조)은 해체론의 정치적 진입과 애초의 의도에 관해 논쟁을 제기했다. 알렉스 칼리니코스(1989, 1995)는 포스트구조주의라는 '급진적 이론의 비정치성'에 대한 가장 신랄한 비평가 가운데 한 사람이다. 상반된 둘 사이의 화해는 마이클 라이언의 『마르크스주의와 해체론』(*Marxism and Deconstruction*, 1982)에서 '권위적 일체' 대신 '복수성'의 권장, 복종 대신 비판, '동일성' 대신 '차이', 절대적이거나 전체적인 시스템에 대한 일반적인 회의주의라는 지평에서 제시되었다. 마르크스주의와 해체론의 관계에 대한 데리다의 직접적인 언급은 『마르크스의 유령』(1994)에 나온다. 데리다가 쓴 것처럼, 해체론과 그에 뒤따라 나온 모든 것은 마르크스주의 없이는 생각할 수 없었을 것이다. 더구나, '해체론은 특정한 마르크스주의의 전통이라고 이야기될 수 있는 급진주의를 제외하고 특정한 마르크스주의의 유령과는 어떠한 이해관계도 없다.' 여기서 중요한 것은 해체론이 종국에는 마르크스주의자의 권위에 의해 지배받는 '마르크스주의자'는 아니라는 것이다. 하지만 확실한 '그' 마르크스의 유령이 아닌 '하나의' 마르크스의 유령을 따르는 '급진주의의 시도'이다.

데리다가 『마르크스의 유령』에서 사용한 '유령'에 대한 개념은 새로운 분석적 어휘들이 나타나게 했다. 유령, 영혼, 망령, 원혼과 귀신은 실제의 또는 현존하는 현실과 비존재 또는 가상성, 부재로서 인식되는 타자사이의 대립을 해체한다. 이러한 용어 또는 현상은 그가 말한 '유령성 효과'(spectrality effect) 또는 '유령론'(hauntology)의 논리를 표현한다. 마르크스와 엥겔스의 『공산당 선언』(*The Communist Manifesto*)은 유명한 선언으로 시작한다. "공산주의 유령이라는 하나의 유령이 유럽을 떠돌고 있다." 데리다는 이 유령에 대한 생각을 셰익스피어의 『햄릿』(*Hamlet*)에 등장하는 유령의 예와 결합시킨다. 햄릿은 그의 죽은 아버지의 유령을 보았을 때 다음과 같은 말로 반응했다: "시간이 탈구된다: 오 저주받은 운명이여. 이를 바로잡으러 내가 태어나다니." 데리다는 이 탈구된 시간의 감각을 과거와 죽음으로부터 돌아온, 현재에는 최초로 나타나는 듯이 보이는 유령의 비유로 표현했다. 유령은 언제나 귀환한다 — 데리다가 말한 것처럼 '유령은 돌아옴으로서 시작한다.'

이러한 생각은 '존재의 형이상학'과 분화되고 탈중심화된 주체성의 개념뿐 아니라 '차연'의 계속된 생산 속에서 이분법(실재와 비실재, 특히 산자와 죽은 자를 포함해)의 전복과 해체론에서 심문해온 여러 방식과 함께 해체론의 기초적인 비평을 이룬다. 수많은 문학연구는 또한 데리다가 열어젖힌 '유령성'(spectrality)의 주제를 계속해서 탐구해왔다(베넷과 로일, 2004, 15장; 부스와 스톳, 1998). '우정', '세계시민주의'와 '환대'에 관한 다른 저작과 함께, 『마르크스의 유령』에서 강조한 것처럼, 철학과 언어, 문학과 윤리 안에서 데리다의 주제가 어떻게 변화해왔고 차이를 지니는지 — 자아와 타자의 관계 속에서 — (그러므로 그의 해체론의 특징은, 앞서 적은 것처럼 "'타자'의 철학을 발견하는 것'이다). 이러한 주제들에 관해 데리다의 '추종자들'(결론 장의 참고문헌에서 도체티(1996), 아트리지(2004)의 글 참조)에 의해 연구된 저작은 해체론이라는 '특별한 영혼' 안에서 계속된다고 이야기된다.

미국 해체론

미국의 비평가들은 그들이 오랫동안 소중히 간직해 온 신비평의 형식주의를 떨쳐버리고자 수많은 외국의 이론들을 자유롭게 섭렵하고 있었다. 노스롭 프라이의 과학적 '신화 비평', 루카치의 헤겔적 마르크스주의, 조르쥬 뿔레의 현상학, 그리고 엄격한 프랑스 구조주의가 각각 유행하였다. 데리다가 가장 영향력 있는 미국의 비평가들을 매료시켰다는 사실은 다소 놀라운 일이다. 그들 중 일부는 낭만주의 전공자들이다. 낭만주의 시인들은 그들의 삶에서 어떤 특권이 부여된 순간에 일어나는 무시간적인 계시('현현', epiphanies)의 경험에 지대한 관심을 가지고 있다. 그들은 시를 통해 이러한 '시간의 순간'을 다시 잡으려고 노력하고 이러한 절대적 현존을 그들의 말에 침윤시키려 노력한다. 그러나 그들은 '현존'의 상실 또한 탄식한다. 워즈워드의 말처럼 "이 땅에서 영광은 사라져 버렸다." 그러므로 폴 드 만과 다른 사람들이 낭만주의 시가 해체론을 소개하는 공개된 초대장이라고 생각하는 것은 별로 놀라운 일이 아니다. 낭만주의자들은 그들이 갈망하는 현존이 언제나 부재하고 언제나 과거나 미래 속에만 있다는 것을 보여줌으로써 자신들의 글을 실제로 해체하고 있다고 드 만은 주장한다.

드 만의 『맹목과 통찰력』(*Blindness and Insight*, 1971)과 『읽기의 알레고리』(*Allegories of Reading*, 1979)는 해체론에 관한 놀랄 만큼 엄밀한 저작들이다. 이들 저작에 대한 데리다의 영향은 확실하다. 그러나 드 만은 자신만의 용어를 발전시키고 있다. 그의 첫 번째 저서는 비평가들이 어떤 맹목성을 통해 통찰력을 성취하게 된다는 역설의 문제를 다루고 있다. 비평가들은 이론이나 방법이 만들어 내는 통찰력과 아주 동떨어진 이론이나 방법을 채택한다. "이 모든 비평가들[루카치, 블랑쇼, 뿔레]은 기묘하게도 그들이 말하려고 의도하는 것과는 다른 것을 말하도록 운명 지어진 것 같다." 비평가들은 단지 "이러한 특이한 맹목성에 발목이 잡혀 있기" 때문에 통찰력을 획득할 수도 있다. 예를 들면 미국의 신비평가들(1장 참조)은 그들의 실천의 토대를 유기적 형식에 대한 코울리지의 개념 — 시는 자연 형태의 통일성과 유사한 형식적 통일성을 가진다 — 에 두고 있다. 그러나 그들은 시에서 자연 세계의 통일성과 일관성을 찾는 대신에 복합적 양식을 가진 애매모호한 의미들을 찾아낸다. "이러한 일원론적인 비평은 결국 애매모호성의 비평이 된다." 이러한 애매모호한 시적 언어는 객체 같은 총체성이라는 그들의 개념과 모순되는 것처럼 보인다.

드 만은 이러한 맹목성 속의 통찰력은 하나의 통일성에서 또 다른 통일성으로 무의식적으로 미끄러져 들어가므로 쉽게 생겨난다고 믿고 있다. 신비평가들이 흔히 발견하는 통일성은 텍스트가 아니라 해석의 행위 속에 있다. 총체적인 이해에 대한 그들의 욕망은 해석에 대한 '해석학적 원'(hermeneutic circle)을 창시한다. 텍스트 속의 각각의 요소는 전체 속에서 이해되고 전체는 모든 요소들로 구성된 총체성으로 이해된다. 이러한 해석학적 운동은 문학적 '형식'을 생산해내는 복잡한 과정의 일부이다. 이러한 해석의 '원'을 텍스트의 통일성이라고 오해함으로써 그들은 분리되고 복합적인 시의 의미(그 요소들은 하나의 통일성을 형성하지 않는다)에 대한 통찰력을 만들어 내는 맹목성을 유지하게 된다. 비평은 자신이 만들어내는 통찰력에 대해 무지함에 틀림없다.

『읽기의 알레고리』에서 드 만은 『맹목과 통찰력』에서 이미 시작된 해체론의 '수사학적' 유형을 발전시키고 있다. '수사학'은 설득 기술을 가리키는 고전적인 용어이다. 드 만은 수사적인 논문들에 수반되는 '비유' 이론에 관심을 가진다. '비유법'은 작가들이 이 말을 하며 다른 것을 의미하는 것을 허용한다. 그 예로 하나의 기호를 다른 것으로 대치하기(은유), 하나의 의미 고리 속에 있는 하나의 기호를 다른 것으로 전위(轉位)하기(환유) 등등이 있다. 비유법은 언어에 스며들어 논리를 불안정하게 만드는 힘을 행사하고 이에 따라 언어의 문자 그대로의 직선적인 사용 또는 지시적인 사용의 가능성을 거부한다. "차 드릴까요, 커피 드릴까요?"라는 질문에 나는 "그 차이는 무엇입니까?"라고 대답한다. 나의 수사 의문문("나는 어느 것을 선택하든 별 차이가 없다"는 것을 의미한다)은 내 질문의 '문자 그대로의' 의미("차와 커피의 차이는 무엇입니까?")의 논리와 모순된다. 비평적 통찰력이 비평적 맹목성의 결과인 것처럼, 문학 텍스트에서 명백한 비평적 성찰이 담긴 구절이나 주제 진술의 구절은 그곳에서 사용된 수사학의 함축된 의미를 억제하는 것에 의존하는 것 같다는 사실을 드 만은 보여주고 있다. 드 만은 특정한 텍스트를 자세히 읽는 데에 그의 이론의 토대를 두고 있고, 실재의 직접적인 재현을 방해하는 것은 바로 언어와 수사학의 효과라고 생각한다. 드 만은 니체를 따라 언어란 본질적으로 비유적이며 지시적이거나 표현적이 아니라고 믿는다. 왜냐하면 본래 비수사적인 언어는 없기 때문이다. 이것은 '지시'가 언제나 비유성에 오염되어 있음을 뜻한다.

드 만은 이러한 주장들을 비평 자체에 적용한다. 읽기는 언제나 필연적으로 '오독'이다. 왜냐하면 '비유들'은 비평 텍스트와 문학 텍스트 사이에 불가피하게 개입되기 때문이다. 비평적 쓰기는 '우리'가

'알레고리'라고 부르는 문학적 비유에 본질적으로 순응한다. 왜냐하면 비평적 글쓰기는 부호들의 다른 연속체와 거리를 두고 존재하는 부호들의 연속체로 자기 위치에 서 있기를 추구하기 때문이다. 따라서 비평은 철학과 같이 '문학'의 공통적인 텍스트성으로 되돌아온다. 이 '오독'의 요점은 무엇인가? 드 만은 일부 오독들은 정확하고 나머지들은 부정확하다고 생각한다. 하나의 정확한 오독은 모든 언어가 생산해 내는 피할 수 없는 오독들을 포함하여 노력하지, 억압하지 않으려고 노력한다. 이 주장의 중심부에는 문학 텍스트들이 〈자기 해체적〉이라는 신념이 있다. 왜냐하면 '하나의 문학 텍스트는 그 자체의 수사적 양식의 권위를 주장하는 동시에 부정하기' 때문이다. 해체론자는 텍스트 자체의 과정들과 공모하는 것 이외에는 아무것도 할 일이 없는 것처럼 보인다. 만일 그 해체론자가 성공한다면, 정확한 오독을 이룰 수 있다.

드 만의 정교한 비평 과정 속에는 언어의 지시적인 기능(지시는 단지 '말소 상태'에 놓여 있다)에 대한 실질적인 부정은 나타나지 않는다. 그러나 텍스트들은 결코 그들의 텍스트성에서 나오는 것처럼 보이지 않기 때문에, 미국의 (그리고 특히 드 만의) 해체는 다른 수단으로 신비평의 역사분해를 영속화시키고 있다는 테리 이글턴의 견해가 나올 수 있다. 신비평가들은 텍스트를 역사로부터 보호하기 위해 '형식'으로 텍스트를 덮어 버리는 반면 해체론자들은 "굶주림, 혁명, 축구 경기, 셰리 포도주 과자를 아직도 미결정의 '텍스트'로 간주하여," 확장된 문학의 제국 속에서 역사를 삼켜 버린다. 해체는 이론상으로는 텍스트/역사의 위계 질서를 수립할 수 없으나, 실제로 해체는 눈이 미치는 어디에서나 텍스트만을 본다.

포스트구조주의의 수사적 유형은 여러 형태를 취한다. 역사 편찬학(historiography: 역사 이론)에서 헤이든 화이트는 잘 알려진 역사가들의 저작들에 대해 과감한 해체를 시도했다. 『담론의 수사학』(*Tropics of Discourse*, 1978)에서 화이트는 역사가들이 자신들의 서술을 객관적이라고 믿지만 구조와 관계되는 그들의 기술행위는 텍스트성을 피할 수 없다고 주장한다. "우리의 담론은 언제나 우리가 자료를 통해 이해하려고 노력하는 의식들의 구조들을 향해 우리의 자료들로부터 미끄러져 멀어지는 경향이 있다." 새로운 방법론이 생길 때마다 그것은 연구 분야의 대상들에 대한 그 방법 자체의 언어의 적절성을 수립해야 한다. 그러나 이것은 논리적 주장으로가 아니라 "논리적이기보다 수사적인 비유 〈이전의〉 움직임"에 의해 이루어진다. 역사가들이 그들 연구의 자료들을 정리할 때, 그들은 그 자료에 케네스 버크가 '4대 비유법' ― 은유, 환유, 대유, 아이러니 ― 이라고 말한 것을 조용히 적용할 수 있는 것으로 만든다. 역사적인 사유는 비유로 환산하지 않고는 가능하지 않다. 화이트는 이 비유적인 의식이 정상적인 심리적 발전의 일부일 수도 있다고 생각하는 점에서 피아제와 의견이 일치한다. 화이트는 계속해서 주요 사상가들(프로이트, 마르크스, E. P. 톰슨과 같은 다른 사상가들)의 저작을 검토하고 그들의 '객관적 지식'이나 '구체적 역사적 현실'이 언제나 주로 비유법에 의해 형성되어 있다는 것을 보여준다.

문학비평에서 해롤드 블룸은 비유법을 놀랄 정도로 많이 사용한다. 예일대 교수임에도 불구하고 블룸은 드 만이나 제프리 하트만(아래 하트만 부분 참조)보다 덜 급진적으로 '텍스트적'이고 아직도 문학을 연구의 특별 영역으로 다루고 있다. 그러나 그가 비유 이론, 프로이트 심리학, 그리고 유태교의 비교적(秘教的) 신비주의를 결합시킨 것은 대담한 것이다. 블룸은 최초로 인정한 '주관적' 시인인 밀턴 이래로 시인들이 '뒤늦음'에 대한 의식으로 고통 받아왔다고 주장한다. 시의 역사에 늦게 등장한 그들은 자신들의 시적 아버지들이 이미 이용 가능한 모든 영감들을 모두 사용해 버렸을 거라는 두려움을 가지고 있다. 시인들은 부성을 부정하려는 필사적인 욕망인 아버지에 대한 오이디푸스적인 증오를 경험한다. 공격적인 감정들을 억압하고자 다양한 방어 전략들을 불러일으킨다. 시는 그 자체로는 존재할 수 없으며 언제나 다른 시와의 관계 속에 존재한다. 시인들은 뒤늦게 쓰기 위해서는 상상적인 공간을 창조해야 한다는 심리적인 투쟁 속으로 진입함이 틀림없다. 새로운 해석을 만들어 내기 위해서 그들의 선배 대가들을 '오독'하는 일이 필요하다. 그러한 '시적 오해'(poetic misprision)는 시인들이 그들 자신의 진정한 영감을 교환할 수 있는 필수적인 공간을 창조한다. 선행자들의 의미에 대한 이러한 공격적인 곡해가 없다면 전통은 모든 창조성을 질식시킬 것이다.

유태 비교의 저작들(성경의 숨겨진 의미들을 보여주는 유태인 랍비들의 텍스트들)은 〈수정주의적〉 텍스트의 고전적인 예들이다. 블룸은 유태의 비교적인 신비주의에 관한 16세기 아이작 루리아의 해석이 시인들이 르네상스 이후 시가에서 이전의 시인들을 수정하는 방식의 귀감이 되는 모형이라고 믿고 있다. 블룸은 루리아로부터 수정의 3단계를 발전시킨다. 즉 〈제한〉(새로운 시각을 가지기), 〈대치〉(한 형태에서 다른 것으로 바꾸기), 그리고 〈재현〉(의미를 복원하기)이다. '강한' 시인이 글을 쓸 때 그는 과거의 강한 시인들과 씨름하면서(우리들은 여기에서 의도적으로 블룸의 남성적인 어법을 노출시킨다), 변증법적으로 3단계를 되풀이하여 통과한다.

『오독의 지도』(*A Map of Misreading*, 1975)에서 블룸은 "강한 시인들이 이전의 강한 시인들의 언어에 저항하고 반응할 때 사용하는 언어에 의해 포스트계몽주의적인 이미지들로" 의미가 어떻게 생성되는가에 대한 지도를 그린다. '비유법'과 '방어들'은 서로 교환할 수 있는 '수정주의적 비율'의 형태들이다. 강한 시인들은 6개의 심리적 방어들을 분리해서 또는 연속적으로 채택하여 '영향에 대한 불안'과 대적한다. 이러한 여섯 가지 방어들은 한 시인이 아버지의 시로부터 '빗나가기'를 허용하는 비유들로 그들의 시에 나타난다. 이 6개의 비유는 아이러니, 대유, 환유, 과장/곡언법(曲言法), 은유와 전유법(轉喩法)이다. 블룸은 아버지와 아들의 텍스트들 사이에 있는 6종류의 관계(수정주의적 비율들)를 설명하기 위해 6개의 고전적인 어휘들 — 클리나멘(clinamen: 최초의 축약, 최초의 오류화), 테세라(tessera: 후에 완성하기), 케노시스(kenosis: 선행 언어를 털어내기), 데모니제이션(daemonization: 악마로 만들기), 아스케시스(askesis: 대리 만족인 승화시키기), 아포프라데스(apophrades: 선임자에게로 돌아가기) — 를 사용한다. 클리나멘은 새로운 시적 방향(대가가 취했거나 취하여야 했을 방향으로 암시된다)을 정당화하기 위해 시인이 취하는 '빗나가기'이다. 이것은 선배 시인을 의도적으로 잘못 해석하는 것과 관계가 있다. 테세라는 '파편'이다. 한 시인은 선임자의 재료들이 마치 조각조각으로 이루어진 것이기에 후임자의 마지막 손길이 필요한 것처럼 그 재료들을 취급한다. 클리나멘(수정주의적 비율)은 '아이러니'의 수사적 형태(사상이 아닌 비유법)를 가지며 '반동-형성'이라고 부르는 심리적 방어이다. 아이러니는 어떤 말을 하지만 그것은 다른 어떤 것(종종 반대의 것)을 의미한다. 나머지 비율들은 비유로서 동시에 심리적 방어로서 유사하게 표현되고 있다(테세라=대유='자아에 대항하기' 등등). 드 만과 화이트와는 달리 블룸은 자신의 읽기에서 수사학에 특권을 부여하지 않는다. 블룸의 방법은 '심리 비평적'이라 부르는 것이 좀 더 정확할 것이다.

블룸은 워즈워스, 셸리, 키이츠와 테니슨의 낭만적인 '위기 시편'에 특별한 관심을 집중시킨다. 각 시인은 그의 선임자들을 창조적으로 오독하기 위해 투쟁한다. 각 시편은 수정 단계를 통과하고 각 단계는 수정 비율의 짝을 통해 작용한다. 예를 들어 셸리의 「서풍에 붙이는 송시」는 워즈워스의 「영생 불멸을 깨닫는 노래」와 다음과 같이 투쟁을 벌인다. I-II연은 클리나멘/테세라, IV연은 케노시스/데모니제이션, V연은 아스케시스/아포프라데스, 블룸 방법의 완전한 작동을 이해하기 위해서는 『오독의 지도』 III부를 공부할 필요가 있다.

신비평에서 출발한 제프리 하트만은 곧장 해체론으로 뛰어들었고 단편적인 비평들을 산발적으로 발표해서 남겼다(『형식주의를 넘어서』(*Beyond Formalism*, 1970), 『읽기의 운명』(*The Fate of Reading*,

1975)과 『황야에서의 비평』(*Criticism in the Wilderness*, 1980)에 실린 글들). 드 만과 같이 하트만은 비평을 문학의 밖에 있는 것이 아니라 안에 있는 것으로 간주한다. 그는 자신의 담론의 토대를 보장하고자 다른 텍스트들(문학적, 철학적, 대중적)을 외견상 절충주의적인 자신의 방식을 정당화하기 위해 이러한 해체론을 원용했다. 예를 들어 어느 지점에서 하트만은 그리스도 비유담의 거칠음과 기이함에 대하여 글을 쓴다. 그런데 예수의 비유담은 "존 단의 '모든 것을 성변화(聖變化) 시키는 거미의 사랑'과 같이, 결합적이거나 화해적인 경향"을 가진 '좀 더 오래된 해석학'에 의해 완화되었다. 단의 구절은 연상으로 끌어들인 것이다. '성변화'는 사랑에 관한 시에서 은유적으로 사용된다. 그러나 하트만은 종교적으로 함축된 의미를 활성화하고 있다. 하트만의 '결합적'이라는 말은 '성변화'가 함축한 성육화의 의미를 찾아낸다. 하트만은 '거미'의 독성의 함의(단의 시대의)를 임의대로 억누르거나 무시한다. 하트만의 비평적 저작은 그러한 불완전하게 소화된 참조들에 의해 자주 방해받고 복잡하게 된다. 이러한 불완전성은 비평적 읽기가 허구를 "읽지 못할 만한 것으로 바꾸어서, 해석할 수 있는" 것으로 만들기 위해서는 일관된 의미를 생산하는 것이 아니라 '모순과 애매 모호성'의 드러내기를 목표로 삼아야 한다는 하트만의 견해를 반영한다. 비평은 문학 내부에 있기 때문에 그것도 똑같이 읽을 수 없는 것이 되어야 한다.

하트만은 매슈 아놀드적인 전통('달콤함과 빛')의 학문적인 상식적 비평에 거역한다. 좀 더 일반적으로 말해서 하트만은 "그 주체(텍스트, 심리)를 기술관료적인, 예언적인, 권위적인 공식으로 … 통제하려는 야망"을 지닌 과학을 거부하는 포스트구조주의를 채택한다. 그러나 그도 역시 너무 높이 날아 실제의 텍스트와 관계를 가질 수 없는 철학자-비평가의 사색적이고 추상적인 '하늘 날기'에는 의문을 제기한다. 자신을 다소 사색적이면서도 치밀한 텍스트비평가라는 평가를 내리는 것은 화해를 시도하는 것이다(워즈워스의 시는 하트만의 실제 비평의 중요한 장이다.) 하트만은 데리다의 급진적인 이론을 존경하는 동시에 두려워한다. 그는 새로 발견된 비평의 창조성을 환영하나 혼란으로 비평을 협박하는, 입을 크게 벌리고 있는 불확성성의 심연 앞에 주저하고 있다. 빈센트 레이치가 지적하듯이, "하트만은 위험의 교차로와 경고를 응시하거나 상상하는 경계지역을 바라보기 좋아하는 사람으로 등장한다." 그러나 우리는 하트만의 철학적인 의문점이 텍스트적인 즐거움의 유혹에 의해 완화된다고 생각하지 않을 수 없다. 이 점은 쥬네의 『도둑일기』(*Journal du voleur*)로부터 가져온 문단을 끼워 놓은, 데리다의 『조종』(*Glas*)에 관한 하트만의 아래 논의에서 발췌한 다음의 글에 잘 나타나 있다.

> 『조종』은 따라서 데리다 자신의 『도둑일기』이며 글쓰기의 의지적-본체론적-신학을 보여준다. 글쓰기는 언제나 로고스(말씀)를 훔치거나 조합하는 것이다. 절도는 새로운 평등 원리로 로고스를 … 꽃들의 변덕스러운 씨앗처럼 다시 나누어준다. 고유 이름으로 된 재산권조차도 고유한 것이 아니며, 글쓰기는 텍스트의 행간을 가로지르고, 그것을 불확정적으로 만들거나, 또는 절정(midi)을 절반의 이야기(mi-dit)로 드러내는 행위이다.

1960년대에 J. 힐리스 밀러는 제네바 학파의 '현상학적' 비평에 크게 영향을 받았다(제3장 75쪽 참조). 1970년 이래로 그는 소설의 해체 작업을 중심으로 저술활동을 한다(특히 『허구와 반복: 7편의 영국 소설』(*Fiction and Repetition: Seven English Novels,* 1982)). 이 단계는 밀러가 은유와 환유에 대한 야콥슨의 이론을 이용(4장 108-111쪽 참조)하여 1970년에 발표한 찰스 디킨즈에 관한 훌륭한 논문으로부터 시작되었다. 밀러는 처음부터 『보즈의 소묘집』(*Sketches by Boz*)의 리얼리즘이 어떻게 모방적인 결과가 아니라 비유적인 결과가 되었는가 를 보여준다. 맘머드 거리를 바라보면서 보즈는 "사물들, 인간 예술품, 거리들, 건물들, 탈 것들과 상점의 헌옷들"을 보게 된다. 이러한 것들은 환유적으로 부재하는 어떤 것을 나타낸다. 왜냐하면 보즈는 이런 사물들로부터 "그들 사이에서 영위된 삶"을 추론해내기 때문이다. 그러나 밀러의 설명은 리얼리즘에 대한 이러한 상대적으로 구조주의적인 분석으로 끝이 나지 않는다. 밀러는 환유적인 죽은 사람들의 의복이 어떻게 보즈가 지금은 없는 그 의복들을 입었던 사람들을 상상할 때 보즈의 마음에서 생명을 얻게 되는가를 보여준다. "조끼들은 그것을 입으려는 열망으로 거의 터져 버렸다." 사람과 그의 주위 환경들(집, 소유품 등등)과의 환유적인 '상호의존성'은 "디킨즈의 소설에서 흔히 등장하는 은유적인 대치를 위한 토대"이다. 환유는 의복과 그것을 입는 사람 사이의 〈연상〉(association)을 주장하는 반면에, 은유는 그들 사이에 〈유사성〉(similarity)을 제시한다. 첫째로 의복과 입는 사람은 맥락에 의해 연결되어 있고, 둘째로 맥락이 사라짐에 따라 우리는 의복들이 입는 사람을 대치하도록 허락한다. 밀러가 무대의 은유에 대한 디킨즈의 애호 속에서 좀 더 자의적인 허구성을 감지한다. 그는 무대 양식이나 예술 작품의 모방으로서 개인들의 행동을 설명한다(한동안 인물은 '경탄할 만한 일종의 진지한 무언극'을 마치고는 관객에게 들리도록 큰 소리로 '방백'을 통해 말하고, 후에 '리차드의 장막 장면에서 앤 여왕의 유령'처럼 나타난다). 현존의 끊임없는 지연이 일어난다. 왜냐하면 모든 사람은 현실에서건 허구에서건 다른 사람의 행동을 모방하거나 반복하기 때문이다. 환유적 과정은 문자 그대로의 읽기를 격려하는(여기는 런던〈이다〉) 반면에 그 과정은 동시에 그 자체의 비유성을 인정한다. 우리는 환유가 은유와 마찬가지로 허구라는 것을 발견한다. 밀러는 사실상 '사실주의적인' 환유와 '시적인' 은유 사이의 야콥슨의 독특한 대비를 해체한다. 그것들에 대한 하나의 '정확한 해석'은 '비유적인 것을 비유적인 것'으로 바라보는 것이다. 이들은 모두 "사실상 언어적 허구들인 것만을 실질적인 것으로 여기는 잘못된 해석을 가져온다." 시는 제아무리 은유적이라 하더라도 '문자 그대로' 읽히기 쉽고, 사실주의적인 글은 제아무리 환유적이라 해도, "모방이기보다 허구로 보는 정확한 비유적 읽기"에 대해서는 무방비 상태에 놓여 있다. 밀러는 여기에서 형이상학적인 위계 질서(문자 그대로의/비유적)의 불완전한 역전이라는 악덕에 빠져 있다고 주장될 수 있다. 하나의 '정확한 해석'과 하나의 '잘못된 해석'에 관하여 이야기 하였으므로 밀러는 반해체론을 주장하는 제럴드 그라프의 비난의 대상이 된다(『스스로 저항하는 문학』(*Literature Against Itself*, 1979)). 이 책에서 그라프는 밀러가 "언어가 세계를 지시할 수 있는 바로 그 가능성을 배제하고" 따라서 모든 텍스트(디킨즈의 텍스트만이 아니라)는 그 자체의 가설들에 의문을 제기하고 있음을 암시하므로 반대한다.

바바라 존슨의 『비평적 차이』(*The Critical Difference*, 1980)는 문학과 비평에 대한 예민하고 명석한 해체론적 읽기를 포함하고 있다. 존슨은 문학 텍스트와 비평 텍스트 모두가 "이해의 가능성으로 인해 독자가 유혹에 빠지게 되는 차이들의 그물망"을 세우고 있음을 보여준다. 예를 들어 『S/Z』(*S/Z*)에서 바르트는 발자크의 중편 소설 『사라진』에 나타난 남성/여성적 '차이'를 밝혀내고 해체하고 있다(본장 226-229쪽 참조). 그 단편 소설을 읽기 단위라는 부분으로 잘라낸 바르트는 성욕의 견지에서 텍스트의 의미를 총체적으로 읽는 것에 저항하는 듯이 보인다. 그러나 바르트의 읽기는 '거세'에 특권을 부여하고, 더 나아가 바르트가 '읽을 수 있는' (lisible/readerly) 텍스트와 '쓸 수 있는' (scriptible/writerly) 텍스트를 구분하는 것은 이상적인 여성(사라진이 상상하는 잠비넬라)과 카스트라토(실제의 잠비넬라)를 발자크가 구별한 것과 유사하다고 존슨은 지적한다. 이리하여 잠비넬라는 읽을 수 있는 텍스트와 파편화되고 결정할 수 없는 쓸 수 있는 텍스트를 완벽하게 통합하는 역할을 한다. 바르트의 읽기 방식은 '거세'(잘라내기)를 선호하는 것이 분명하다. 잠비넬라에 대한 사라진의 이미지는 나르시시즘에 토대를 두고 있다. 왜냐하면 그녀의 완벽성

(완전한 여성)은 사라진의 남성적인 자기 이미지의 균형적인 대응물이기 때문이다. 즉 사라진은 "그 자신은 소유하고 있다고 생각하는 것의 결핍에 대한 이미지"를 사랑한다. 기묘하게도 키스트라토는 "동시에 그 환상적인 균형을 문자 그대로 해석하는 것을 재현할 뿐만 아니라 두 성의 차이를 벗어나서" 존재한다. 이런 식으로 잠비넬라는 사라진의 믿음직한 남성성이 거세에 토대를 두고 있다는 것을 보여줌으로써 그 남성성을 파괴하고 있다. 바르트의 발자크 읽기에 관하여 존슨의 중요한 지적은 발자크가 이야기하지 않고 남겨 둔 곳에서 바르트는 거세의 사실을 분명하고도 자세하게 말하고 있다는 것이다. 이렇게 바르트는 '차이성'을 '정체성'으로 환원한다. 존슨은 이러한 지적을 바르트에 대한 비판이 아니라 피할 수 없는 비평적 통찰력의 맹목성(드 만의 용어를 사용한다면)을 보여주는 예로 만들고 있다.

미셸 푸코

포스트구조주의 사상에는 또 다른 유파가 있다. 이 유파는 세계가 텍스트들의 화려한 모임에 그치는 것이 아니며, 텍스트성의 몇몇 이론들은 담론이 (관력과) 관계를 맺는다는 사실을 무시하고 있다고 믿는다. 그들은 정치적·경제적 힘들과 이데올로기적이고 사회적인 통제를 의미화 과정들의 양상으로 환원시킨다. 히틀러나 스탈린 같은 사람들이 담론의 권력을 휘둘러 전 국가를 명령하는 것처럼 보이는 데 그 결과를 단순히 담론 내에서만 일어나는 것으로 취급하는 것은 불합리하다. 실제 권력이 담론을 통해 수행되고 있고, 이러한 권력은 실제적인 결과를 가지고 있다는 것은 분명하다.

이러한 사유 노선의 비조는 독일 철학자 프리드리히 니체이다. 니체는 사람들은 우선 자신이 원하는 것을 결정하고 그 다음 자신의 목적에 사실들을 맞춘다고 말한 바 한다. "궁극적으로 인간은 사물에서 그 자신이 사물에 의미를 부여한 것 이외에는 아무것도 발견하지 못한다." 모든 지식은 '권력에의 의지'(Will to Power)의 표현이다. 이것은 우리가 어떤 절대적인 진리나 객관적인 지식을 말할 수 없다는 것을 의미한다. 사람들은 어떤 특정의 철학이나 과학 이론이 그 시대의 지식인들이나 정치적 권위자들, 지배 엘리트 계급들, 또는 지배적인 지식의 이론가들에 의해 수립된 진리의 설명에 어울리는 경우에만 그것을 '진리'로 인식하게 된다.

다른 포스트구조주의자들과 같이 푸코는 담론을 의미 부여의 거대한 바다인 보편적이고 '전체적인 텍스트'로서가 아니라 인간의 중심 활동으로 간주한다. 푸코는 담론적 변화의 역사적 차원에 관심을 가진다. 무엇을 할 수 있는가 하는 것은 시대에 따라 〈변화〉될 것이다. 과학에서 하나의 이론이 제도권과 공식적인 과학 기관의 권력동의에 부합되지 않으면 그 시대에는 인정되지 않는다. 멘델의 유전 법칙 이론들은 1860년대에는 아무도 귀담아 들으려 하지 않았다. 그 이론들은 '허공' 속에서 발표되었기 때문에 수용되기 위해서는 20세기까지 기다려야 했다. 진리를 말하는 것으로는 충분치 않다. 우리가 '진리 속에' 있어야 한다.

'광기'에 관한 초기 저작에서 푸코는 '광기'의 담론의 예를 찾아내는 것(문학 속에 있는 드 사드, 아르또를 제외한다면)이 어렵다는 것을 알았다. 푸코는 정상적이거나 이성적이라고 간주되는 것을 결정하는 법칙들과 과정들이 그들이 배제하는 것을 성공적으로 침묵시킨다고 추론하였다. 특별한 담론적 실행 내에서 작업하는 개인들은 말로 표현되지 않은 규칙이나 제한들의 '공문서 보관소'에 반드시 순종해야만 생각하거나 말할 수 있다. 그렇지 않으면 그들은 '광기'로 여겨지고 '침묵'의 저주를 받을 위험에 처하기 때문이다(여기에서 푸코가 명백하게 페미니즘과 포스트식민주의 이론과 관련을 맺게 된다). 이러한 담론의 지배는 단지 배제뿐만 아니라 '희박화'(rarefaction: 각각의 실행은 단지 '저자'와 '훈련'의 견지에서만 생각함으로써 그 내용과 의미를 제한하고 축소한다)에 의해서도 작용한다. 끝으로 이성적이고 학문적인 것이 무엇인가를 정의내리는 사회적 제약들, 특히 교육제도의 형성적인 힘이 있다.

푸코의 저작들, 특히 『광기와 문명』(*Madness and Civilization*, 1961), 『진료소의 탄생』(*The Birth of the Clinic*, 1963), 『사물의 질서』(*The Order of Things*, 1966), 『감시와 처벌』(*Discipline and Punish*, 1975)과 『성의 역사』(*The History of Sexuality*, 1976)는 성, 범죄, 정신 의학과 의학에 대한 '지식'의 다양한 형태들이 어떻게 생겨나고 어떻게 다른 형태로 대치되어 왔는가를 보여준다. 푸코는 각 시대 사이에 일어나는 근본적인 전환에 관심을 집중시킨다. 푸코는 각 시대 사이에 일어나는 근본적인 전환에 관심을 집중시킨다. 푸코는 시대정신의 일반화를 제시하지 않고, 불연속적인 장들에서 중복되는 연속물들을 추적한다. 역사는 담론적 실천들의 이러한 불연속적인 범위이다. 각각의 실천은 특정한 장에서 글쓰기와 생각하기를 지배하는 한 벌의 법칙과 과정들이다. 이러한 법칙들은 배제와 규정으로 통제한다. 전체적으로 장들은 문화의 '적극적인 무의식', 즉 문화의 '공문서 보관소'를 형성한다.

지식의 치안 유지는 가끔 개인적인 이름들(아리스토텔레스, 플라톤, 아퀴나스, 로크 등등)과 연관되기도 하지만, 지식의 다양한 장을 알려주는 일련의 구조적 법칙들은 어떤 개인적 의식을 훨씬 초월한다. 특별한 훈련이라는 과정에는 제도권을 운영하고 초보자들을 훈련시키고 지식을 전파시키기 위한 아주 정교한 법칙들이 포함된다. 이러한 규정에서 나타나는 지식에의 의지는 몰개성적인 힘이다. 우리는 우리 자신의 시대의 공문서 보관소를 결코 알 수 없다. 왜냐하면 우리가 말하는 것은 무의식에서 나오기 때문이다. 우리는 과거의 공문서 보관소를 이해할 수 있는데 이것은 단지 우리가 그것과 완전히 다르고 그것에서 아주 멀리 떨어져 있기 때문이다. 예를 들어 우리가 르네상스 문학을 읽을 때 우리는 간혹 그 언어적 유희의 풍요로움과 부유함을 알 수 있다. 『사물의 질서』에서 푸코는 르네상스 시대에는 유사성이 모든 지식의 구조에 중심 역할을 했다는 것을 보여준다. 모든 것은 다른 모든 것을 반향했다. 아무 것도 그 자체로 존재하지 못했다. 우리는 존 단의 시에서 이것을 생생하게 본다. 단의 마음은 결코 하나의 대상에 의존하지 않고 영혼적인 것에서 육체적인 것으로, 인간적인 것에서 신적인 것으로, 그리고 보편적인 것에서 개인적인 것으로 왔다갔다하면서 움직인다. 시선집 『기도』(*Devotions*)에서 단은 소우주(인간)과 대우주(우주)를 연결시키면서 그를 거의 죽음에 이르게 한 열병의 증세를 우주적 용어로 묘사하고 있다. 그의 떨림은 '지진'이고, 그의 기절은 '일식이나 월식'이며 그의 열기 있는 호흡은 '타오르는 별'이다. 현대적 시점에서 보면, 우리는 '르네상스 담론들을 형성'하는 다양한 종류의 조응을 볼 수 있다. 그러나 당시 작가 자신들은 그것들을 〈통해서〉 보고 생각했고 그러므로 우리가 보는 것처럼 그것들을 볼 수 없었다.

니체의 영향을 받은 푸코는 우리가 역사에 대한 객관적 지식을 가질 수 있다는 것을 부정한다. 역사적 글쓰기는 언제나 비유법들과 엉겨있다. 역사적 글쓰기는 결코 과학이 될 수 없다. 제프리 멀만의 『혁명과 반복』(*Revolution and Repetition*, 1979)은 마르크스의 저서 『루이 보나파르트의 브뤼메르 18일』(*Der 18te Brumaire des Louis Napoleon*)이 어떻게 루이 나폴레옹의 '혁명'을 그의 숙부인 보나파르트 나폴레옹의 '혁명'의 '희화적인 반복'으로 표현하는가를 보여준다. 멀만에 따르면 마르크스의 역사 설명은 지식의 불완정성을 승인하고 있다. 즉 '반복'의 불합리한 비유만이 있을 뿐이다. 그러나 푸코는 작가들이 역사의 의미를 만들어내고자 사용하는 전략들을 단순히 텍스트의 유희로만 취급하지 않는다. 그러한 담론들은 권력 투쟁의 실제 세계 내에서 생산된다. 정치, 예술과 과학에서 권력은 담론을 통해 획득된다. 담론은 '우리가 사물에 행하는 폭력'이다. 특별한 담론들을 대신하여 만들어진 객관성에 대한 주장들은 언제나 가짜이다. 왜냐하면 절대적으로 '진실된' 담론들은 없고 단지 다소라도 권력이 있는 담론들만이 있을 뿐이다.

신역사주의와 문화유물론

1980년대에 미국을 풍미하던 해체론에 문학사의 새로운 이론과 실천이 도전을 해왔다. 대부분의 포스트구조주의자들은 역사적인 '진실'을 찾으려는 시도에 대해 회의적인 반면에, 신역사주의자들은 푸코의 저작이 텍스트의 역사주의적인 연구에 진실 지향적이 아닌 새로운 형태로 향하는 길을 열어주고 있다고 믿었다. 영국에서도 유사한 발전이 있었지만 영국에서 푸코의 영향은 마르크스주의와 페미니스트의 목소리들로 풍요로워졌다.

19세기 전체를 통해서 문학사에는 두 가지 모순적인 접근 방법이 병존하고 있었다. 그 하나는 문학사를 개인적 천재의 업적들인 일련의 분리된 기념비들로 보았다. 또 한 가지 접근법은 '역사주의적'이었고, 문학사를 좀 더 큰 문화사의 일부로 보았다. 역사주의는 헤겔 관념주의의 후손이었고, 나중에는 허버트 스펜서의 진화론적인 자연주의의 후손이었다. 몇몇 주요 '역사주의자들'은 사회, 정치, 문화사의 맥락에서 문학을 연구했다. 그들은 한 국가의 문학사가 그 국가의 진화하는 '정신'을 표현한다고 보았다. 토마스 카알라일은 그들의 견해를 다음과 같이 요약했다. "한 국가의 시의 역사는 그 국가의 역사, 정치, 과학, 종교의 본질이다"(『에딘버러 리뷰』 *Edinburgh Review*, 53권 105호 1831년).

1943년 E. M. W. 틸리어드는 셰익스피어 시대의 문화에 대해 아주 영향력 있는 역사주의로 설명한 책 『엘리자베스 시대의 세계상』(*The Elizabethan World Picture*)을 출간하였다. 틸리어드는 그 시대의 문학이 신정 질서, 존재의 고리, 지상과 천상의 존재들 사이의 조응에 관한 사상에 중심을 둔 그 시대의 정신을 표현했다고 헤겔 식으로 주장했다. 틸리어드에게 엘리자베스 문화는 비정통적이거나 반대하는 목소리들에 의해 방해받을 솔기 하나 없이 의미가 통합된 체계였다. 엘리자베스 시대 사람들은 '무질서'가 완전히 신이 제정한 규범 밖에 존재하는 것으로 간주했으며, 크리스토퍼 말로우와 같은 일탈적인 인물들이 그 시대의 정착된 세계관에 한 번도 심각하게 도전한 적은 없다고 틸리어드는 믿었다.

틸리어드와 같이 신역사주의자들은 한 시대의 문학과 전반적인 문화사이의 상호 관계를 수립하고자 노력한다. 그러나 다른 모든 면에서 그들은 틸리어드의 접근 방법과 다르다. 1960년대와 1970년대에 이루어진 포스트구조주의의 지적 혁명은 여러 면에서 이전의 역사주의에 도전하고 새로운 가설들을 수립한다.

1. '역사'라는 말에는 두 가지 의미가 있다. (a) '과거의 사건들'과 (b) '과거의 사건들에 관한 이야기를 말하기'이다. 포스트구조주의 사상은 역사가 언제나 '서술화되어 있고', 따라서 첫 번째 의미를 지지할 수 없음을 분명히 한다. 과거는 결코 순수한 형태로 우리에게 이용될 수 없으며, 언제나 '재현들'의 형태로 남아 있다. 포스트구조주의 이후에는 역사는 텍스트화되었다.

2. 역사적 시대들은 통합된 실체들이 아니다. 단일한 '역사'는 없고 단지 불연속적이고 모순적인 '역사들'이 있을 뿐이다. 단일한 엘리자베스 시대의 세계관은 없었다. 단일하고 조화로운 문화관은 이해관계를 갖고 있는 지배 계급들에 의해 역사에 부과되고 번식된 하나

의 신화이다.

3. 역사가들은 과거에 관한 그들의 연구가 사심이 없고 객관적이라고 더 이상 주장할 수 없다. 우리는 우리 자신의 역사적 상황을 초월할 수 없다. 과거는 그것이 마치 물리적 대상인 것처럼 우리와 대면하는 그 어떤 것이 아니라, 우리가 특별한 역사적 관심사 속에서 분석하는 모든 종류의 이미 쓰인 텍스트들로부터 구성하는 어떤 것이다.

4. 문학과 역사의 관계는 재고되어야 한다. 문학이 전방에 나올 수 있게 하는 '배경'으로 취급될 수 있는 안정되고 고정된 '역사'는 없다. 모든 역사(들)은 '전경'이다. '역사'는 다른 텍스트들을 우리의 상호 텍스트들로 사용하면서 언제나 과거에 대한 하나의 이야기를 말하는 문제이다. 법률가들, 대중 작가들, 신학자들, 과학자들, 역사학자들에 의해 생산된 '비문학적인' 텍스트들은 다른 텍스트성의 질서에 속하는 것으로 취급되어서는 안 된다. 문학작품들은 숭고하고 초월적인 '인간 정신'의 표현들로 간주되어서는 안 되고 다른 텍스트들 속에 포함된다고 생각해야 한다. 우리는 이제 '위대한 저자들'의 특권을 부여받은 '내면'세계를 일상적 역사의 '외부'세계의 배경에 위치시켜야 한다는 것을 수용할 수 없다.

미국의 신역사주의자들과 이와 유사한 영국의 '문화 유물론자들'(이 용어는 조나단 돌리모어가 레이몬드 윌리엄즈로부터 빌려 온 것이다)은 르네상스 시대의 문학과 사회에 낭만주의 그리고 — 다르게 굴절되어 — '위반적인' 성욕과 미학에 관하여 가치 있는 업적을 만들어 냈다(본장 280-283쪽, 제10장 368-372쪽 참조). 두 운동은 미셸 푸코가 제안한, 사회제도에 뿌리박힌 것이자 권력관계에서 중요한 역할을 하며 다방면에 걸쳐 형성되는 담론에 대한 이해로부터 큰 영향을 받았다(이전 장 참조). 이러한 공통점 외에도 두 운동 사이에는 차이점이 있는데, 신역주의는 '실제와의 접촉'(touch of the real)을 추구하며, 문학비평전략을 기존에 숙고되지 않았던 문화적 텍스트 논의로 확장한다 — 이는 인류학자 클리포드 기어츠로부터 배운 것이다(이에 관해서는 갈라허(Gallagher)와 글린블래트(Greenblatt) 2001 참조). 이와 달리 문화적 유물주의는 루이 알튀세의 글쓰기에서 발전한 이데올로기에 대한 좀 더 정치적인 개념을 채택했다. 알튀세의 이론은(앞의 220-221쪽과 5장 참조) 물적 기구들(정치적, 사법적, 교육적, 종교적 등등) 내에서 확고하게 이데올로기를 위치시키는 이론을 옹호하여 '허위의식'이라는 이데올로기의 정통적인 해석을 포기하고 있다. 그리고 알튀세의 이론은 이데올로기는 그것이 지배적일 때 개인들을 '주체들'(그것들을 종속한다)로서 그들 자리에 유지시키는 담론적 실천 체계라고 생각한다. 모든 개인들은 지배계급의 이익에 함께 봉사하는 수많은 이데올로기적 담론들에 의해 하나의 주체로서 '호명'(또는 '환호')받는다. 이와 유사하게 푸코 또한 사회적 제도들이 스스로를 유지하기 위해 사회 정치 세력이 어떻게 다방면에 걸친 규범들을 통해 작동하는지 강조했다. 예를 들면 어떤 이분법들은 인간존재에 대해 결정적인 것으로 부과되어 있고, 사회 조직에 직접적으로 영향을 주는 방식으로 작동된다. 담론들은 광기, 범죄성, 성적 비정상성 등에 관한 개념들이 정상적인 정신, 정의, 성적 정상성의 개념과의 관계 속에서 정의되는 곳에서 생산된다. 그러한 담론의 형성물들은 특정 시대의 지배적인 지식 형태, '정상성'의 유형, 그리고 '주관성'을 당당하게 결정하고 계약한다. 예를 들면 푸코주의자들은 '영혼'의 출현 또는 '육체의 사유화'가 17세기에 생겨난 부르주아 문화에 의해 생성된 '사건들'이라고 주장한다. 이 담론적 실행들은 보편적인 타당성은 없으나 착취의 사회적 관계를 통제하고 보존하는 역사적으로 지배적인 방식들이다.

이러한 사상들은 로맨스 문학 특히 르네상스 문학 연구를 혁명적으로 바꾸어 놓았다. 스티븐 그린블래트, 루이스 몬트로즈, 조나단 골드버그, 스티븐 오겔, 그리고 레나드 테넨하우스와 같은 신역사주의자들은 엘리자베스 시대의 문학 텍스트들(특히 희곡, 가면극 그리고 목가)이 그 체계를 지탱시키는 강력한 담론들을 재생산해내고 쇄신시키면서 튜더 왕가의 관심사들을 수행한 방식들에 천착한다. 그들은 군주제가 권력구조를 지배하는 중심축이라고 생각한다. 일부 미국인들은 이러한 푸코의 다소 '기능주의적'인 해석에 동의하지 않았던 반면, 미국의 신역사주의자들은 엘리자베스 시대와 자코뱅당 시대의 사회 질서의 문학적인 재현 속에서 담론적 권력에 대한 비관적인 이해와 폭넓게 연계되어 있었다. 그들은 많은 셰익스피어 희곡들이 전복적인 생각들을 표현하고 있음에도 불구하고 지배적인 사회질서에 대한 문제제기는 그러한 사회 질서를 계속 유지시키는 담론들의 용어 속에서 항상 '봉쇄'되어 있음을 암시한다. 예를 들어, 군주 질서에 대한 팔스타프(Falstaff)의 저항은 결국, 할(Hal) 왕자를 위한 가치 있는 부정적 모형이다. 따라서 할 왕자는 좀더 효과적으로 정상성에 대한 팔스타프의 무질서한 도전을 거부하고 왕의 권력을 차지할 수 있게 된다. 그린블래트는 종종 전복을 내적 필요성의 표현으로 생각한다. 왜냐하면 우리는 언제나 우리의 정체성을 우리가 아닌 것과의 관계 속에서 정의내리며, 그러므로 우리가 아닌 것(우리의 팔스타프들)은 '타자들'로 악마화되고 객관화되어야 하기 때문이다. 미친 사람, 규칙을 따르지 않는 사람, 그리고 이방인들은 우리의 정체성을 공고히 하는데 도움을 주는 내면화된 '타자들'이다. 왜냐하면 타자들의 존재는 기존 권력의 정당성을 증거하는 용도로만 허용되기 때문이다. 그린블래트는 『르네상스의 자기 만들기』(*Renaissance Self-Fashioning*, 1980)의 '결어'에서 비관적으로 다음과 같이 결론 내린다. "나의 모든 텍스트와 기록에서 내가 말할 수 있는 한 순수하고 자유로운 주체성의 순간은 없었다. 정말로 인간 주체 자체는 한 특정 사회의 권력관계가 만들어 낸 대단히 자유롭지 못한 이데올로기적 산물로 보이기 시작했다." 이러한 견해는 우리 시대 미국 사회의 맥락에서 문화적 절망의

'정치학'을 표현한 것이다.

1980년대와 1990년대에 주로 미국의 해체론과 낭만주의라는 우호적인 사냥터에 초점을 맞추어서 신역사주의의 새로운 양상이 일어났다. 그리고 이 새로운 양상은 블룸, 드 만, 하트만 등과 같은 이론가들의 '이상화하는' 작업에 대하여 전략적으로 도전하는 신호탄이 되었다. 존 배럴, 데이비드 심프슨, 제롬 맥건, 마릴린 버틀러, 폴 해밀턴, 그리고 마조리 레빈슨과 같은 대서양 양측의 비평가들이 이 기획에 일반적으로 연루되어 있다. 이 새로운 신역사주의는 알튀세, 마슈레이, 제임슨, 이글턴의 저작에 부분적으로 영향을 받아 — 레빈슨에 따르면 '유물론적인 동시에 해체론적인' — 하나의 문학작품에 그 작품이 형성된 기반이 새겨져 있으면서, 의식적으로 쓰여서 작품 '안'에 들어 있지 않은 당시의 동시대적인 의미들을 회복시키기 위해 '역사적 상상력'을 전개시킨다. 그러한 '의미들'은 작가의 인식을 넘어서는 이데올로기적인 '분쟁지역들'이 될 것이다. 그러나 작가 자신의 이데올로기적인 참조틀이 아닌 그 참조틀 내부의 입장을 받아들임으로써 신역사주의 비평은 "하나의 작품 자체나 그 본래의 독자들이나 그 작가 자신도 그 작품을 알 수 없는 경우에도 그 작품을 이해할 수 있는 능력"을 얻게 된다(『워즈워스의 위대한 시기의 시편들: 4편의 에세이』*Wordsworth's Great Period Poems: Four Essays*, 1986). 텍스트들을 동시대의 다른 정치적, 문화적, 그리고 '민중적' 담론들과의 상호텍스트적인 관계 속에서 인유적으로 상세하게 읽는 방식을 통해 그것이 만들어진 시대의 복잡한 담론적 틀 속에 텍스트들을 다시 위치시키는 것은 이러한 새로운 신역사주의들로 하여금 '텍스트와 맥락'을 병치시키는 이전의 조야한 역사주의 방식을 넘어서게 만든다. 그러나 이러한 신역사주의도 그 자체의 과거 속에 문학을 가두어 둠으로써 문학을 효과적으로 탈정치화하고 있다고 — 말하자면 현대에 대해 '말할' 수 없기 때문에 — 비판을 받았고 또한 현대 실제로 읽고 있는 비평가의 해석적(이데올로기적) 입장과 역할을 말소시킨다고 비난을 받았다.

알튀세와 미하일 바흐친의 영향 하에 있는(각각 제5장과 제2장, 그리고 본장 220-221쪽 참조) 영국의 '문화 유물론자들'은 덜 비관적이면서 정치적으로는 더 급진적인 형태의 역사주의를 발전시켰고, 그린블래트의 '기능주의'에 도전하였다. 문화유물론자들은 푸코가 좀 더 위태롭고 불안정한 권력구조를 암시한다고 생각하고는, 그의 저작에서 자주 지배 이데올로기들에 대한 '저항'의 역사를 이끌어 내는 것을 목표로 삼는다. 조나단 돌리모어, 알란 신필드, 캐서린 벨지, 프랜시스 바커와 그 밖의 문화 유물론자들은 레이몬드 윌리엄즈의 저서 『마르크스주의와 문학』(*Marxism and Literature*, 1977; 제5장 150-151쪽 참조)에서 특히 그가 시도한 문화의 세 가지 양상인 '잔여'문화, '지배'문화, '부상'문화의 구분에서 발견되는 세련된 이론의 일부를 채택했다. 한 시대는 단일한 정신을 갖는다는 틸리어드식의 개념을 윌리엄즈의 좀더 역동적인 문화 개념으로 대치함으로써, 그들은 전복적이며 주변부화된 요소들을 포함하는 르네상스 사회의 복잡한 총체성을 천착할 공간을 열어 놓았다. 그들은 모든 복종의 역사는 또한 저항의 역사를 포함하며, 저항은 단지 복종의 징후이자 복종을 위한 합리화가 아니라 권력이 변화에 대한 문을 폐쇄하는 것을 언제나 막아 주는 근절할 수 없는 '차이'(앞의 데리다 부분 참조)의 진정한 흔적이라고 주장한다. 돌리모어와 다른 사람들의 한층 더 중요한 관심사는 그 시대와 그 이후에 발생한 르네상스 문화의 재현의 '전용'(轉用)문제이다. 문학 텍스트의 의미는 결코 어떤 보편적인 기준에 의해 전적으로 고정되는 것이 아니며, 언제나 유희 속에 놓여 있고 문화 유물론자 자신들의 전용을 포함하여 (흔히 정치적으로 급진적인) 특별한 전용에 종속된다.

캐서린 벨지는 앞으로의 과업에 대한 그녀의 활기 있고 정치적인 견해를 설명하기 위해 좀 더 중립적인 용어인 '문화사'를 사용하였다. 벨지는 새 역사가 '변화, 문화적 차이와 진리의 상대성'에 대한 조망을 채택하고, '대안적인 지식의 생산'과 '대안적 주체의 입장'에 우선권을 주도록 촉구하고 있다. 벨지는 이것에 대한 논의를 『비극의 주체』(*The Subject of Tragedy*, 1985)와 『욕망: 서구 문화 속의 사랑이야기들』(*Desire: Love Stories in Western Culture*, 1994)과 같은 최근 저작에서 시도하였다. 그녀의 좀 더 최근 저작 『셰익스피어와 에덴의 상실: 초기 근대 문화에서 가족가치의 생성』(*Shakespeare and the Loss of Eden: The Construction of Family Values in Early Modern Culture*, 1999)에서 벨지는 16세기와 17세기에 규범적이고 궁극적으로 억압적인 가부장적 가족의 가치가 생성되었으며 이성애 일부일처제가 강화되었음을 비평하였다. 라캉적인 '문화적 역사'('기표적 수준의 역사')에 대한 그녀의 저작은 전복적인 균열과 이러한 규범이 가진 불안정성을 드러내기 위해 창세기와 셰익스피어 희곡의 장면들 안에서(또는 그러한 장면들에 관한 설명 안에서) 생성되는 이데올로기의 흔적을 쫓는다. 그러므로 그녀에 따르면, 창세기의 최초의 가족들은 기만과 추방이라는 표식을 지니는 반면, 셰익스피어는 어떻게 가족들이 반복적으로 질투와 형제자매간의 경쟁이라는 어리석음에 빠지는지를 보여준다. 그러는 동안에만 오직 낭만적 사랑과 결혼이라는 순응주의자의 이상화가 유지될 수 있을 뿐 아니라 금욕이라는 가톨릭의 이상과 불륜이라는 즐거운 교제의 불편한 공존이 가능할 수 있다는 것이다.

이러한 벨지의 계획에 필요한 몇 가지 이론적 도구들이 미셸 페쉐의 『언어, 의미론 그리고 이데올로기』(*Language, Semantics and Ideology*, 1975)에 개진되어있다. 페쉐는 담론과 이데올로기에 대한 새로운 이론을 개발하려는 시도에서 알뛰세의 마르크스주의, 현대 언어학과 정신분석학을 결합시킨다. 알뛰세는 주체가 특별한 이데올로기적 국가기구들에 깊이 새겨져 있는 담론들과 협력하게 만드는 '질문하기'의 과정을 설명한 바 있었다. 페쉐는 이데올로기적인 위치를 전달하는 담론 형성에 대하여 주체의 가능한 저항을 허용하는 방식으로 이론을 발전시킬 필요성을 인식한다. 종교적 이데올로기는 신의 주체로서의 개인들에 대한 설명을 구함으로써 작동한다는 것은 사실일 수도 있다. 그러나 우리는 또한 무신론자들과 새로운 광신자들의 부정적이거나 전복적인 반응을 설명해 주는 용어들이 필요하다. 페쉐는 주체의 세 가지 유형을 제시하면서 이 문제를 해결한다.

1. 좋은 주체: 총체적인 '동일시'(identification)의 행위로 문제되는 담론에 의해 투사되는 자아에 대한 이미지를 '자유롭게' 받아들인다. ("드디어 나는 나의 진정한 자아를 찾았다.")

2. 나쁜 주체: '반동일시'(counter-identification) 행위로 담론에 의해 제공된 정체성을 거부한다. ("미안하지만, 나는 그러한 것은 하나도 믿지 않는다.")

3. 제3의 주체: '비동일시'(disidentification)의 행위로 제공되는 주체의 위치를 변형시킴으로써 '제3의 양식'을 채택한다. ("나는 그런 신은 믿지 않는다.")

미국의 신역사주의자들은 권력 구조가 동일시와 반동일시만을 허용하는 것으로 보는 경향이 있다. 영국의 문화유물론자들은 정치적으로 좀 더 급진적인 전통에 속하며, 그들은 제공된 주체의 위치를 거부할 뿐 아니라 새로운 주체의 위치를 실제로 만들어 내기도 하는 주체의 가능성에 훨씬 더 흥미를 가지고 있다.

미하일 바흐친(2장 참조)의 저작은 푸코의 역사 이론이 지닌 명백한 구조적 폐쇄성을 피하기 위한 하나의 방법으로 일부 신역사주의자들에 의해 사용되었다. 마이클 브리스톨의 『카니발과 극장: 르네상스 영국의 평민 문화와 권위의 구조』(*Carnival and Theater: Plebeian Culture and the Structure of Authority in Renaissance England*,

1985)는 문화 생산에 대한 좀 더 열린 모형을 도입하기 위해 바흐친의 '카니발' 개념을 사용한다. 브리스톨은 그린블래트와 돌리모어가 엘리자베스 시대에 민중 문화의 생동감과 권력을 인식하지 못한다고 주장한다. 바흐친은 '카니발'이 공식 문화에 대해 적대감을 지녔고, 중세시대를 통틀어 일반 민중에 의해 유지되어 훌륭하게 초기 현대 시대로 유입된 '제2의 문화'라고 간주한다. 카니발이 공식적 구조 속에 '하나의 불확정성, 어떤 의미론적 개방성'을 삽입한다는 바흐친의 사상은, 주체들의 어떻게 '반동일시' 또는 심지어는 '비동일시'의 양식을 통하여 지배적 담론들에 응수할 수 있는가를 설명해주는 하나의 방법을 충분히 제공할 수도 있다. 브리스톨은 잠재적으로 전복적인 카니발의 양식을 다음과 같이 요약한다. "특권화된 상징들과 공식적으로 권위를 인정받은 개념들을 대중의 일상적 경험의 확실하게 친근한 관계 속에 집어넣음으로써 카니발은 아래로의 변화이나 종속, 사유재산의 수용과 사회적 훈련의 합법적 관계를 '비세력화하는 작업'을 성취한다." 물론 일부 푸코주의자들은 카니발도 역시 카니발이 조롱하는 권위의 세력을 의식화된 형태로 단지 확인하기만 하는, 공식적으로 허용되고 조심스럽게 통제된 전복의 표현이라고 응수하고 싶을 것이다.

우리가 지금까지 살펴보았듯이 '신역사주의'와 '문화유물론'이라는 용어들은 문학과 역사 연구의 폭넓은 접근법을 포함한다. 상상할 수 있듯이 이러한 새로운 접근법들은 종종 페미니스트 비평, 포스트식민주의 비평 그리고 게이 레스비언 비평(제9장과 제10장 참조)과 공동으로 정통적인 문학사 안에서 확정된 문학 작품들인 정전에 의문을 제기했다. 이러한 도전은 색반 버코비치, 마이라 젤렌, 필립 피셔와 헨리 루이스 게이츠 2세의 저작들 속에 있는 미국학 영역에서 이루어졌다(게이츠의 저작에 대한 짤막한 논의는 제9장 346-348쪽 참조). 19세기 미국 문학의 정전을 논의할 때 제인 톰킨즈와 캐시 데이비슨과 같은 신역사주의자들은 대중 소설과 장르 소설에 대해 주의를 기울였다. 예를 들어 감상 소설은 "호손과 멜빌과 같은 잘 알려진 비평가들에 의해 이루어진 어떤 미국 사회에 대한 비판보가 훨씬 더 강력한 비판을 제공한다"고 제인 톰킨즈는 말한다. 그러나 동시에 많은 신역사주의 비평에서, 정전에 대한 도전들은 "정전의 '타자들'을 찾아내는 일보다 … 새로운 조망으로 관찰되면서도, 정전 자체는 손상됨 없이 온전히 남겨 두는 친밀한 특권적인 텍스트들의 반복된 도전"에 더 많은 관심을 기울여 왔다고 주장되었다. 다시 한 번 영국의 문화유물론은 신역사주의적인 기술들이 문화 연구에 의해 이용되는 영역 안에서 전후 영국의 대중문화와 사회에 대한 정치화된 분석을 수행함으로써, 좀 더 결정적인 도전을 제공하는 것으로 간주된다. 영국적 전통은 푸코를 제한적으로 다루는 미국식 읽기라는 생각과 차이를 두려고 노력했다. 하지만 앵글로 아메리칸 주류의 역사주의 사상의 급진적 흐름의 혼합은 매혹적인 전망으로 남아 있다. 새로운 문학사의 발전은 또한 미국 내에서 해체론이 이전에 누렸던 지배를 더 이상 가정할 수 없다는 것을 의미했으며, 엄청나게 많은 흥미로운 새로운 저작들 (예를 들어 우리가 지금까지 본 바와 같이 '새로운' 신역사주의자들과 조나단 컬러와 크리스토퍼 노리스와 같은 포스트구조주의의 이론가들에 의해) 해체론이 새로운 역사의 푸코적이고 알튀세적인 유형의 도전에 대응해야 한다는 것을 인식한다. 구조주의 비평가들은 텍스트의 비밀을 열어젖히기 위해 텍스트를 파헤쳤다. 포스트구조주의자들은 통달될 수 없는 무의식적 세력, 언어적 세력, 또는 역사적 세력들이 있기 때문에 이러한 욕망이 헛되다는 것을 믿는다. 기표는 기의로부터 떠나가고 쾌락은 의미를 해체하고, 기호학적인 것인 상징적인 것을 파열시키고 차연은 기표와 기의 사이로 틈을 집어넣고 권력은 수립된 지식을 혼란시킨다. 포스트구조주의자들은 대답을 하기보다 의문을 제기한다. 포스트구조주의자들은 텍스트가 말하는 것과 텍스트가 하나의 의미만을 갖도록 강요하기를 거부한다. 포스트구조주의자들은 '문학'의 독립성을 거부하고 비문학적 담론들을 그 자체로 수사적인 텍스트로 읽음으로써 비문학적 담론들을 해체한다. 우리는 포스트구조주의자들이 결론에 도달하지 못한 것에 대해 짜증이 날 수도 있으나 그들은 단지 말씀중심주의를 피해 보려는 시도에서만은 일관성이 있다. 그러나 포스트구조주의자들이 가끔 인정하듯이 주장들에 저항하려는 그들의 욕망은 숙명적으로 실패하게 되어 있다. 왜냐하면 아무것도 말하지 않음으로써만이 포스트구조주의자들은 우리가 그들이 어떤 것을 의미한다고 생각하는 것을 막을 수 있기 때문이다. 심지어 그들의 견해를 요약하려는 것조차도 이런 점에서 그들의 실패를 암시하는 것이다.

그럼에도 불구하고, 푸코와 신역사주의자들은 그 이론이 과거를 다시 만드는 것을 도와주기 때문에 불가피하게 개입주의적인 이론일 수밖에 없는 새로운 종류의 상호텍스트적인 역사 이론을 창시한다. 문화유물론에서 위반적이며 대적적인 목소리들의 참여는 좀더 분명해진다. 그와 마찬가지로 문화 유물론 그 자체는 포스트구조주의에 의존하는 반면에 의미의 순진한 자유 유희를 해방시키기 위해 포스트구조주의가 제시한 몇 가지 주장에 의문을 제기한다. 1980년 중반에 출판되어 2003년 3쇄로 재 발행된 조나단 돌리모어의 획기적인 저작 『급진적 비극』(*Radical Tragedy*)은 테리 이글턴의 머리말과 새로운 서문을 실으면서 계속되는 개입주의적 접근이 어떻게 '고전'의 위치를 획득하면서 동시에 지속적인 현재적 중요성을 유지하는지를 보여준다. 돌리모어의 주장에서 특별히 인상적인 점은, 존 브래니건이 지적한 것처럼 멀게는 자코뱅파 시대에서부터 대처시대 영국의 보수적 정치체제까지 인간 개인 중심적 개념을 탈신격화하는 그의 비평적 관점이다. 『급진적 비극』에서 이글턴이 확인하듯, '〈필수적인〉 문화적 발명'으로서의 계급은 단순히 비극이 '실제 역사적 삶의 복잡한 교차흐름 안에 확고히 자리잡기' 위해 지속된 것이 아니다. 돌리모어의 새로운 서문은 부분적으로 회고적이며 부분적으로 바뀐 환경을 언급하며 새로운 이론과 지구적 자본주의와 '9/11'이라는 끔찍한 표현에서 찾아볼 수 있는 서구 헤게모니에 대한 비서구문화와 비서구종교가 보여주는 반감을 기록한다. 그러나 돌리모어는 서구 정전과 20세기의 폐허 안에서 잠재된 새로운 미학, '충돌들을 초월하기보다는 악화시키는 반체제적 욕망과 함께 넘나드는 위험한 지식이 있는 미학'을 본다. 그는 『급진적 비극』에서 『섹스, 거짓말 그리고 검열』(*Sex, Lies and Censorship*, 2001)까지 그의 비평적 쓰기의 주제들인 포르노그래피, 고딕소설, 성적불일치(sexual dissidence), 자코뱅 비극을 염두에 든다. 이 기획의 범위와 대담함 안에서 문화유물론의 정치적 기획은 분명해 보인다.

참고문헌

기본서

Barthes, Roland, *S/Z* [1970], trans. by Richard Miller (Jonathan Cape, London, 1975). For earlier work by Barthes, see Chapter 4, 'Selected Reading'.

Barthes, Roland, *The Pleasure of the Text* [1973], trans. by Richard Miller (Jonathan Cape, London, 1976).

Barthes, Roland, 'The Death of the Author' [1967], In *Image-Music-Text*, trans. by Stephen Heath (Fontana, London, 1977).

Barthes, Roland, *A Barthes Reader*, trans., ed. and intro. by Susan Sontag (Jonathan Cape, London, 1982). Also pub. as *Selected Writings* (Fontana, London, 1983).

Belsey, Catherine, *Critical Practice* [1980] (2nd edn, Routledge, London, 2002).

Belsey, Catherine, *The Subject of Tragedy: Identity and Difference in Renaissance Drama* (Methuen, London, 1985).

Belsey, Catherine, *Desire: Love Stories in Western Culture* (Blackwell, Oxford, 1994).

Belsey, Catherine, *Shakespeare and the Loss of Eden: The Construction of Family Values in Early Modern Culture* (Palgrave Macmillan, Basingstoke, 1999).

Belsey, Catherine, *Culture and the Real: Theorising Cultural Criticism* (Routledge, London, 2004).

Bloom, Harold, *The Anxiety of Influence: A Theory of Poetry* (Oxford University Press, New York, 1973).

Bloom, Harold, *A Map of Misreading* (Oxford University Press, New York, 1975).

Bloom, Harold, *The Western Canon* (Macmillan, Basingstoke, 1995).

Deconstruction: Critical Concepts in Literary and Cultural Studies, 4 vols, ed. with intro. by Jonathan Culler (Routledge, London, 2002).

Deleuze, Gilles, *Essays: Critical and Clinical* [1997], trans. by Daniel W. Smith and Michael A. Greco (Verso, London, 1998).

Deleuze, Gilles and Guattari, Félix, *Anti-Oedipus: Capitalism and Schizophrenia* [1972], trans. by Richard Hurley, Mark Seem and Helen R. Lane (Athlone Press, London, 1983).

Deleuze, Gilles and Guattari, Félix, *Kafka: Towards a Minor Literature* [1975], trans. by Dana Polan (University of Minnesota Press, Minneapolis and London, 1986).

de Man, Paul, *Blindness and Insight: Essays in the Rhetoric of Contemporary Criticism* [1971] (2nd revd edn, Methuen, London, 1983).

de Man, Paul, *Allegories of Reading: Figural Language in Rousseau, Nietzsche, Rilke, and Proust* (Yale University Press, New Haven, 1979).

de Man, Paul, *The Resistance to Theory* (Manchester University Press, Manchester, 1986).

Derrida, Jacques, *Of Grammatology* [1967], trans. by Cayatri Chakravorty Spivak (Johns Hopkins University Press, London, 1976).

Derrida, Jacques, *Writing and Difference* [1967; trans., with intro. and notes, by Alan Bass, 1978] (Routledge, London, 2001).

Derrida, Jacques, *Positions* [1972], trans. and annotated by Alan Bass (University of Chicago Press, Chicago, 1981).

Derrida, Jacques, *Dissemination* [1972], trans., with intro. and notes, by Barbara Johnson (Athlone Press, London, 1981).

Derrida, Jacques, *A Derrida Reader: Between the Blinds*, ed., with intro. and notes, by Peggy Kamuf (Harvester Wheatsheaf, New York and London, 1991).

Derrida, Jacques, 'Force of Law: The "Mystical Foundation of Authority"', in Michel Rosenfeld and David Gray Carlson (eds), *Deconstruction and the Possibility of Justice* (Routledge, London, 1992).

Derrida, Jacques, *Acts of Literature*, ed. by Derek Attridge (Routledge, London and New York, 1992).

Derrida, Jacques, *Spectres of Marx: The State of the Debt, The Work of Mourning and the New International* [1993], trans. by Peggy Kamuf (Routledge, London, 1994).

Derrida, Jacques, *Politics of Friendship* [1994], trans. by George Collins (Verso, London, 1997).

Derrida, Jacques, *On Cosmopolitanism and Forgiveness* [1997], trans. by Mark Dooley and Michael Hughes (Routledge, London, 2001).

Derrida, Jacques, 'following theory' interview in Michael Payne and John Schad (eds) *life.after.theory.* (Continuum, London, 2003).

Derrida, Jacques and Dufourmantelle, Anne, *Of Hospitality* [1997], trans. by Rachel Bowlby (Stanford University Press, Stanford, 2000).

Dollimore, Jonathan, *Sexual Dissidence: Augustine to Wilde, Freud to Foucault* (Oxford University Press, Oxford, 1991).

Dollimore, Jonathan, *Death, Desire and Loss in Western Culture* (Penguin, London, 1994).

Dollimore, Jonathan, *Sex, Lie, and Censorship* (Polity, Cambridge, 2001).

Dollimore, Jonathan, *Radical Tragedy: Religion, Ideology and Power in the Drama of Shakespeare and his Contemporaries* [1984] (3rd edn, with a new introduction and Foreword by Terry Eagleton, Palgrave Macmillan, Basingstoke, 2003).

Dollimore, Jonathan and Sinfield, Alan (eds), *Political Shakespeare: Essays in Cultural Materialism* (2nd edn, Manchester University Press, Manchester, 1994).

Foucault, Michel, *Lnaguage, Counter-Memory, Practice, Selected Essays and Interview*, trans. by Donald F. Bouchard and Shierry Simon; ed. by D. F. Bouchard (Basil Blackwell, Oxford, 1977).

Foucault, Michel, *The Foucault Reader* [1984], ed. by Paul Rabinov (Penguin, Harmondsworth, 1986).

Gallagher, Catherine and Greenblatt, Stephen, *Practising New Historicism* (University of Chicago Press, Chicago, 2001).

Geertz, Clifford, *The Interpretation of Cultures: Selected Essays* [1973] (Basic Books, New York, 2000).

Greenblatt, Stephen, *Renaissance Self-Fashioning: From More to Shakespeare* (University of Chicago Press, Chicago, 1980).

Greenblatt, Stephen, *Representing the English Renaissance* (California University Press, Berkeley, 1991).

Greenblatt, Stephen, *Shakespearean Negotiations: The Circulation of*

Social Energy in Renaissance England (California University Press, Berkeley, 1991).

Greenblatt, Stephen, *The Greenblatt Reader*, ed. by Michael Payne (Blackwell, Oxford, 2004).

Harari, Josué V. (ed.), *Textual Strategies: Perspective in Post-Structualist Criticism* (Cornell University Press, Ithaca, 1979).

Hartman, Geoffrey H., *Criticism in the Wilderness* (Johns Hopkins University Press, Baltimore and London, 1980).

Hartman, Geoffrey, *Saving the Text: Literature/Derrida/Philosophy* (Johns Hopkins University Press, Baltimore, 1981).

Hartman, Geoffrey, *Easy Pieces* (Columbia University Press, New York, 1985).

Hartman, Geoffrey and Daniel O'Hara (eds), *The Geoffrey Hartman Reader* (Edinburgh University Press, Edinburgh, 2004).

Johnson, Barbara, *The Critical Difference: Essays in the Contemporary Rhetoric of Reading* (Johns Hopkins University Press, Baltimore and London, 1980).

Kristeva, Julia, *The Revolution in Poetic Language* [1974], trans. by Margaret Waller, with intro. by Leon S. Roudiez (Columbia University Press, New York, 1984). For further by Kristeva, see Chapter 6, 'Selected Reading'.

Kristeva, Julia, *Desire in Language: A Semiotic Approach to Literature and Art*, trans. by Thomas Gora, Alice Jardine and Leon S. Roudiez; ed. by Leon S. Roudiez (Columbia University Press, New York, 1980).

Kristeva, Julia, *The Kristeva Reader*, ed. by Toril Moi (Blackwell, Oxford, 1986).

Lacan, Jacques, *Ecrits: A Selection,* trans. by Alan Sheridan [1977]

(Routledge, London, 2001).

Lacan, Jacques, *Jacques Lacan: Critical Evaluations in Cultural Theory*, 4 vols, ed. with intro. by Slavoj Žižek (Routledge, London, 2002).

Levinson, Marjorie, *Wordsworth's Great Period Poems: Four Essays* (Cambridge University Press, Cambridge, 1986).

Levinson, Marjorie, Butler, Marilyn, McGann, Jerome and Hamilton, Paul (eds), *Rethinking Historicism* (Blackwell, Oxford, 1989).

McGann, Jerome, *Romantic Ideology: A Critical Investigation* (Chicago University Press, Chicago, 1980).

McGann, Jerome, *The Textual Condition* (Princeton University Press, Princeton, 1991).

McQuillan, Martin (ed.), *Deconstruction: A Reader* (Edinburgh University Press, Edinburgh, 2001).

Miller J. Hillis, *Fiction and Repetition: Seven English Novels* (Harvard University Press, Cambridge, Mass., 1982).

Miller J. Hillis, *The Ethics of Reading: Kant, de Man, Eliot, Trollope, James and Benjamin* (Columbia University Press, New York, 1987).

Miller, J. Hillis, *Tropes, Parables and Performatives: Essays on Twentieth Century Literature* (Harvester Wheatsheaf, Hemel Hempstead, 1990).

Miller J. Hillis, *The J. Hillis Miller Reader*, ed. by Julian Wolfreys (Edinburgh University Press, Edinburgh, 2004).

Pêcheux, Michel, *Language, Semantics and Ideology* [1975] trans. by Harbans Nagpal (Macmillan, Basingstoke, 1982).

Ryan, Kiernan (ed.), *New Historicism and Cultural Materialism: A Reader* (Arnold, London, 1996).

Ryan, Michael, *Marxism and Deconstruction: A Critical Articulation*

(Johns Hopkins University Press, Baltimore and London, 1982).
Sim, Stuart (ed.), *Post-Marxism: A Reader* (Edinburgh University Press, Edinburgh, 1998).
Simpson, David, *Wordsworth's Historical Imagination* (Methuen, London, 1987).
Sinfield, Alan (see also with Jonathan Dollimore, above), *Faultlines: Cultural Materialism and the Politics of Dissident Reading* (Clarendon Press, Oxford, 1992).
Sinfield, Alan, *Cultural Politics–Queer Reading* (Routledge, London, 1994).
Vice, Sue (ed.), *Psychoanalytic Criticism: A Reader* (Polity Press, Cambridge, 1995).
White, Hayden, *Tropics of Discourse: Essays in Cultural Criticism* (Johns Hopkins University Press, Baltimore, 1978).
Young, Robert (ed.), *Untying the Text: A Post-Structuralist Reader* (Routledge & Kegan Paul, Boston and London, 1981).

보충자료

Aers, Lasley and Wheale, Nigel, *Shakespeare and the Changing Curriculum* (Routledge, London, 1991).
Allen, Graham, *Roland Barthes* (Routledge, London, 2003).
Bennett, Andrew and Royle, Nicholas, *Introduction to Literature, Criticism and Theory* (3rd edn, Pearson Education, Harlow, 2004).
Bercovitch, Sacvan (ed.), *Reconstructing American Literary History* (Harvard University Press, Cambridge, Mass., 1986).
Bogue, Ronald, *Deleuze and Guattari* (Routledge, London, 1989).
Botting, Fred, *Gothic* (Routledge, London and New York, 1996).
Brannigan, John, *New Historicism and Cultural Materialism* (Palgrave

Macmillan, Basingstoke, 1998).

Bristol, Michael, *Carnival and Theater: Plebeian Culture and the Structure of Authority in Renaissance England* (Methuen, London and New York, 1985).

Buchanan, Ian and Marks, John, *Deleuze and Literature* (Edinburgh, Edinburgh University Press, 2001).

Burke, Sean, *The Death and Return of the Author: Criticism and Subjectivity in Barthes, Foucault and Derrida* (2nd edn, Edinburgh University Press, Edinburgh, 1998).

Buse, Peter and Stott, Andrew (eds), *Ghosts: Deconstruction, Psychoanalysis, History* (Palgrave, London, 1998).

Callinicos, Alex, *Against Postmodernism* (Polity, Cambridge, 1989).

Callinicos, Alex, *Theories and Narratives* (Polity, Cambridge, 1995).

Colebrook, Claire, *Gills Deleuze* (London, Routledge, 2002).

Coward, Rosalind and Ellis, John, *Language and Materialism: Developments in Semiology and the Theory of the Subject* (Routledge & Kegan Paul, London, 1977).

Critchley, Simon, *The Ethics of Deconstruction* (Blackwell, Oxford, 1992).

Culler, Jonathan, *On Deconstruction: Theory and Criticism after Structuralism* (Routledge & Kegan Paul, London, 1983).

Curry, Mark, *Difference* (Routledge, London, 2004).

Dews, Peter, *Logics of Disintegration: Post-Structuralist Thought and the Claims of Critical Theory* (New Left Books, London, 1987).

Docherty, Thomas, *Alterities: Criticism, History, Representation* (Clarendon Press, Oxford, 1996).

Drakakis, John (ed.), *Alternative Shakespeare* (2nd edn, Routledge, London, 2002).

During, Simon, *Foucault and Literature: Towards a Genealogy of Writing* (Routledge, London, 1992).

Easthope, Antony, *British Post-Structuralism: Since 1968* (Routledge, London, 1991).

Easthope, Antony, *The Unconscious* (Routledge, London, 1999).

Egglestone, Robert, *Ethical Criticism: Reading After Levinas* (Edinburgh University Press, Edinburgh, 1997).

Felman, Shoshana (ed.), *Literature and Psychoanalysis: The Question of Reading – Otherwise* (Johns Hopkins University Press, Baltimore, 1982).

Fisher, Philip (ed.), *The New American Studies* (California University Press, Berkeley, 1991).

Freud, Sigmund, 'From the History of an Infantile Neurosis', in *The Standard Edition of the Complete Psychological Works of Sigmund Freud*, Vol. 17, trans. by James Strachey (Hogarth Press and the Institute of Psycho-Analysis, London [1918], 1974, 3-122).

Grosz, Elizabeth, *Jacques Lacan: A Feminist Introduction* (Routledge, London, 1990).

Hamilton, Paul, *Historicism* (2nd edn, Routledge, London, 2003).

Hawkes, Terence (ed.), *Alternative Shakespeare: Volume 2* (Routledge, London, 1996).

Healy, Thomas, *New Latitudes: Theory and English Renaissance Literature* (Arnold, London, 1992).

Homer, Sean, *Jacques Lacan* (Routledge, London, 2004).

Howard. Jean. E. and O'Connor, Marion F. (eds), *Shakespeare Reproduced: The Text in History and Ideology* (Methuen, New York, 1987).

Howells, Christina, *Derrida: Deconstruction from Phenomenology to*

Ethics (Polity Press, Cambridge, 1998).

Jackson, Rosemary, *Fantasy: The Literature of Subversion* (Routledge, London, 1981).

Lechte, John, *Julia Kristeva* (Routledge, London, 1990).

Lechte, John and Zournazi, Mary (eds), *The Kristeva Critical Reader* (Edinburgh University Press, Edinburgh, 2003).

Lucy, Niall, *A Derrida Dictionary* (Blackwell, Oxford, 2004).

MacCabe, Colin, *The Talking Cure: Essays in Psychoanalysis and Language* (Macmillan, Basingstoke, 1981).

McQuillan, Martin, *Paul de Man* (Routledge, London, 2001).

McQuillan, Martin, *Roland Barthes* (Palgrave Macmillan, Basingstoke, 2003).

Mapp, Nigel, 'Deconstruction', in *Encylopaedia of Literature and Criticism,* Martin Coyle et al. (eds) (Routledge, London, 1990).

Mills, Sara, *Michel Foucault* (Routledge, London, 2003).

Mills, Sara, *Discourse* (Routledge, London, 2004)

Mitchell, Juliet and Rose, Jacqueline (eds and trans.), *Femininity and Sexuality: Jacques Lacan, the École Freudienne* (Macmillan, London, 1982).

Norris, Christopher, *Derrida* (Fontana, London, 1987).

Norris, Christopher, *Deconstruction: Theory and Practice* [1982] (3rd revd edn, Routledge, London, 2002).

Rabaté, Jean-Michel, *Jacques Lacan: Psychoanalysis and the Subject of Literature* (Palgrave Macmillan, Basingstoke, 2001).

Rand, Nicholas, *Psychoanalysis and Literature* (Palgrave Macmillan, Basingstoke, 2003).

Royle, Nicholas (ed.), *Deconstructions: A User's Guide* (Palgrave Macmillan, Basingstoke, 2000).

Royle, Nicholas, *Jacques Derrida* (Routledge, London, 2003).

Royle, Nicholas, *The Uncanny* (Routledge, New York, 2003).

Rylance, Rick, *Roland Barthes* (Harvester Wheatsheaf, Hemel Hempstead, 1993).

Salusinsky, Imre, *Criticism in Society* (Methuen, New York and London, 1987). Interviews with Derrida, Hartman, Said and Others.

Sarup, Madan, *Jacques Lacan* (Harvester Wheatsheaf, Hemel Hempstead, 1992).

Sarup, Madan, *An Introductory Guide to Post-Structuralism and Postmodernism* (2nd edn, Pearson Education, 1993).

Sturrock, John, *Structuralism* [1979] (2nd edn, with intro. by Jean-Michel Rabaté, Blackwell, Oxford, 2003).

Textual Practice, vol. 3 (1989), 159-72 and vol. 4 (1990), 91-100, features a debate on Cultural Materialism between Catherine Belsey, Alan Sinfield and Jonathan Dollimore.

Thurschwell, Pauline, *Sigmund Freud* (Routledge, London, 2000).

Todd, Jane Marie, 'The Veiled Woman in Freud's "Das Unheimliche" ', *Signs*, 2, 3, (1986), 519-28.

Veeser, H. Aram (ed.), *The New Historicism* (Routledge, London, 1989).

Wayne, Don E., 'New Historicism', in *Encyclopaedia of Literature and Criticism*, Martin Coyle et al. (eds) (Routledge, London, 1990).

Wilson, Richard and Sutton, Richard (eds), *New Historicism and Renaissance Drama* (Longman, London, 1991).

Wilson, Scott, *Cultural Materialism in Theory and in Practice* (Blackwell, Oxford, 1995).

Wolfreys, Julian, *Deconstruction: Derrida* (Palgrave Macmillan, Basdingstoke, 1998).

Wright, Elizabeth, 'The Uncanny and Surrealism', in Peter Collier and

Judith Davies (eds), *Modernism and the European Unconscious* (Polity Press, Cambridge, 1989).

Wright, Elizabeth, 'Psychoanalytic Criticism', in *Encyclopaedia of Literature and Criticism*, Martin Coyle et al. (eds) (Routledge, London, 1990).

Wright, Elizabeth, *Psychoanalytic Criticism: A Reappraisal* (Polity Press, Cambridge, 1998).

Wright, Elizabeth, *Speaking Desires Can Be Dangerous: The Poetics of the Unconscious* (Polity Press, Cambridge, 2000).

8 포스트모더니즘 이론

포스트모더니즘이라는 용어는 특히나 1980년대와 1990년대 논쟁의 주제였다. 몇몇은 그것을 단순히 모더니스트적 사고의 연속이며 발전으로 본다. 다른 몇몇은 포스트모던 예술에서 고전적 모더니즘과의 급격한 단절을 발견했다. 또 다른 이들은 거꾸로 포스트모던한 눈으로 과거의 문학과 문화를 보면서 그 작품과 작가들(드 사드, 보르헤스, 『노래들』을 쓸 당시의 에즈라 파운드 등)을 '이미' 포스트모던한 것으로 규정했다. 또 하나의 주장은 — 이것은 주로 철학자이자 사회이론가인 위르겐 하버마스와 연관된 것인데 — 계몽주의로부터 나온 이성, 평등, 정의의 철학적·사회적·정치적 가치를 가리키는 근대성의 기획은 아직도 미완이며 포기되어서는 안 된다는 것이다. 이러한 입장은 또한 모더니즘 예술 작품의 계속되는 중요성뿐만 아니라 마르크스주의의 중요성에 관한 논쟁과 관련되어 있다. 근대성 기획의 옹호는 (그것이 예술적 모더니즘의 옹호를 수반하든 안 하든 간에) 필연적으로 다음과 같은 포스트모더니즘의 주된 주장들을 직면하게 된다. 첫째, 계몽주의에서 시작된, 역사 발전 과정에 대한 '거대 서사'가 무시된다. 둘째, 이러한 생각들에 대한 정치적 근거를 '역사' 혹은

'현실'에 두려는 시도는 더 이상 가능하지 않게 된다. 왜냐하면 대중소비와 고도의 과학기술의 현 시대를 특징짓고 있는 이미지와 모상의 세계에서는 이 두 가지가 다 '텍스트화'되어 버렸기 때문이다.

이러한 후자의 입장들은 포스트모더니즘을 구성하고 있는 두 가지 주된 '서사'로 이루어져 있는데, 이것에 대해 다른 비평가들은 어느 정도 동의하기도 하고 반대하기도 한다. 그들은 구조주의와 포스트구조주의 사이의 관계에 대해 제7장에서 논의했던 것과 연계되어 있고, 문학이론과 비평에서뿐만 아니라 더 넓은 학문 영역들(철학, 사회이론, 정치이론, 사회학, 예술사, 건축 그리고 도시학, 대중매체연구, 문화연구 등)과 다양한 문화 형식들(건축, 영화와 비디오, 대중음악, 록음악)에 걸쳐서 흥미로운 철학적, 미학적, 이데올로기적 질문들을 제기한다. 각각의 사상적 운동 내의 다양한 조류에도 불구하고, 포스트구조주의 사고가 포스트모던 문학과 문화 논평자들이 관심을 가졌던 것과 동일한 문제들을 보여주는 비평적 사고라는 사실에는 의심할 여지가 없다. 우리는 이러한 논평들에 대해 뒤에 보다 자세히 논할 것이다.

그러나 '포스트모더니즘'이라는 용어를 기술(記述)적 용어로 쓰면서 동시에 평가적 용어로도 쓰는 데 따르는 또 다른 문제들이 있다. '포스트모던'과 '포스트모더니티' 그리고 '포스트모더니즘' 이 세 용어는 사실 서로 같은 뜻을 가진 것으로 종종 사용되어 왔다. 즉, 고도로 발달된 대중매체 사회와 자본주의 경제에 있어서의 전후(戰後)의 발전에 대한 시대 구분을 하기 위한 방법으로 여러 예술 형식에 걸친, 혹은 한 형식의 내부에서의 발전을 기술하기 위함이다(이러한 발전 과정은 최초의 일련의 발전 과정과 일치하거나 다른 각각의 발전 과정과 일치하지 않는다). 그리고 또한 이러한 발전에 대한 태도와 입장을 표명하기 위하여 사용되어 왔다. 많은 사람들에게 이 문제에 대한 최상의 해법은 '포스트모던'과 '포스트모더니티'라는 용어를 20세기 후반의 총체적 발전 과정에 사용하고, '포스트모더니즘'을 문화와 예술의 발전에만 사용하는 것이다. 하지만 이것 역시 경제적 영역과 문화적 영역 사이를 지나치게 단순하게 구분하는 듯한 인상을 줄 수 있다. 정의(定義)에 관한 또 다른 문제는 〈포스트〉모더니즘이 초기 모더니즘과 아방가르드 운동 또는 그 둘 사이의 급진적 단절의 지배적인 특징들의 연속으로 간주될 수도 있고 또한 그것들과의 급격한 단절로 간주될 수도 있는 관계적 용어라는 사실에서 야기된다. 이러한 초기 운동들의 정체성과 경제에 관해 많은 논쟁이 있다는 것은 놀라운 일이 아니며, 따라서 그들을 포함시킬 것인가 배제할 것인가는 중요한 문제이다. 어떤 이들에게 포스트모더니즘은 모든 문화의 개탄할 만한 상품화를 의미하며, 또한 이 20세기의 모더니스트 작품에서 중요하게 구현된 전통과 가치의 상실을 의미한다. 또 다른 이들에게 포스트모더니즘은 고급 문화에 대한 편협한 신념으로부터의 해방을 가져왔으며, 여러 예술과 새로운 매체들에 걸쳐 창조력을 확산시키는 계기를 가져왔다(이러한 창조력의 확산은 이제 새로운 사회적 집단에도 개방되어 있다).

몇몇 이론가들은 모더니즘 작가들에게서 발견되는 엘리트주의, 복합적인 형식적 실험, 소외의 비극적 느낌 등을 포스트모더니즘 비평가들이 어떻게 거부하는가에 주목한다. 예를 들어 이합 핫산은 모더니즘의 '예술의 비인간화'를 포스트모더니스트들이 '지구의 비인간화, 그리고 인류의 종말'에 대해 가지는 느낌과 대비시킨다. 조이스가 예술을 비개성적으로 다루는 데 '전능한'(omnipotent) 능력을 가진 반면, 엔드 게임을 미니멀리스트적으로 재현하고 있는 베케트는 '전혀 무력'(impotent)하다. 모더니스트는 여전히 비극적 영웅으로 남아 있는 반면, 포스트모더니스트는 모든 가능성이 다 소진되었음을 표현하고 '공허의 근본적인 원천을 드러내 보여준다'. 『파라비평들』(*Paracriticisms*, 1975)에서 핫산은 모더니즘에 대한 포스트모더니즘적 주석의 시사적(示唆的)인 목록을 제공해준다. 그 목록에는 다음과 같은 것들이 들어 있다. "반엘리트주의, 반권위주의, 자아의 방산(放

散), 참여. 예술은 공동체적이고 임의적이며 무정부적인 것이 된다. 수용 … 동시에 역설은 극단적인 자기 소모적 놀이, 즉 의미의 엔트로피가 된다." 모더니스트적 실험에 반대하여 포스트모더니스트들은 '개방되고 불연속적이며 즉흥적인 혹은 예측할 수 없는 구조'를 생산한다. 그들은 또한 '아름다움'에 대한 그리고 '고유함'에 대한 전통적 미학을 거부한다. 수잔 손탁의 유명한 에세이를 상기시키면서 핫산은 그들이 '해석을 거부'한다고 덧붙인다(제6장에서 보았듯이 이 모든 입장은 다양한 포스트구조주의 이론가들에게서도 찾을 수 있다). 만약 전체를 요약할 수 있는 하나의 개념이 있다면, 그것은 부재하는 중심이라는 주제이다. 포스트모던의 경험은 〈존재론적 불확실성〉의 깊은 느낌으로부터 나왔다고 광범위하게 주장되었다. (이 개념은 특히 브라이언 맥헤일의 초기 저작인 『포스트모더니즘 소설』(*Postmodernist Fiction*, 1987)에서 탐구되었다). 상상할 수 없는 어떤 것(공해, 대학살, '주체'의 죽음)을 직면한 인간적 충격은 고정된 참조물의 상실이라는 결과를 낳았다. 이 세계도 자아도 이제 더 이상 통일성, 일체성, 그리고 의미 같은 것은 가지지 못한다. 그들은 근본적으로 '탈중심화'되게 된다.

이것은 포스트모더니즘 소설이 모두 베케트의 것처럼 암담하다는 것을 의미하는 것은 아니다. 몇몇 이론가들이 지적했듯이 언어의 탈중심화 그 자체가 장난기 있고 스스로를 대상화하며 또한 스스로를 패러디하는 많은 소설을 만들어 왔다. 호르헤 루이스 보르헤스는 이러한 방법의 능숙한 장인이며, 그의 저작은 롤랑 바르트나 J. 힐리스 밀러의 포스트구조주의적 언어의 충만함과 유사성을 보여준다. 예를 들어 존 바스나 토마스 핀천, 이슈마엘 리드 같은 미국 작가들, 이탈로 칼비노, 움베르토 에코, 살먼 루시디, 존 파울즈 같은 유럽 작가들 또한 일관되게 포스트모더니스트로서 논의된다. 이러한 경우들 중 몇몇에는 특히 에코의 경우에는 비평 이론과 소설 사이에 명백한 상관관계가 있다. 에코(기호학자이며 소설가이자 저널리스트)에게 있어서 포스트모더니즘은 상호 텍스트성과 박학함으로 이루어져 있다. 그의 베스트셀러 '소설'인 『장미의 이름』(*The Name of the Rose*, 1980)은 이전에는 허구와 비허구로 분리되었던 범주들이 상호침투하는 예이면서 동시에 현란하게 역사적이다. 탐정 스릴러물인 이 작품은 편년사와 학문성을 고딕적 긴장감과 뒤섞고, 중세와 현대를 교차시키며, 차이니즈 박스 같은 이야기 구조를 가지고 있다. 따라서 이 작품은 희극성 자체가 가지고 있는 '카니발적' 힘의 억압과 반발에 대한 자기 반영적인 희극적 미스테리를 만들어 내고 있다. 포스트구조주의 이론의 기본적인 생각드로가 소설이 한 점에서 만나는 자기 반영적 포스트모던 메타 소설의 또 다른 예는 존 파울즈의 『프랑스 중위의 여자』 그레엄 스위프트의 『워터랜드』(*Waterland*) 혹은 폴 오스터의 『뉴욕 삼부작』(*New York Trilogy*) 혹은 E. L. 닥터로우의 많은 작품들을 들 수 있다. 포스트구조주의자들이 일반적 텍스트성의 이름 아래 담론의 전통적 분류에 따른 구분(비평, 문학, 철학, 정치학)을 거부하는 것과 마찬가지로 포스트모더니즘 작가들은 형식과 장르의 브리콜라쥬를 통해서 지어낸 이야기와 역사, 자서전, 사실주의, 환상 문학 사이에서의 전통적인 담로느이 경계를 허물어 버렸다.

예를 들어 현대소설을 다루는 린다 허천의 작업은 포스트모더니즘 문학이 이 넓은 텍스트의 세계에서 취할 수 있는 패러디적이면서 비판적인 양식을 탐구해왔다. 그녀의 주장에 따르면 자아와 역사는 포스트모더니즘 소설(그녀는 '역사 편찬적 메타 소설'이라고 부른다)에서 상실된 것이 아니며, 단지 새로운 문제 의식으로 접근되었을 뿐이다. 포스트모던 소설이 가진 가장 주된 특징은 이야기를 만들고 역사를 만드는 것을 자의식적으로 새롭게 문제화하는 것이다. 이것은 단순히 과거를 부정하거나 과거를 그리워할 대상으로 재생산을 하는 것이 아닌 생산적 상호 텍스트성을 가리킨다. 이러한 관점에서 볼 때 포스트모더니즘적인 아이러니와 역설은 재현의 세계 〈안에서〉 비판적 거리를 두는 것을 의미한다. 그것은 과거가 어떻게 이데올로기적으로 그리고 담론적으로 구성되는가를 묻고 있는 것이며, 진실 〈자체〉에 대해 질문을 제기하는 것이 아니라 이러한 이야기적 구성의 과정에서 〈누구〉의 진실이 문제가 되는가를 질문하고 있는 것이다. 허천은 주어진 담론적, 이데올로기적 체계 속에서 포스트모던 소설이 그 스스로를 각인시키고 개입하는 한, 이러한 소설이 가지고 있는 정치적 기능을 계속 주장할 수 있다고 생각한다(이러한 견해는 일반적으로 포스트모더니즘, 특히 포스트모던 소설을 비정치적이라고 단정적으로 규정하는 많은 문화 비평가들의 견해와는 〈상반〉된다). 페트리시아 워는 『메타 소설』(*Metafiction*, 1984) 그리고 보다 최근에는 『여성 소설: 포스트모던을 다시 생각하기』(*Feminine Fictions: Revisiting the Postmodern*, 1989)에서 이러한 문제를 더 깊이 파고든다. 후자의 경우는 명백하게 페미니즘과 현대 소설이 새로운 성별화된 사회적 주체를 재현하는 잠재력의 관점에서 쓰인 것이다. 후기의 작품 『포스트모더니즘의 실천/모더니즘의 해석』(*Practising Postmodernism/Reading Modernism*, 1992)에서 워는 포스트모더니즘 그 자체를 우리가 배울 점이 있으면서 또한 비판적인 태도를 가지는, 미적 철학적 범주로 접근하고 있다. 다른 많은 사람들과 마찬가지로 그녀는 이 책에서 모더니즘의 작품과 기본 개념들을 버린다기보다는 재정의하려고 하면서, 그녀 스스로 '신인문주의'(New Humanism)라고 부르는 것을 발전시키고 있다.

이들과 그 외의 몇몇 비평가들은, 그러나 포스트모더니즘의 가장 영향력 있는 두 가지 이론 — 기호 혹은 이미지의 지배와 그에 따른 실재의 상실 그리고 인간의 진보에 관한 '거대 서사'에 대한 회의 — 에 끊임없이 꾸준히 반응해 왔다. 이 두 이론은 각각 프랑스 철학자 장-보드리아르와 장-프랑수아 리오타르와 연관되어 있다.

장-보드리아르

보드리아르의 초기 저작은 마르크스주의와 구조주의의 기본 신조에 의문을 제기했다. 현대 자본주의 사회에서는 소비가 생산을 지배하고 기표가 기의를 지배한다고 주장하면서 보드리아르는 보다 최근에는 대중 매체 재생산의 시대에서의 과학 기술에 대한 비판에 관심을 돌리고, 표면과 심층부 혹은 밖으로 나타난 것과 실재를 구분하는 모든 이론적 모형을 부정한다.

1970년대 후반과 1980년대에 진행된, 보드리아르의 포스트구조주의와 프랑스 상황주의의 주제들에 대한 수정 작업은 좌파 지식인의 '정치로부터의 후퇴'의 도화선이 되었으며, 그의 열광적 숭배의 대상이 되었다. 이 시기의 점점 더 자극적이고 계시적인 성격을 띠게 되는 그의 저작들은 모조품 혹은 '가짜'가 실재보다 우위를 점하고 실재를 몰아내는 '모상(模像, 원본이 없는 복제물)'과 '하이퍼리얼리티' 세계(움베르토 에코와 공유하고 있는 생각, 에코의 『하이퍼리얼리티로의 여행』(*Travels in Hyperreality*, 1987) 참조)의 지배를 선언한다.

보드리아르의 영향력있는 책인 『모상과 모조물』(*Simulacra et Simulation*, 1981; 1983과 1994에 영역)은 반사하지 않는 모상의 깊이없는 세계를 탐구한다. 보드리아르에 의하면 기호는 더 이상 그들의 '실재하는' 대상물에 대응하거나, 그것을 감추지 않으며, 자율적인 '떠 다니는 기표들'의 세계 속에서 그것을 대치한다. '이미지와 실재 사이에 내부 파열'이 일어났던 것이다. 네빌 웨이크필드에 의하면 이러한 내부 파열은 "모조로 만들어진 하이퍼리얼리티의 가짜 공간을 만들어낸다. '실재'는 이제 그것이 그 속에서 움직이고 있는 대중 매체를 통해 정의된다". 이 대중 매체는 스스로를 만들어 내고 스스로를 밖으로 비추어내는, 표면만을 가진 이미지들을 증식시키는 이미지-창출 포스트모더니즘적 의사소통 과학 기술 – 특히 텔레비전 – 이다.

보드리아르에게 이러한 과학 기술은 포스트모던의 표면을 따라 스스로를 만들어내는 이미지들의 자기 증식을 촉진시킨다. 경험은 이제 파생적이고 문자 그대로 표피적인 것이 되어 버렸고, '문화를 상실한' 미국 사회의 순간적 풍요와 진부함 — 디즈니랜드가 그 본질을 보여준다고 할 수 있는데 — 에서 그 최종적인 '유토피아'적 형식을 획득한다.

1980년대 후반과 1990년대의 보드리아르의 저작들(『미국』(*America*), 『치명적 전술』(*Fatal Strategies*), 『종말의 환상』(*The Illusion of the End*) 등을 포함)은 점점 더 허무주의적인 색채를 띠게 된다. 그는 포스트모더니티를 계속해서 의미의 사라짐, 무기력, 소진 그리고 종말(그것이 역사이든 주체이든 간에)의 관점에서 접근한다(다른 동시대의 저작들 — 특히 프랜시스 후쿠야마의 저작들 — 은 공산주의 붕괴에 뒤이은 '역사의 종말'의 주제를 유사하게 가지고 있다). 보드리아르에게 있어 모든 것은 '음란하게' 노출되어 있다. 아무런 통제력도 고정시키는 깊이도 없는 표면 위를 끊임없이 투명하게, 그리고 문자 그대로 표피적으로 움직이면서, 최근의 그의 가장 자극적인 주장은 걸프전이 실제의 전쟁이 아니라 텔레비전 전쟁, 즉 대중매체적 사건, 하나의 구경거리라는 것이다. "그것은 실제로 일어난 것이 아니다. 즉, 전쟁의 증후가 없는 전쟁이다." 그는 이 일화에서 '억제의 논리'가 작용하고 있음을 본다. 열전에서 냉전으로, 즉 '전쟁의 시체'를 놓고 싸우는 것으로 전화되는 것이다. 전쟁은 포스트모던적 모의 실험 과정으로 흡수되어 버린다. "텔레비전은 우리의 전략 지대, 전쟁의 가상 현실을 창출하는 하나의 거대한 모의 훈련 장치이다". 이러한 견해는 보드리아르의 가장 진지한 비판자 중의 하나인 크리스토퍼 노리스에 의해 무책임한 궤변이라고 공격받았다. 그의 반박은 『비판력 없는 이론: 포스트모더니즘, 지식인 그리고 걸프전』(*Uncritical Theory: Postmodernism, Intellectuals and the Gulf War*, Norris(ed), 1992)의 첫 번째 장으로 나타난다. 다른 책에서와 마찬가지로 여기에서도 노리스는 프레게, 도널드 데이비슨 그리고 하버마스의 철학적 전통을 통해서 구조주의적 패러다임과 그에 따른 포스트구조주의와 포스트모더니즘의 회의주의에 대한 한 대안을 주장한다. 기호로서만 이루어진 보드리아르의 배타적 세계에 대한 논박 이외에도 전쟁 속에 존재하는 불평등, 억압, 실업, 도시의 몰락, 파괴, 죽음은 명백하게 실재하는 사회적 경험의 형식들이라는 상식적인 믿음을 확인하면서 노리스는 진실과 올바른 이성의 전제는 모든 수준에 있어서의 인간의 언어와 행위에 존재하고 있으며, 이러한 것들이 도덕성과 정치적 판단의 기초를 제공한다고 주장한다.

최근에 보드리아르는 걸프전에 관한 그의 초기 논평을 회상하는 측면에서 9/11 사건에 대해 논평했다. 『테러리즘의 정신』(*The Spirit of Terrorism*, 2003)에서 그는 세계무역센터의 쌍둥이 빌딩 공격을 현실에 대한 가상의 매개 자연을 확인하고 다른 수용된 2분법의 차이를 약화시키는 것으로 본다. 숙주에 있는 바이러스처럼 미국 내에 있는 납치범들이 음모를 꾸몄기 때문에 미국과 서양의 '우리'는 공격을 공모하고 있다고 그는 주장한다. 또한 우리는 모두 미국의 헤게모니와 세계무역센터 같은 건물에 나타난 헤게모니의 상징적 표현에 구현된 세제적 권력에 공격하려는 꿈을 품는다고 보드리아르는 말한다. 더군다나 그 사건은 군사적 참여에 대한 관습적인 규칙들을 혼란시켰다. 왜냐하면 미국은 자살공격에 대한 해결책을 가지고 있지 않고 적군에 대한 이전에 명확했던 구별을 혼동 시켰기 때문이다. 그러므로 우리는 종래의 범주와 구분을 재고하는 것이 필요하다. '테러리즘은 비도덕적이다'. 보드리아르는 "상징적 도전인 세계 무역 센터 사건은 비도덕적이고, 그 자체로 비도덕적인 세계화에 대한 응답이다. 그래서 우리가 비도덕적이 되자. 그리고 만일 우리가 이 모든 것을 이해하기를 원한다면 우리는 가서 선과 악을 넘어서 그 너머를 보자."라고 쓰고 있다.

비록 이와 동시에 많은 사람들이 이 사건과 다른 테러적 행위들이 순전한 구경거리의 문제라는 관점에 반대하기를 원할지 모르지만, 9/11 공격이 계산된 상징적 전쟁의 매체 상식적 행위였다는 일반적 인식은 현재 문화에서 보드리아르의 경향분석에 대한 새로운 유통의 가능성을 가져왔다. '상상할 수도 없는' 일이지만, 세계무역센터 건물의 붕괴가 '그것을 실제 사건으로 만들기에는 충분치 않았다'는 그의 지적은 – 그 공격은 '지금까지 결코 없었던 위대한 예술 작품이다!' 라는 칼하인츠 슈톡하우젠의 악명 높은 분노의 폭발과 함께-당연히 실망감을 주었다. 『9-11』(*9-11*)이라는 베스트셀러 소책자에서 테러리스트 전쟁에 대한 미국의 지지와 서양국가 테러리즘의 오랜 역사에 관한 노암 촘스키의 지적은 소위 이슬람과 서양 사이의 차이에 대한 더 전면적인 경제적, 정치적 분석을 제공해 주었다. 그러나 보드리아르의 실재와 가상, '그들'과 '우리'의 전통적 구분에 대한 의문은 철학적 이해뿐아니라 윤리적, 정치적 수준에서 그 자체의 어려운 도전을 제기한다.

보드리아르의 후기 작품 『테러리즘의 정신』은 구체적 사건을 언급한다는 점에서 독특하다. 그는 대개 우아한 통찰과 근거 없는 과장을 뒤섞는 방법으로 자신의 의견을 표현하면서 특정한 사회, 문화, 예술적 형식들의 구체적 특징을 언급하는 것을 회피해왔다. 구경거리이며 '비현실'적인 시뮬레이션의 세상에서 예술 그 자체는 어떤 절대적 의미에서 혁신하기를 희망하는 것이 아니라 (상실된)과거의 흩어진 조각들을 재결합하고 반복시키는 것이다. 그러므로 보드리아르의 미학 양식에 내재하는 것은 프레드릭 제임슨에 의해 뒤에 발전되게 되는 혼성 모방의 미학이다(아래 글 참조). 이 개념은 위에서 약술한 방식대로 린다 허천에 의해 논박된다. 문학 쪽에서는, J. G. 발라드(보드리아르가 후년에 찬사 에세이를 썼다: 『모상과 모조물』(*Simularca and Simulation*, 1994) 참조)의 1960년대 초 소설 『충돌』(*Crash*)과 필립 K. 딕의 과학소설에서 보드리아르의 생각과의 밀접한 관련이나 그 선례까지도 찾을 수 있다. 보다 최근에, 하이퍼리얼리티와 모상이

가지는 의미는 ≪블레이드 러너≫(*Blade Runner*)로부터 ≪터미네이터≫(*Terminator*)와 ≪매트릭스≫(*Matrix*)(*Brooker and Brooker*, 1997 참조)에 이르기까지 한 세대의 극장용 영화들에서 뿐 아니라 윌리엄 깁슨, 부르스 스털링 등의 사이버 펑크 소설(이것은 제임슨에게 있어 포스트모더니즘 혹은 후기 자본주의의 '최고의 〈문학적〉 표현' 이다.)에서 깊이 있게 탐구되었다. 이러한 예들에서, 인간 주체는 침략적인 포스트모던 과학 기술과 새로운 관계를 맺게 되는데, 이것은 인류는 이미지들의 성공적인 세계에 굴복하고 만다는 보드리아르의 견해와 일치하는 것이다. 이러한 주제는 이론과 소설에서 사이보그라는 형상을 통해서 가장 흥미롭게 다루어지고 있는데 항상 비관적으로만 다루어지는 것은 아니다(다음에 나오는 해러웨이(1985) 317-318쪽 참조, 울마크(1994) 참조). 사실 베스트와 켈너가 시사하고 있듯이 여전히 보드리아르의 작품을 읽는 가장 유익한 방법은 아마도 그 자체를 '공상소설'의 하나의 예로 읽는 것일 것이다. 이러한 노선을 따르는 그의 사상은(『치명적 전술』(*Fatal Strategies*, 1983)과 『종말의 환상』(*The Illusion of the End*, 1994)에서) 문학과 다른 글에서 나타난 천년왕국의 종말과 인간 능력의 운명에 대한 이러한 우리 시대의 공상들을 적대적으로 판단할 수 있는 극단적인 우울증을 제공해 주고 있다.

장-프랑수아 리오타르

15년 동안 혁명적 마르크스주의 집단의 일원이었던 장-프랑수아 리오타르는 1960년대에 들어서면서 마르크스주의에 의문을 제기하게 되었고, 철학·언어 그리고 예술 분야에 있어서의 '포스트마르크스주의'

적인 탐구를 시작했다. 『담론, 상(像)』(*Discours, Figure*, 1971)이라는 책에서 그는 〈보여진 것〉 즉 시각적이고 삼차원적인 것('표상적인 것')과 〈읽혀진 것〉 즉 텍스트적이고 이차원적인 것('담론적인 것')을 구분했다. 여기에서 리오타르는 모든 것을 텍스트화시키는 구조주의적 기호학적 패러다임이 사물의 공간적이고 시각적인 영역을 자동적으로 혹은 아무런 매개 작용 없이 텍스트의 평면으로 환원시킴으로써 간과하고만, 두 가지의 사고 체계와 법칙의 체계를 찾아낸다. 『리비도의 경제』(*Economie libidinale*, 1974)에서 리오타르는 니체로부터 원용한 욕망과 강렬함과 활력의 대안적 철학을 지지하면서 위의 비판을 마르크스주의로 확대시킨다. 그에 의하면 마르크스주의는 의식을 통해 역사를 알 수 있다고 가정함으로써, 역사로부터 그 물질성을 제거해버렸으며 그렇게 해서 생긴 빈 곳을 전체주의적 서술로 채워 버렸다. 또한 담론적 의식이 이미지의 세계와 그와 연관된 욕망의 결합체를 가라앉혀버렸다고 주장한다(들뢰즈와 가타리의 이론과 매우 흡사하다. 7장 참조). 이러한 억압은 합리성의 과정의 결과로서 나타나고 근대성을 규정하는 정의와 문명의 모형에 수반하는 '모던한 것'의 특성을 대표한다. 토마스 도체티는 이러한 입장을 다음과 같이 요약한다.

> 자본, 남성주의 등 ─ 근대적 세계를 특징짓는 모든 지배적 이데올로기적 사고의 형식들 ─ 은 형상성을 없애고 너무 일찍 담론의 형태로 바꾸어 놓은 행위에 의존하고 있다. 근대성 그 자체가 역사가 가지고 있는 물질성 ─ 이것은 우리의 이해의 범주에 짜 맞추어 들어가기를 거부하지만 그럼에도 불구하고 우리는 이것을 우리의 담론적 정신세계의 틀에 맞춰 억지로 집어넣으려 한다 ─ 의 원래 모습, 그 실재의 깊이를 배제함으로써 기본적으로 가능하게 된다. (도체티, 1990)

이러한 견해에 따르면, 도체티가 부연하고 있듯이, 모더니티에서 우리가 이해라고 생각하는 것(이성적 사고의 특정한 담론적 양식)은 "사실은 이해라기보다는 지배와 통제"라고 할 수 있다.

따라서 리오타르는 표상적인 것이라고 부를 수 있는 어떤 단계가 존재한다는 것을 믿는다. 욕망의 흐름과 격렬함, 그리고 그 리비도적인 효과로 표시되는 표상의 단계는 다원적이며 이질적이지만 전체주의적 이성에 의해 통일된 의미를 강요당한다. 그는 다원성 상이성을 향해 개방된 태도를 가지고, 차이, 상반되는 억압된 충동들의 가치를 인정할 것을 주장한다. 80년대의 저작에서 그는 역동성의 철학을 넘어서서 언어와 정의에 관한 철학으로 그의 입장을 발전시킨다(『단지 게임일 뿐』(*Just Gaming*, 1985), 『차이』(*The Differend*, 1983)). 차이와 이질성에 대한 이러한 포스트모던적 인식을 공유하고 있는 예술은 따라서 모더니티의 폐쇄성을 비판하고 해체시키려 한다. 이 작업은 '말해질 수 없는 것' '보이지 않는 것'을 탐구하는 것이다.

리오타르의 『포스트모던의 조건』(*The Postmodern Condition*, 1979)은 그러나 문화적 모더니즘에 관한 논쟁에서 중요한 초점이 무엇인가를 보여주었다. 리오타르는 지식의 '진리 주장'을 지배하는 기준은 절대적 법칙이나 표준으로부터가 아니라 서로 분리된 상황 구속적인 '언어 게임'으로부터 나온다고 주장한다. 예를 들어 과학은 '모던'의 단계에서 두 가지 서술 유형 중 하나로부터 정당성을 구했다. 계몽주의와 혁명적 전통에 관련된 인간 해방의 서술유형과 헤겔주의와 관련된 모든 지식의 예기적 통합의 서술 구조가 그것이다.

리오타르에 의하면 이러한 정당화하는 '메타 서사' 혹은 '거대 서사' 중에 어느 것도 신빙성을 갖지 못한다. 그 초점이 모던과 포스트모던의 지식에 한정되어 있긴 하지만, 이러한 리오타르의 비판에는 프랑크푸르트 학파의 비관론이 다시 나타나고 있는데, 이러한 비판을 통해 계몽주의적 기획은 근대적 전쟁, 아우슈비츠와 강제수용소로부터 핵 위협과 심각한 생태학적 위기에 이르기까지의 사회적, 정치적 재난을 초래한 것으로 주장된다. 자유와 평등의 계몽주의 서술이 그

토록 애써 자신의 적으로 규정하려 했던 관료주의, 억압, 비참함이 바로 근대화의 결과인 것이다. 위에서 지적했듯이 위르겐 하버마스는 이러한 견해를 부정하고 상호주관적인 '의사 소통적 이성'의 작용에 대한 믿음이 정의와 민주주의의 목표를 실현할 수 있다고 주장한다. 리오타르의 견해에 의하면 '진리 주장'과 보편적 역사에 대한 동의를 도출할 수 있다고 생각하는 것은 억압적이며 지지될 수 없는 것이다. 이러한 기반을 상실한 채, '포스트모던' 과학은 최상의 수행 능력을 향한 기술적 상업적 목표를 추구한다. 이러한 변화는 정보를 정치적으로 계량화하는 새롭게 컴퓨터화된 과학 기술에 의해 강화된 것이다. 그러나 이러한 과학 기술주의적 질서는 '일반 과학'의 패러다임을 의문시하는 내적인 실험적 충동과 서로 상반된다. 리오타르가 '배리(背理)'의 활동이라고 부르는 것 — 즉 비논리적 혹은 모순되는 추리에 사용되는 정신 활동 — 은 새로운 지식의 '미지의 어떤 것'으로의 돌파구를 열어준다. 여기에서 새로운 정당성의 원천이 등장하게 되는데, 이것은 보다 소박한 '소서술'의 형태를 띠고 있고, 실험과 '새롭게 하기'라는 급진적 아방가르드적 요구에 근거하고 있다.

따라서 리오타르의 작업으로부터 등장하는 포스트모던 미학은(『포스트모던의 조건』의 부록인 「질문에의 대답: 포스트모더니즘이란 무엇인가」("Answering the Question: What is Postmodernism?")에서 가장 쉽게 살펴 볼 수 있다) 학문적인 '숭고성'의 미학이라고 생각될 수 있다. 더욱이 그것은 모더니즘의 〈결과로서〉 나타나는 것이 아니라 오히려 모더니즘의 기본 조건을 구성한다는 사실에 주목해야 한다. 이 점에서 리오타르는 모던의 시대와 포스트모던의 시대 사이에 결정적인 단절을 주장하는 보드리아르나 제임슨 그리고 다른 포스트모더니즘의 비평가들과 구별된다. 리오타르에 있어서 포스트모던은 한 시대가 아니며 시대 구분을 위한 개념이라기보다는 하나의 사고 양식이다. 리오타르가 표현하듯이, "포스트모던은 의심할 바 없이 모던의 일부이다". "그것은 모던에 있어서 표현하는 과정 그 자체를 통해서 표현될 수 없는 것을 드러내주는 어떤 것이다". 마찬가지로 '표상적인 것'과 '담론적인 것'도 서로 시간적으로 연결되어 있거나 각각 배타적으로 포스트모던과 모던을 가리키는 것으로 간주되어서는 안 된다. 즉 포스트모던과 표상적인 것은 모던과 담론적인 것 안에서도 나타날 수 있다. 이것은 엄격한 '모던'의 시기에 포스트모던의 작가와 경향(예를 들어 『피네간의 경야』를 쓸 당시의 조이스)을 찾아낼 수 있는 한 방법, 그리고 보다 폐쇄적이고 위협적인 모더니즘과 보다 개방되고 실험적인 모더니즘 사이의 구분(예를 들어 고급 모더니즘과 급진적 아방가르드 혹은 T. S. 엘리엇, 윌리엄 카를로스 윌리엄즈와 거트루드 스타인 사이)을 다시 회복하는 방법 등을 보여준다.

더욱이 포스트모던 양식은 미리 정해진 기준이나 법칙 없이 진행한다. 이러한 기준이나 법칙은 미리 상정된다기보다는 과정에서 찾아지는 것들이다. 이것은 또한 유추에 따라 정치적 영역에도 적용될 수 있으며, '포스트모던'적 정의 개념을 정립해 나가는 데도 적용될 수 있다. 그러나 사회적·정치적 복합성을 고려할 때 리오타르의 사고에서 가장 취약하거나 모호한 부분으로 지적되는 것도 바로 이 부분이다. 왜냐하면 일반적으로 해체론과 같이, 윤리적 판단과 행위에 있어서 이질성 그리고 국지적이고 잠정적이고 실용적인 것에 항상 주의를 집중시키면서, 의식적으로 탈중심화된 '포스트모던'적 미시 정치학을 인정하는 반면, 다른 한편으로는 수사에는 강하지만 구체적인 사회적 행동을 위한 제안에는 별 관심이 없으며, 서로 연결되지 않는 상대주의를 지지하는 것으로 해석될 수도 있기 때문이다. (제임슨이 쓴 『포스트모던의 조건』의 서문과 니콜슨(1990), 리딩즈(1990) 참조). 동시에 이러한 문제는 리오타르의 해석에만 국한되는 것이 아니고 포스트모더니즘의 논쟁에서 가장 긴급하며 현재에도 진행 중인 주제를 포함한다고 할 수 있다.

포스트모더니즘과 마르크스주의

보드리야르와 리오타르에 의해 제시된 입장 그리고 포스트모더니즘의 마르크스주의에 대한 도전에 대응하여, 영미 전통 내부로부터 포스트모더니즘에 대한 두 개의 중요한 논문이 1984년 프레드릭 제임슨과 1985년 테리 이글턴에 의해서 『뉴 레프트 리뷰』에 실렸다(이들 비평가에 대한 자세한 설명은 제5장을 참조). 제임슨은 포스트모더니즘이 야기한 사회적, 경제적, 문화적 변화의 문제 그리고 자본주의의 변화하는 속성과의 관계와 그 속에서의 마르크스주의의 위상 등의 문제를 일관되게 천착해왔다. 포스트모더니즘에 관한 논의에서 가장 중요한 문헌이 된 그의 1989년 논문의 제목이자 그 논문이 표제 논문으로 실린 책인 『포스트모더니즘, 혹은 후기 자본주의의 문화적 논리』(*Postmodernism, or the Cultural Logic of Late Capitalism*, 1991)는 제임슨이 자본주의적 헤게모니의 확장과 공고화로 파악한 것과 포스트모더니즘 사이의 공생적 관계를 구명하고 있다. 제임슨은 포스트모더니즘이 여러 가지의 시대적 유형들 중 단지 하나가 아니라, 후기 자본주의 상황에서 각별한 중요성을 갖는 지배적 유형이라고 믿는다. 그는 다국적 전지구적 경제의 '전자와 원자력'의 과학 기술과 포스트모던 문화의 깊이 없고 파편화되고 제멋대로 이질적인 이미지들 사이의 깊은 연관관계에 주목한다. 이 문화는 고급문화와 대중문화 사이의 경계(모더니스트 예술에서는 강력하게 지지되었던)를 지워버렸다. 제임슨의 지적에 따르면 포스트모던은 "싸구려와 졸작들, 즉 텔레비전 연속극, 『리더스 다이제스트』 문화, 광고와 여인숙, 심야쇼와 B등급의 헐리우드 영화, 선정적 대중소설들로 이루어진 전체적으로 '퇴락한' 풍경"에 매료되어 있다. 상업문화는 더 이상 조이스적인 방식으로 인용되거나 패러디되지 않으며, 포스트모던 예술로 직접적으로 통합된다. 앤디 워홀의 작품은 미적 생산과 상품 생산이 완벽하게 상호 침투되고 있음을 보여준다. 제임슨은 '혼성 모방'(pastiche) 혹은 '공백의 패러디'(blank parody)가 이 문화의 특징적 양식이라고 말한다. 즉 '주체의 사라짐'은 예술가로부터 개성적인 스타일을 빼앗아 간다. 마치 '역사의 상실'이 예술로부터 독창성을 빼앗아 가버린 것처럼, 예술가는 아무런 목적도 아이러니도 풍자도 없이 과거 스타일의 모방에만 의존할 뿐이다. 제임슨은 그것의 결과로 나타나는 '회고 양식'에 대한 자신의 견해를 다음과 같이 요약한다. "모상의 예술 언어 혹은 정형화된 과거의 혼성 모방을 통해 현재를 접근하는 것은 현재의 현실과 현재 역사의 열려 있음에 겉만 번들거리는 신기루가 주는 거리감과 마법을 부여해준다". 포스트모던적 예술은 더 이상 실제의 과거를 재현할 수 없고, '대중적' 역사의 형태로 과거에 대한 우리의 생각과 정형화된 모습만 재현할 뿐이다.

제임슨의 입장의 중심 문제는 그가 포스트모더니즘을 우리의 문화적 상황으로 받아들이는 태도를 마르크스주의에의 믿음과 일치시키고 있다는 것, 그리고 헤겔적 마르크스주의를 계속 고수하고 있다는 것이다. 왜냐하면, 오늘날의 사회를 지시 대상, 실재, 진정한 역사로부터 분리된 '내파된 이미지' 혹은 모상의 사회로 보는 보드리아르의 견해를 받아들이면서 그는 변증법적 유물론의 틀 안에서 표면과 깊이의 구분을 여전히 유지하고 싶어하기 때문이다. 이 변증법적 유물론은 비록 전투태세를 갖추고 있긴 하지만, 아직도 '거대 서사'를 상실한 파편화된 사회의 '총체성'을 포착하고, 사회·문화적 변혁을 일으킬 수 있는 길을 모색하고 있다.

이글턴은 그의 논문에서 후기 자본주의에서의 예술과 상품의 결합이라는 개념을 더욱 발전시킨다. 돈과 교환 가치에 대한 마르크스의 분석은 '상품 숭배'의 개념을 포함한다. 이것은 인간이 노동이 그 생산물로 전화되는 신비화하는 과정을 가리킨다. 노동 시간이 생산물에 투여하는 가치는 생산물 자체의 독자적이고 객관적인 속성으로 간주된다. 이렇게 생산물의 본질을 제대로 보지 못하는 것은 사회적 소외와 수탈의 가장 핵심적인 요소이다. 이글턴은 '주물 숭배'를 미적 범주로 다룬다. 즉 상품 숭배의 과정은 허구적으로 인식된 상품의 독립적 실재를 주장하는 〈상상적〉 과정이며 소외된 인간 정신은 그것이 스스로 상상적으로 만들어낸 것의 객관적 독립성은 받아들이기 된다는 것이다. 예술과 상품이 모두 본질적인 '비실재성'을 가진다는 견해를 통해 이글턴은 "포스트모던적 생산품의 자율성과 맹목적인 자기동일성은 그 생산품이 경제 체제(그 안에서 그러한 자율성은 상품 주물의 형태로 이 시대의 새로운 제도가 된다) 속으로 완전히 〈통합〉된 것의 결과라는 역사적 진실"을 주장한다.

린다 허천은 제임슨과 이글턴 모두에게 있어서 포스트모더니즘의 상호 텍스트성이 얄팍하고 타협된 향수의 형태로 과거를 단지 재생산할 뿐, 담론과 이데올로기를 통해 과거가 구성된다는 것을 드러내지 못하고 있다고 논박한다. 『포스트모더니즘의 정치학』(*The Politics of Postmodernism*, 1989)에서 허천은 이글턴의 역사 소설인 『성자와 학자들』(*Saints and Scholars*, 1987)을 분석하면서, "포스트모던 소설을 비역사적이라고 비난한 마르크스주의 비평가" 이글턴에게 답변을 하고 있다. 그녀에 따르면, 이 작품은 초소설적 자의식과 패러디적 상호 텍스트성을 통해 — 그것에도 불구하고가 아니라, 그것을 통해서 — 역사와 정치로의 중요한 회귀를 시도하고 있다. 여기에 바로 포스트모던적 역설 — 즉 역사의 "이용이자 오용" — 이 놓여 있다.

포스트모더니즘을 자본주의의 심화, 전 지구적으로 진행되는 특권과 불이익의 확장으로 이해하고, 계급 정치학의 지속적인 유효성을 주장하는 다른 마르크스주의 비평가들은 포스트모더니즘 이론에 적대감 — 혹은 기껏해야 매우 조심스런 주의 — 을 가진다는 점에서 이글턴을 따르고 있다. 동시에 많은 좌파 이론가들이 포스트모더니즘이 기술했던 전지구적인 미디어와 정보사회의 변화된 조건에 부응하기 위하여, 그들의 문화 정치학과 그들의 사상적 원천이 되었던 계몽주의 혹은 근대성의 이상들을 수정하려고 한다. 매우 자주 새로운 포스트모던적 윤리학, 혹은 정치학의 기반을 만들려는 논의와 시도는 문학 이론이나 비평의 분야에서보다는 철학, 사회 이론 혹은 문화 연구의 분야에서 더 활발하게 진행되어 왔다(바우만(1993), 스콰이어즈(1993), 니콜슨과 사이드만(1995), 홀(1996) 참조). 그리고 사실, 이러한 논의는 문학 연구에서 자주 보이는 포스트모더니즘의 보다 텍스트 중심의 모델에 비판적이다. 그러나 포스트구조주의 사상과 해체론의 경향에 따라, 주체의 본질주의적이고 배타적인 모형들과 문학과 문화에 대한 엘리트주의적 견해를 비판하기 위해, 참여적인 '세속적' 포스트모더니즘 또한 활발히 진행되고 있다. 이것의 주도적인 주장은 성적, 종족적, 인종적, 문화적 정체성에 대한 단일하고 규범적인 개념들을 '탈중심화'시키는 것을 목적으로 하고 있으며, 이러한 모습을 띠게 되면서 '인종적' 혹은 '사회적 포스트모더니즘'은 페미니즘, 포스트식민주의, 아프리카계 미국, 게이, 레즈비언, 퀴어 이론과 작품에서 나타나는 우리 시대의 가장 도전적인 개념들과 연결된다(아래글과 제9장, 제10장 참조).

포스트모던 페미니즘

린다 니콜슨이 지적했듯이 지금까지 받아들여져 왔던 학문적 중립성과 합리성의 주장에 대한 포스트모더니즘의 비판은, 계몽주의 기획과 함께 맞물려서 작용했던 규범적 남성성에 대한 페미니즘의 반대와 '자연스런 동맹관계'를 맺을 수 있을 것으로 보인다. 몇몇은 사회적 진보, 정의, 그리고 평등이라는 계몽주의적 명제를 페미니즘에 계속적인 타당성을 가지는 것으로 옹호하는 반면, 이러한 것을 아무런 수정 없이 있는 그대로 받아들이는 사람은 거의 없으며, 포스트모더니즘의 주장들이 근대성에 내재해 있는 성별화된 문화적 지적 가정들과, 페미니즘 자체의 보편화하는 근본주의적인 입장들에 대한 도전이라는 것은 부인하는 사람도 거의 없다. 니콜슨에 의하면, 포스트모더니즘은 '서구의 백인 중산 계급 여성의 경험으로부터 일반화하는 이론을 만드는 경향'을 피할 수 있게 해준다.

유사한 방식으로 페트리시아 워(『여성 소설』*Feminine Fictions*, 1989)는 페미니즘이 "일치를 추구하는 〈필수적〉 단계를 이제 막 지나와서" 보다 최근에는 주체와 주체성에 대한 새로운 대안적 개념을 생산하고 있는 것으로 본다. 이러한 새로운 개념은 "정체성이 잠정적이며 그 위치가 미리 결정된다는 점, 성별의 역사적 사회적 구성, 그리고 지식과 권력의 담론적 생산"을 강조한다. 비본질화하는 이론의 특히 영향력 있는 한 예에서 ― 이것 역사 80년대 후반에 나온 것인데 ― 엘리스 자딘은 '여성중심주의'(gynocriticism) 혹은 일레인 쇼월터의 작업과 관련된 여성중심적 비평에 반대하여, '지네시스'(gynesis)라는 용어를 만들어낸다(제6장의 188-192쪽 참조). 지네시스는 '여성'이라는 범주에 대한 포스트구조주의적 분석이 어떻게 동원되고 있는가를 기술한다. 자딘은 서구의 주도적인 서술에 의해 경험된 위기들이 성별적으로 중립적이지 않다는 것을 지적한다. 희랍 신화에 나오는 원초적으로 성별화된 관계들을 천착하면서, 자딘은 우리의 사고양식을 지배하는 근본적인 이원론적 대립은 테크네(*techne*) 혹은 시간(남성)과 피지스(*physis*) 혹은 공간(여성) 사이의 대립이라고 주장한다. 따라서 포스트모더니즘이 서구의 지배 서술을 문제시하는 것의 한 핵심적 측면은 "(서로 상이한 종류들의) 생존을 위해 그들 자신의 내부에서 새로운 공간, 혹은 새로운 거리(距離)를 창출해내려는 시도"이다.

자딘에게 있어서 포스트모더니티(그녀의 방식을 따르면 '서술의 위기'(crisis-in-narrative), 이때 서술은 바로 모더니티를 뜻한다)의 중심적 특징은 바로 여성적인 것에 가치를 부여하는 작업인데, 이러한 작업은 "생각하고, 글쓰고, 말하는 데 있어서 새로운, 꼭 필요한 양식에 본질적"으로 내재하고 있는 것이다. 지배 서술이 항상 봉쇄하고 있지만 통제하지는 못하는 '비지식' 혹은 여성적 '공간'에 관심을 두고 있는 지네시스는 '여성'이라는 '타자'를 담화 속에 참여시키는 〈과정〉이다. 이 과정에서 생산되는 대상은 지네마(*gynema*)이다. 즉, 사람으로서의 여성이 아니라 하나의 '독서 효과'(reading-effect). '절대 안정되어 있지 않고, 정체성도 가지고 있지 않은' (그리고 남성 작가들에 의해 텍스트 속에서 생산될 수 있는) '효과로서의 여성'(women-in-effect)이다.

여성적 글쓰기(l'ecriture féminine)의 다른 예에서와 같이, 지네시스(gynesis)는 메리 제코부스의 표현을 따르면, "텍스트의 성욕적 특성이 아니라 성의 텍스트적 특성"을 주장한다. 그렇다면 이것은 특정하게 성별이 주어진 글의 종류가 아니라, 고정된 의미를 교란시키고 작가의 혹은 비평적 통제를 벗어난 텍스트의 자유로운 작용을 촉진시키는 그런 종류의 글이다. 여성중심적 페미니즘 이론에 대한 자딘의 반대는 여성중심주의 비평이 자명하게 의미있는 것으로 받아들였던 핵심 개념에 대해 중요한 이의를 제기하게 된다. 지네시스는 또한 영미 비평이 아방가르드와 모더니스트 문학 텍스트의 의미와 중요성을 적절하게 이론화하지 못했다고 논박한다. 자딘의 이론적 모형이 반인문주의적, 반사실주의적, 반본질주의적이기는 하지만, 여전히 그녀는 페미니스트 정치학의 효과적인 모형을 유지하기를 원한다. 캐서린 벨지가 제기한 바와 같이(「비평적 접근들」, 1992) 자딘에게 있어서 "페미니즘이 여성에 대한 단일한 이야기인 한, 포스트모더니즘은 페미니즘과 양립할 수 없는 것이다". 지네시스는 정치적 문화적 비평적 해체론의 강력한 형식이다. 그것은 문학 정전을 (비록 완전히 파괴하지는 않지만) 재평가하고 재구성하며 단일하고 보편적으로 받아들여진 의미를 거부하고, 담론적 실천의 장 전체를 명백하게 정치화한다. 지네시스는 '여성'을 경험적으로 증명될 수 있는 것으로 보지 않는다.

오히려 '여성'은 지배 서술들을 교란시키고 동요하게 하는 틈 혹은 부재이다.

페미니스트 비평의 경험적이고 포스트구조주의적인 전통에서의 서로 다른 주장들은 계속 논쟁이 되어야 할 문제이지만, 주디스 버틀러의 성별에 대한 설명에서 보다 단호한 포스트모더니스트적 입장을 취하게 된다(버틀러에 대해서는 10장의 374, 383-387쪽 참조). 버틀러는 포스트구조주의에 영향을 받은 페미니즘의 지류가 정체성의 안정된 개념을 간과한 것에 대해 공격을 받고 있는 것을 인정한다. 그러나 그녀는 "성별의 의미에 대한 현재의 페미니즘의 논쟁들이 마치 성별의 불확정성이 결국은 페미니즘의 실패로 귀결될 것처럼, 혼란의 느낌만을 계속 주고 있다"고 주장한다. 버틀러에게 페미니스트적 '우리'는 '환영적 구성체'(phantasmatic construction)이다. 이 환영적 구성체는 "내적 복합성과 불확정성을 부정하고", "그것이 재현하려고 하는 재현 대상의 일부를 배제함으로써만 그 스스로를 구성한다".

버틀러는 정체성에 기초한 페미니즘을 제한되고 한정적인 것으로 본다. 왜냐하면 그것이 성별화된 정체성을 '실제로 존재하고', '자연적인' 것으로 생산하는 경향 — 그것이 아무리 미미한 경향일지라도 — 을 가지기 때문이다. 버틀러의 주장은 "정체성의 표현 〈배후〉에는 어떠한 성별적 정체성도 없다"는 것 그리고 "정체성은 그것의 결과라고 얘기되는 바로 그 '표현'에 의해 수행적으로 구성된다"는 것이다. 성별화된 행위는 선험적 정체성의 결과가 아니다. '행위의 배후에 있는 행위자'가 꼭 있을 필요는 없으며, 오히려 '행위자'는 행위 속에서, 행위를 통해서 다양하게 구성되는 것이다. 이런 의미에서 버틀러는 '자아와 그 행위에 대한 전담론적 구조'(prediscursive structure)를 주장하는 자아의 실존주의적 이론(드 보봐르와 같이, 6장 참조)과 다르며, 자연의 리듬에 보다 근접한 전(前) 문화적 , 전(前) 문명적 세계를 여성이 점유하고 있다는 견해를 가지고 있는 씨이주와도 다르다. 대신, 버틀러는 우리에게 정체성을 하나의 〈의미 생산〉 행위로 볼 것을 요구한다. 즉, 성별은 우리가 '행위하는' 어떤 것이다. 그리고 모든 의미 생산 행위와 마찬가지로 〈반복〉 — 주체를 문화적으로 인지하게 만드는 단어와 행위의 반복 — 에 의존한다. 그 결과로 여성성과 같은 정체성의 범주들이 (고정되어 있기보다는) 계속 변화하고, 다양하게 문제시될 뿐 아니라, 정체성의 전복도 가능하게 된다.

따라서 버틀러가 중요하게 생각하는 행위를 통한 전복의 모델은 패러디를 사용하는 것이다. 이 패러디를 통해 성별은 '실패한 복제들' — 근본적으로 결함을 가지고 있으며 분열된 — 로 생산된다. 그녀의 주장은 이 점에서 린다 허천의 포스트모던적 패러디와 호미 바바의 식민지 모방 설명과 유사하다. 식민지 모방 설명에서, 모방하는 식민지인은 식민 통치 국가의 법칙을 내화할 수밖에 없는데, 그는 단지 불완전하게 모방한다. '거의 같지만 똑같지는 않게'. 이러한 불완전한 반복 혹은 모방은 식민주의 기획이 가진 결함과 틈을 보여준다(9장 참조). 버틀러에 있어서, 성별의 패러디적 반족은 '성별적 정체성이 다룰 수 없는 깊이와 내적 실체를 갖고 있다는 것이 환상이라는 것'을 드러내준다. 성별적 규범의 상실은 실체적 정체성을 해체시키고 강요된 이성애를 자연스러운 것으로 만드는 서술로부터 그 중심 인물들 — '남자'와 '여자' — 을 제거함으로써, 새로운 성별의 지형을 증식시키는 효과를 가질 수 있을 것이다.

도나 해러웨이의 논문 「사이보그를 위한 선언」("A Manifesto for Cyborgs", 1985; 니콜슨, 1990)은 이 점에서 의미가 있으며 지속적인 관심의 대상이 되고 있다. '탈성별적 세계에서의 피조물'로서의 '사이보그'에 대한 해러웨이의 견해는 서구의 근본적인 조직 구조로서 계속적으로 반복해서 나타나고 있는 이원론과 양극성(자연/문화, 공적/사적, 유기적/기계적 등)에 대한 또 하나의 급진적 비판의 특징적 요소가 된다. 산업 기술에 대한 개방된 태도로 인해 그녀는 근원과 완성의 신화가 가지는 강점들에 이의를 제기하게 된다. "우리에게 있어 정신분석학과 마르크스주의에 가장 강력하게 각인되어 있는", 개인적 발전과 역사라는 "두 가지 효과적인 신화들"은 "원초적 통일의 플롯에 의존하고 있다". "이 원초적 통일의 플롯으로부터 벗어나서, 여성/자연의 점증되는 지배의 드라마를 통해서 차이가 생산되고 동원되어야 한다". 사이보그의 극단주의는 그것이 "원초적 통일의 단계, 즉 서구적 의미에서의 자연과의 일치의 단계를 건너뛴다"는 것이다. 그것은 대립적이며 유토피아적이며 "이중성욕, 오이디푸스 이전 단계의 공생, 소외되지 않은 노동, 혹은 유기적 총체성의 다른 유혹들과는 아무런 관계가 없다".

해러웨이의 주장은 글쓰기의 의미를 쟁취하기 위한 투쟁이 정치적 투쟁의 한 중요한 형태라는 현대 페미니즘과 포스트식민주의의 견해로부터 포착해낸 것이다. 해러웨이에 있어 글쓰기는 '탁월한 사이보그의 기술'이며 사이보그 정치학은 "언어를 쟁취하기 위한 투쟁, 완벽한 의사소통을 거부하는 투쟁, 모든 의미를 완벽하게 통역해내는 〈단일한 기호 체계〉 — 이것은 팰러스중심주의의 중심적인 교조적 신조이다 — 에 대항하는 투쟁"이다. 해러웨이는 '국외자'의 이야기에서 사이보그 정체성에 해당하는 것을 찾아낸다. 즉, 공통의 언어에 대한 어떠한 원초적 꿈(10장에서 아드리안 리치와 관련된 개념, 373-374쪽 참조)도 가지고 있지 않은 그러한 집단으로 규정된 '국외자들' (미국에서의 '유색 여성'과 같은 경우, 9장의 '종족성과 인종' 참조). 원초적 언어를 한번도 소유한 적이 없거나 "문화라는 정원에서 합법적 이성애의 조화 속에 한번도 살아본 적이 없는" 경우에 정체성이란 무엇인가를 탐구하면서 혹은 원초적 이야기를 다시 들려주면서 사이보그 작가들은 비합법성을 찬양하고, 서구 문화의 중심적 신화를 전복시키기 위해 작업한다.

참고문헌

기본서

Baudrillard, Jean, *For a Critique of the Political Economy of the Sign* [1972], trans. and intro. by Charles Levin (Telos Press, St Louis, 1981).

Baudrillard, Jean, *The Mirror of Production* [1973], trans. by Mark Poster (Telos Press, St Louis, 1975).

Baudrillard, Jean, *Symbolic Exchange and Death* [1976], trans, by Iain Hamilton Grant (Sage, London, 1993).

Baudrillard, Jean, *Simulacra and Simulation* [1981], trans, by Sheila Faria Glaser (University of Michigan Press, Ann Arbor, 1994).

Baudrillard, Jean, *Fatal Strategies* [1983], trans. by Philip Beitchman and W. G. J. Nieluchowski; ed. by Jim Fleming (Pluto, London, 1990).

Baudrillard, Jean, 'The Ecstasy of Communication' [1985], in Hal Foster (ed.), below.

Baudrillard, Jean, *America* [1986], trans. by Chris Turner (Verso, London, 1988).

Baudrillard, Jean, *The Illusion of the End* [1992], trans. by Chris Turner (Polity Press, Oxford, 1994).

Baudrillard, Jean, *The Spirit of Terrorism* [2001], trans. by Chris Turner (Verso, London, 2002).

Baudrillard, Jean, *Jean Baudrillard: Selected Writings*, ed. by Mark Poster (2nd enlarged edn, Polity Press, Cambridge, 2001).

Brooker, Peter (ed.), *Modernism/Postmodernism* (Longman, London, 1992).

Butler, Judith, *Gender Trouble: Feminism and the Subversion of*

Identity (Routledge, London and New York, 1992).

Butler, Judith, *Bodies That Matter: On the Discursive Limits of 'Sex'* (Routledge, London and New York, 1993).

Butler, Judith, *The Judith Butler Reader*, ed. by Sara Salih (Blackwell, Oxford, 2003).

Connor, Steven, *Postmodernist Culture: An Introduction to Theories of the Contemporary* (2ne edn, Blackwell, Oxford, 1996).

Connor, Steven (ed), *The Cambridge Companion to Postmodernism* (Cambridge University Press, Cambridge, 2004).

Docherty, Thomas (ed.), *Postmodernism: A Reader* (Harvester Wheatsheaf, Hemel Hempstead, 1992).

Eagleton, Terry, 'Capitalism, Modernism and Postmodernism' [1985], in *Against the Grain: Selected Essays, 1975-85* (Verso, London, 1986).

Eagleton, Terry, *The Illusions of Postmodernism* (Blackwell, Oxford, 1996).

Eco, Umberto, *Travels in Hyperreality* [1986], trans. by William Weaver (Picador, London, 1987).

Encyclopedia of Postmodernism, ed. by Victor E. Taylor and Charles E. Winquist (Routledge, London, 2000).

Foster, Hal (ed.), *Postmodern Culture* (Pluto, London, 1985).

Habermas, Jürgen, 'Modernity - An Incomplete Project' [1985; in Hal Foster (ed.), above], reprinted in Peter Brooker (ed.), above.

Haraway, Donna, 'A Manifesto for Cyborgs: Science, Technology, and Socialist Feminism in the 1980's, *Socialist Review*, 15, 18 (1985), reprinted in Linda Nicholson (ed.), below.

Hassan, Ihab, 'POSTmodernISM', in *Paracriticisms: Seven Speculations of the Times* (Illinois University Press, Urbana, 1975).

Hassan, Ihab, *The Postmodern Turn: Essays in Postmodern Theory and Culture* (Illinois University Press, Urbana, 1975).

Hutcheon, Linda, *A Poetics of Postmodernism: History, Theory, Fiction* (Routledge, London, 1988).

Hutcheon, Linda, *The Politics of Postmodernism* [1989] (2nd edn, Routledge, London, 2002).

Huyssen, Andreas, *After the Great Divide: Modernism, Mass Culture, Postmodernism* (Macmillan, Basingstoke, 1988).

Jameson, Fredric, 'Postmodernism, or the Cultural Logic of Late Capitalism', *New Left Review*, 146 (1984).

Jameson, Fredric, 'Postmodernism and Consumer Society', in Hal Foster (ed.), above.

Jameson, Fredric, *Postmodernism, or the Cultural Logic of Late Capitalism* (Verso, London, 1991).

Jameson, Fredric, *A Singular Modernity* (Verso, London, 2002).

Jardine, Alice, *Gynesis: Configurations of Women in Modernity* (Cornell University Press, Ithaca, 1985).

Lovibond, Sarah, 'Feminism and Postmodernism', in Roy Boyne and Ali Rattansi (eds), *Postmodernism and Society* (Macmillan, Basingstoke, 1990).

Lucy, Niall (ed.), *Postmodern Literary Theory: An Anthology* (Blackwell, Oxford, 1999).

Lyotard, Jean-François, *Discours, figure* (Klincksieck, Paris, 1971).

Lyotard, Jean-François, *The Postmodern Condition: A Report on Knowledge* [1979], trans. by Geoff Bennington and Brian Massumi (Manchester University Press, Manchester, 1984).

Lyotard, Jean-François, *The Differend* [1983], trans. by Georges Van Den Abbeele (Manchester University Press, Manchester, 1988).

Lyotard, Jean-François, *The Lyotard Reader*, ed. by Andrew Benjamin

(Basil Blackwell, London and Cambridge, Mass., 1989).
Nicholson, Linda (ed.), *Feminism/Postmodernism* (Routledge, London and New York, 1990).
Waugh, Patricia (ed.), *Postmodernism: A Reader* (Arnold, London, 1992).

보충자료

Alexander, Marguerite, *Flights from Realism: Themes and Strategies in Postmodernist British and American Fiction* (Arnold, London, 1990).
Bauman, Zygmunt, *Postmodern Ethics* (Blackwell, Oxford, 1993).
Bertens, Hans, *The Idea of the Postmodern: A History* (Routledge, London, 1995).
Bertens, Hans and Natoli, Joseph (eds), *Postmodernism: The Key Figures* (Blackwell, Oxford, 2002).
Belsey, Catherine, 'Critical Approaches', in Claire Buck (ed.), *Bloomsbury Guide to Women's Literature* (Bloomsbury, London, 1992).
Best, Steven and Kellner, Douglas, *Postmodern Theory: Critical Interrogations* (Macmillan, Basingstoke, 1991).
Brooker, Peter, New York, *Fictions: Modernity, Postmodernism, The New Modern* (Longman, London, 1995).
Brooker, Peter and Brooker, Will (eds), *Postmodern After-Images: A Reader in Film, TV and Video* (Arnold, London, 1997).
Caesar, Michael, *Umberto Eco: Philosophy, Semiotics and the Work of Fiction* (Polity Press, Cambridge, 1999).
Callinicos, Alex, *Against Postmodernism* (Polity/Basil Blackwell, Cambridge, 1989).

Chomsky, Noam, *9-11* (Seven Stories Press, New York, 2001).

Debord, Guy, *The Society of the Spectacle* (Black & Red, Detroit, 1970).

Debord, Guy, *Comments on the Society of the Spectacle*, trans. by Malcolm Imrie (Verso, London, 1998).

Docherty, Thomas, *After Theory: Postmodernism/Postmarxism* (Routledge, London, 1990).

Docherty, Thomas, *review of The Lyotard Reader* (Andrew Benjamin (ed.) above), *Paragraph*, vol. 15 (1992), 105-15.

Docherty, Thomas, *After Theory* (Edinburgh University Press, Edinburgh, 1996).

Hall, Stuart, *Critical Dialogues in Cultural Studies*, ed. by David Morley and Kuan-Hsing Chen (Routledge, London and New York, 1996).

Kaplan, E. Ann (ed.), *Postmodernism and its Discontents: Theories, Practices* (Verso, London, 1988).

Kellner, Douglas, *Jean Baudrillard: From Marxism to Postmodernism and Beyond* (Polity/Basil Blackwell, Cambridge, 1988).

Kellner, Douglas, *Postmodernism/Jameson/Critique* (Maisonneuve Press, Washington, DC, 1990).

Lane, Richard J., *Jean Baudrillard* (Routledge, London, 2000).

Lee, Alison, *Realism and Power: Postmodern British Fiction* (Routledge, London, 1990).

McHale, Brian, *Postmodernist Fiction* (Routledge, London, 1987).

McHale, Brian, *Constructing Postmodernism* (Routledge, London, 1993).

Malpas, Simon (ed.), *Postmodern Debates* (Palgrave Macmillan, Basingstoke, 2001).

Malpas, Simon, *Jean-François Lyotard* (Routledge, London, 2002).

Malpas, Simon, *The Postmodern* (Routledge, London, 2004).

Nicholson, Linda and Seidman, Steven (eds), *Social Postmodernism:*

Beyond Identity Politics (Cambridge University Press, Cambridge, 1995).

Norris, Christopher, *What's Wrong with Postmodernism: Critical Theory and the Ends of Philosophy* (Harvester Wheatsheaf, Hemel Hempstead, 1991).

Norris, Christopher, *Uncritical Theory: Postmodernism, Intellectuals and the Gulf War* (Lawrence & Wishart, London, 1992).

Readings, Bill, *Introducing Lyotard: Art and Politics* (Routledge, London, 1990).

Sarup, Madan, *An Introductory Guide to Post-Structuralism and Post-modernism* (2nd edn, Harvester Wheatsheaf, Hemel Hempstead, 1993).

Silverman, Hugh J. (ed.), *Postmodernism, Philosophy and the Arts* (Routledge, London, 1990).

Sim, Stuart (ed.), *The Routledge Companion to Postmodernism* (Routledge, London, 2001).

Squires, Judith (ed.), *Principled Positions: Postmodernism and the Rediscovery of Value* (Lawrence & Wishart, London, 1993).

Wakefield, Neville, *Postmodernism: The Twilight of the Real* (Pluto, London, 1990).

Waugh, Patricia, *Metafiction: The Theory and Practice of Self-Conscious Fiction* (Routledge, London, 1984).

Waugh, Patricia, *Feminine Fictions: Revisiting the Postmodern* (Routledge, London, 1989).

Waugh, Patricia, *Practising Postmodernism/Reading Modernism* (Arnold, London, 1992).

Williams, James, *Lyotard: Towards a Postmodern Philosophy* (Polity Press, Cambridge, 1998).

Wolmark, Jenny, *Aliens and Others: Science Fiction, Feminism and Postmodernism* (Prentice Hall/Harvester Wheatsheaf, Hemel Hempstead, 1993).

Woods, Tim, *Beginning Postmodernism* (Manchester University Press, Manchester, 1999).

9 포스트식민주의 이론

포스트구조주의의 보다 급진적인 의미 함축을 사용하는 진전된 움직임이 식민주의 담론의 연구 혹은 '포스트식민주의 비평'이라고 흔히 부르는 것이다. 단, 내적으로 다양한 일련의 작가와 작품들에 너무 딱 들어맞는 이름을 붙이려는 시도에 대해서는 주의를 해야 한다. 식민주의/제국주의의 문화적 차원에 대한 분석은 그것에 대한 투쟁의 역사만큼이나 길다. 즉 그러한 작업은 어디에서나 일어났고 반식민주의 운동의 기본적인 요소가 되어왔다. 그것은 인도 독립(1947)에 따른 새로운 인식의 반영으로서 그리고 1950년대 이후의 '제3세계'의 투쟁(특히 알제리아에서의)에 대한 일반적인 좌파의 새로운 태도의 일부로서 대도시 지식인과 학자들에게 새로운 문제의식으로 등장했다. 프란츠 파농의 『대지의 저주받은 자들』(*The Wretched of the Earth*, 1961)은 이 운동에 기본 정신을 제공한 중요 저작이었고 여전히 그렇게 남아 있다(이 저작에는 대도시의 '전향자'인 장-폴 사르트르의 중요한 서문이 실려 있다). 따라서 '포스트식민주의 비평'은 포스트구조주의 특히 해체론과 철학적으로 관련된 불확정성, 탈중심성의 특징을 가진 일련의 관심으로, 1980년대에 등장한 '국민 문학'이라는 매우 문제가 많은 이데올로기적 범주를 다루고 있다(제7장 참조).

포스트식민주의 비평은 따라서 포스트모더니즘에 관한 논쟁들과 거의 비슷한 시기에 등장했다. 비록 포스트식민주의는 보다 덜 심각하고 풍자적이거나 혹은 미학적인 경향을 가진 포스트모더니즘이 잘 다루려 하지 않던 서방과 '제3세계' 사이의 관력 관계에 대한 인식을 불러일으켰지만 포스트식민주의 관점에서 볼 때 포스트모더니즘의 몇 가지 유형을 포함하여 서구의 사상과 문학의 가치와 전통은 억압적인 자민족 중심주의의 잘못을 저지르고 있다. 서구 사상의 모형들(예를 들어 아리스토텔레스, 데카르트, 칸트, 마르크스, 니체, 프로이트 등으로부터 나온) 혹은 서구 문학의 모형들(호머, 단테, 플로베르, T. S. 엘리엇 등)은 문화적 삶과 표현의 비서구적 전통과 형식들을 주변화하거나 배제하면서 세계 문화를 지배해왔다.

자크 데리다는 서구 형이상학을 "서구의 문화를 재정립하고 반영하는 백인의 신화"라고 규정한다. 즉 "백인은 그들 자신의 신화, 인도유럽어족의 신화, 그 자신의 로고스, 다시 말해 특정한 속성을 가진 특정 집단의 〈신화〉들을 그들이 여전히 〈이성〉이라고 부르기를 원하는 보편적 형식으로 생각하고 있다"는 것이다. 그리고 해체론적 방법과 포스트식민주의 비평가에게 주된 지적 원천으로 작용해있다. 이 책의 다른 부분에서 논의된 이론적 주장들 — 예를 들어 바흐친의 대화주의, 이데올로기 이론, 라캉의 정신분석, 권력과 지식에 대한 푸코의 저작들로부터 나온 주장들 — 도 역시 포스트-식민주의 혹은 반식민주의적 사고 방식과 해석 방식에 관련되며 서구적 이성의 보편화하는 역사 서술과 책략들에 대한 리오타르의 '포스트모던적' 비판도 역시 명백하게 영향을 미친 것이다. 그러나 이러한 모형들은 서구적인 지적 전통에서 그 원천을 발견하게 된다는 사실 때문에 다소간 문제가 있는 것으로 보인다. 예를 들어 리오타르의 경우, 역설적이게도 '전체성과의 전쟁', 그리고 '지배 서술에 대한 불신'을 향한 그의 전체주의적 충동을 발견하게 된다. 그리고 몇몇은 거기에서 서구적 아방가르드의 패러다임이 가진 맹목성의 특징인 오만하까지도 발견한다.

린다 허천(1989; 제8장 200쪽, 208쪽 참조)은 각각의 목적과 정치적 당면 문제들을 구분함으로써 이러한 문제들을 규명하려고 시도한다. 따라서 포스트모더니즘과 포스트구조주의는 통일된 인문주의적 주체를 향해 비판하는 반면 포스트식민주의는 제국주의적 주체를 해체시키려 한다. 그녀에 따르면 포스트식민주의적이고 여성적인 담론이 무엇보다도 먼저, "거부되고 소외된 주체성을 주장하고 인정할 수 있기 위해서" 전자의 작업(즉 포스트구조주의와 포스트모더니즘)은 '유보되어야만 한다' 그러나 이것은 비서구적 문화(여성의 경우도 마찬가지)를, 서구의 자유주의적 인본주의를 특징짓는 개인적이고 국가적인 자기 정당화의 (억압된) 서술들과 특정한 형식의 주체성에 종속시키는 것을 의미한다. 이러한 태도가 가지고 있는 명백한 위험은, '식민지적 주체'는 서구적인 이데올로기적 양식에 종속됨으로써 확인되는데, 서구 이데올로기적 양식의 헤게모니 역할이 동시에 강화된다. 이것이 바로 포스트식민주의 비평에 가장 중요한 영향력을 행사하고 있는 에드워드 사이드에 의해 탐구되고 제기된 '오리엔탈리즘'의 관점이다. 그의 저작(『오리엔탈리즘』(*Orientalism*, 1978))은 팔레스타인 문제에 대한 그의 정치적인 개입을 동기로 하여 쓰여 졌다. 푸코의 가장 뛰어난 미국 지지자(특히 그의 초기 작품에서)인 사이드는 그의 스승이 가진 니체적 유형의 포스트구조주의에 매료되었다. 왜냐하면 그것으로 인하여 그는 담론의 이론을 실제적인 사회적 정치적 투쟁과 연결시킬 수 있었기 때문이다. 서구적 담론에 도전함으로써 그는 푸코의 이론의 논리를 따른다. 어떠한 담론도 영원히 고정된 것은 아니다. 그것은 원인이자 또한 결과이다. 그것은 권력을 행사할 뿐만 아니라 저항과 대립을 만들어낸다.

에드워드 사이드

사이드의 『오리엔탈리즘』(*Orientalism*, 1978)은 그의 가장 유명하고 논쟁이 되는 저작이다. 전체로 볼 때 그것은 좀 더 논쟁적인 작품들인 『팔레스타인의 문제』(*The Question of Palestine*, 1980)와 이스라엘과 팔레스타인 갈등을 근본적으로 다룬 글 시리즈의 첫 번째인 『이슬람 가리기』(*Covering Islam*, 1982)와 함께 3부작에 속한다. 에드워드 사이드가 지적하듯이 '오리엔탈리즘'은 세 가지가 서로 겹치는 영역을 가지고 있다. 첫 번째로 그것은 유럽과 아시아 사이의 4,000년간의 역사와 문화적 관계를 가리킨다. 두 번째로, 19세기로부터 시작된, 동방의 언어와 문화 전문가를 양성해내는 과학적 훈련, 세 번째로 '타자'로서의 '동양'에 대해 오랫동안 지속됐던 이미지들, 정형화된 유형, 그리고 일반적인 이데올로기이다. 중요한 결과는 재생산되고 논박되는 동양인의 게으르고, 교활하고, 비합리적이라는 것에 대한 오랜 신화가 익숙하게 되었다는 것이다. 또한 아랍-이슬람 세계에 대한 최근의 논의들 그리고 특히 미국과 주고받은 논쟁에서, 이러한 이미지들이 재생산되고 그것이 다시 논박되는 과정을 통해서도 이러한 것들이 구성되게 된다. 이러한 모든 측면에서 '오리엔탈리즘'은 '서양'과 '동양' 사이에서 문화적으로 구성된 구분에 전적으로 의존하고 있으며(이러한 구분은 자연의 사실이라기보다는 사이드가 표현하듯이 '상상적 지리학'에 근거한 사실이다). 그것에 대한 연구가 그러하듯이 피할 수 없는 정치적인 성격을 가지고 있는 것이다. 그렇다면 이것은 비평가의 입장에서의 포스트식민주의에 중요한 문제를 제기하게 된다. 그 문제는 사이드가 「다시 생각해 본 오리엔탈리즘」("Orientalism Reconsidered", 1986)에서 말한 바와 같이 "정치학 즉 힘에 대한 고려, 입장, 전술이 이미 깊이 개입되어 있는 그러한 상황에서 비지배적이며 비강제적인 지식이 어떻게 생산될 수 있는가"의 문제이다. 사이드는 분석 대상의 외부에서 '자유롭게' 볼 수 있는 관점이 있을 수 있다는 어떠한 생각도 거부한다. 또한 그는 특권적인 위치에서 전성기를 누리고 있는 듯이 보이는 유럽 중심의 관점에서 세계 역사를 동화시켜온 서구 역사주의의 가정들도 거부한다. 사이드의 작업은 '제1세계'/'제3세계' 관계를 구성하고 유지하는 데 작용하는 문화적 재현 행위의 기능을 규명하기 위하여 마르크스주의와 우리가 앞서 보았듯이 권력으로서의 담론에 대한 푸코의 분석을 어느 정도 원용한다. 그에 의하면 분석은 "가장 완벽하게 전체적인 흐름에 〈대항하는〉 것이며 해체적인 것이며, 유토피아적인" 것으로 이해되어야만 한다. 그는 비판적인 '탈중심화된 의식'을 가질 것을 주장하며 또한 지배체제를 붕괴시키는 집단적·자유주의적 목적을 수행할 수 있는 학제간 공동 작업을 주장한다. 동시에 그는 이러한 목적을 수행하는 데 장애가 되는 '소유적 배타주의'에 대해 경고한다. 즉 반지배적인 비판은 저항과 투쟁의 영역을 분리주의적으로 구분지을 위험이 있다는 것이다. 비평가의 가치를 입증해주는 것은 인종적, 성적 정체성이나 경험이 얼마나 진실된 것인가를 미리 정해놓는 것이 아니고, 또한 방법의 순수함에 있는 것도 아닌 다른 어떤 것이다. 이 다른 어떤 것이 무엇인가 하는 것이 포스트식민주의 비평의 그리고 다른 방향을 가진 급진적 '이데올로기 비판' 형태의 가장 중요한 문제이다. 이러한 관점에서 – 항상 공정한 것은 아니지만 – 사이드 자신의 〈오리엔탈리즘〉는 인본주의적 가치를 주장한다는 점에서 이론적으로 빈약하고 문제의식이 없다는 비판을 받아왔다(차일즈와 윌리엄즈, 1996; 115-118쪽 참조). 그러나 그의 후기 저작에서의 보다 강력해진 해체론적 어조가 이러한 비난에 대한 대답을 제공해주는 반면, 해체론 자체는 그가 원하는 종류의 정치적 실천과 변혁에 아무런 기반도 제공해주지 못한다.

사실 사이드의 오리엔탈리즘은 해체론이 관습적으로 허용하는 것보다 항상 더 유물론자적이다. 예를 들면, 『세계, 텍스트 그리고 비평가』(*The World, the Text and the Critic*, 1983)의 표제 에세이에서 사이드는 텍스트의 '세속성'을 탐구한다. 그는 말하는 행위는 세계 내에 존재하고 텍스트는 비평가의 정신 속에서 단지 모호한 존재를 가진 채 세계로부터 분리되어 있다는 견해를 거부한다. 그는 최근의 비평이 이해의 '한계성'을 지나치게 강조하고 있다고 말한다. 왜냐하면 그렇게 함으로써 텍스트와 현실과의 연결고리가 단절되기 때문이다. 오스카 와일드의 경우는 사이드에게 텍스트를 현실로부터 분리시키려는 모든 시도는 실패하게 되어 있다는 사실을 시사해주었다. 와일드는 모든 존재를 하나의 경구로 요약할 수 있는 그러한 문체의 이상적 세계를 창조하려 했다. 그러나 글쓰기는 결국 그로 하여금 '일상적' 세계와 갈등하게 만들었다. 그가 직접 서명한 한 고발 편지는 크라운 사건에서 그를 불리하게 만드는 결정적인 문서가 되었다. 텍스트는 그 핵심에 있어서 '세속적'인 것이다. 그것의 사용과 효과는 '소유권, 권위, 권력 그리고 힘의 부여' 등과 깊이 관련되어 있다.

그러나 다시 한 번 비평가의 입장과 힘은 무엇인가? 비평적 에세이를 쓸 때 우리는 텍스트 그리고 독자와 가질 수 있는 몇 가지 관계 중 하나 이상의 관계를 맺게 된다고 사이드는 주장한다. 그 에세이는 문학 작품과 독자 〈사이에〉 놓일 수도 있고 혹은 둘 중 어느 편에 설 수도 있다. 사이드는 에세이의 진정한 역사적 상황에 관한 흥미 있는 질문을 제기한다. "〈실재성〉 — 에세이 자체와 동시에 발생하는 텍스트 외부의 역사적 역동성과 현존의 영역 — 을 향한, 혹은 그것으로부터 멀어지는 혹은 그 안으로 들어가는 에세이의 언어 행위의 특질은 무엇인가?" 사이드가 사용하는 용어들(실재성, 텍스트의 외부, 현존)은 포스트구조주의 사고에서 그러한 모든 개념을 향한 회의론에 대한 도전이 된다. 그는 계속해서 이 상황에 관한 질문을 과거의 텍스트의 보다 익숙하고 일체적인 의미를 향해 던지고 있다. 그러나 비평가는 항상 그/그녀가 속해 있는 시대 안에서 글쓰기를 해야만 한다. 예를 들어 사이드는 현재 지배적 담론에 의해 용인된 조건 하에서만 와일드에 대해 이야기할 수 있다. 이러한 지배적 담론은 다시 현재의 '문서 보관소'로부터 비개성적으로 생산된다. 그는 그가 말한 것에 대해 어떠한 권위도 주장할 수 없지만 그럼에도 불구하고 〈지배력 있는〉 담론을 생산하고 있다.

여기서 쟁점은 정치적 지식인의 역할과 담론전략에 대한 좀 더 일반적인 담론이고 그것이 사이드의 작품 전반에 흐르고 있는 일관된 주제이다. 『오리엔탈리즘』에서 그는 순응주의자적 행정가들과 학자들에 상당한 관심을 보인다. 그들은 비서구세계의 서구적 표현에 대한 지배양식에 무비판적으로 제휴를 하는 이들이다. 반대하는 저항의 목소리를 생략하기 때문에 이러한 지나친 강조는 사이드 저작의 비판을 형성해 왔다. 후에 『문화와 제국주의』(*Culture and Imperialism*, 1993)에서 그는 '제3세계' 또는 포스트식민 지식인들에게로 즉시 방향을 바꾼다. 그들은 서양을 그 용어 자체로, 그 내부에서부터 비판해왔고 (C. L. R. 제임스는 그 가장 좋은 예이다), 학계의 반-자치적인 영역을 통해 전략적으로 작업해왔다. 포스트식민 지식인들은 암묵적으로 사이드를 위한 현대 지성인 유형이며 지배 정권 내부와 외부에 동시에 존재한다. 그의 탄력적인 인본주의와 순응주의자적인 신념이(그리고 약간은 만족스럽지 못한) 개인적 가치와 보편적 가치에서 행해졌던 것처럼, 1993년 리스 강연 '지식인들의 재현'(Representations of the Intellectual)에서 이러한 논의가 강하게 드러났다.

서구 정전 작품에 대한 사이드의 지속적 관심은 이러한 입장으로 이루어져 있다. 그의 첫 비평 작품인 『조셉 콘래드와 자서전의 허구』(*Joseph Conrad and the Fiction of Autobiography*, 1966) 이래로 그가 종종 되돌아가는 인물인 조셉 콘래드가 그 주요한 예이다. 콘래드의 중편소설 「어둠의 핵심」("Heart of Darkness")에 대한 논의에서 콘래드를 '철저한 인종차별주의자'로 선언했던 나이지리아 소설가인 치누아 아체베와 달리 사이드는 그 작품의 '두 시각'을 해명하려 했다(『문화와 제국주의』 참조). 그는 그 이야기를 20세기 후반 정치, 경제문화를 설명하면서 구성한다. 그것은 '무자비한 이기주의와 아슬

아슬한 이해관계'가 '국가, 사회, 집단의 정체성 사이에서… 실재적이고 종종 생산적인 교류'에 대한 의식을 억제한다. 콘래드의 중편소설은 그 절정에서 제국주의자적 태도를 취하지만 또한 우리에게 제국주의의 모험이 더 큰 역사 내에 제한되어 있다는 것을 보도록 해준다. 두 서사 또는 비전은 명백해진다. 하나는 공식적인 제국주의 사업이고 두 번째는 그 이야기의 '어둠'과 아프리카가 연관된 동요하는 비서구세계이다. 그 세계는 '제국주의가 그 자체를 위해 가졌던 것을 되찾고 재침략할 수 있는' 나라이다. 사이드의 글은 지배하고 지배당하는 저항하는 역사의 '동시 의식'을 필요로 하는 '대위법적 읽기'의 한 예이다. 그 시대에는 제한적이었고 완전히 보여줄 수는 없었지만, 콘래드는 이러한 대안을 보여주었다. 지금, 현재에 와서는 이러한 두 번째의 역사가 더 명백하다고 사이드는 주장한다. 그 예로서 그는 이란에서 이슬람혁명을 고취시킨 반-서구 정치적 행동주의와 그들 자신의 포스트식민적 목적을 위하여 식민 문화의 형태를 전유하려는 경향이 있는 비-유럽 소설가들의 저항-텍스트를 인용한다. 그 한 인물이 수단의 작가인 테이브 살리이다. 그의 작품 『북쪽으로 이주하는 계절』(*Season of Migration to the North*)은 흑인 남성이 백인의 지역을 여행하는 이야기로, 알려지지 않은 곳으로 여행하는 백인 남성, 말로우와 커츠의 이야기의 반전이다.

사이드는 2003년에 죽었다. 후기의 글들과 헌사들은 자신이 묘사했던 것처럼 그가 정치적 지식인의 바로 그 유형임을 확인해준다: 망명중인 굴하지 않는 비판적인 휴머니스트, 1999년 회고록의 제목처럼 그는 항상 '벗어나서 어울리지 않았다'고 믿었다.

가야트리 차크라보티 스피박

해체론의 교훈을 충실히 따르면서, 그 자신의 작업이 이러한 기획의 어려운 정치학을 다시 한 번 제기하고 있는 대표적인 포스트식민주의 비평가는 가야트리 차크라보티 스피박이다. 그녀는 데리다의 『그라마톨로지』(1976)의 번역자이자 그 책의 중요한 번역자 서문의 저자이다. 해체론의 대담하게 비동화적인 '윤리학' 이외에도 스피박은 마르크스주의와 페미니즘의 이론을 끌어온다. 이 엄격하게 '반근본주의적'이고 혼성화된 절충주의는 그 자체로서 중요한 의미를 갖는다. 왜냐하면 그녀가 목표하는 것은 이러한 지적 원천들을 통합시키려는 것이 아니라 그들의 불연속성 — 즉 그들이 서로를 위기로 몰고 가는 방식 — 을 유지하려는 것이기 때문이다. 그녀는 자신이 '예외적인 인물'로 보인다는 것을 알고 있다. 때로는 '제3세계 여성'으로, 따라서 편리하게 주변적이거나 어색한 특별 초대 손님으로 탁월한, 그러나 '방문 중인' 미국 교수, 때로는 뱅갈인 중산 계급 망명자로, 때로는 미국의 학문적 삶의 유명 인사 중심 체계에서의 성공담의 주인공으로. 그녀의 전기적이고 직업적인 혹은 이론적인 입장을 단순하게 혹은 단일하게 규정하거나 '중심화'시키는 것은 불가능하다. 그러나 또한 그녀는 단일하게 규정되거나 중심화되어 있으며, 그녀의 사고와 저작의 많은 부분은 이 과정 — 즉 그녀 자신이 그녀의 타자들로부터 '타자'로 혹은 같은 집단으로 명명되는 방식을 결정하는 조건과 근거들 — 을 주의 깊게 주목하고 있다. 바로 여기에서, 시대를 역행하는 듯이 보이는, 혹은 정지된 것처럼 보이는, 집요한 질문과 진술의 과정이 등장하게 된다. 이러한 과정은 주체를 자리매김하는 행위, 그리고 바로 그러한 기술을 통하여 제3세계를 명명하는 행위 — 그녀의 용어를 사용하면 '월딩'(worlding) — 속에서 '당연하게 생각되어 온 것들'을 추출해낸다. 다른 말로 하면 스피박의 방법은 무엇보다도 해체적인 것이다. 데리다와 마찬가지로 그녀가 관심을 가지고 있는 것은 오류를 드러내는 것이 아니라 진실이 어떻게 구성되는가이다. 그녀는 다음과 같은 사실을 확인한다. “해체론은 그것이 비판하고 있는 것의 언어를 통해서만 말할 수 있다. 우리가 진정으로 해체시키는 유일한 것은 우리가 빠져나올 수 없이 얽혀 들어가있는 바로 그것이다.” 이 점이 스피박의 해체론이 이데올로기 비판과 다른 점이다. 다른 곳에서 그녀가 표현하고 있듯이, 해체론적 탐구는 “당신이 그토록 주의 깊게 그리고 명백하게 반대하고 있는 것에 당신이 어떻게 피할 수 없이 연루되어 있는가”를 볼 수 있게 해준다.

일반적으로 포스트식민주의 비평은 개별적인 인간의 주체 – 비평가 자신들을 포함하여 – 에 있어서의 정체성의 문제를 보다 넓은 민족적 역사와 운명의 관계에서 주목한다. 그리고 그러한 정체성을 구성하고 있는 인종, 계급, 성별의 시간적으로 일치하지 않는 모순적인 요소들을 자신 스스로의 주체로 만든다는 의미에서 스피박의 글은 특히 관심을 끈다. 그녀는 그녀가 탐구하는 서구나 인도의 문학적 전통뿐 아니라 자신 스스로의 경우에서 이러한 ‘신식민주의 지역에서의 포스트식민주의 지식인의 상황’을 추적한다. 그녀의 연구의 이러한 측면과 연결된 것으로 보이는 또 하나의 요소는 서구 자유주의에 의해 강요된 ‘폭력적 구조와의 타협’이라는 전술이다. 즉, 체제 내부로부터 체제에 개입하고, 질문하고 그 체제를 변화시키는 것이다. 이것은 ‘제3세계’ 혹은 ‘제3세계 여성’이라는 명명이 어떻게 제1세계 사람들이 가진, ‘다루기 쉬운 타자’에의 욕망을 표현하고 있는가, 그리고 영문학의 걸작이 그 스스로를 구성하기 위하여 ‘타자’가 필요하게 되지만, 그러한 필요를 알거나 인식하지 못하게 되는가를 보여주는 것을 의미한다. 후자의 분석의 인상적인 예가 “세 여성의 텍스트와 제국주의 비판”에 있는 『제인에어』, 『드넓은 사르가소 바다』(*Wide Sargasso Sea*), 『프랑켄슈타인』에 대한 스피박의 논의에서 나타난다. 그녀는 『제인 에어』 – 영미 페미니즘의 고전적 작품으로 간주되어

오던 — 에서 "제국주의가 일반적으로 인식에 가한 폭력의 알레고리"를 찾아낸다. 그리고 관찰의 중심부에서, 스피박은 로체스터의 서인도 제도 출신의 부인 앙뜨와네뜨가 영국으로 와서 버사라는 이름으로 성에 가히게 된다는 이야기인 진 리스의 『드넓은 사르가소 바다』의 마지막 부분을, 『제인 에어』에서 쓰이지 않은 이야기를 다시 쓴 것으로 해석한다. "리스는 앙뜨와네뜨로 하여금 그녀 자신을 그녀의 타자, 즉 브론테의 버사로 간주하게 한다 … 이 허구적 영국에서 그녀는 '자신의' 역할을 수행해내고, 그녀 자신이 그러한 허구적 타자로 바뀌는 것을 연기해내야 하고 집에 불을 지르고 그녀 자신을 죽여야만 한다. 그리하여 제인 에어가 영국 소설의 여성주의적, 개인주의적 영웅이 될 수 있도록."

그러므로 앙뜨와네뜨/버사는 '기저층'(subaltern)을 대표하는 인물이다. 기저층은 스피박 글에서 중요한 범주로, 이탈리아 마르크스주의자인 그람시로부터 차용되었으며, 그는 계급의식이 없는 열등한 계층을 지칭하기 위해 이 용어를 사용했다. 다시 말하면 억압되고 침묵을 강요받는 사람들은, 그 정의에 따라 신식민주의 상황에서 그러한 식으로 명명된 주체로 존재하는 한, 스스로 발언하거나 자기 정당성을 성취할 수 없다는 것이다. 그러나 만약 이 억압된 하층부가 서구 지식인에 의해 발언될 수도 없고 — 왜냐하면 그들은 그들의 입장에 있어 가장 중요한 요소를 바꾸려고 하지 않을 것이기 때문에 — 그리고 또한 그들 스스로를 위해서도 발언할 수 없다면, 비-식민주의 혹은, 반식민주의적 담론은 명백하게 불가능하기 때문이다. 해체론적 포스트식민주의는 그것이 반대하지만, 또한 '피할 수 없이 얽혀 들어가 있는' 체제와 결국은 공모하게 되고, 정치적 한계에 도달함으로써 곤경에 처하게 된다. 우리는 이러한 정치적 한계를 '텍스트성'의 해체론적 개념을 받아들인 결과로 볼 수 있다. 이것은 테리 이글턴이 스피박의 『포스트식민 이성 비판: 사라져가는 현재의 역사를 위하여』(*A Critique of Postcolonial Reason: Toward a History of the*

Vanishing Present, 1999)에 했던 날카로운 논평의 결론과 다소 유사하다. 그는 스피박 글의 일부에서 공모(그리고 몽매주의 산문)가 어떠한 의도된, 명확한 또는 '분명한' 반대자를 당황하게 한다고 주장한다(제5장 156-157쪽 참조). 이글턴의 「겉만 번지르르한 슈퍼마켓」이라는 제목의 논평은 미국학계에서 지식상품의 과다판매에 대해 언급되고 있으며, 그는 스피박이 논리에 맞지 않는 금액으로 판매했고 어떠한 의미 있는 정치비평 단계에서는 실패했다고 여긴다. '제3세계 지식인으로 알려진 다른 수입 외국인'들과 마찬가지로 스피박은 그 대신에 미국의 죄를 얼버무리는 역할을 했다. 이글턴은 문체와 입장이라는 두 개의 관련된 의문을 제기한다. 말할 수 없는 주체인 기저층에 대한 스피박의 의식은 좀 더 적절한 것에 명료성의 문제를 만든다. 이 쟁점의 한 해설자가 말하는 것처럼 누구에게, 얽히고 당황스런 문체의 관점으로, 스피박은 말하는 것인가?(라이트, 2002). 더 노골적으로 말해 입장의 문제는 공적 인물로서 비평 지식인의 능률에 관한 것이다. 우리가 보아왔듯이, 에드워드 사이드와 관련된 문제이며, 스피박과 이글턴 자신과 같은 다른 비-포스트식민 이론가들의 문제이다. 어느 누구도 확실하게 학계기관의 제약과 사회 정치권력의 구조로부터 자유롭게 나아갈 수 있는 입장을 취할 수 없다. 그리고 결국 이것은 언어, 문체, 독자의 문제에 영향을 미칠 것이다. 그러므로 만일 스피박의 글이 무례해질 수 있고 뒤얽힐 수 있게 된다면 우리는 그녀의 입장의 문제의식과 그 복잡성에 대한 그녀의 명백한 관심에 대한 의식을 명심해야 한다.

비록 스피박은 데리다에 있어서 단순히 이 '텍스트성'이 끝없이 이어지는 언어의 텍스트성이라기보다는 흔적과 조건들이 서로 얽혀 있는 것을 의미한다고 주장하지만, 우리는 자기반영성과 성찰을 '텍스트성' 이라는 해체론의 개념을 받아들이는 결과로 여겨야 할 것이다. 그렇다 하더라도 포스트식민주의 비평가는, 그녀가 말하는 것처럼, '탐구하는 주체가 항상 특정한 위치에 놓일 수밖에 없다는 해체론적 문제의식'을 견지함으로써 텍스트성의 내부에 갇혀 있다. 그러나 적어도, '신역사주의'(제7장 참조)에 대한 논의의 한 부분에서 스피박은 기호의 생산을 넘어서서 실재라고 생각될 수 있는 '다른 어떤 것'이 있다는 것을 받아들이는 것으로 보인다. 이것은 마르크스주의가 전지구적인 설명을 제공하고 있는 자본주의의 '생산 서술'과 관계된다. 그러나 스피박은 전지구적 해결책의 일시적 유예를 요구하고 마르크스주의를 명백하게 규정된 정치학이 결여된 '비판 철학'이라고 교육적으로 유익하게 규정한다. "마르크스에 있어서의 생산 양식 서술은 지배 서술이 아니며 계급 개념 역시 경직된 개념은 아니"라고 그녀는 주장한다. 말하자면 마르크스의 저작은 마르크스주의 전통의 근본주의적 해석과는 다른 방식으로 읽혀질 수 있다는 것이다. 이것은 아마 데리다를 통해 마르크스를 읽는 것을 의미할 것이다. 하지만 이것은 자유주의적/개인주의적 여성주의에 대한 반대 그리고 그녀의 단호한 반성차별주의와 함께, 자본주의 권력과 가부장제가 가진 문제점에 대한 고려를 포함할 것도 제안한다. 이것은 특권화된 서구의 지적 주체 위치에 대한 해체로까지 확대된다.

전반적으로 스피박은 주로 문학 텍스트에 관심이 있다. 그녀의 책 『교육기계 안의 바깥에서』(*Outside in the Teaching Machine*(1993; 219-238))에 있는 논문 「『악마의 시』 읽기」는 논문 제목과 그 글쓰는 과정에 있어서 중요하고 논쟁적인 당대 텍스트를 해체론-페미니즘-마르크스주의적인 읽기를 채택하여 그녀의 입장에 대한 흥미로운 예를 제공한다. 우선 그녀는 바르트와 데리다를 통해 저자성에 대한 의문을 제기한다. 그리고 에세이의 본문 중 두 부분에서는 우선 소설의 출판 이후 위기가 발생하지 않았던 것처럼 '결국에는 하나의 소설'로서 '소설 읽기'를 상정하고, 그 다음으로는 출판한 뒤 몇 달 동안 실제로 어떻게 읽혀졌는지에 대한 '문화 정치학'을 조사하기 위해서 다양한 독자의 선별적 자료 일체를 수집한다. 그리고 논문의 말미에서는 러쉬디의 소설에서 여주인공의 주변화된 역할과 이혼한 여성인 샤

바노의 생활비에 관한 경우에 관심을 집중시킨다. 이러한 문제는 아야툴라 호메이니와 러쉬디와 같은 남성 '작가들'이 우선하는 세인의 이목에 의해 모호하게 된다. 이 논문은 분명 스피박의 절조 있는 비평용어를 전달하고 있지만, 본문의 언급과 의미, 세상에 있는 텍스트의 장소와 효과 사이의 부분을 구조화하는 구분을 미해결로 남긴다. 다른 말로해서, 위에서 도입된 문제적 구분, 만일 그것이 결국 의미 있는 구분이라면, 포스트식민 비평가로서 작가의 대중적 역할 사이의 의미 있는 구분을 우리에게 돌려준다.

호미 K. 바바

호미 바바의 포스트식민주의 비평의 양식 역시 식민주의 담론의 탐구를 위해 특히 포스트구조주의의 지적 자원(푸코, 데리다, 라캉적, 클라인적 정신분석)을 동원한다. 바바의 주된 관심은 정전화되지 않은 문화적 형식을 통해 나타나거나 혹은 정전화된 문화적 형식 내에서 생산되고 정당화되는 '사회적 주변부의 경험'에 집중되어 있다. 『문화의 위치』(*The Location of Culture*, 1994)에 함께 실린 글들의 특징을 이루는 것은 '식민지적 양가성'과 '잡종성'의 개념의 제기 그리고 제국의 문맥 안에서 (간)문화적 개입의 방식을 분석하는 데 그가 사용하고 있는 미학적 용어와 범주들(모방, 아이러니, 패러디, 눈속임)이다. 바바에게 있어서 문명화의 사명이라는 '값진 텍스트'는 매우 분열되어 있으며, 틈과 결함을 가지고 있다. 토착민을 동화시키고 문명화시키는 기획은 반복, 모방, 유사성의 개념에 기초하고 있으며, 「흉내내기와 인간에 관하여: 식민주의 담론의 양가성」("Of Mimicry and Man: The Ambivalence of Colonial Discourse", 1984, 1994에 수록)이라는 논문에서 바바는 '다시 보여주기'(re-presentation)의 과정의 (심리적) 기제에 천착하면서, '거의 같지만 꼭 같지는 않은' (그리고 이후에 '거의 같지만 백인은 아닌') 식민지 주체를 생산하는 기획의 '양가성'을 조롱하고 있다. 백인의 존재와 그에 대한 흑인의 모방과의 식민지적 만남으로부터 흉내내기의 양가성의 문제가 식민지적 종속의 문제 설정의 틀로 등장하게 된다. 식민지 개척자의 이미지를 반영해야 하는 피식민지인의 의무는 정체성이나 차이를 생산하는 것이 아니라, 식민지 주체가 단지 부분적으로만 스스로에게 부여하는 '현존'의 한 형태만을 생산할 뿐이다. 따라서 두 문화 사이에 불가능한 공간을 점유하고 있는 '흉내내는 인간'(키플링, 포스터, 오웰, 네이폴 등의 작품을 통해서 추적될 수 있는 인물)은 '결함 있는 식민지적 모방의 효과이다'. 이러한 모방에서 "영국인화 된다는 것은 절대로 영국인이 되는 것을 의미하지는 않는다". '모방과 조롱 사이의 불확실한 영역'을 점유하면서, 이 흉내내는 인간은 따라서 식민지적 권위를 집행하는 상징이면서 또한 그것의 '전략적 실패'의 상징이 된다.

식민지적 담론의 '내부에서의' 이러한 인물들 혹은 인물 묘사에 대한 바바의 관심은 그가 바흐친의 '잡종성' 개념을 환기시키고, 변형시키는 데에서도 명백하게 드러난다. 바흐친에 있어서 잡종성은 권위의 단성적 형태들을 불안정하게 한다. 바바는 이 잡종성을 '식민지적 재현이라는 문제 설정의 틀'로 본다. 이것은 "[차이에 대한] 식민지적 부정의 효과를 역전시켜 다른 '거부된' 지식들이 지배적 담론 속으로 들어오고 그 원위의 기반을 낯선 것으로 만든다". 다시 한번 '잡종성의 생산'은 식민지적 발언의 조건을 표현할 뿐만 아니라, 반식민지적 저항의 가능성을 특징짓는다. 즉, 잡종성은 '시민성의 훈련 내부에서 일어나는 시민 불복종의 순간들을 특징짓는다. 이것은 극적인 저항의 기호들이다.' 이러한 저항의 이론은 담론에서의 차이의 주장으로서 '발언의 제3의 공간'에 대한 그의 이론으로 확대된다. "〈통합된 하나(통일된 노동 계급)도 아니고〉 〈타자(성의 정치학)도 아닌〉 이 〈두 가지 모두의〉 용어와 영역을 쟁취하려는 다른 어떤 것인 그러한 요소들을 다시 표현하는 — 혹은 번역하는 — 작업에 변화의 변형적 가치가 있다".

바바 작품의 급진주의는 '문화적 텍스트 혹은 의미의 체계'로서의 식민주의의 분석에서 차연(내적 불일치, 제7장 247쪽 데리다 참조)의 개념을 전개시켜 나가는 방식과 문화적 표현(cultural articulation)의 수행적 차원에 대한 그의 강조에서 찾을 수 있다. 왜냐하면 그의 표현에 따르면 "차이의 재현은 〈이미 주어진〉 종족적 문화적 특징으로 성급하게 해석되어서는 안 되기 때문이다". 그의 사고를 관통하는 주도적 관심은 포스트식민주의의 비평적 실천을 발전시키는 것이다. 그에게 있어 이러한 비평적 실천은, 의미와 가치가 (잘못) 읽혀지고 기호가 잘못 전유되는, 각 문화 사이의 기호적 경계에서만 문화적 상호작용의 문제가 드러난다는 것을 인식하고 있다. 바바의 '포스트식민주의적 관점'의 가장 명료한 진술은 그의 에세이 「포스트식민주의적인 것과 포스트모던적인 것: 행위인자의 문제」("The Postcolonial and the Postmodern: The Question of Agency", 1992, in 1994)에 요약되어 있는데, 이 에세이는 또한 그의 작업의 형식주의적 경향의 비판(토마스, 페리, 매클린톡 참조)에 대응해서 '불확정성'에 관한 그의 관심을 옹호하고 있다.

실제로 이러한 비평을 '포스트식민주의'로 부르는 것에 대한 핵심적인 문제가 남아 있다. 왜냐하면 포스트라는 접두어는 그것이 '모더니즘' 앞에 붙었을 때 생기는 문제와 유사한 문제를 야기하기 때문이다. '포스트'는 식민주의를 '넘어서서' 그리고 식민주의 '이후에' 새롭게 구성되는 독립과 자율성의 단계와 의식을 가지게 되는 것을 의미하게 되는가? 혹은 그 체제의 연속과 강화 — 즉 신식민주의라는 용어로 더 쉽게 이해될 수 있는 — 를 내포하고 있는 것인가? 두 번째의 이해는 가야트리 스피박에 의해 채택된 '포스트식민주의' 비평가(즉 신식민주의 내부에서, 그러나 그것에 비판적으로 접근하는)의 전략에 정당성을 부여한다. 그러나 이것은 프란츠 파농이나 혹은 작가이자 비평가인 치누아 아체베(1988)에 적용될 수 있는 그러한 종류의 반식민주의 혹은 반제국주의적 비평과는 다른 것이다. 예를 들어 아체베는 조셉 콘래드의 이야기 「어둠의 핵심」을 '인종주의적'인 것으로, 따라서 받아들일 수 없는 것으로 이해한다(반면에 다른 이들은 그것이 식민주의와 연루되어 있으면서 동시에 식민주의에 비판적인 복합적 측면을 역사화시킴으로써 그 가치를 옹호한다). 사실 아체베의 예는 '포스트식민주의 비평'이 식민주의 담론 분석, 기저층 연구, 영국 문화 정치학, 제3세계 이론, 아프리카계 미국 문화 연구 등의 서로 구별되는 다양한 범위의 연구 분야를 가리키는 포괄적인 용어로 자주 쓰인다는 사실을 보여준다. 이러한 지적 자원으로부터 다채로운 일련의 작업들이 발전하고 있는데, 이들은 이미 '정전화된' 포스트식민주의 '이론'(사이드, 스피박, 바바)의 분석적 전략에 이의를 제기한다. 이들은 식민주의 담론을 피식민지인의 목소리와 존재를 전혀 의식하지 않는 '전지구적이고 초역사적인 경멸의 논리'로 기술(記述)하는 식의 식민주의 담론에 대한 설명을 논박한다. 베니타 페리(1987), 니콜라스 토마스(『식민주의 문화』*Colonialisms Culture*, 1994), 앤 맥린톡(1995) 등은 모두 의미 생산이 역사적으로 조건지워지는 측면과 '대항적 담론의 역사적 주체이자 행위자로서의 식민지인'을 포스트식민주의 '이론'이 배제하고 있다고 주장한다.

이러한 논쟁으로부터 제기된 또 하나의 진전된 움직임은, 새롭게 정초되고 있는 비교세계문학의 개념을 채택하거나 혹은 '포스트식민주의'의 모호성의 한계로부터 한 걸음 더 나아가서 '다문화주의'나 '세계주의'와 같은 용어를 사용하는 것이다. 하지만 어떠한 단일한, 본질주의적이고 전체화하는 용어도 이제는 문제적인 것이 될 것이다. '포스트구조주의' '포스트모더니즘' '포스트식민주의' 뿐 아니라 여기에서 제시된 모든 새로운 용어들은 적어도 문화 및 문학 비평의 영역 내에서는 의미 생산과 권력 관계의 현대적 위기를 입증해주고 있다.

이러한 논쟁들은 밀폐되어 있고 너무 지연시키는 듯이 보이고 따라서 변화를 조장하기보다는 변화를 유보하는 듯이 보일 수도 있다. 그러나 동시에 그것들은 전지구적 문학 및 문화 관계의 새로운 담론을 향해 언어와 의미의 문제를 끊임없이 질문하고 그것들과 씨름할 준비가 되어있음을 보여준다.

인종과 종족성

"이민 혹은 유민(流民)의 경험은 현대사회의 중심적인 것이다"라고 마리 길레스피(1995)는 쓰고 있다. 이러한 전개에 대응하여 인종과 종족성에 대한 연구는 포스트모더니티의 체험된 경험을 표현하려고 노력하면서 최근의 논의의 중심부를 차지하고 있다. 이 점에서 문학 이론과 비평은 문화 연구로부터 다시 주도권을 넘겨 받았다. 비록 두 영역 사이의 경계가 점점 불분명해지는 조짐을 보이기는 하지만, 종종 이 작업은 인종과 종족성의 개념을 구분하는 것과, 이 두 용어를 고정되거나 자연적으로 주어지거나 혹은 통합된 민족적 정체성을 가리키는 것으로 사용하는 기본 가정들을 해체하는 데 무엇보다도 열의를 보이고 있다. 이러한 목적을 위해서 이것은 포스트식민주의 이론에 사용되는 개념들을 발전시키고 있다. 그러한 개념 중의 하나가 영국의 문화 사회학자인 스튜어트 홀(1990)에 의해 사용된 잡종성의 개념이다. 잡종성은 '흑인의 경험'을 '유민 경험'(영국에서와 카리브 지역에서)으로 이론화할 수 있게 해주고 이러한 경험을 구성하는 것으로 그가 생각한 이중성 혹은 이성구조(二聲構造)를 핵심적 위치로 끌어올린 유용한 비유이다.

흑인의 유민적인 문화적 미적 실천 행위들에 대한 홀의 분석은 '아프리카의 현존/부재'의 복합성(그 순수한 원래 그대로의 상태로는 어디에서도 찾을 수 없지만 언제나, 이미 다른 문화의 요소들과 혼합되어 있고 융합되어 있는)을 표현하고, '권력과 저항의 대화, 거부와 승인의 대화'를 유럽 문화의 지배와 대비시켜 강조하기 위해 잡종성의 개념-비유를 사용한다. 홀은 "어떠한 대가를 지불하더라도 — 설사 그것이 다른 사람들을 바다 속으로 밀어 넣는 것을 의미할지라도 — 돌아가야 할 어떤 신성한 고향과의 관계 속에서만 그 정체성의 확보되는, 흩어진 종족성"이라는 의미(이것은 '제국주의적'이고 '헤게모니적'이다)에서 '유민'이라는 용어를 사용하지 않는다.

그 대신에, 유민 경험은 '본질, 혹은 순수성에 의해' 규정되는 것이 아니라 "필연적 이질성과 다양성의 인정에 의해, 차이(에도 불구하고가 아니라)와 함께, 차이를 통해 존재하는 '정체성'의 개념에 의해, 즉 잡종성에 의해" 규정된다. 홀은 언제나 문화 연구를 참여적 실천 행위로 보았으며 그의 중요한 논문인 「최소의 자아」("Minimal Selves", 1988)와 「새로운 종족성」("New Ethnicities", 1996)은 차이의 보다 텍스트적인 개념이 함축하고 있는 자유롭게 부동하는, 정치적으로 무저항적인 의미 그리고 전통적이고 반동적인 민족주의적 종족성 개념, 이 두 가지의 종족성 개념과 동시에 투쟁하기 위하여 잠정적이고 정치화된 종족 정체성의 개념(스피박의 '전략적 본질주의'의 개념과 비교될 수 있다. 354쪽 참조)을 소개하고 있다.

종족 정체성에 대한 홀의 재정의와 '유민적 미학', '유민적 지식인'에 대한 그의 설명은 문화 연구의 다른 영역에서의 관련된 작업들(벨 훅스, 1991; 길로이, 1993; 머써, 1994; 브라, 1996; 브람리, 2000)을 동반하는데, 이들은 종종 다른 문화적 재현 행위들, 특히 영화와 음악과 함께 문학을 포함한다(문학을 우위에 두는 것은 아니다).

'현대 흑인의 정치적 문화'에 대한 폴 길로이의 분석은 흑인 주체성의 이중성 혹은 '이중 의식'에 집중하면서, 현대 유민적 정체성의 핵심적 경험은 "서구에 살고 있으나 서구의 구성원이 될 수 없음"의 경험이라는 것을 강조한다. 홀과 마찬가지로 길로이는 '현대의 영국 흑인'은 (최소한 둘 이상의) "거대한 문화적 집단 사이에 위치하게 되는데, 이 문화적 집단들은 모두 그들을 형성했고 이제는 새로운 지형을 띠게 되는 현대 세계의 진행과정을 통해 급격하게 변화해왔다". 길로이는 계속해서 반본질주의적이지만 홀과 마찬가지로 유행적이고 비역사적인 포스트구조주의는 피하려고 한다. '유럽인'과 '흑인'은 '아직 완성되지 않은 정체성'이며 서구에 사는 현대 흑인들에게 '상호 배제적인 것'은 아니다. 길로이에게 문화는 근본적으로 동질화된 민족 국가의 경계와 일치하는 유형에 항상 합류하는 것은 아니다. 그러나 그의 비평적 실천은 '사이의 공간'(space between) 혹은 '혼성화'(creolization) '튀기', '잡종' 등의 이론화가 유행하는 것을 문제시한다. 이것은 그러한 용어들이 문화적 구속성의 개념과 공통된 문화적 조건의 개념을 계속 견지하고 있기 때문일 뿐 아니라, 또한 인종적 담론을 초월하고 그 담론의 수행 주체들에 포착되지 않는, 문화적 변용과 끊임없는 (불)연속성의 과정에 대한 이름으로서 그러한 용어들이 불만족스럽기 때문이기도 하다. '이중성'과 '문화적 혼합'은 현대 유럽에서의 흑인 영국인들의 경험을 구별시키며, 길로이는 흑인의 예술적 표현을 "근대 민족 국가가 그들에게 제공한 그릇으로부터 넘쳐흐른 것"으로 본다.

'이중성'의 개념(선구적인 미국 흑인 역사가 두 보이스의 이론에서 나온)은 또한 영향력 있는 미국 흑인 비평가인 헨리 루이즈 게이츠 2세의 작업에 핵심적 개념이다. 게이츠의 에세이 모음인 『흑인 문학과 문학 이론』(*Black Literature and Literary Theory*, 1984)은 비평적으로 선구적인 작품이며, 80년대의 많은 그의 작품들은 (예를 들어 『의미를 만드는 원숭이: 미국 흑인 문학 비평의 이론』*The Signifying Monkey: A Theory of Afro-American Literary Criticism*, 1988) 미국 흑인 문학의 혁신적이고, 해체론에 영향을 받은 분석을 보여준다. 이러한 연구들에서 게이츠는 미국 흑인 문학의 '복합적인 이중의 형식적 선조들, 서구인과 흑인'에 관심을 집중하고, 흑인의 자국어와 문학적 전통 사이에 존재하는 연속성을 인식할 것을 주장한다. 80년대에 게이츠의 저작은 흑인 문학을 '양피지에 쓰인 것'(palimpsestic)으로 보는 비평적 접근법과 그들 스스로를 위해 발언할 수 있도록 '흑인의 목소리'를 해방시키면서 흑인 텍스트의 '문학성'에 관심을 돌리는 비평적 접근법을 발전시켰다. 게이츠는 "유럽과 영미 문학의 이론가들이 영미의 형식주의에 대한 비판을 제기하던" 때에 흑인 문학의 정독을 옹호했다. 왜냐하면 비평적 방법론들이 "흑인 작품의 '문학성'을 실제로 봉쇄해버렸기 때문이다". 그의 중요한 에세이 모음인 『"인종" 글쓰기 그리고 차이』("*Race*", *Writing, and Difference*, 1985)의 서문에서 게이츠는 다음과 같이 주장한다. "나는 비평을 시작하고 그것을 적용하기 위해서는 비평의 정전을 섭렵하는 것이 가장 중요한 몸짓이라고 한때 생각한 적이 있다. 그러나 이제 나는 우리 문화에 고유한 비평 이론을 발전시키기 위해서 흑인 전통 그 자체로 돌아가야 한다고 믿는다".

그러나 보다 최근에 게이츠는 공통의 상징적 지형학을 만들면서 그 스스로를 따라 '의미를 생산하는' 흑인적 글쓰기(휴스턴 A. 베이커와 토니 모리슨과 공유하고 있는 생각)와 백인 주류 문학을 따라 의미를 생산하는 흑인적 글쓰기 사이의 대화적 상호 텍스트성을 주장한다. 이것은 흑인과 백인의 순수한 이항 대립을 넘어선, 해체론적인 정체성의 개념과 연결되어 있다. 그에 의하면 " '흑인'과 '백인'은 더 이상 미리 구성된 것으로 생각되어서는 안 된다. 오히려 그것들은 상호 구성적이며 사회적으로 생산된 것이다(1990c)". 이후의 에세이에서 그는 다음과 같이 결론짓는다. "우리 모두는 다 미국인이다. 종족성적 배타주의를 초월하는 것이 우리 모두가 직면해있는 문제이다." 미국인이 된다는 것은 따라서 하이픈(-)이 있는 종족성 정체성을 가진다는 것을 의미하며, '이동하는 문화의 문화적 복합성'의 일부가 된다는 것을 의미한다. 그러나 이것은 권력과 특권의 규제적 효과로부터 자유롭다는 것을 의미하는 것은 아니다. 왜냐하면 만약 미국 문화가 '서로 다른 목소리들 간의 대화'로 가장 잘 이해될 수 있다면, 이것은 게이츠의 표현에 의하면, "우리 중의 일부는 최근까지 참여할 수 없었던" 대화이기 때문이다.

정체성이라는 문제 설정의 틀은 코넬 웨스트에 의해서도 다루어진다. 웨스트는 (소수 집단) 포스트모던적인 문화적 주체(과거와 현재로부터 이탈되어 이질적인 생산물을 혁신적으로 생산하고 있는 파편화된 주체)의 형성에 대한 핵심적인 이론가이다. 웨스트는 스튜어트 홀, 폴 길로이와 함께 문화적 차이의 담론을 창출하려는 욕구를 공유하고 있다. 이러한 담론은 종족성적 불변성에 대해 투쟁하며 섹슈얼리티, 종교, 계급의 문제를 통합시키는 보다 넓은 소수 집단 담론을 대표한다. 그와 같은 논쟁에 대한 웨스트의 중요한 공헌은 '예언적인 실용주의 전통'을 구축한 것이다(『인종의 미래』(*The Future of the Race*, 1996)는 두 보이스, 마틴 루터 킹, 제임스 볼드윈, 토니 모리슨을 인용한다). 그는 "서로 다른 정치적 운동, 즉 여성 운동, 흑인 운동, 치카노 운동, 사회주의 운동, 좌파 자유주의 운동 등에 가담하면서, 동시에 예언적 실용주의자가 되는 것이 가능하다"고 주장한다(『미국인들의 철학의 회피』*The American Evasion of Philosophy*, 1990).

흑인 여성 글쓰기의 전체적 윤곽과 차이를 기술하고 있는, 바바라 스미스의 선구적인 에세이 모음인 『흑인 여성 비평을 위하여』(*Towards a Black Feminist Criticism*, 1977)는 미국 흑인적 전통의 페미니스트 연구에서의 획기적 저작이라고 할 수 있다. 흑인 여성주의 미학을 제기하는 이 저작의 또 한 가지 중요한 점은 흑인 남성과 백인 여성 비평에 나타나는, 흑인 레즈비언 작가들에 대한 침묵을 드러내고 비판한다는 것이다. 『우리들 어머니의 정원을 찾아서』(*In Search of Our Mothers' Gardens*, 1983)에서 엘리스 워커는 비슷한 방식으로 흑인 여성주의 문학 비평에 관여하고 있지만, '흑인 페미니즘'이라는 인종적이고 관계적 용어를 거부하고, '흑인 페미니즘'(womanism)의 개념을 택한다. 또한 1980년대 초기에, 벨 훅스(『나는 여성이 아닌가』 *Ain't I A Woman*, 1981)는 흑인 여성이 고통받고 있는 '이중의 불가시성'(double invisibility)을 지적한 흑인 페미니스트 작가 비평가 중의 하나이다. "미국에서 흑인 여성만큼 그들의 정체성이 그 실존과 유리되어 사회화된 집단은 없다. 흑인이 이야기될 때 그 초점은 흑인 남성에 맞추어져 있다. 여성이 이야기될 때 그 초점은 백인 여성에 맞추어져 있다". 『반론: 생각하는 페미니스트, 생각하는 흑인』(*Talking Back: Thinking Feminist, Thinking Black*, 1989)에서 훅스는 '개인적인 것이 정치적인 것'이라는 페미니즘의 슬로건에 이의를 제기하고 정치적인 것을 희생하고 개인적인 것에 머무는 것은 위험하다고 주장한다. 대신 그녀는 차이를 가로질러 함께 작업하는 제휴의 필요성을 역설한다. 이와 같이 그녀의 정치적 전망(그리고 글쓰기의 정치성에 대한 그녀의 전망)은 코넬 웨스트가 전개한 것과 유사하다. 둘 다 이러한 노선을 따라서, 정치화된 형태의 포스트모더니즘을 주장한다(웨스트, 1988; 훅스, 「포스트모던적 흑인성」"Postmodern Blackness", 1991).

헤이즐 카비의 『여성다움의 재구성: 아프리카계 미국 여성 소설가의 등장』(*Reconstructing Womanhood: The Emergence of the Afro-American Woman Novelist*, 1987)은 '공유된' 경험을 표현하는 동질적인 아프리카계 미국 여성의 글쓰기에서 나타나는 역사적, 지역적 차이에 눈을 돌릴 필요를 강조한다. 여기에도 역시 토니 모리슨의 작품이 중요해진다. 그녀의 에세이 「뿌리내림: 토대로서의 선조」("Rootedness: The Ancestor as Foundation", 1984)는 여성이 글쓰기로부터 배제되는 과정에 관심을 가지고 있으나, 또한 예술가와, '그 예술가의 발언의 대상이 되는' 공동체와의 관계를 살펴보고 있다. 모리슨은 소설과 후기의 에세이에서 헤게모니를 가진 백인 전통 혹은 정전과 흑인적 글쓰기의 관계를 포함한 문제들을 다룬다. 특히, 『어둠 속의 놀이』(*Playing in the Dark*, 1992)에서 그녀는 지배적인 백인의 문학적 감수성으로부터 흑인의 문화가 이중으로 배제되고 주변화되는 과정을 폭로한다. 이러한 백인의 문학적 감수성에 대해 흑인성은 거부된 — 그러나 동시에 그것을 규정하는 — '현존'이다. 게이츠 등과 마찬가지로 그녀의 작품은 억압된 역사와 '그것을 얘기해줄 단어들'을 회복하기 위한 기획을 통해 '아프리카계 미국인'의 정체성의 '이중성' 혹은 '잡종성'을 탐구한다. 따라서 예술적 담론이자 동시에 참여하는 문화 정치학인 것이다.

준 조던의 에세이 모음인 『내전』(*Civil Wars*, 1981)은 그들 스스로를 위해 발언할 수 없는 그러한 여성들의 목소리를 '전유'하고 재구성하는데 따르는 위험을 개략적으로 소개했다. 1980년대를 통해서, 라틴 아메리카계 여성, 미국 토착민, 아시아계 미국인 작가 비평가들의 가시성과 점증하는 정치적 자신감으로 인해 이러한 문학 작품들, 특히 경계를 지우고 장르를 혼합하는 것을 추구하는 글로서의 문학 작품들의 변별성을 주장하고 탐구하게 되었다(어순시안 호르노-델가도의 『경계 허물기: 라틴 아메리카 여성의 작품과 비평적 해석』(*Breaking Boundaries: Latina Writings and Critical Readings*, 1989); 폴라 건 알렌의 『신성한 테: 미국 인디언 전통에서의 여성적인 것의 회복』(*The Sacred Hoop: Recovering the Feminine in American Indian Traditions*, 1986); 셜리 걱-린 림과 에이미 링 편 『아시아계 미국의 문학 읽기』(*Reading the Literature of Asian America*, 1992)).

영어와 불어를 사용하는 카리브 지역에 대한 많은 페미니스트 작품들은 남성 동료들의 비평적 특권에 의해 은폐되고 지워진 여성 작가들의 존재를 복원하는 유사한 관심을 가지고 있다. 여성의 "이중적 식민화"라는 주제(가야트리 스피박의 에세이 「기저층은 발언할 수 있는가?」(1996)에서 잘 표현된 바 있다. 포스트식민주의 페미니즘 비평의 다양한 전통들을 관통하고 서로 연결시켜주고 있으며 새로운 '종족적', 문화적, 민족적 정체성을 발전시키려고 한다. 아일랜드 페미니스트 비평가들은 아일랜드 여성 작가들이 주체성과 성욕에 대한 가부장제와 식민주의 개입과 폭력에 대해 타협할 것을 강요받았다고 지적한다. 케나다에서 어떤 페미니스트 비평가들은 '타인종 여성의 글'(제1언어가 영어나 불어가 아닌 작가를 지칭)이라는 전통적 호칭이 이중의 주변화 — 즉 성욕과 종족성을 근거로 — 를 강요하고 있다는 견해를 표명했다. 이 '이중의 짐'에서 벗어나는 길을 찾아나가는 작업이 호주, 뉴질랜드, 태평양 지역, 동서 아프리카의 토착민 여성들의 페미니스트 기획을 형성하고 있으며, 또한 흑백 차별주의의 유산이 정치적 정체성과 정치적 제휴에 가하는 피해를 직면하고 있는 남아프리카 페미니스트 운동의 페미니스트 기획의 특징이 되고 있다.

이러한 각각의 경우에 있어서 특정한 작가와 비평가의 문화적 민족적 정체성이, 다른 구성적 요소들을 배제하고 이미 확립된 (주체) 위치나 근본적인 정체성인 것으로 주장되는 것처럼 보일 수 있다. 그러나 정체성과 (주체) 위치의 논제는 위에서 살펴본 다른 영역에서와 마찬가지로, 국제적 페미니즘에서 끊임없이 문제화되고 있으며 근본주의적 정체성을 비자의식적이고 수정되지 않은 형태로 적용하는 경우는 거의 없다. 이러한 것들은 '여성'이라는 포괄적 범주가 '그 자체 안에서의 차이를 없애는 경향이 있을' 뿐 아니라 포괄적 범주가 매우 자주 백인의 특권을 확인시킨다는 사실에 주목하고 있는 트린 T. 민하(『여성, 토착민, 대타자』(*Women, Native, Other*, 1989))와 같은 흑인, 포스트식민주의적, 문화적 페미니스트들에게 명백하게 핵심적인 문제이다. 찬드라 탈파드 모한티(「서구의 시선 아래에서」"Under Western Eyes", 1991)는 페미니스트 담론은 권력을 장악할 때 깨끗하지 못하며, 서구 페미니즘이 '제3세계적 차이'를 구성하는 것은 매우 자주 이러한 국가에서의 여성들의 삶을 규정하는 구성적 복합성을 전유하고 '식민화'시킨다고 지적한다. 페미니즘이 그 스스로의 이성애적·인종주의적 헤게모니에 대항하고, 문화적으로 정치적으로 구성된 정체성이 복합적이고 다중적이라는 것을 인식할 것에 대한 요구는 오랫동안 흑인의, 그리고 반식민주의적 페미니스트 비평의 원동력이 되어 왔다. 백인 페미니스트의 주장과는 달리 인종(그리고 사실상, 연령, 계급, 종교, 국가)은 인종적, 문화적 표현들이 성적 차이의 '지도 속으로 편입'되는 경우에서와 같이 그러한 '부가된' 문제가 아니다. 인종, 계급, 성이 '서로 연결되어 표현되는 것'이 강조되고 있으며, '다중적 정체성'의 개념은 많은 아시아, 아프리카계 미국인, 영국 흑인, 호주 토착민, '유색 여성' 그리고 노동 계급 작가들 사이에 공유된 유대를 형성한다.

흑인 여성과 다른 유색 여성의 특정한 경험에 목소리를 주기 위한 한 가지 기본 책략은 동일한 특징을 공유하고 있고, 동시에 구별되는 담론적 전통들을 확립하는 것이다(앨리스 워커의 『우리들 어머니의 정원을 찾아서』(*In Search of Our Mothers' Gardens*, 1983)에서처럼). '역사로부터 은폐된' 여성을 위해서는 그들의 경험을 기록하고 그것에 가치를 부여하는 것이 가장 정치적으로 우선적인 작업이다. 또한 '다른' 문화적 전통들(이야기, 노래, 집안에서 하는 것들)에 의존하고 있는 차이의 '시학'(소니아 산체스의 시나 바라티 무커지의 소설에서와 같이)은 미적인 것의 자성에 대한 서구적 개념에 이의를 제기하면서 동시에 편입되지 않은 여성의 담론을 확립하고 공표한다.

"'유색 여성'은 사이보그적 정체성으로 이해되어야 한다"는 도나 해러웨이의 주장(제8장, 317-318쪽 참조)은 차이의 시학과 정치학에 또 하나의 공헌을 했다. 해러웨이의 "국외자적 정체성의 혼융으로부터 합성된 강력한 주체성"으로서의 사이보그의 모델은 중요한 몇 가지 점에서 글로리아 안잘두아의 혼혈 여성의 개념과 유사하다(『경계 지역: 새로운 혼혈 여성』(*Borderland/La Frontera: The New Mestiza*, 1987)). 이 혼혈 여성의 개념은 '문화화되었지만' 동시에 '문화를 결여하고 있는', 구속되지 않고 유연한 여성성의 상징이다. 치카나인 작가, 교사 그리고 스스로 규정한 '변경의 여성'인 안잘두아에게 있어서 새로운 혼혈인 여자는 모순과 모호성을 견뎌내며 '문화를 가지고 요술을 부리는 법을 배운다'. 그녀는 '다원적 개성'을 가지고 있으며

'다원주의적 방식으로 작용한다'. 혼혈인 여성의 의식을 가진 작품은 이중성을 뛰어넘는다. "백인종과 유색 인종 사이, 남자와 여자 사이의 문제에 대한 해답은 우리의 삶, 우리의 문화, 우리의 언어, 우리의 사고의 토대 그 자체로부터 유래하는 분열을 치료하는 데 있다". 주체를 고정되고 문화적으로 구속되는 것으로 이론화하는 것에 대한 안잘두아의 거부감은 그녀가 버지니아 울프의 유명한, 국제적 자매 관계의 모델을 언급하는 것에 잘 나타난다. "혼혈인 여성으로서 나는 조국이 없다. 그러나 모든 국가는 나의 조국이다. 왜냐하면 나는 모든 여성의 자매이며 잠재적 연인이기 때문이다"(제10장, 레즈비언과 퀴어 이론 376쪽 참조).

스스로를 유럽 중심의 문화적·정치적 전통의 일부라고 생각하지 않고 있는 페미니스트들은 여성이 초문화적 통일성을 가지고 있다는 개념에 대해 의미있고 집요하게 이의를 제기해왔다. 가야트리 스피박은 프랑스 페미니즘을 '국제적 참조틀' 속에 위치시킴으로써(1987, 스피박에 대해서는 본장 335-340쪽 참조), 영미('제1세계', 백인) 페미니스트 비평의 인종중심주의뿐 아니라, 프랑스 이론(특히 크리스테바의 『중국 여성에 대하여』(*About Chinese Woman*, 1977))에 대해서도 — 그것이 다른 페미니즘과의 관계나 혹은 대도시 아방가르드의 혁명적 잠재력에 대한 믿음을 지지하려는 경향을 충분히 검토하지 않고, 그 분석 방법을 다른 정치적 상황에 적용하려고 하는 점에서 — 통렬한 비판의 목소리를 낼 수 있었다. "단순히 나는 누구인가가 아니라, 나는 그녀를 어떻게 이름 짓고 있는가, 그녀는 나를 어떻게 이름짓고 있는가, 이것은 내가 논의하고 있는 문제 틀의 일부인가?"와 같은 역동적인 문제들을 질문하면서, 스피박은 위치성에 관한 논쟁을 시작한다. 코라 카플란(「페미니스트 문학 비평」('Feminist Literary Criticism', 1990); 제6장의 보충자료 참조)은 이 결과로 "비평가와 작품 모두가 문화 내에서의 그들의 위치와 관련하여 이해될 필요가 있다는 것을 서구 페미니스트 비평이 과거 어느 때보다도 인식하게 되었다"고 주장한다. — 즉, '어떠한 새로운 해석 행위도 먼저 그 스스로를 위치시켜야만 하며, 그렇게 함으로써 해석자에 대한 한계와 가능성을 깊이 생각해야 한다'는 것이다.

이 필수적인 자의식은 스피박의 '전략적 본질주의'의 개념과 연결된다(「기저층 연구」'Subaltern Studies', 1987; 제6장의 참고문헌 참조, 정체성에 관해서는 345쪽 스튜어트 홀 참조). (위의 정체성에 관한 스튜어트홀의 논의를 참조) 끊임없는 자기 비판이 스스로를 무력하게 하는 것으로 보일 수 있는 반면, 이 개념은 정치적으로 구성된 정체성을 '미세하게 눈에 띄는 정치적 이해 관계 속에서 실증주의적 본질주의를 전략적으로 사용하는 것'으로 인식할 수 있게 해준다. 다이애나 퍼스가 유사하게 주장했듯이(『본질적으로 이야기하기』(*Essentially Speaking*, 1989) "'배치시키는' 혹은 '편제하는' 본질주의와, '그 속으로 떨어지거나' '빠져버리는'" 본질주의 사이에는 '중요한 차이점'이 있다. "'배치시키는' 혹은 '편제하는'이 의미하는 것은 본질주의가 어떤 전략적 혹은 개입적 가치를 가지고 있다는 것이다." 아마도 이 포스트모던적인 '국제적 참조틀' 안에서의 현대 페미니스트 이론의 특징적 요소는 다시 한 번 글로리아 안잘두아의 '혼혈인 여성적 의식'(mestiza consciousness)과 유사한 것이 될 것이다. 즉, "각각의 새로운 패러다임의 통합적 측면을 계속 파괴하는 끊임없는 창조적 움직임이다". 만약 그렇다면, 이것은 '여성'뿐만 아니라 '페미니즘'의 보편화하는 개념의 파괴를 계속 전개시키는 전략이 될 것이다.

참고문헌

기본서

Anzaldúa, Gloria, *Borderlands/La Frontera: The New Mestiza* (Spinsters/ Aunt Lute, San Francisco, 1987).

Bhabha, Homi K., 'The Other Question: Difference, Discrimination and the Discourse of Colonialism' [1986], in Francis Barker et al. (eds), see *Further reading*, below.

Bhabha, Homi K., 'Remembering Fanon: Self, Psyche and the Colonial Condition', Foreword to Fanon (1986), below.

Bhabha, Homi K. (ed), *Nation and Narration* (Routledge, London, 1990).

Bhabha, Homi K., *The Location of Culture* [1994] (Routledge, London, 2004).

Braziel, Jana Evans and Mannur, Anita (eds), *Theorizing Diaspora: A Reader* (Blackwell, Oxford, 2002).

Castle, Gregory (ed.), *Postcolonial Discourses: An Anthology* (Blackwell, Oxford, 2001).

Derrida, Jacques, 'White Mythology' [1971], in *Margins of Philosophy*, trans. by Alan Ball (Chicago University Press, Chicago, 1982).

Derrida, Jacques, 'Racism's Last Word', in Henry Louis Gates, Jr (ed., 1985), below.

Essed, Philomena and Goldberg, David (eds), *Race Critical Theories: Text and Context* [anthology] (Blackwell, Oxford, 2001).

Fanon, Frantz, *Black Skin, White Masks* [1952], trans. by C. L. Markmann, with Foreword by Homi Bhabha (Pluto, London, 1986).

Fanon, Frantz, *The Wretched of the Earth* [1961], trans. by Constance Farrington, with Preface by Jean-Paul Sartre (Penguin, London,

2001).

Gates, Henry Louis, Jr (ed.), *Black Literature and Literary Theory* (Routledge, London, 1984).

Gates, Henry Louis, Jr (ed.), '*Race*', *Writing and Difference* (Chicago University Press, Chicago and London, 1985). Contains essays by Bhabha, Derrida and Spivak.

Gates, Henry Louis, Jr, *Figures in Black: Words, Signs and the 'Racial' Self* [1987] (Oxford University Press, Oxford, 1990a),

Gates, Henry Louis, Jr, *The Signifying Monkey: A Theory of Afro-American Literary Criticism* [1988] (Oxford University Press, Oxford, 1990b).

Gates, Henry Louis, Jr, 'Introduction: Tell me, Sir, … What is "Black" Literature?', *PMLA*, 105 (January, 1990c).

Gates, Henry Louis, Jr, 'Goodbye Columbus? Notes on the Culture of Criticism', *American Literary History*, 4 (Winter, 1991).

Gates, Henry Louis, Jr, *The Third World of Theory* (Oxford University Press, Oxford, 2004).

Gilroy, Paul, *There Ain't No Black in the Union Jack: The Cultural Politics of Race and Nation* (Hutchinson, London, 1987).

Gilroy, Paul, *The Black Atlantic: Modernity and Double Consciousness* (Verso, London, 1993).

Gilroy, Paul, *Small Acts: Thoughts on the Politics of Black Cultures* (Serpent's Tail, London and New York, 1993).

Gilroy, Paul, *Between Camps: Nations, Cultures and the Allure of Race* (Penguin, London, 2001).

Goldberg, David Theo and Quayson, Ato (eds), *Relocating Post-colonialism* (Blackwell, Oxford, 2002).

Gramsci, Antonio, 'History of the Subaltern Classes: Some Methodological

Criteria', excerpts in Quintin Hoare and Geoffrey Nowell Smith(eds), *Selections from the Prison Notebooks of Antonio Gramsci* (Lawrence & Wishart, London, 1971).

Hall, Stuart, 'Minimal Selves', in *The Real Me: Postmodernism and the Question of Identity* (ICA Documents, London, 1988).

Hall, Stuart, 'Cultural Identity and Diaspora', in Jonathan Rutherford (ed.), *Identity: Community, Culture, Difference* (Lawrence & Wishart, London, 1990).

Hall, Stuart, *Critical Dialogues in Cultural Studies*, ed. by David Morley and Kuan-Hsing Chen (Routledge, London and New York, 1996).

Harris, Wilson, *Selected Essays of Wilson Harris*, ed. by A. J. M. Bundy (Routledge, London, 1999).

hooks, bell, *Ain't I A Woman: Black Women and Feminism* (Pluto, London, 1981).

hooks, bell, *Talking Back: Thinking Feminist, Thinking Black* (Pluto, London, 1989).

hooks, bell, *Yearning: Race, Gender and Cultural Politics* (South End Press, Boston; Turnaround Press, London, 1991).

James, Joy and Sharpley-Whiting, T. Denean (eds), *The Black Feminist Reader* (Blackwell, Oxford, 2000).

Lewis, Reina and Mills, Sara (eds), *Feminist Postcolonial Theory: A Reader* (Edinburgh University Press, Edinburgh, 2003).

Memmi, Albert, *Racism* [1982], trans. and intro. by Steve Martinot (University of Minnesota Press, Mineapolis and London, 2000).

Mercer, Kobena, *Welcome to the Jungle: New Positions in Black Cultural Studies* (Routledge, London and New York, 1994).

Morrison, Toni, 'Rootedness: The Ancestor as Foundation', in Mari Evans (ed.), *Black Women Writers 1950-1980: A Critical Evaluation*

(Pluto, London, 1984).

Morrison, Toni, *Playing in the Dark: Whiteness and the Literary Imagination* (Harvard University Press, Cambridge, Mass., and London, 1992).

Postcolonialism: Critical Concepts in Literary and Cultural Studies, 5 vols, ed. by Diana Brydon (Routledge, London, 2000).

Said, Edward, *Orientalism* (Routledge, London, 1978).

Said, Edward, *The World, the Text and the Critic* (Harvard University Press, Cambridge, Mass., 1983).

Said, Edward, 'Orientalism Reconsidered' [1986], in Francis Barker *et al.* (eds), see *Further reading*, below.

Said, Edward, *Culture and Imperialism* (Chatto & Windus, 1993).

Said, Edward, *Out of Place: A Memoir* (Granta, London, 1999).

Said, Edward, *Reflections on Exile and Other Literary and Cultural Essays* (Granta, London, 2001).

Said, Edward, *The Edward Said Reader*, ed. by Moustafa Bayoumi and Andrew Rubin (Granta, London, 2001).

Smith, Barbara, *Toward a Black Feminist Criticism* (Out and Out Press, New York, 1977).

Smith, Barbara (ed.), *Home Girls: A Black Feminist Anthology* (Kitchen Table Women of Color Press, New York, 1983).

Spivak, Gayatri Chakravorty, 'Three Women's Texts and a Critique of Imperialism', in Henry Louis Gates, Jr (ed.), 1985. Partly reprinted in Peter Brooker and Peter Widdowson (eds), *A Practical Reader* (1996): see Introduction, 'Selected reading'.

Spivak, Gayatri Chakravorty, *In Other Worlds: Essays in Cultural Politics* (Routledge, London, 1987).

Spivak, Gayatri Chakravorty, in Sarah Harasym (ed.), *The Post-Colonial*

Critic: Interviews, Strategies, Dialogues (Routledge, London, 1990).

Spivak, Gayatri Chakravorty, *Outside in the Teaching Machine* (Routlege, London, 1993). Includes the essay on Salman Rushdie, 'Reading *The Satanic Verses*', a substantial excerpt from which is reprinted in Brooker and Widdowson (eds), *A Practical Reader* (1996): see Introduction, 'Selected reading'.

Spivak, Gayatri Chakravorty, *A Critique of Post-Colonial Reason: Toward a History of the Vanishing Present* (Harvard University Press, Cambridge, Mass., 1999).

Spivak, Gayatri Chakravorty, *Death of a Discipline* (Columbia University Press, New York, 2003).

Spivak, Gayatri Chakravorty, *The Spivak Reader: Selected Writings of Gayatri Chakravorty Spivak*, ed. by Donna Landry and Gerald MacLean (Routledge, London, 1996).

Trinh T. Minh-ha, *Woman, Native, Other: Writing Postcoloniality and Feminism* (Indiana University Press, Bloomington, 1989).

Walker, Alice, *In Search of Our Mothers' Gardens: Womanist Prose* (Harcourt Brace Jovanovich, New York, 1983).

Walker, Alice, *Living By the Word: Selected Writings, 1973-1987* (Harcourt Brace Jovanovich, New York, 1988).

West, Cornel, 'Interview with Cornel West', in Andrew Ross (ed.), *Universal Abandon? The Politics of Postmodernism* (Edinburgh University Press, Edinburgh, 1988).

West, Cornel, *The American Evasion of Philosophy* (Macmillan, Basingstoke, 1990).

보충자료

Ansell-Pearson, Keith, Parry, Benita and Squires, Judith (eds), *The*

Gravity of History: Reflections on the Work of Edward Said (Lawrence & Wishart, London, 1996).

Ashcroft, Bill, *Edward Said* (Routledge, London, 2000).

Ashcroft, Bill, *Post-Colonial Transformation* (Routledge, London, 2001).

Ashcroft, Bill, Griffiths, Gareth and Tiffin, Helen (eds), *The Empire Writes Back: Theory and Practice in Post-Colonial Literature* [1985] (2nd edn, Routledge, London, 2002).

Ashcroft, Bill, Griffiths, Gareth and Tiffin, Helen (eds), *The Post-Colonial Studies Reader* (Routledge, London and New York, 1995).

Ashcroft, Bill, Griffiths, Gareth and Tiffin, Helen, *Postcolonial Studies: The Key Concepts* (Routledge, London, 2000).

Baker, Houston A., Jr, *Afro-American Poetics: Revisions of Harlem and the Black Aesthetic* (University of Wisconsin Press, Madison, 1988).

Barker, Francis, Hulme, Peter, Loxley, Diana and Iverson, Margaret (eds), *Literature, Politics, Theory: Papers from the Essex Conference, 1974-6* (Routledge, London, 1986).

Bassnett, Susan (ed.), *Studying British Cultures* (2nd edn, Routledge, London, 2003).

Bassnett, Susan and Trivedi, Harish (eds), *Postcolonial Translation* (Routledge, London, 1998).

Bobo, Jacqueline (ed,), *Black Feminist Cultural Criticism* (Blackwell, Oxford, 2001).

Bowers, Maggie Ann, *Magic(al) Realism* (Routledge, London, 2004).

Boyce-Davies, Carole, *Black Women, Writing and Identity: Migrations of the Subjec* (Routledge, London, 1994).

Brah, Avtar, *Cartographies of Diaspora* (Routledge, London, 1996).

Bromley, Roger, *Narratives for a New Belonging: Diasporic Cultural Fictions* (Edinburgh University Press, Edinburgh, 2000).

Carby, Hazel V., *Reconstructing Womangood: The Emergence of the Afro-American Woman Novelist* (Oxford University Press, Oxford, 1987).

Childs, Peter (ed.), *Post-Colonial Theory and English Literature: A Reader* (Edinburgh University Press, Edinburgh, 1999).

Childs, Peter and Williams, Patrick, *Introduction to Post-Colonial Theory* (Pearson Education, Harlow, 1996).

Christian, Barbara, *Black Feminist Criticism: Perspectives on Black Women Writers* (Pergamon, New York, 1985).

Eagleton, Terry, 'The Gaudy Supermarket', *London Review of Books*, 21, 10 (1999), 3-6.

Gates, Henry Louis, Jr and West, Cornel, *The Future of the Race* (Alfred A. Knopf, New York, 1996).

Gillespie, Marie, *Television, Ethnicity and Cultural Change* (Routledge, London and New York, 1995).

Hodge, Bob and Mishra, Vijay, *The Dark Side of the Dream: Australian Literature and the Postcolonial Mind* (Allen & Unwin, Sydney, 1991).

Huddart, David, *Homi Bhabha* (Routledge, London, 2004).

Hull, Gloria et al. (eds), *All the Women Are White, All the Blacks Are Men, But Some of Us Are Brave: Black Women's Studies* (The Feminist Press, New York, 1982).

Hulme, Peter, *Colonial Encounters: Europe and the Native Caribbean 1492-1797* (Routledge, London, 1992).

Hutcheon, Linda, 'Circling the Downspout of Empire: Post-Colonialism and Postmodernism', *Ariel*, vol. 20: 4 (1989), 149-75. Reprinted in Ian Adam and Helen Tiffin (eds), *Past the Last Post: Theorizing Post-Colonialism and Post-Modernism* (Harvester Wheatsheaf,

Hemel Hempstead, 1991).

Jump, Harriet Devine (ed.), *Diverse Voices: Twentieth-Century Women's Writing from Around the World* (Harvester Wheatsheaf, Hemel Hempstead, 1991).

Kennedy, Valerie, *Edward Said* (Polity Press, Cambridge, 2000).

Loomba, Ania, *Colonialism/Postcolonialism* (Routledge, London, 1998).

Loomba, Ania and Orkin, Martin (eds), *Post-Colonial Shakespeares* (Routledge, London, 1998).

McClintock, Anne, *Imperial Leather: Race, Gender and Sexuality in the Colonial Context* (Routledge, New York and London, 1995).

McLeod, John, *Beginning Postcolonialism* (Manchester University Press, Manchester, 2000).

Mohanty, Chandra Talpade, 'Under Western Eyes: Feminist Scholarship and Colonial Discourses', in Mohanty et al. (eds), *Third World Women and the Politics of Feminism* (Indiana University Press, Bloomington, 1991).

Morton, Stephen, *Gayatri Chakravorty Spivak* (Routledge, London, 2002).

Parry, Benita, 'Problems in Current Theories of Colonial Discourse', *Oxford Literary Review*, 9, 1-2 (1985); reprinted in Ashcroft et al. (eds, 1995), above.

Parry, Benita, *Postcolonial Studies: A Materialist Critique* (Routledge, London, 2004).

Proctor, James, *Stuart Hall* (Routledge, London, 2004).

Pryse, Marjorie and Spillers, Hortense (eds), *Conjuring: Black Women's Fiction and the Literary Tradition* (Indiana University Press, Bloomington, 1985).

Quayson, Ato, *Postcolonialism: Theory, Practice or Process* (Polity

Press, Cambridge, 1999).

Schwarz, Henry and Ray, Sangeeta (eds), *A Companion to Postcolonial Studies* (Blackwell, Oxford, 2000).

Walder, Dennis, *Post-Colonial Literatures in English: History, Language, Theory* (Blackwell, Oxford, 1998).

Wall, Cheryl A. (ed.), *Changing Our Own Words: Essays on Criticism, Theory and Writing by Black Women* (Rutgers University Press, New Brunswick, 1989).

Williams, Patrick and Chrisman, Laura (eds), *Colonial Discourse and Postcolonial Theory: A Reader* (Prentice Hall/Harvester Wheatsheaf, Hemel Hempstead, 1993).

Willis, Susan, *Specifying: Black Women Writing the American Experience* (Routledge, London, 1990).

Wright, Colin, 'Centrifugal Logics: Eagleton and Spivak on the Place of "Place" in Postcolonial Theory', *Culture Theory and Critique*, vol. 43: 1 (April, 2002), 67-82.

Yancy, George (ed.), *Cornel West: A Critical Reader* (Blackwell, Oxford, 2001).

Young, Robert, *White Mythologies: Writing, History and the West* [1990] (2ne edn, Routledge, London, 2004).

Young, Robert, *Colonial Desire: Hybridity in Theory, Culture and Race* (Routledge, London and New York, 1995).

Young, Robert, *Postcolonialism: An Historical Introduction* (Blackwell, Oxford, 2001).

10 게이, 레즈비언 및 퀴어 이론

레즈비언 및 게이 이론은 페미니즘 및 흑인 비평과 마찬가지로, 학문적 제도권이 아니라 1960년대의 급진적 운동들에 그 기원을 두고 있다. 게이 해방 운동의 탄생은 게이 전용 술집을 점거한 동성애자들이 경찰의 급습에 저항했던 1969년 뉴욕의 스톤월 농성으로 거슬러 올라갈 수 있다. 이 사건은 미국과 유럽 전역에 걸쳐 동성애자 권익 단체에 급진적인 영향을 끼쳤다.

그 후에 1970년대의 게이 해방 운동은 성적 소수 집단에 대한 박해와 차별에 대항하는 것, 그리고 게이들이 스스로 그들의 성적 정체성에 대한 자부심을 가질 수 있도록 하는 것, 이 두 가지 목표를 가지고 있었다. 이 운동은 두 가지 주요 전략을 채택했는데, 그 하나는 흑인 및 여성 운동에서 도입한 '의식화'(consciousness-raising)이며, 다른 하나는 사회적 비가시성이 부분적으로 그들의 억압의 원인이 되는 게이 공동체에만 특유한 '커밍아웃'(coming out) — 공개적으로 게이 정체성을 알리기 — 이다. 게이 해방 운동가들은 자신들을 1960년대의 성적 태도의 해방을 추구하는 더욱 일반적인 움직임의 일부로 보았지만, 그러나 특히 주류인 이성애 사회의 동성애공포증적 편견과 억압적인 성향에 도전했다.

그때 이후로, 게이 및 레즈비언 운동가들은 동성애 관계를 무효화하고 억제하기 위해서 이성애를 특권화하고 강제화하는 섹슈얼리티에 대한 지배적인 사회적 조직을 가리키는 '이성애주의'(heterosexism)라는 용어를 채택했다. '동성애공포증'(homophobia) — 동성연애(same-sex love)에 대한 비이성적인 공포와 증오 — 이 개인적인 차원의 병적 상태를 의미하는 반면, '이성애주의'는 불평등한 사회적, 정치적 권력 관계를 의미하는 것으로, 레즈비언 및 게이 이론에서 여러 논쟁을 통해 더욱 유용한 이론적 용어임이 입증되었다. 이것은 분명 젠더의 불평등한 사회 조직이라는 성차별주의(sexism)에 대한 페미니즘적 개념에서 빌어온 용어로, 이런 측면에서 볼 때 이 용어는 1970년대와 1980년대에 서로 중첩되지만 구별되는 방식으로 전개된 게이 이론보다는 레즈비언 페미니즘 이론에 더 중요한 의미를 지닌다.

게이 이론과 비평

1970년대 이후 다양한 게이 및 양성애 연구는 비평적 관심에서 제외되었던 문학 텍스트, 문화 현상, 역사적 서술을 되찾고자 하는 노력들을 반영하고 있다. 동시에 (대개는 정신분석과 페미니즘의 산물로써서) 이러한 자료들을 이용하기 위한 다양한 전략들이 폭발적으로 증가하였다. 섹슈얼리티의 역사에서 획을 긋는 시기들을 단정하는 설명적 모델들을 제공하려는 시도가 많았지만(브레이, 1988; 코헨, 1989), 이 연구는 일반적으로 과거의 섹슈얼리티 구조는 그때나 지금이나 완전하게 이해될 수 없다는 결론에 이른다. 많은 비평가들에게 과거는, 현재와 대조하여 볼 때, 가능한 동일시나 기념비적인 시기들보다는 섹슈얼리티에 대한 이질적인 구성들을 제공한다. 조나단 카츠(1994)는 남색적인(sodomitical) 죄의 역사로부터 다음과 같은 교훈을 끌어낸다.

> 우리 시대의 성의 사회적 조직화는 과거의 사회적-성적 형태만큼이나 역사적으로 특별하다. 우리는 과거를 연구함으로써, 즉 과거와 현재의 성의 사회적 형태의 본질적인 차이점을 이해함으로써, 우리 자신의 성은 선천적으로 주어진 것이 아니라 사회적으로 만들어진 것이라는 새로운 시각을 가지게 된다.

최근의 게이 및 역사주의 연구(코헨, 카츠, 트룸바흐)의 한 가지 공통적인 관심사는 교회와 국가의 규제 관행을 통해서 그리고 덜 공공연하지만 서구 문화가 상호개인적 관계를 제한하는 다양한 방법을 통해서 행사되는 권력 관계의 그물망 안에서 섹슈얼리티을 구조화하는 것이다.

게이 이론에 커다란 영향을 끼친 두 사람은 프로이트와 미셸 푸코였다. 이미 19세기와 20세기 초반에 상세한 심리학적 사례 연구들은 섹슈얼리티의 범위를 복잡하게 하고 무한히 확장하고 있는 것으로 보였다. 칼 하인리히 울리히스는 1864년과 1879년 사이에 동성애(homosexuality; 이 용어는 1869년 벤커트가 최초로 사용하였다)에 관한 12권의 책을 출판했으며, 크래프트-에빙의 『성의 정신병리학』(*Pyschopathia Sexualis*, 1903년 판에서)에는 238건의 사례사들이 포함되어 있었다(윅스, 1985 참조). 프로이트에게 이러한 연구들은 사실상 이성애가 확고하게 기초를 이룬다는 개념을 타파함에 있어서 중요했다. 예컨대, 『섹슈얼리티 이론에 관한 세 편의 에세이』(*Three Essays on the Theory of Sexuality*)에서, 그는 남성이 여성에게 성적 관심을 가져야 한다는 것은 자명한 사실이 아니라는 것을 지적했다. 그러므로 정신분석 이론은 가능한 분류들의 새로운 다수성을 예고하였다. 그런데 어떤 측면에서 프로이트의 연구는, 동성애라는 방향 감각을 상실한 '질병'이 제거된 통합되고 건강한 상태로 환자를 복귀시키는 것을 목적으로 하는 그의 추종자들의 연구에 있어서 엄격하게 규범적인 영향을 행사하는 것으로 입증되었다. 프로이트에 대한 제프리 윅스의 비판은 욕망이란 "인간적 통제를 벗어나 야만의 생물학적 충동으로 축소될 수 없으며, 의식적인 의지와 계획의 산물로도 볼 수 없다. 이는 사이에 애매하게, 포착하기 어렵게 어딘가에 있으며 전지전능하지만 무형이며, 강력하지만 목적이 없다"(1985)는 개념에 초점을 두고 있다. 욕망이 본질적으로 불안정적인 한에 있어서, 개인의 출산 목적(혹은 보다 상세하게 말해 생식기적 성)은 도착적이고 일탈적인 힘의 위협을 받는다. 프로이트는 『정신분석 개요』(*Outline of Psychoanalysis*)에서 성생활은 육체로부터 쾌락을 얻는데 주로 관심이 있으며 종종 출산의 욕구를 넘어서기도 한다고 쓴 바 있다. 만약 그러하다면, 이성애는 출산이 생산을 반영한다는 정도로 부르주아 이데올로기를 지지한다. 이와 반대로 동성애(gay sex)는 이러한 목적이 제거된 욕망이며, 생산적인 작업에 대한 부정 자체이다.

게이 이론에 주요한 영향을 끼친 두 번째 사람은 여러 비평가들로 하여금 프로이트를 재해석하도록 만든 미셸 푸코(제7장, 267-271쪽 참조)였다. 그는 권력의 다양한 작용에 대한 연구를 고무시켰으며 담론과 역사 안에서 동성애를 정의하는 문제를 제기하였다. 『성의 역사』(*The History of Sexuality*, 1976)에서 푸코는 19세기 후반의 동성애 특성을 "성적 감수성의 어떤 특성, 즉 남성적인 것과 여성적인 것 자체를 전도시키는 어떤 방식에" 의한 것으로 보고 있다. 동성애는 남색(sodomy)의 관행으로부터 일종의 내적 양성성(androgyny), 즉 영혼의 양성겸비(hermaphroditism)로 전환됨에 따라, 섹슈얼리티의 한 형태로 나타났다. "남색자(sodomite)는 일시적인 도착이었지만 동성애자는 이제 하나의 종(種)이 되었다"고 푸코는 결론을 내린다. 푸코는 어떻게 사회나 교회 규범이 남색을 '금지된 행위의 범주'로 정하고, 또한 이것을 범한 자를 법률적 제재의 대상에 지나지 않는 것으로 규정하게 되었는가를 고찰했다. 그러나 푸코는 19세기가 동성애자의 출현을 "한 유명인물, 한 과거, 하나의 사례사, 한 유년기"로 보았고 "… 동성애자의 전반적인 기질을 형성하는 그 어떤 것도 그의 섹슈얼리티의 영향을 받지 않는 것은 없다"고 주장한다. 이러한 모델은 비록 세부적으로 논의되고 때로는 논박을 받지만 널리 채택되고 있다(코헨, 1989). 그럼에도 불구하고 푸코가 한 양식에서 다른 양식으로의 전이를 이론화하는 방법에는 일반적인 문제점이 있다. 이브 코조프스키 세지윅(1985, 그리고 아래 386-387쪽 참조)이 주장한 것처럼, 푸코의 불연속적인 프로필에서 "동성 관계의 한 양식은 다른 양식에 의해서 대체되고, 그 양식은 다시 다른 양식에 의해서 또 대체될 것이다. 그래서 각각의 경우에 가정된 모델은 분석의 틀에서 이탈하게 된다." 그럼에도 불구하고, 섹슈얼리티를 연구하는 역사가들은 푸코보다 훨씬 더 학문적이며, 덜 엄격하거나 덜 논쟁적임에도 불구하고 푸코의 영향을 받은 시대에 따라 변하는 성적 범주의 모델들을 종합했다. 예컨대, 역사가인 랜돌프 트럼백은 18세기 레즈비어니즘의 출현에 푸코보다 훨씬 더 개방적이었으며, 반면에 윅스, 그린버그, 브레이는 섹슈얼리티가 구성되는 것임은 인정했지만 푸코 연구의 특징인 동성애 범주의 출현 시기에 관한 극단적인 입장에는 반대했다.

그러나 게이 연구에 관한 푸코의 영향력은 위의 논의를 넘어서, 신역사주의와 문화유물론의 분야에까지 확장되었다(제7장 273쪽, 280-283쪽 참조). 영국에서 가장 두드러져, 조나단 돌리모어와 알란 신필드의 저작에서, 문학 연구에 집중되어 게이 연구는 더욱 광범위한 문화시학과 문화정치학의 일부분이 되었으며, 이와 비슷한 일반적인 기획을 추구하는 다른 사람들(가령, 스탤리브레스와 화이트, 1986)의 저작도 그와 같은 유사성을 지닌다.

이 (게이) 비평에는 텍스트 내의 동성애의 각인을 논의하고 게이 삶의 양상을 규정하기 위해서 수많은 범주들이 동원되었다. 예컨대, '여성적임'(effeminacy), '여장 남자'(drag), '캠프'(camp; 과장된 교태 — 역주), 또는 비(non-)게이 또는 반(anti)-게이 텍스트들의 읽기에서 사용되었던 '동성성애'(the homoerotic), '남성유대'(male bonding), '동성사회성'(homosociality) 등의 범주들이다. 이러한 맥락에서 '동성애공포증' 이론은 '공황'(panic)과 '내면화된 동성애공포증'과 같은 개념들을 제기했다. 예컨대 알란 신필드(1989)는 반여성적임(anti-effeminacy)이 (다른 작가들 중에서) 존 웨인과 킹즐리 에이미스의 글인 「운동」("The Movement")에서 어떻게 작용하는가 그리고 여성적임이 어떻게 도착(perversion)의 기표로 사용되었는가를 보여주었다. 그러나 그는 「운동」의 힘차고 견실한 글이 동성성애적인 동일시를 추구하는 쪽으로 변화하는 거친 젊은 남자들의 모습을 그린 톰 건의 시에서 전복되고 있음을 또한 보여준다. 남성성의 구성은 셰익스피어의 『헨리 5세』(*Henry V*)에 대한 신필드와 돌리모어의 에세이(드라카키스 편, [1985] 2002: 7장의 '보충 읽기' 참조)와 헤밍웨이에 관한 그레고리 우즈의 저서에서 더 깊이 탐구되었다. 여기서 우즈는 어떻게 마초주의(machismo)의 상징의 역할을 해온 작가들이 다시 평가될 필요가 있는지를 보여준다. 이 글에서 "여성적인 웅변에 대항하는 저항"이 표현하는 것은 "남성성의 (두 가지 의미 모두에서) 참된 조건인 성가신 불안이다"라고 그는 주장했다. 이성애적 남성성의 목소리는 "무분별함을 두려워한다는 점에서 동성애자임을 감추고 있는 남자 동성애자의 목소리와 비교될 수 있다. 너무 많이 말을 하면 퀴어(queer)로 들릴지도 모른다"(스틸과 워톤, 1993). 이와 관련된 연구, 『발언하는 육체』(*Articulate Flesh*, 1987)에서 우즈는 D. H. 로렌스, 하트 크레인, W. H. 오든, 알렌 긴즈버그, 톰 건의 작품에 나타난 동성성애(homoeroticism)의 표현을 탐구한다.

이런 종류의 게이 비평은 문화시학의 기교를 차용하여 문학 연구가 점점 정치화되어가는 경향 속에서 문화, 역사, 텍스트 사이의 관계를 탐구한다. 예컨대, 니콜라스 F. 라델은 「대타자로서의 자아: 에드먼드

화이트의 작품에 나타난 정체성 정치학」("Self as Other: The Politics of Identity in the Works of Edmund White", 린저 편, 1994)이라는 글에서, 화이트의 소설들은 "전반적인 문화로부터의 정치적 압력에 대응하는 게이 주체를 드러내 보이는 것을 돕는다. 단순히 미학적 산물들이기는 커녕, 게이의 삶에 관한 이 소설들은 역사적 환경과 젠더 차이로서의 성적 성향(sexual orientation)의 구성을 확인하기도 하고 의문시하기도 한다."고 주장했다. 제임스 볼드윈의 『지오반니의 방』(*Giovanni's Room*)에 대한 데이비드 베르그만의 분석은 '내면화된 동성애공포증'의 전개의 예를 보여주고 있다. 그는 볼드윈을 "그가 어디에서도 인정하지 않는 노선 — 게이와 아프리카계 미국인 작가의 노선 — 속에" 위치시키려고 한다(브리스토우 편, 1992). 또한 비평가들은, 예컨대, 파커의 공저 『민족주의와 섹슈얼리티들』(*Nationalisms and Sexualities*, 1992)과 루디 C. 블레이즈의 『도착의 지형화』(*The Geography of Perversion*, 1996)에서처럼, 점점 더 민족주의, 반제국주의, 섹슈얼리티 사이의 관련성을 논의하게 되었다.

푸코의 저서에서는 권력의 증식 형상이 섹슈얼리티의 생산과 통제에 중심이 되는 것으로 보인다. 특히 조나단 돌리모어는 이러한 통찰을 발전시키면서, 쾌락에 대한 권력의 복잡한 개입을 논의하였다. 『성적 차이』(*Sexual Dissidence*, 1991)에서 그는, "쾌락과 권력은 상대방을 말살하거나 거역하지 않고 서로를 추구하고 중첩시키고 강화시킨다. 이들은 흥미 유발과 자극의 복잡한 기제와 장치에 의해 함께 연결되어 있다"고 쓰고 있다. 이런 식으로 돌리모어는 게이 이론을 '다형적인 도착성'(polymorphous perversity) — 유아가 생식기적 성의 환원적인 우위로 이동하기 전에 다양한 섹슈얼리티들을 탐닉한다는 이론 — 이라는 프로이트의 개념으로 사실상 복귀시켰다. 그러나 돌리모어는 도착성에 대한 정치적으로 전복적인 계획을 재배치함에 있어서 프로이트 그리고 주장하건대 푸코를 넘어선다. '사회적 과정에 본질적인 역동성'이라고 그가 주장하는 '역설적인 도착 또는 도착적인 역동성'의 측면에서 우리는 생각해야 한다고 그는 주장한다. 신필드와 돌리모어 그리고 문화유물론적인 게이 비평의 전통에서 활동하는 다른 비평가들은 돌리모어가 일탈적인 미학을 발견한 오스카 와일드의 예에 새로운 방식으로 관심을 기울였다.

> 일탈적인 욕망에 대한 와일드의 경험은 … 그로 하여금 사회의 억압적인 질서화를 피하도록 만드는 것이 아니라 그 속에 재각인으로, 그리고 그 질서화가 기초하고 있는 이분법적인 것의 전도로, 즉 욕망, 그리고 그 욕망이 형성하는, 대항하는, 파괴하는, 그리고 내부로부터 대체하는 일탈적인 미학으로 유도한다. (돌리모어, 1991)

이분법적 대립을 넘어서는 이러한 전환은 게이 이론에서 퀴어 이론으로서의 전환을 의미한다.

레즈비언 페미니즘 이론과 비평

레즈비언 페미니즘 이론은 주류 문화와 급진적인 하위 문화의 이성애주의와 남성이 주도하는 게이 해방운동의 성차별주의에 대응하여 출현하였다. 그것의 핵심적인 사안은 젠더 및 성적 억압을 서로 연결시키는 구조이다. 특히 레즈비언 페미니즘 이론은 가부장제와 가부장제 내에서의 여성의 억압을 유지시키는 중심적 제도로서 이성애를 끊임없이 문제시하였다. 레즈비언 페미니즘과 마찬가지로 레즈비언 페미니즘 이론은 광범위한 영역의 여러 이론들과 방법들을 도입한 다양한 분야이다. 이 이론은 한 가지 모델로 축소될 수 없지만, '강제적인 이성애'에 대한 비판, '여성 동일시'에 대한 강조, 대안적인 여성 공동체의 창조 등의 몇 가지 특징들이 두드러진다. 흑인 페미니즘적, 급진적 페미니즘적, 또는 정신분석적 접근 방법을 취하든지, 레즈비언 페미니즘 이론은 이러한 요소들의 하나 또는 전부를 전경화한다.

'강제적인 이성애'라는 개념은 게일 루빈(1975)이 최초로 주장하였으며, 그 뒤에 「강제적인 이성애와 레즈비언의 실존」("Compulsory Heterosexuality and Lesbian Existence", 1980)이라는 글에서 아드리안 리치에 의해 널리 유통되었다. 이 개념은 레즈비언 및 게이 섹슈얼리티와는 달리 이성애는 자연스럽고 따라서 아무런 설명도 필요 없다는 상식적인 견해에 도전한다. 리치는 이성애란 일련의 막강한 제재들에 의하여 지탱되는 사회적 제도라고 주장한다. 이러한 구속력에도 불구하고 레즈비언 존재가 있다는 사실은 억압할 수 없는 여성 결속의 막강한 흐름이다. 리치는 여아들이 '여성으로부터' 출생하고 어머니에게 최초의 동성적인 애착을 가진다는 사실에 레즈비어니즘의 근원을 두고 있다.

모니크 위티그의 '곧은 마음'이라는 유사한 개념(1980, 재판 1992)은 이성애를 거의 완전히 당연한 것으로 여기지만 그러나 남성과 여성의 의무적인 사회적 관계를 제도화하는 이데올로기적인 구성체로 본다. 즉 "확실한 원리로서 어떤 과학에도 이미 선행하는 것으로서, 곧은 마음은 역사, 사회적 현실, 문화, 언어 그리고 동시에 모든 주관적인 현상에 대한 총체적인 해석을 전개시킨다." 이성애에 관한 담론들은 자기 자신들이 뭔가 다르다고 인식하려고 하는 모든 사람들을, 특히 레즈비언들을 억압하는 작용을 한다. 리치와 대조적으로 위티그는 '여성 동일시'라는 개념에 반대하는데, 이 개념은 레즈비언들이 도전하는 젠더의 이중적인 개념과 여전히 관련이 있다는 것이다. 그녀는 레즈비언들이 어떤 중요한 의미에서 여성이 아니라고, "왜냐하면 여성을 만드는 것은 남성과의 특별한 사회적 관계이기 때문이며," 따라서 '여성'은 "이성애적 사고 체계와 이성애적 경제 체계 내에서만 의미를 획득한다."고 주장한다.

주디스 버틀러(1992)는 위티그와 리치의 작업을 도입하여, "육체, 젠더, 욕망이 자연스러운 것이 되는 문화적 지성의 구축망을 나타내기 위해," '이성애적 모체'(heterosexual matrix)라는 용어를 사용한다. 버틀러는 그녀의 후기 저작(아래 383-387쪽 참조)에서는 이 용어를 더 이상 사용하지 않지만 성적 정체성의 전복을 위한, 그리고 성, 섹슈얼리티, 젠더를 구성하는 사회적 '퍼포먼스'에서 이것들의 구분을 위한 주장은 계속 펼친다.

'여성 동일시'와 '레즈비언 페미니즘적 공동체'(lesbian feminist community)라는 개념은 급진적 레즈비언들의 영향력 있는 글, 「여성과 동일시하는 여성들」("The Woman-Identified Women", 1970)에서 소개되었으며, 아드리안 리치에 의해 더욱 발전되었다. 리치(1980)는 여성-유대(woman-bonding)를 가부장제 권력에 대한 저항 행위로 설명하고, "각 개인 여성의 인생과 역사를 통한 여성과의 동일시 경험의 범주"를 설명하기 위해 '레즈비언 연속체'(lesbian continuum)라는 개념을 발전시킨다. 그녀의 정의에는 성적 경험뿐만 아니라, 가족, 친구, 정치 관계들을 포함하여 여성들 사이에 존재하는 모든 형태의 '일차적 강렬성'(primary intensity)이 내포된다. 1976년에 리치가 쓴 글 「어머니가 없는 어느 소녀의 유혹」("The Temptations of a Motherless Girl")은 '레즈비언 연속체' 개념과 이와 관련된 레즈비언 비평의 수정 작업을 완벽하게 예증하고 있다. 이 글은 이성애적 로맨스 플롯에서 벗어나 일련의 여성 어머니/지도자에 의해 제인이 양육되고 교육받는 그러한 사랑하는 여성 교육의 서술로 그 초점을 완전히 바꾼 『제인 에어』에 대한 레즈비언적인 읽기를 제공한다. 리치는 우리의 읽기와 해석적 전략에 내재된 이성애의 이데올로기적 헤게모니를 설득력 있게 논증하며 그리고 그것이 자연스럽지 않은 것임을 드러내 보인다.

바바라 스미스의 글 「흑인 페미니즘 비평을 향하여」("Towards a Black Feminist Criticism", 쇼월터, 1986에 재수록)는 토리 모리슨의

『술라』(*Sula*)가, "여자들이 '연인들'이기 때문이 아니라, 여자들은 … 상호간의 중추적인 관계를 맺기 때문에", 레즈비언 소설로 생산적으로 다시 읽힐 수 있음을 주장하기 위하여, 리치의 모델과 비슷한 비평적 모델을 채택한다. 스미스는 "의식적이든 아니든, 모리슨의 작품은 흑인 여성들의 자율성과 그들 서로의 삶에 미치는 흑인 여성들의 영향에 관한 레즈비언 및 페미니즘적 문제를 제기한다"고 덧붙인다. 프랑스 페미니스트인 루스 이리가라이는 『하나가 아닌 성』(*This Sex Which Is Not One*, 1985)에서 자율적인 여성의 섹슈얼리티라는 유사한 개념을 논한다. 그녀는 여성의 섹슈얼리티를 동일성이라기보다는 차이에 근거하는 것으로 재규정하고 있는데, "여성은 하나의 성을 갖고 있지 않다. 여성은 적어도 두 개의 그것들을 가지고 있다. … 사실 그녀는 그 이상을 가지고 있다. 언제나 적어도 이중적인 그녀의 섹슈얼리티는 사실은 복수적이다."라고 말하면서 그것이 다중적임을 주장한다.

더 나아가 이리가라이는 레즈비어니즘에 정신분석적 및 정치적 접근 방법의 결합을 시도한다. 「선들이 함께 할 때」("When the Goods Get Together")에서 그녀는 이성애-가부장제(hetero-patriarchal) 문화의 이중적인 특성을 포착하기 위해 '(남)동성애'(hom(m)osexuality) — 남성성과 동일성 양자의 기표들에 대한 말장난(pun) — 라는 개념을 전개시킨다. '(남)동성애적' 담론은 남성의 동성사회적(homosocial) 관계와 동일한 것의 남성 섹슈얼리티(이성애자건 동성애자이건)에 특권을 준다. 그녀의 저작은 젠더와 성적 권력 관계의 양쪽 비판들을 연결하는데 그것의 반본질주의(anti-essentialism)에 있어서 레즈비언 페미니즘의 정치적 목적과 일치한다.

'여성 동일시' 개념은 몇몇 레즈비언 페미니스트들, 특히 흑인 및 제3세계 비평가들에 의해 도전을 받아 왔다. 예컨대, 글로리아 안잘두아와 체리 모라가(1981)는 이 개념이 여성들 사이의 권력 관계를 은폐하기 위해 사용되어 온 방식에 관심을 기울였다. 이들은 정체성의 보편적인 모델을 거부하면서, 서로 다른 문화와 민족성을 지닌 여성들의 관계를 포함할 수 있는 더욱 융통성 있는 레즈비언 정체성의 개념 — 안잘두아(1987)의 새로운 메스티자(mestiza; 라틴 아메리카에 널리 분포하는 유럽인과 아메리카 토착민의 인종적 혼혈 여성 — 역주)라는 개념처럼 — 을 창조한다(제9장 351-352쪽 참조).

재현 — 정치적 의미 그리고 문학적 의미에서 — 은 레즈비언 비평에 있어서 핵심적 쟁점이다. 1982년에 마가레트 크루크생크는 레즈비언 비평의 발달에 있어 문학이 맡고 있는 중요한 역할을 규명했다. 레즈비언 비평이 출현한 이후 25년 동안 레즈비언 문학 비평은 레즈비언 작가, 독자, 텍스트에 대한 인정 — 그리고 이들에 대한 정의 — 을 요구하는 대체적으로 논쟁적인 형태의 비평에서 '레즈비언'이라는 기호의 다원적인 의미들을 탐구하는 목적을 가진 일군의 세련되고 다양한 정치적으로 정통한 이론적인 작업으로 발전해왔다.

레즈비언 비평의 초기 논제는 『자기만의 방』(*A Room of One's Own*, 1929, 제6장 참조)에서 어떻게 문학의 권력 관계가 텍스트에서 여성들 관계의 소멸을 초래하는가를 보여준 버지니아 울프의 여성과 글쓰기 사이의 관계에 대한 분석으로 제기되었다. 그러나 비평 텍스트가 레즈비언 문학 전통의 윤곽을 그리는 것은 제인 룰의 『레즈비언 이미지들』(*Lesbian Images*, 1975)에 와서야 시도되었다. 여기서 룰은 거트루드 스타인, 아이비 콤프톤-버넷, 모린 더피, 메이 사르톤을 포함한 20세기 레즈비언 작가들의 삶과 작품을 분석하고 있다. 룰의 텍스트는 개별적인 작가에 중점을 두고 있음에도 불구하고, 찬사 일변도의 전기적인 접근을 넘어서서 가장 최근의 레즈비언 문학 비평의 다장르적이고 상호텍스트적인 문체를 선구적으로 보여주고 있다.

1970년대와 1980년대 초반의 레즈비언 문학 비평은 텍스트의 내용이나 인물, 주제, 저자 자신의 레즈비언으로서의 동일시에 근거를 두고 있든 아니든, 레즈비언 문학 전통과 레즈비언 문학 미학을 규명하는데 관심을 가졌다. 이 비평은 레즈비언 교수들, 학생들, 연구자들에게 매우 귀중한 기초 자료를 계속 제공해주고 있는 수많은 참고문헌들(그리어, 1981; 크루크생크, 1982; 모니크 위티그와 샌디 자이크, 1979)에 의해 도움을 받았다. 이러한 종류의 저서는 또한 이성애자로 여겨지던 작가들에 대한 귀중한 '(재)발견'을 수행하였거나(보다 최근의 예는 윌라 캐서에 관한 주디스 페털리의 글(1990)이다), 또는 1984년 알리슨 헤니간의 「레즈비언 소설이란 무엇인가?」("What is a Lesbian Novel?")에서 레즈비언 '감수성'을 텍스트의 '세계에 대한 필연적으로 삐뚤어진 시각' 속에서 규명하였다. 이와 관련된 것으로 캐서린 스팀프슨(1988)이 전개한 '약호화'(encodement)라는 접근 방법이 있는데, 이것은 은폐의 전략(모호한 관용구, 젠더와 대명사의 애매성, 남성 가명의 사용)이나 동성애공포증적 그리고 여성혐오증적 문화에서 여성과 동일시하는 작가들이 필연적으로 채택하게 되는 내부 검열 및 침묵 전략을 분석한 것이다. 이러한 접근 방법의 한 가지 실례가 거트루드 스타인의 글에서 성적 약호들, 즉 침묵의 사용과 구문을 실험한 것에 대한 스팀프슨의 분석이다. 다른 비평가들은 안젤리나 웰드 그림케, 에밀리 디킨슨, 힐다 두리틀(H.[ilda] D.[oolittle]) 그리고 윌라 캐서의 작품 등을 해석하는데 이 접근 방법을 이용하였다.

그러나 레즈비언이라는 기호에 대한 정의의 변화와 더불어, 레즈비언 글쓰기의 역사적인 어려움 가운데, 레즈비언 비평가들은 단일한 레즈비언 정체성이나 담론을 추구하는 이러한 연구로부터 점진적으로 벗어나게 되었다. 예컨대, 맨디 머크(1985)는 레즈비언들이 공통적인 관점을 공유한다는 헤니간의 견해에 문제를 제기한다. 머크는 헤니간이 레즈비언 '감수성'이라고 부른 것은 레즈비언으로 동일시하지 않는 다른 작가들의 작품에서도 발견될 수 있다고 말한다. 그녀는 또한 헤니간의 「레즈비언 독자가 되는 것에 대하여」("On Becoming a Lesbian Reader")에서 그러한 것처럼 독자들의 레즈비언 정체성 형성에 있어서 텍스트의 재현의 중요성에 대한 강조를 의문시한다. 더 급진적인 접근 방법은 성적 정체성에 대한 저자 또는 텍스트의 은폐나 드러냄에 의존하지 않고 지배적인 해석의 틀을 전복하는 독자의 퀴어적인 관점에 의존하는 왜곡된 읽기의 적용에 놓여 있다고 머크는 주장한다. 또한 보니 짐머만(1986)은 「존재하지 않았던 것: 레즈비언 문학 비평 개관」("What Has Never Been: An Overview of Lesbian Feminist Literary Criticism")이라는 글에서 보다 세련된 레즈비언 텍스트성의 모델을 제시한다. 짐머만은 레즈비언 텍스트의 환원주의적이고 본질주의적인 모델들에 대하여 경계하며, 주류이자 동시에 소수 문화의 일원으로서 레즈비언에 대한 이중적인 관점에서 나온 레즈비언의 '이중적 시각'(double vision)이라는 개념을 설정한다. 더 최근의 연구인 『여성의 안전한 바다』(*The Safe Sea of Women*, 1991)에서 짐머만은 레즈비언 소설이 생산되고 읽혀지는 문화적, 역사적 맥락에 그 소설 범주를 두고 레즈비언 소설에 대해 역사적인 정의를 전개한다.

따라서 더 최근의 레즈비언 비평은 자율적인 레즈비언 전통, 변별적인 미학, 레즈비언 저자나 독자를 찾기보다는, 어떻게 텍스트가 이성애주의를 내면화하고 있으며 그리고 어떻게 레즈비언 문학 전략들이 이성애주의의 규범들을 전복시킬 수 있는가 하는 문제를 제기해왔다. 그런 전략들 중의 하나가 상호텍스트성이다. 일레인 막스(1979)는 초기 글에서, 레즈비언 글쓰기는 근본적으로 상호텍스트적이며, 그것의 추론적인 역사를 만들고 '도전적인 상반된 이미지들'을 생산함에 있어서 사포(Sappho)와 같은 역사적 인물을 끌어들인다고 주장했다. 즉 레즈비언 텍스트들은 "남성의 승인을 신경 쓰지 않고 여성을 위해 여성에 의해 배타적으로 쓰인다"는 것이다. 보다 최근에 가장 흥미로운 레즈비언 비평이 마찬가지로 텍스트의 상호텍스트적, 대화적 측면을 전경화하는 이중 국어 사용자인 포스트식민주의적/제3세계 레즈비언 작가들에 의해 생산되었다. 퀘벡계 여성(the Quebequoise) 작가인 니콜 브로싸드와 멕시코계 여성(the Chicana) 작가인 체리 모라가는 이론, 정치학, 시를 서로 섞어 짠 서정적이며 논쟁적인 글들을 생산한다. 브로싸드는 『아만테스』(*Amantes*, 1980; 『러브허즈』(*Lovhers*)로 1987년에 영역됨)에서, 여성적 글쓰기(*écriture féminine*)와 같이 육체/텍스트의 대립을 해체하는 '여성됨 속에서 글쓰기'(writing in the feminine)를 실행한다. 마찬가지로 모라가와 안잘두아의 '육화 이론'(theory in the flesh)이라는 개념(1981)은 멕시코계 레즈비언 육체와 텍스트 사이의 간극을 생략한다.

테레사 드 로레티스(1993)는 「성적 무관심과 레즈비언 재현」(“Sexual Indifference and Lesbian Representation”)이라는 글에서 역시 프랑스 이론을 도입하는데, 레즈비언 육체/텍스트의 비가시성을 논의하기 위해 이리가라이의 '(남)동성애'의 개념을 이용한다. 그녀의 글은 래드클리프 할의 유명한 레즈비언 소설인 『고독의 우물』(*The Well of Loneliness,* 1928)을 성과학(sexology)에 어긋나게 해석하고 텍스트의 '타자' 레즈비어니즘을 이끌어냄으로써 그 소설의 지배적인 해석들을 전복한다. 레즈비언 및 퀴어 이론과 마찬가지로, 드 로레티스는 성/젠더 및 섹슈얼리티 사이의 구별을 이용하며, 비평적 그리고 창조적 레즈비언 글쓰기의 다양함과 레즈비언 작가들이 “젠더를 도피하고, 거부하고, 초월하고 또는 과도하게 그것을 실행하고, 그리고 재현의 불가해한, 우의적인, 현실적인, 캠프적인, 또는 다른 양식들 속에 성애적인 것을 각인하려고 다양하게 추구하는” 방식들을 격찬한다.

이렇게 다양한 전략들과 포스트모던 담론들과 레즈비언 비평이 초래한 상호교차는 레즈비어니즘이 '다르게' 그리고 따라서 '퀴어' 이성애주의적 담론을 이야기할 수 있는 입장이라고 여겨지는 레즈비언 정체성의 텍스트화에 이르게 되었다.

퀴어 이론과 비평

1980년대 동안 '퀴어'라는 용어는, 비록 1950년대와 1960년대에 이 용어를 채택한 몇몇 레즈비언 및 게이 문화 운동가들과 비평가들이 주류 및 소수 문화에 대한 그들의 특별한 주변성 의식을 설명하기 위해 계속 사용하고 있지만, 퀴어 네이션(Queer nation) 및 액트업(ActUp)과 아웃레이지(Outrage) 같은 저항 단체와 관련된 새로운 세대의 정치 운동가들에 의해 재활용되었다. 1990년대의 '퀴어 이론'은 주체성, 섹슈얼리티, 재현 사이의 관계에 대한 급진적인 재고를 가리켰다. 90년대의 퀴어 이론의 출현은 앤 스니토우(1983), 캐롤 밴스(1984), 조안 네슬(1988)과 같은 퀴어 비평가들의 초기 저작과 또한 흑인 및 제3세계 비평가들에 의해 시작된 다양성의 연합 전선에 크게 신세를 지고 있다. 게다가 이 이론은 이론적으로 상당히 중첩되는 포스트모던 이론들로부터 자극을 얻었다. 테레사 드 로레티스는 『차이들』(*differences*)의 '퀴어 이론' 특집 호(1991)의 서문에서 '퀴어'라는 용어의 출현을 추적하고 레즈비언 및 게이 이론화에 끼친 포스트모더니즘의 영향을 설명하고 있다. 이러한 상호교차와 두 담론들이 '성' 또는 '이성'에 근거한 근본주의적 서술들을 탈중심화하는 방식에 대하여 논의하고 있는 심화된 실례들로 주디스 루프의 『지식의 유인』(*A Lure of Knowledge*, 1990), 로라 도안의 『레즈비언 포스트모던』(*The Lesbian Postmodern*, 1994), 그리고 『섹시한 육체들』(*Sexy Bodies*, 1995)이라는 책에 실린 여러 글들을 들 수 있다. 포스트모던 미학의 전개가 문화 생산의 영역에서 성적 다양성과 젠더 양가성의 표현을 고무하도록 도와주었던 반면, 차이와 주변성의 정치학을 전경화시킨 퀴어 이론은 이성애적 헤게모니와 가부장제에 대한 게이 및 레즈비언 비평 작업에 도움을 주었다. 즉 퀴어 이론은 비평 이론에 있어서 점증하고 있는 상호학제적인 영역에 레즈비언 및 게이 이론을 그 작업의 선봉에 위치시킨 역동적인 대화인 것이다.

이러한 전개 양상들은 젠더 연구(Gender Studies)의 학문적인 부상과 새로이 출현하는 남성 연구(Men's Studies)라는 학문과 게이 연구(Gay Studies)의 대화 속에 나타났다. 남성 연구는 페미니즘과 게이 이론에 기초를 두고 남성의 섹슈얼리티와 생활양식의 비판과 재구성을 목적으로 한다. 이러한 두 경향에 대한 염려와 반대가 계속 있어 왔으며, 어떤 진영에서는 게이 이론과 페미니즘 사이의 불안정한, 심지어는 적대적인 관계가 잔존하고 있다. 조셉 브리스토우의 견해를 빌면, "레즈비언 및 게이 비평은 일관된 분야를 형성하지 않는다." 그러나 그는 이것이 '그것의 강점'이라고 주장한다(1992). 레즈비언과 게이가 의미하는 것에 대한 브리스토우의 탐구는 그들의 동일성과 차이에 대한 인식을 포함하고 있다. 즉, 그것들은 "완전히 다른 욕망, 육체적 쾌락, 억압, 가시성을 가리킨다. … 그러나 이 두 하위 집단은 성적으로 금지적 지배 문화 속에서 유사한 역사를 공유한다. …" 새로운 영역의 이론적인 연구가 출현함에 따라 학문적인 경계를 유지시키는 방법은 점점 불분명해진다. 예컨대, 복장도착자(transvestitism)나 이성복장추구자(cross-dressing)는 레즈비언, 게이 또는 양성애자 연구, 혹은 남성, 여성 또는 젠더 연구, 혹은 셰익스피어, 연극 또는 퍼포먼스 연구의 주제인가? 퀴어 연구는 정설들을 '의심하고' 이러한 불확실성을 조장하고 자극하여 레즈비언 및 게이 섹슈얼리티를 넘어서, 그러한 고정되고 정착된 범주화를 모두 교란시키는 또 다른 섹슈얼리티들의 범주를 포함하고자 한다.

게이 이론에서 퀴어 이론으로의 전환에 영향을 미친 몇몇 인물들과 논의들은 앞에서 언급되었다. 예컨대, 제프리 윅스는 섹슈얼리티들이 역사적으로 구성된다고 주장하는 한편, 그럼에도 불구하고 그 섹슈얼리티들은 안정된 인식론적 핵심을 드러내는 것을 거부하며, "단지 욕망의 조직화에 있어서 변화하는 패턴들"로 보고 있다(1985). 그러나 이것이 동성애의 경우에 사실이라면, 확실히 이성애 역시 최근에 구성된 것이지 근거가 당연한 정체성이 아니다. 우리가 살펴본 것처럼, 성적 욕망이란 자연스럽게 필연적으로 생물학적으로 상반된 성을 가진 사람에게 이끌리는 것을 수반한다는 개념은 이미 프로이트에 의해 도전을 받았다(또한 토마스 라퀘르, 1990도 참조). 지식의 대상 그 자체가 문제성이 많은 공간이 되어 버린 포스트모던, 탈식민지적 세계에서 퀴어 이론은 그러한 모든 본질화 경향과 이분법적 사고방식에 대한 문제 제기를 더욱 진전시키고자 한다. 국소적이고 도착적인 특이성들로 파편화된 포착할 수 없는 섹슈얼리티는 그것의 일탈적인 변형들로 인해 격찬을 받는다. 그러한 '도착들'은 두 세기를 넘어 그 헤게모니를 행사해온 엄격한 가부장적 이성애를 모델로 한 부르주아의 자아 구성에 대한 저항에 동원되고 있다.

이러한 노선을 따라 게이 이론을 재정치화함에 있어서 퀴어 이론은 앞에서 논의한 것처럼 푸코를 도입했으며, 특히 영국에서 문화유물론으로 변환된 알튀세와 레이몬드 윌리엄즈의 저서에 의존했다. 여기서 퀴어 입장과 보다 전통적인 마르크스주의적 접근 사이에 어떤 긴장이 생겨나게 되었다. 예컨대, 제프리 윅스의 견해를 빌면, 자본주의 사회의 관계들은 (수많은 다른 문제에서 그러했듯이) 섹슈얼리티에 영향을 끼쳤지만, "자본주의 역사가 섹슈얼리티의 역사는 아니다"(1985). 그의 연구는 권력을 단일하고 유일한 것으로 취급해서는 안 되고 그 자체가 다양하고 변화하고 불안정한 것으로, 따라서 다양한 방식으로 저항에 노출되어 있는 것으로 취급해야 한다는 것을 보여준다. 이러한 주장은 "동성애가 스스로를 변호하고, 의학적으로 실격이라고 판정해준 동일한 범주를 사용하여, 때로는 동일한 어휘로, 그것의 적법성이나 '자연성'(naturality)이 인정되어야 한다고 요구하기 시작한" 푸코의 용어를 쓰자면, "'역전' 담론"의 형성을 가능하게 한다(1976).

이러한 마르크스주의나 포스트마르크스주의 전통을 따르는 이론가들과 비평가들은 레이몬드 윌리엄즈가 『마르크스주의와 문학』(*Marxism and Literature*, 1977, 5장 참조)에서, "모든 또는 거의 모든 발의들과 공헌들은 명백하게 대안적 또는 적대적인 형태를 취할 때조차도 실제로는 주도적인 것(the hegemonic)에 연결되어 있다"고 요약한 상황을 해결해야만 한다. 퀴어 이론은 여기와 푸코의 저서에 명백하게 내포된 함의, 즉 대안적 또는 적대적인 의미들이 국가에 의해서 완전히 전유된다는 것에 대하여 의문을 제기할 것이다. 돌리모어(1991)가 지적하듯이, "역사를 도착적인 역동성의 측면에서 생각한다는 것은 본질주의적 그리고 반본질주의적 사이의 그 이분법적 대립을 허물어뜨리기 시작하는 것이다." 그가 르네상스 이데올로기들에 대한 다원적인 저항들 속에서 발견해내듯이, 주변성은 단순히 주변적이지 않다. 문화유물론과 신역사주의의 다른 예들(스탤리브레스와 화이트, 1986; 브레드벡, 1991; 특히 르네상스 연구 분야에서 푸코를 넘어서서 다시 진척시키고 있는 골드버그, 1992, 1994, 7장 참조)과 이론적으로 일맥상통하고 있는 돌리모어와 신필드의 연구는 이분법적 대립들이 퀴어 글쓰기의 전복적인 순간에 불안정해진다는 것을 보여준다. 여기서 오스카 와일드가 한 번 더 중요한 실례가 된다. '표층/심층,' '허위/진실,' '비정상/정상,' '나르시시즘/성숙'과 같은 와일드와 그의 문화 사이의 일련의 이분법적 대립들을 규명하면서, 돌리모어는 "와일드가 사회가 금지하는 것을, 그 사회의 가장 소중하고 중요한 문화적 범주들 — 예술, 미학, 예술 비평, 개인주의 — 을 통해서 또 그 안에서 다시 복권시킨다"는 결론을 내린다. 그는 와일드가 어떻게 "비정상이 정상의 반대가 아니라 필연적으로 항상 존재하는 대조(antithesis)"가 되는가를 보여주면서, "도착(perversion)과 성대상 도착(inversion)을 통해서" 지배적인 범주들을 재평가하는 동일한 태도로 그 범주들을 와일드가 전유한다고 주장한다.

퀴어 이론의 출현에 특별히 중요한 두 사람은 주디스 버틀러와 이브 코조프스키 세지윅이다. 동시에, 그들의 영향은 이 범주를 넘어 확대되는데, 사실 버틀러는 처음에 자신이 이 분야에서 가장 영향력 있는 저서인 『젠더 문제』(*Gender Trouble*, 1992)를 쓴 것은 페미니스트로서 페미니스트 독자들을 위해서였다고 주장한다. 또한 확실히 버틀러에게 영향을 받은 퀴어 이론 자체도 그것을 게이 또는 레즈비언 성정체성에 국한시키려하는 범주화에 이의를 제기한다. 이런 관점에서 봤을 때, 퀴어 이론은 게이스러움(gayness)의 본질을 주장하는 분리주의 운동을 일컫는 것이 아니라, 오히려 이와 반대로 모든 젠더 및 성정체성의 구조성, 양가성, 그리고 잠재적 다원성을 강조한다. 데이빗 핼퍼린이 퀴어 이론의 비평적 '의문 제기'(querying) 양상을 강조하며 말했듯이, "퀴어는 그 정의상 정상적인 것, 적법한 것, 그리고 지배적인 것과 대립하는 것은 무엇이든 해당된다. 〈이것이 필연적으로 지칭하고 있는 특정한 것은 없다.〉 그것은 본질 없는 정체성이다" (핼퍼린, 1990). 이에 따라, 버틀러는 (남)동성애적 경제의 권위뿐만 아니라 정체성의 속성 그 자체를 교란시키기 위해서 퀴어의 (비)범주를 이용한다. 「모방과 젠더 반항」("Imitation and Gender Insubordination", 1991)에서, 그녀는 이성/동성애적인 이분법적 대립의 본질주의에 대한 거부와 이성애주의적 지배 서술의 퀴어화(queering)를 요구한다. 위티그와 같은 레즈비언 페미니스트와는 달리, 그녀는 레즈비언을 긍정적인 대립적 용어로 규명하는 것을 거부하면서, 규정된 레즈비언의 대립적 정체성의 부재가 바로 포스트모던 레즈비언으로 하여금 지배담론을 퀴어화하도록(to queer) 한다고 주장한다. 버틀러는 "나는 그 기호(레즈비언)가 정확하게 의미하는 것을 영원히 불확실하게 하고 싶다"라고 표현한다. 이런 식으로, 퀴어 이론은 규범적인 성정체성의 교란을, 그리고 그 정체성을 설정하는 '퍼포먼스'와 관련된 동인의 개념을 제안한다. 종종 이것은 한 범주의 가능한 정체성들로부터 자유롭게 선택할 수 있는 연극적 자아를 상정하기 위해 사용된다. 예컨대, 모우 메이어는 퀴어 이론이란 "유일하고 견고하고 연속적인 것으로서의 부르주아 자아 개념을 대체하는 한편, 대신에 퍼포먼스적이고, 즉흥적이고, 불연속적이고, 그리고 반복적이며 양식화된 행동에 의해 점진적으로 구성된 것으로서의 자아 개념으로 대체시키는 존재론적 도전"(메이어, 1994)이라고 주장한다.

버틀러는 즉홍적인 정체성이라는 개념에 대한 뚜렷한 대중적 욕구가 있다는 사실과 그녀 자신의 저서가 이 점을 지지하는 것처럼 보인다는 사실을 인정하면서도, 자신은 수행성(performativity)의 개념을 보다 철학적으로 엄격하고 더욱 한정된 대중적 개념으로 쓸 작정이라고 설명했다. 즉 그녀의 수행성의 개념은 젠더가 '반복과 열거'를 통해 구축되는, 즉 '윤곽이 그려지는' 것이고, 규범적 정체성을 전복하는 '재의미화 과정'이지만, 자유 선택의 문제는 아니라는 것을 명백히 한다는 것이다(버틀러, 1994). 리즈 그로츠(1996)는 '레즈비언'이라는 기호에 급진적인 잠재력을 부여하는 것이 바로 그 기호의 불확정성이라는 버틀러의 견해에 동의하지만, 퀴어 이론이 체계적인 권력 구조를 간과하고 있다는 점 그리고 어떠한 종류의 비정상적인 성적 관습이라도 모두 격찬하고 있다는 점에 대해서는 또한 비판을 가한다. 다른 레즈비언 페미니스트들은 퀴어 이론이 젠더 차이의 중요성을 무시하는 경향에 대하여 비판적이다. 젠더와 섹슈얼리티가 비록 다르다고 할지라도 완전히 분리될 수 없다고 많은 이론가들이 주장하기도 한다. 레즈비언들의 억압이, 비록 특수할지라도, 여성으로서 받는 그들의 억압과는 관련이 없다는 주장은 이치에 맞지 않는다. 새로운 퀴어 담론에서 레즈비언 존재의 주변화 경향은 분명히 양성 사이의 끊임없는 권력 관계를 나타내고 있다. 그럼에도 불구하고 문학 규범과 일상적인 성적 전형들을 모두 허물어뜨리는 텍스트적 그리고 상호텍스트적 전략의 전개에 있어서 레즈비언, 게이 남성 및 페미니스트 이론 사이에는 생산적인 긴장이 존재한다(험, 1994).

한편 버틀러의 최근 작품은 수행성과 규제적 사회-성적 규범이라는 주제를 다시 논의하면서, 그녀의 폭넓은 이론적 원천들(프로이트, 푸코, 데리다)을 확인하였고, 보다 광범위한 정치적 주제들을 다루려고 시도했다. 『흥분하기 쉬운 발화: 퍼포먼스의 정치학』(*Excitable Speech: A Politics of the Performative*, 1997)은 인종주의적 '혐오 발언', 포르노그래피, 그리고 군대에서의 게이 담론에 관한 연구이다. 그러나 버틀러가 주장하는 것은 의도와 결과, 또는 말과 행동 사이의 필연적 분리가 상반된 목적을 위해 유해한 용어들이 전용되고 재사용된다(의도된 의미를 전도시키기 위해 사용된 '퀴어'라는 용어가 이에 해당될 것이다)는 것을 의미한다는 사실이다. 또한 1997년에 출간된 『권력의 심리적 삶』(*The Psychic Life of Power*)은 정신이 지배적 사회 질서에 의해 결정된 배제적 금지사항들 — 예컨대 동성애에 가해지는 — 을 받아들이도록 강요받는다는 점에서 규범적 성정체성의 형성에 정신이 중요하다고 주장한다. 그 결과는 금지되었지만 공언될 수는 없는 것에 대한 '우울한' 상실감이다. 그러나 여기서 다시, 버틀러는 이러한 경험이 규범들이 채택되기도 하고 수행되기도 하는 방식, 즉 예측할 수 없는, 따라서 저항적인 방식을 통하여 반격을 받는다고 주장한다.

버틀러의 명성은 주로 그녀의 초기 작품에 의거한다. 마찬가지로, 이브 코조프스키 세지윅 역시 두 개의 주요 초기 연구인 『남성들 사이에서』(*Between Men*, 1985)와 『벽장의 인식론』(*Epistemology of the Closet*, 1990)로 젠더와 퀴어 이론에 가장 중요한 공헌을 했다. 버틀러와 마찬가지로, 그녀도 이 저서들에서 보다 명백한 정치적 의도 또는 함의뿐 아니라 보다 직접적인 문학 텍스트에 대한 언급과 함께 해체적 포스트모던 이론을 이용한다. 그녀는 성과 젠더 사이에 가정된 대립은 "명쾌한 구분이라기보다는 단지 결정하기 어려운 공간의 윤곽을 나타내는 것처럼 보인다."고 주장한다(1990). 그녀는 인종 및 계급과 같은 다른 범주들 그 자체가 섹슈얼리티의 구성에 있어서 중요할 것이라고 덧붙이면서, 섹슈얼리티는 흔히 성과 혼동되어 왔다고 말한다. 단일한 섹슈얼리티가 존재하지 않는 것처럼, 국가에 대한 특권화된 서술도 존재하지 않는다. 그러므로 다양한 국민성과 마찬가지로 다양한 섹슈얼리티도 선천적인 것에 근거를 두고 있는 어떤 것이 아니라 차이에 의해 형성될 뿐이다. 성적 경계는 비록 이 경계가 한

때 특정한 담론적인 공간의 윤곽을 그리는 역할을 하고 있지만 국가의 경계만큼 고정된 것이 아니다. 이 분야에서 보다 최근의 연구는 어떻게 성과학과 식민지 인류학이 연결되어 있는가를 그러나 한 국가의 성적 분류가 다른 국가의 성적 분류와 완전히 일치하지 않는다는 것을 보여주고 있다. 이는 흑인이 동성애를 흑인 문화에 이질적인 것으로 탄핵하는 것으로부터 탈피하는 것과 일치한다. 동시에, 다른 문화에서의 이성복장추구자의 존재와 동성애적 성인 의식이 때로는 이국적인 것으로 그리고 오해를 받아왔지만, 민족지학적(ethnographic) 문학에 대한 비평적 읽기(루디 C. 블레이즈의 경우처럼, 1996)는 게이 정체성의 구성에 포함된 보다 큰 대서사들에 대한 이해를 제공할 수 있다.

세지윅은 또한 "문학비평을 위한 마르크스주의적-페미니즘적인 역사적 범주들의 유용성"을 보여주기 위한 해석적 도구로 '동성사회성'이라는 개념을 사용했다. 그녀는 『남성들 사이에서: 영문학과 남성의 동성 사회적 욕망』(*Between Men: English Literature and Male Homosocial Desire*, 1985)에서 가부장제의 확정적인 개념들로부터 거리를 두기 시작하는데, 남성 및 여성 동성사회성은 그럼에도 불구하고 역사적으로 다른 형태들을 지니며 "여성과 남성 사이에 권력의 영원한 불평등에 대한 발언들과 기제들"로 남아 있다. 그녀는 페미니즘에 신세지고 있다는 것을 인정하지만 퀴어 이론의 해체적 경향의 전형적 추이로 점차적으로 성, 젠더, 섹슈얼리티의 다원적인 구성을 고려한다. 셰익스피어의 『소네트』, 위철리의 『시골 부인』(*The Country Wife*), 테니슨, 조지 엘리엇, 디킨즈에 대한 그녀의 연구는 이러한 종류의 작품이 보여주는 역설적으로 역사화하고 탈역사화하는 경향을 예증한다. 이 책은 또한 고딕 소설을 '폭력과 동성애적 공황'으로 논의한 것으로 유명하다. 그녀는 특히 (프로이트에 근거하여) "편집증은 동성애공포증 기제를 시각적으로 표현하는 정신이상"이라는 이론을 논의한다.

퀴어 이론은 섹슈얼리티에 대한 전통적 그리고 규범적인 본질주의적 모델에서 어떻게 욕망이 기능하며 어떻게 섹슈얼리티가 만들어지는가에 대해 적절하게 설명하는 개념적인 작업을 할 수 없는 것으로 보고 있다. 앞에서 개관된 범주의 비평적인 용어들, 모델들, 전략들은 단일하고 일관된 '섹슈얼리티'의 측면에서 생각하는 것이 더 이상 가능하지 않고, 권리가 결부될 수 있는 '선천적인' 동성애자 개인으로부터 모든 섹슈얼리티가 도착적이며 그래서 다시 복구되어 찬양을 받을 수 있다는 혼란스러운 개념으로의 전환을 초래했다. 만약 게이 및 레즈비언 이론이 종종 방어적으로 자유주의적 권리에 근거를 두고 있었다면, 퀴어 이론은 현 상황에 대한 보다 심오한 철학적 도전이며 동시에 이것은 동일성을 전복시키는 그리고 타자성(otherness)을 격찬하는 읽기들을 제공하는 것을 목적으로 한다.

결과적으로, 퀴어 이론은 특권화되고 안정된 이성애적 '기원들'에 대한 공격에 있어서 유동적이며 다양하다. 어떤 사람들은 휴일의 즐거운 분위기에서 도착적인 섹슈얼리티에서 발견되는 문체, 술수, 퍼포먼스, 놀이의 카니발을 격찬하려고 하는 한편, 다른 사람들은 푸코를 넘어서서 혹은 포스트구조주의의 텍스트주의(textualism)에 대응하는 유물론적인 반응을 취하면서, 보다 정치화된 입장을 추구하고 있다. 윅스는 '욕망의 흐름' 그 자체가 자본주의 사회가 견디어내기엔 너무 과도하다고 보고 있는데, 왜냐하면 그것은 이러한 혼돈을 고무시키기도 하는 동시에 기피하기도 하여 잠재적인 상호연결 및 관계들의 무한한 다양성과 공생할 수 없기 때문이다. 마찬가지로 이브 코조프스키 세지윅은 오늘날 동성애가 "서로 중첩되고 모순적이며 갈등하는 명확한 힘들의 공간이라기보다는 일관성 있는 명확한 영역을 구성한다"는 가설을 공격했다. 섹슈얼리티의 안정된, 확실한 분류들에 대하여 의문을 제기함에 있어서 동성애는 행동을 위한 어떤 공통 강령도 배제하고 있는 것으로 보인다. 그러나 세지윅은 보다 덜 체계적인 접근 방법을 역설하고 있다. 즉 그녀는 "상이한 모델들이 존재하는 동안에 그 모델들의 비합리적인 공존에 의해서 가능해진 관계"로부터 작업하는 것이 현명할 것이라고 확실히 주장한다.

따라서 '퀴어 이론'의 출발점은, 모우 메이어의 말을 인용하면, "지배적인 분류 철학에 대한 존재론적 도전"이다. 이 전략은 (다른 개념들 중에서도) 동성애와 이성애의 이분법적 대립에 이의를 제기함으로써 웍스의 '해체의 소용돌이'를 지지하며, 최근 게이 공동체 및 학문 공동체에 중대한 효과를 발휘했다. 1980년대에는, 에이즈(AIDS)의 망령이 동성애에 대한 혐오적 억압을 폭발시키고 동성애자들이 소외되고 다양한 성적 쾌락의 권리가 엄격히 제한될 것임을 두려워했다. 그러나 성은 단지 보다 안전해져야 할 뿐이지, 다양하지 않아야 된다는 것은 아니라는 메시지는 성애적인 가능성의 회복과 재창조를 주도했다. 게이 단체들은 (남성과 여성) 성노동자들(sex-workers)과 함께 일하며 섹슈얼리티에 대한 관심을 계급, 경제, 불평등의 문제로 되돌려놓는다. 에이즈와 HIV(Human Immunodeficiency Virus; 인체 면역 결핍 바이러스 — 역주)의 출현은 정체성 개념을 변화시켰으며, 이와 함께 재현의 새로운 도전, 담론, 형태를 가져왔다. 보다 이론적인 방향에서는, 수잔 손탁(1989)에 의해 지도화된(mapped) 에이즈와 전염병(plague)의 연관성들을 다루는 리 에델만이 「담론의 전염: 정치학, 문학이론, 에이즈」("The Plague of Discourse: Politics, Literary Theory, and Aids"; 버터즈, *AIDS and Its Metaphors*, 1989에 실린)에서 '정치'와 '에이즈' 사이에 문학이론이 자리 잡는다고 주장한다. 그 이유는 "두 범주[정치와 에이즈] 모두 문학이론과 관련된 비평적 방법론에 의한 분석의 영향을 받기 쉬운 역사적 담론을 생산하고 또 그 담론으로서 생산되기" 때문으로 지적된다. 그의 글은 한쪽으로 생물학적, 문자 그대로의 현실적인 것과, 다른 한쪽으로 문학적, 비유적 및 허구적인 것 사이의 이데올로기적 대립에 의문을 제기하며, 해체적인 퀴어 이론이 필연적으로 '병든' 담론을 통해 에이즈에 대하여 증명해야 한다는 결론을 내린다.

같은 시기에 퀴어 비평가들은 학계에서 이론의 '커밍아웃'을 계속하여 유통시켰다. 이런 면에서 침묵은 일종의 감추기(closetedness)로 간주되었다. 1990년의 글에서 이브 코조프스키 세지윅은 "내가 애머스트 대학에서 가르쳤던 어느 강좌에서 거의 절반이나 되는 학생들이 이미 『도리언 그레이』를 배웠다고 말했지만, 아무도 그 소설을 동성애적 내용의 측면에서 논의했던 적은 없었다"고 회고했다. 이것이 우리에게 말해주는 바와 같이, 문학과 우리 자신의 성적 구성에 대하여 말하고 배우는데 있어서 해야 할 일이 여전히 많이 남아 있다. 15년이 지난 지금, 교사들과 학생들은 『도리언 그레이』에 관해 무엇을 말해야 할 것인가?

▌참고문헌

기본서

Abelove, Henry et al. (eds), *The Lesbian and Gay Studies Reader* (Routledge, London, 1993).

Adams, Rachel and Savran, David (eds), *The Masculinity Studies Reader* (Blackwell, Oxford, 2002).

Anzaldúa, Gloria, *Borderlands/La Frontera: The New Mestiza* (Aunt Lute Books, San Francisco, 1987).

Bristow, Joseph (ed.), *Sexual Sameness: Textual Difference in Lesbian and Gay Writing* (Routledge, London, 1992).

Bristow, Joseph, *Effeminate England: Homoerotic Writing after 1885* (Open University Press, Milton Keynes, 1995).

Bristow, Joseph, *Sexuality* (Routledge, London, 1997).

Bristow, Joseph and Wilson, Angela R. (eds), *Activating Theory: Lesbian, Gay and Bisexual Politics* (Lawrence & Wishart, London, 1996).

Butler, Judith, 'Imitation and Gender Subordination', in Diana Fuss (ed., 1991), below.

Butler, Judith, *Gender Trouble: Feminism and the Subversion of Identity* (Routledge, London and New York, 1992).

Butler, Judith, *Bodies That Matter: On the Discursive Limits of 'Sex'* (Routledge, London and New York, 1993).

Butler, Judith, 'Gender as Performance: An Interview with Judith Butler', conducted by Peter Osborne and Lynne Segal, *Radical Philosophy*, 67 (Summer, 1994).

Butler, Judith, *Excitable Speech: A Politics of the Performative* (Routledge, London, 1997).

Butler, Judith, *The Psychic Life of Power: Theories in Subjection* (Stanford University Press, California, 1997).

Butler, Judith, *Undoing Gender* (Routledge, London, 2004).

Butler, Judith, *The Judith Butler Reader,* ed. by Sara Salih (Blackwell, Oxford, 2003).

Cohen, Ed., 'Legislating the Norm: From Sodomy to Gross Indecency', *South Atlantic Quarterly*, 88 (1989), 181-217.

Corber, Robert J. and Valocchi, Stephen J. (eds), *Queer Studies: An Interdisciplinary Reader* (Blackwell, Oxford, 2003).

Cruikshank, Margaret (ed.), *Lesbian Studies: Present and Future* (The Feminist Press, New York, 1982).

Daly, Mary, *Gyn/Ecology: The Metaethics of Radical Feminism* (Beacon Press, Boston, 1978).

de Lauretis, Teresa, 'Introduction', *differences*: 'Queer Theory Issue', 3:2 (Summer, 1991).

de Lauretis, Teresa, 'Sexual Indifference and Lesbian Representation', in Henry Abelove et al. (eds), above.

Doan, Laura (ed.), *The Lesbian Postmodern* (Columbia University Press, New York, 1994).

Dollimore, Jonathan, *Sexual Dissidence: Augustine to Wilde, Freud to Foucault* (Clarendon Press, Oxford, 1991).

Dollimore, Jonathan, *Sex, Literature and Censorship* (Polity Press, Cambridge, 2001).

Edelman, Lee, *Homographesis: Essays in Gay Literary and Cultural Theory* (Routledge, London, 1994).

Epstein, Julia and Straub, Kristina (eds), *Body Guards: the Cultural Politics of Gender Ambiguity* (Routledge, London and New York, 1991).

Fetterley, Judith, 'My Antonia! Jim Blunden and the Dilemma of the Lesbian Writer', in Karla Jay, Joanne Glasgow and Catharine R. Stimpson (eds), *Lesbian Texts and Contexts: Radical Revisions* (New York University Press, New York, 1990).

Foucault, Michel, *The History of Sexuality: Volume 1. An Introduction* [1976], trans. by Robert Hurley (Penguin, Harmondsworth, 1990).

Fuss, Diana (ed.), *Inside/Outside: Lesbian Theories, Gay Theories* (Routledge, London, 1991).

Gever, Martha, Parmar, Pratibha and Greyson, John, *Queer Looks* (Routledge, London, 1993).

Goldberg, Jonathan, *Sodometries: Renaissance Texts: Modern Sexualities* (University of California Press, Stanford, 1992).

Goldberg, Jonathan (ed.), *Reclaiming Sodom* (Routledge, London and New York, 1994).

Goldberg, Jonathan (ed.), *Queering the Renaissance* (Duke University Press, Durham, NC and London, 1994).

Greenberg, David F., *The Construction of Homosexuality* (University of Chicago Press, Chicago, 1988).

Grier, Barbara, *The Lesbian in Literature: A Bibliography* (The Naiad Press, Tallahassee, 1981).

Grosz, Elizabeth, *Space, Time, Perversion* (Routledge, London, 1996).

Grosz, Elizabeth and Probyn, Elsbeth (eds), *Sexy Bodies: The Strange Carnalities of Feminism* (Routledge, London, 1995).

Hennegan, Alison, 'What is a Lesbian Novel?', *Woman's Review*, no. 1 (1984).

Hennegan, Alison, 'On Becoming a Lesbian Reader', in Susannah Radstone (ed.), *Sweet Dreams: Sexuality, Gender and Popular Fiction* (Lawrence & Wishart, London, 1988).

Hocquenghem, Guy, *Homosexual Desire* (Allison & Busby, London, 1978).

Irigaray, Luce, *This Sex Which Is Not One* (Cornell University Press, Ithaca, 1985).

Jay, Karla and Glasgow, Joanne (eds), *Lesbian Texts and Contexts: Radical Revisions* (New York University Press, New York, 1990).

Johnstone, Jill, *Lesbian Nation* (Simon & Schuster, New York, 1973).

Kopelson, Kevin, *Love's Litany: The Writing of Modern Homoerotics* (University of California Press, Stanford, 1994).

Laqueur, Thomas, *Making Sex: Body and Gender from the Greeks to Freud* (Harvard University Press, Cambridge, Mass., 1990).

Lilly, Mark (ed.), *Lesbian and Gay Writing: An Anthology of Critical Essays* (Macmillan, Basingstoke, 1990).

Lorde, Audre, *Sister/Outsider* (Crossing Press, New York, 1984).

Marks, Elaine, 'Lesbian Intertextuality', in George Stamboulian and Elaine Marks (eds), *Homosexualites and French Literature* (Cornell University Press, Ithaca, 1979).

Merck, Mandy, Review of 'Girls Next Door', *Women's Review*, 1 (Nov. 1985), 40.

Merck, Mandy, *Perversions: Deviant Readings* (Virago, London, 1993).

Meyer, Moe (ed.), *The Politics and Poetics of Camp* (Routledge, New York and London, 1994).

Moraga, Cherrie and Anzaldúa, Gloria, *This Bridge Called My Back: Writings by Radical Women of Color* (Kitchen Table Press, New York, 1981).

Munt, Sally (ed.), *New Lesbian Criticism* (Harvester Wheatsheaf, Hemel Hempstead, 1992).

Parker, Andrew, et al. (eds), *Nationalisms and Sexualities* (Routledge, London and New York, 1992).

Radicalesbians, 'The Woman-Identified Woman', The *Ladder*, vol. 14, 11/12 (1970).

Rich, Adrienne, 'Compulsory Heterosexuality and Lesbian Existence', *Signs*, 5, 4 (Summer, 1980), 631-60.

Rich, Adrienne, 'The Temptations of a Motherless Girl', in *On Lies, Secrets and Silence* (Virago, London, 1980).

Roof, Judith, *A Lure of Knowledge: Lesbian Sexuality and Theory* (Columbia University Press, New York, 1990).

Rule, Jane, *Lesbian Images* (Crossing Press, Trumansberg, NY, 1975).

Sedgwick, Eve Kosofsky, *Between Men: English Literature and Male Homosocial Desire* (Columbia University Press, New York, 1985).

Sedgwick, Eve Kosofsky, *Epistemology of the Closet* (University of California Press, Berkeley and Los Angeles, 1990).

Sedgwick, Eve Kosofsky, *Tendencies* (Routledge, London, 1994).

Showalter, Elaine (ed.), *The New Feminist Criticism: Essays on Women, Literature and Theory* (Virago, London, 1986).

Sinfield, Alan, *Literature, Politics and Culture in Postwar Britain* (Basic Blackwell, Oxford, 1989).

Sinfield, Alan, *The Wilde Century* (Cassell, London, 1994).

Sinfield, Alan, *Cultural Politics - Queer Reading* (Routledge, London, 1994).

Smith, Barbara, 'Towards a Black Feminist Criticism', in Elaine Showalter (ed., 1986), above.

Stallybrass, Peter and White, Allon, *The Politics and Poetics of Transgression* (Methuen, London, 1986).

Still, Judith and Worton, Michael, *Textuality and Sexuality: Reading Theories and Practices* (Manchester University Press, Manchester, 1993).

Weeks, Jeffrey, *Sexuality and its Discontents: Meanings, Myths and Modern Homosexualities* (Routledge, New York and London, 1985).

Whitehead, Stephen M. and Barrett, Frank J. (eds), *The Masculinities Reader* (Polity Press, Cambridge, 2001).

Wittig, Monique, 'The Straight Mind' [1980], reprinted in *The Straight Mind and Other Essays* (Harvester Wheatsheaf, Hemel Hempstead, 1992).

Wittig, Monique, 'One Is Not Born a Woman', *Feminist Issues*, 1/2 (1981), 47-54.

Wittig, Monique and Zeig, Sandi, *Lesbian Peoples: Materials for a Dictionary* [French edn, 1976] (Avon, New York, 1979).

Woods, Gregory, *Articulate Flesh: Male Home-Eroticism in Modern Poetry* (Yale University Press, New Haven and London, 1987).

Zimmerman, Bonnie, 'What Has Never Been: An Overview of Lesbian Feminist Literary Criticism', in Elaine Showalter (ed., 1986), above.

Zimmerman, Bonnie, *The Safe Sea of Women: Lesbian Fiction 1969-*

1989 (Beacon Press, Boston, 1991).

보충자료

Bingham, C., 'Seventeenth-Century Attitudes Toward Deviant Sex', *Journal of Interdisciplinary History*, 1 (1971) 447-68.

Bleys, Rudi C., *The Geography of Perversion: Male-to-Male Sexual Behaviour Outside the West and the Ethnographic Imagination 1750-1918* (Cassell, London, 1996).

Bray, Alan, *Homosexuality in Renaissance England* (Gay Men's Press, London, 1988).

Bredbeck, Gregory W., *Sodomy and Interpretation: Marlowe to Milton* (Cornell University Press, Ithaca, 1991).

Bremner, Jeni, *From Sappho to de Sade: Moments in the History of Sexuality* (Routledge, London, 1989).

Burston, Paul and Richardson, Colin (eds), *A Queer Romance: Lesbians, Gay Men and Popular Culture* (Routledge, London, 1995).

Butters, Ronald R. et al. (eds), *Displacing Homophobia: Gay Male Perspectives in Literature and Culture* (Duke University Press, Durham, NC and London, 1989).

Clark, David and Barber, Stephen (eds), *Regarding Sedgwick: Essays on Queer Culture and Critical Theory* (Routledge, London, 2002).

Cleto, Fabio (ed.), *Camp: Queer Aesthetics and the Performing Subject: A Reader* (Edinburgh University Press, Edinburgh, 1999).

Davenport-Hines, R., *Sex, Death and Punishment: Attitudes to Sex and Sexuality in Britain Since the Renaissance* (Collins, London, 1990).

De Jean, Joan, *Fictions of Sappho 1565-1937* (University of Chicago Press, Chicago and London, 1989).

Donoghue, Emma, *Passions Between, Women: British Lesbian Culture*

1668-1801 (Scarlet Press, London, 1993).

Dynes, Wayne, *Homolexis: A Historical and Cultural Lexicon of Homosexuality* (Gai Saber Monograph, New York, 1985).

Ferris, Lesley (ed.), *Crossing the Stage: Controversies on Cross-Dressing* (Routledge, New York and London, 1993).

Garber, Marjorie, *Vested Interests: Cross-Dressing and Cultural Anxiety* (Routledge, New York and London, 1992).

Glover, David and Kaplan, Cora, *Genders* (Routledge, London, 2000).

Hall, Donald E., *Queer Theories* (Palgrave Macmillan, Basingstoke, 2002).

Halperin, David M., *One Hundred Years of Homosexuality and Other Essays on Greek love* (Routledge, London, 1990).

Hamer, Diane and Budge, Belinda (eds), *The Good, The Bad and The Gorgeous: Popular Culture's Romance with Lesbianism* (Pandora, London, 1994).

Hawkes, Terence, *Alternative Shakespeares, Volume 2* (Routledge, London, 1996).

Humm, Maggie, *A Reader's Guide to Contemporary Feminist Theory* (Harvester Wheatsheaf, Hemel Hempstead, 1994).

Katz, J. N., 'The Age of Sodomitical Sin, 1607-1740', in Jonathan Goldberg (ed., 1994), see *Key texts*, above.

Lewis, Reina, 'The Death of the Author and the Resurrection of the Dyke', in Sally Munt (ed., 1992), see *Key texts*, above.

Maccubbin, Robert P., *'Tis Nature's Fault: Unauthorised Sexuality during the Enlightenment* (Cambridge University Press, Cambridge, 1985).

Nestle, Joan, *A Restricted Country: Essays and Short Stories* (Sheba, London, 1988).

Norton, Rictor, *Mother Clap's Molly House: The Gay Subculture in England 1700-1830* (The Gay Men's Press, London, 1992).

Palmer, Paulina, *Contemporary Lesbian Writing* (Oxford University Press, Oxford, 1993).

Ringer, R. Jefffrey (ed.), *Queer Words, Queer Images: Communication and the Construction of Homosexuality* (New York University Press, London and New York, 1994).

Rousseau, G. S. and Porter, Roy (eds), *Sexual Underworlds of the Enlightenment* (Manchester University Press, Manchester, 1992).

Rubin, Gayle, 'The Traffic in Women', in Rayna R. Reiter (ed.), *Toward an Anthropology of Women* (Monthly Review Press, New York, 1975).

Salih, Sara, *Judith Butler* (Routledge, London, 2002).

Saslow, James M., *Ganymede in the Renaissance: Homosexuality in Art and Society* (Yale University Press, New Haven and London, 1986).

Senelick, Laurence, 'Mollies or Men of Mode? Sodomy and the Eighteenth-Century London Stage', *Journal of the History of Sexuality*, 1 (1990), 33-67.

Smith, Bruce, R., *Homosexual Desire in Shakespeare's England: Cultural Poetics* (University of Chicago Press, Chicago and London, 1991).

Snitow, Ann et al. (eds), *Powers of Desire: The Politics of Sexuality* (New Feminist Library, New York, 1983).

Stimpson, Catharine, *Where the Meanings Are: Feminism and Cultural Spaces* (Routledge, London, 1988).

Sullivan, Nikki, *A Critical Introduction to Queer Theory* (Edinburgh University Press, Edinburgh, 2003).

Trumbach, Randolph, 'Sodomitical Subcultures, Sodomitical Roles, and the Gender Revolutions of the Eighteenth Century: The Recent Historiography', *Eighteenth-Century Life*, 9 (1985), 109-21.

Trumbach, Randolph, 'London's Sapphists: From Three Sexes to Four Genders in the Making of Modern Culture', in Julia Epstein and Kristina Straub (eds, 1991), see *Key texts*, above.

Vance, Carole S. (ed.), *Pleasure and Danger: Exploring Female Sexuality* (Routledge, London, 1984).

Whitehead, Stephen J., *Men and Masculinities* (Polity Press, Cambridge, 2002).

결론: 포스트-이론

현재의 5판 서론에서 지적해온 대로, 1985년 출간된 "독자를 위한 가이드"의 첫 번째 판본은 이론들에 대한 저항적인 논평 — 이론이 문학 읽기에 대해 가지는 가정, 읽기 방식들, 가치 규범들에 대해 불편함을 느끼는 — 으로 시작했다. 이론들이 — 여기에 수반된 서론, 가이드, 독자들, 용어해설로 설명된 — 영문학계와 관련된 학계 안에 깊게 침투하여 뿌리 내려왔음에도 불구하고, 이론이 낳은 불안은 여전히 지속되고 있다. 예를 들어 데이비드 캐롤과 조나단 컬러는 1990년대에 다음과 같은 불평들을 말해왔다. 만약 문학정전의 지위가 의심스럽게 여겨진다면, 문학, 예술, 일반적인 텍스트 자료의 형식적 완결성이 내적 모순과 주변성, 미결정성이라는 개념들에 의해 축출된다면, 객관적 사실이 서사적 구성물이라는 개념에 의해 대체된다면, 읽는 주체의 규범적 동질성에 의문이 제기된다면, 그렇다면 그것은 '반드시 "이론"의 잘못일 것이다'. 그러나 이러한 불평은 전혀 문학에 관한 것이 아닌 것처럼 보였다(캐롤, 1990; 컬러, 1997).

하지만 한 세기가 저물고 새천년이 다가 오는 시점에서 다른 연구들은 새로운 분위기를 보이고 있다. 이제 이러한 불안을 야기한 이론의 시대는 저문 듯이 보인다. 소란스런 책 제목들이(몇몇은 아래에서 더 논의될 것이다) 우리에게 말해주듯, 현재 시대는 '이론의 종말' 또는 좀 더 애매하게 '이론 이후'(after-) 또는 '포스트-이론'(post-)의 시대를 열어젖히고 있다. 그러므로 우리 앞에는 발렌틴 커닝햄의 『이론 이후의 읽기』(*Reading After Theory*, 2002), 장-미셸 라바테의 『이론의 미래』(*The Future of Theory*, 2002), 그리고 테리 이글턴의

『이론 이후』(*After Theory*, 2003)와 함께 선집인 『포스트-이론: 비평의 새로운 방향』(*Post-Theory: New Directions in Criticism*, 1999), 『이론은 무엇을 남겼는가?』(*What's Left of Theory?*, 2000) 『이론. 이후. 삶』(*Life. After. Theory*, 2003)들이 놓여 있다. '포스트-이론'이 무엇을 의미할 수 있을까에 대한 어떠한 논의도 옆으로 미뤄두고, 결국 우리는 이것이 의미하는 바가 새로운 방향설정이라기보다는 좀 덜 극적인 파국이라는 것을 발견한다. 흔하게 동의할 수 있듯, '이론'의 시대가 저물었다는 생각은, 이론을 지휘했던 대문자와 관련된 스타들의 이름 — 특히 구조주의, 포스트구조주의, 포스트모더니즘과 관련된 (대부분) 프랑스 지식인들의 무리이며, 1970년대와 1980년대의 사상계를 지배했던 바르트, 알튀세, 푸코, 라깡, 데리다, 보르리야르, 리오타르, 크리스테바, 씨이주, 스피박, 바바, 제임슨과 연관되어 있다. 이제 더 이상 단 하나의 정통만이 존재하지 않는 듯하며, 반드시 따라잡아야 할 새로운 움직임도 없어 보이며, 더 이상 반드시 읽어야 할 어렵고 철학적인 이론서들도 없는 듯하다. 몇몇의 새로운 인물들, 예를 들어 슬라보예 지젝이나 주디스 버틀러 등이 선도적인 이론가의 역할로 지목받고 있지만, 적어도 버틀러는 스스로 이러한 역할을 거부하고 있다. 버틀러는 "나는 '이론'이라는 개념을 이해하지 못하겠다"며 "나는 엘리트적인 게이/레즈비언 이론무리의 일부로서 지목받는 것만큼이나, 이론을 방어하는 역할에 전혀 관심이 없다"고 말하고 있다(라바테, 2002: 1).

하나의 관점에서 볼 때, 이것은 바람직하지 못한 상황이다. 로버트 클락이 물은 것처럼(2003), 영국 또는 서구의 문화 안에서, 중요한 정치적 이슈에 선도적인 역할을 할 레이몬드 윌리엄즈나 에드워드 사이드의 지위를 가진 공적인 지식인들은 어디에 있는가? 하지만 이러한 염려 또한 지난 이백년이 넘게 — 충분히 호기심에서 그리고 분명히 — 총체적 문화 안의 문학교육과 문학의 특수한 위치에 대해 제기된 오래된 질문이다. 전성기였던 1980년대의 '이론'(〈문학〉이론이 아니라

‘철학’, ‘정신분석’, ‘페미니즘’ 또는 ‘문화이론’을 의미하는 것으로 나타난)에 대한 의지는 비록 이것이 다른 사람들에게는 문제의 핵심이었음에도 불구하고, 몇몇에게는 이 확장된 역할을 용이하게 하는 것으로 보였다. 이론적 정전 또는 ‘최신 이론’에 조언을 구하는 것의 금지는 문학연구의 적절한 수행을 막는 유행을 따르고 좌절을 가져다주는 위협에서 벗어나는 것으로 느껴질 수 있다. 다시 한 번 이제 차이는 ‘반-이론’의 정신에서가 아니라, **이론** 이후의 ‘포스트-이론’의 정신에서 문학 혹은 예술의 역할과 구체적인 특성에 대한 문제를 포함한 질문들이 제기된다는 것이다. 이 주제에 대한 작업들은 변함없이 어떤 경우에서든지 이론-이전의 시대로 돌아갈 수는 없다는 것을 우리에게 말해준다. 오히려, 1970년대와 1980년대의 고급 ‘이론’들이 이제는 텍스트들 또는 입장들의 집합이라기보다는 행동으로서 이해되는 — 규범과 사회적, 성적, 경제적 관계 및 주체성의 개념과 문화적이고 초문화적인 정체성들에 대해 당연하게 여겨져 온 가정들에 대한 비판적인 회의주의를 가져온 — 이론 또는 ‘이론들’로 변화되었거나 철저히 흡수되었다고 느끼게 만든다. 그러므로 조나단 컬러(1997)는 이론은 ‘상식적 관념들에 대해 호전적인 비평’이며, ‘해결책들을 제공하는 것이 아니라 한 발 더 나아간 생각/사상의 전망을 제공한다’고 말한다. 데이비드 캐롤(1990) 또한 다음과 같이 동의한다: 이론은 ‘지배적 문화의 전략들과 분석적 방법들의 검토되지 않은 특성 … 전통적인 질문들에 내재한 모순들과 복잡성들’에 맞서는 것이다. 이론은 ‘다른 방식 안에서 질문들을 제기하거나 또는 다른 종류의 질문들을 제기하는 것’을 추구한다. 또한 이론은 ‘비판 과정을 열어둔 채 앞으로 나아가는 것’에 골몰한다. 마이클 페이네(2003)에 따르면, ‘이론은 우리의 자기-반성성이 어떻게 사물들을 보는 지에 관한 것이다.’ 테리 이글턴(2003) 또한 비슷하게, ‘만약 이론이 우리를 안내하는 가정들에 대한 합리적이고 체계적인 반성이라면, 이론은 영원히 필수불가결한 것으로 남아 있을 것’이라 말한다. 발렌팅 커닝햄(2002)은 순수한 읽기가 주는 위안을 포기하면서 '우리 모두는 – 우리 독자 모두 – 이론을 뒤쫓는다'고 확신한다. 이러한 점에서 이론은, 컬러가 말한 것처럼, 이곳에 '끊임없이' 머문다.

어느 정도의 공통의 지반은 있지만, 이러한 작가들이 제시한 것들 이후에 오는 생각들은 매우 다르다. 우리는 이러한 상황의 중개자로 자처한 장-미셸 라바테의 도움(2002)으로 이 차이점들을 더 잘 이해할 수 있다. 그는 이론이란 언제나 '좀 더 진리에 가깝고, 중요하며, 본질적인 정의에 의해 누락된 일부를 가진 전체의 편향된, 단순한 반쪽짜리'로서 이해되어야 한다. '**이론**에 관한 문제는 언제나 누락된 무언가를 비난하는 것처럼 보인다'라고 설명한다. 그 (좀 더 진리에 가깝고, 중요하며, 본질적인) '무엇인가'는 과거에도 그리고 지금도 계속해서 ('이론 이후'에 오는 것들에 의해) '문학' 또는 '미학', '비평' 또는 '읽기', '문화'와 '정치'에 의해 다시 구성된다. 컬러는『이론은 무엇을 남겼는가?』(2000)라는 선집에 쓴 논문에서 그 (좀 더 진리에 가깝고, 중요하며, 본질적인) '무엇인가'가 문학이며, 그동안 무시되어 왔던 그 문학이라고 쓴 바 있다. 특히, 무시되어져 왔던 것은 언어학자인 로만 야콥슨에 의해 설명되어 유명해진 '그 자체를 위해 메시지에 집중하기'로써의 '시적 기능'인 문학 텍스트의 자기반영성이다. 이 문학이 가진 변별적 특징은 인종, 섹슈얼리티, 젠더라는 명령들에 의해 덧씌워져 왔다. 컬러가 그의 1997년에 출간된 책에서 이야기하듯, 문학연구와 텍스트 분석의 모델은 사회학적으로 경도된 문화연구의 '징후적 해석'을 따라왔다. 2000년에 출간된 컬러의 저작에 실린 두 편의 에세이는 직접적으로 인종, 섹슈얼리티, 정체성 정치학의 이슈들 및 문학에서 언급되지 않는 법에 대해 논의한다. 이러한 논의는 이 논문의 가치를 떨어뜨리지 않으며, 오히려 컬러가 말하려는 요점인 '문학의 질문' – 한때는 '이론적 프로젝트의 중심에서'(특히 구조주의에서 명확하게) 제기되었으나 더 이상 그렇게 중요한 위치를 차지하지 않는 질문 – 을 잘 전달한다. 그럼에도 불구하고 컬러는 '이론 안에서 문학'을 유지하려 한다. 왜냐하면 이러한 위치에서야만이 문학 텍스트의 '두꺼운 묘사'를 구성하는 미결정성과 복잡성, 예를 들어 문화연구에서도 또한 관심을 갖고 있는 정체성, 행위주체성, 작인 등의 질문들에 관한 표준적인 가정들 혹은 환원적인 전제들을 복잡하게 만들고 도전할 수 있기 때문이다. 하지만 어려움은 이 텍스트적 강조점을 유지하는데 있다. 그러나 위에서 살펴본 것처럼, 만약 이론이 영구적인 비평의 태도로서 타자성과 타자에 열려 있는 것으로 이해된다면, 컬러가 말하듯, 이론은 문학과 기호의 가까운 사촌이며, '문학은 이론 안으로 이주해왔다.' 대조적으로, 일부에게 문학은 너무나 널리 퍼진 것이다. 사실상 너무 많이 퍼져버려서 자기-의식적 허구적인 포스트모던 문화의 흔한 관용구가 되어버렸다. 컬러가 보기에 이러한 확장은 비평적 예리함과 변별력을 잃는 대가를 치렀다. 그래서 컬러는 '아마도 이제는 문학이 문학 안에서 다시 지반을 세울 때이다'라고 판단한다. 유력한 것은 컬러 자신의 초기 저작에서 발전시켰던 시와 서사의 작용과 반응에 대해 집중했던 연구인 '시학'으로의 회귀이다.

발렌틴 커닝햄의 『이론 이후의 읽기』(2002)도 또한 우리에게 문학으로 돌아갈 것을 종용한다. 1960년대에 최초로 소개되었던 **이론**은 영어 교육과 다른 분과학문들에 의심할 여지없이 큰 영향력을 끼쳐왔다. 그러나 이제 우리는 어떻게 해야 하는가? 우리는 정전 다시 읽기에 착수해야 하는가? 우리는 저 이국적인 포스트모던 '검보'(다양한 음식으로 가득 찬 접시)로부터 또는 슈퍼마켓의 진열대위에서 물품을 고르는 것처럼, 이 텍스트에서 저 텍스트를 골라 섞어야 하는가? 커닝햄의 대답은 그가 이론이 '암흑 너머로 내팽개쳤다고' 여기는 전통적인 방식, 텍스트 꼼꼼히 읽기로의 회귀이다. 언뜻 들으면 우리는 이것이 페미니즘 또는 포스트식민주의 비평의 진실이 아니었던가, 그리고 그런 읽기야 말로 해체적 독법이 강조해왔던 것이 아닌가 하고 궁금하게 여길 수 있다. 예를 들어 테리 이글턴은 2003년 저작에서 다음과 같이 분명하게 언급한 바 있지 않은가. '문화이론이 꼼꼼한 읽기를 하지 않는다는 것은 사실이 아니다.' 커닝햄은 많은 비평가들과 몇몇의 이론가들이 꼼꼼히 읽기의 노선을 유지하고 있으며, 다른 이들도 자신의 실수를 인정하고 **이론** 바깥의 어둠에서부터 다시 돌아오고 있다는 사실을 인정하는데 있어 그다지 확신을 갖지 못하는 듯하다. 그가 대표적인 사례로 드는 이는 프랭크 커모드인데, 커닝햄은 그를 '진리와 가치, 참조(reference)에 있어 전통적인 관심사를 유지하는 늙은 영국인'이라고 부른다. 그는 이 덕목들을 진리와 가치의 회피, 참조점에 대한 차이의 대체라는 포스트모던적 회의주의와 대비시킨다). 커닝햄에 따르면, 텍스트와 독자와의 이상적인 관계는 모두 '요령'(tact), 즉 '가까이 다가가 텍스트와의 인간적인 만남' 안에서 발생할 수 있는 '조작하지 않는 읽기'의 '부드럽고' '보살피는' '사랑스러운 접촉'과 '이성적이고 적절하며 도덕적이며, 심지어 모든 이론화된 텍스트를 넘어선 원초적 텍스트에 대한 존중'을 보여주는 것에 달려있다.

모든 읽기와 모든 독자들은 '이론 이후'에 나온다. 그러므로 커닝햄이 되풀이해서 말하는 것은 대부분 동의할 만하다. 그러나 우리가 텍스트 읽기로 되돌아간다고 할 때, 우리가 채택하고 있는 이론은 무엇인가? 꼼꼼히 읽기라는 관행은 1920년대 초기와 관계를 맺고 있는 학파와 그들이 제시한 문학의 형식과 의미, 가치에 관한 이론적 전제들과 이미 관계를 맺고 있다. 하지만 커닝햄은 비록 그가 텍스트의 우월함에 대한 중요한 전제들을 이들과 공유하고 있다고 할지라도, 관행적 비평 또는 신비평의 가정된 객관성으로 돌아갈 것을 주장하고 있는 것은 아니다. 그는 만약 이론을 우선시하려면, 이론이 '덜 중요한 파트너'이자 비평의 보완물로서 차지하는 이론의 위치를 알아야 한다고 말한다. 이러한 이론의 위치를 넘어선, 커닝햄이 제시하는 용어와 척도들인 진리, 참조점, '분별', '휴머니즘과 도덕주의' 등은 대문자 이론이 쫓아내고 무시해온 핵심 원칙을 지닌 오래된 전통을 다시 불러들인다. **이론**의 여파가 몰고 온 회의적이고 다원론적인 풍조에 대한 커닝햄의 반응은 많은 중요하고도 논쟁적인 쟁점을 야기한다. 이들 가운데 가장 중요한 논쟁점은 명백하게도 문학정전에 관한 논쟁이자, '문학의 가치'에 대한 질문이다.

사실 프랭크 커모드는 이 문제에 대해 흥미로운 예시를 제공한다. 비록 그 또한 최초로 1960년대 후반과 70년대에 새로운 이론들을 논의할 것을 제안하고 격려했던 무리들 가운데 한 명임에도 불구하고, 커모드는 이론가이기 보다는 문학 비평가로서 남아 있다. 커모드가 최근 2003년 저작에서 '문학이 의미하는 바에 대해서 생각하는 것에 관해 생각하기'라고 말한 것처럼, 이론가의 통찰과 필요성을 지지하는데 있어 기민함을 보여주면서도 그는 이러한 활동들이 '문학 텍스트와의 친밀한 접촉으로부터 오는' 욕망을 만족시킬 수 없다는 것을 의식하고 있다. 그는 '미학이 한물간 유행이기 때문에' 우리는 자기-지시적인 이론적 담론들과 문학의 가치, 일관성, 전체성, '유기적 통일성'에 대한 몇몇 휘청대는 고전적이고 낭만적인 생각들을 갖게 되었다고 말한다. 그러므로 우리는 예술과 문학이 우리에게 어떤 좋은 점/선함을 안겨주는가를 놓고 혼란에 빠질 것이다. 커닝햄은 적어도 그러한 의심 없이 어떻게 문학에 접근해야 좋을지에 대해 알고 있다: 이것은 '모두 요령을 갖춘 독자들이 바로 그것, 즉 모든 선하고 진실된 읽기는 꼼꼼히 읽기라는 사실을 아는 데서 온다. 그렇지 않은 읽기는 읽기라고 주장할 수 없다.' 커모드가 강하게 암시하고 있는 하나의 가치는 바로 '총체적 예의', 즉 그가 지적인 논의들에서, 셰익스피어에서, 그리고 학구적인 독자들과 일반 독자들이 비슷하게 다루길 바라는 비평의 양식들안에서 찾아낸 것이다. 아마도 커닝햄 또한 마음속에는 그런 이중의 독자들 – 문학서적을 읽는 독자들과 자신의 이론을 읽는 독자들 – 을 그리고 있었을 것이다. 그래서 커닝햄은 자신의 이론을 그런 느슨하게 대화적이고, 논쟁에 열려 있는 어조로 썼을 것이다. 그 결과는 좋은 문학과 좋은 읽기 그리고 좋은 사회라는 생각을 접속시키고, 적어도 접속시키려 노력한다. ('늙은 영국적인 전통' 안에서 나온) 휴머니스트의 시나리오는 '이론 이후'의 순간만큼이나 '이론-이전'과도 깊이 맞닿아 있다.

커닝햄이 주장하는 문학 텍스트의 전통적 '요령적' 읽기로의 회귀는 오래된 관행에서 다시 부활한 한명의 동반자와 참가자를 가진다. 조나단 베이트가 주장한(2003) 꼼꼼히 읽기는 작가의 삶에 대한 '사실들'이나 텍스트의 전문 편집에 대한 관심을 경시했다. '그는 존경심을 담아 컬러를 언급한다. 그는 **이론**, 즉 구조주의가 '새로운 활기와 객관성'을 제공하기 위해 나타기 전, '그 당시 우리는 상당히 과학적이지 않았다'고 말한다. 새로운 활기와 객관성은 텍스트의 동일성 보다는 텍스트의 자기해체를 설명하는 한, '우리가 좋아하는 것은 무엇이든' 말하는 것이 허용되는 것처럼 보이는 해체론에 의해 동요되었다. '사실들'은 다시 기각되었다. 그렇다하더라도 베이트는 이 기간과 이데올로기를 통해 이론들이 온갖 떠들썩한 소란을 만들어 내는 동안, '전기적이고 역사적이며 문헌학적이고 원문을 분석하는 식의 문학 연구'는 조용히 지속되었다고 생각한다. 따라서 베이트는 제안한다. 이제 비평가들과 교사들 그리고 학생들은 이론적인 '주의'들이 아니라, 문학사의 전기와 원문에 충실한 문헌학적 책들인 '기본서'를 먼저 읽어야 한다.

텍스트 서지학은 저자의 의도, 검열의 형태, 공동 집필과 개정에 관한 사실적이고 텍스트적인 증거를 찾는 방식으로 텍스트를 원고에서 책으로 전환할 것을 검토한다. 이러한 절차는 1980년대에 강력하게 부상했는데, 종종 '생성/유전 비평'(genetic criticism)이라고 불린다. 예를 들어 제임스 조이스의 『율리시스』(*Ulysses*) 또는 에즈라 파운드의 『노래들』(*Cantos*)과 같은 책들의 발생에 따른 여러 판본들과 개정들은 부지런히 연구되어 왔다. 장-미셸 레바테가 2002년 저작에서 제안한 것처럼 '생성 비평'은 과학과 문학연구의 관계를 상기시키는 중요한 예이다. 이것은 우리가 무엇을 '역사'라고 보느냐를 선정하는 역사(연구)방법과도 밀접한 관계를 가진다. 반면에 '생성비평'은 신역사주의 또는 문화유물론 뿐 아니라 해체론이 가진 어떤 특성을 공유한다(텍스트적 차이의 물질적인 증거를 가지고 '원본'이라는 경건한 개념을 전치시키면서). 동시에 이것은 또한 텍스트적 기록저장소/아카이브의 물리적 증거에 닻을 내린 논쟁할 수 없는 '사실'의 재확인처럼 들리기도 한다. 베이트는 후자의 견해를 옹호한다. 사실은 각인되어 왔다. 베이트는 – 찰스 디킨스의 소설 『어려운 시절』(*Hard Times*)과 엄격한 교사 토마스 그랫 그라인드라는 인물을 환기시키면서 – 억압적인 산업주의를 상기시킨다. 그러나 베이트는 또한 이미지와 시뮬레이션으로 넘치는 이 포스트모던 시대에, 영국적 주체는 지금 훈육과 사회가 만들어온 '모두를 위한 자유'를 비평하기 위한 순수한 사실의 '기계화'(Gradgrindery)가 필요하다는 결과로 인해, 동전은 뒤집힐 수 있다고 말한다. 이것이 암시하는 것은 많은 인내심을 가지고 해야 할 텍스트적 암호해독과 함께 이론적 질문들이 선반 위에 남겨져 있을 수 있다는 것이다.

우리는 이러한 저자들이 '이론 이후'가 결과적으로 의미하는 것이 형식주의로의 귀환 또는 전통적인 문학텍스트 읽기로의 귀환, 또는 활기 없는, 사실상 이론에는 무관심하고 지루한 문학 학문으로의 귀환을 의미한다고 생각하는 것에 용서 받아야 할지 모른다. 존 브링크맨(2000)이 암시하듯, '문학'의 소명은 노스탤지어적인 것이다: 분명히 컬러의, 커닝햄의, 베이트의 주장에는 어느 정도 노스탤지어가 있다. 하지만 브링크맨은 유용하게도 여기에는 '형식에 대한 형식주의자와 비형식주의자적인 접근'이 있다고 덧붙였다. 그러나 만약 그 자신을 후자에 위치시킨다면, 이것은 문화연구의 환원적 버전과 연관되는 인종, 계급, 젠더 주제의 비-형식적인 분석이라는 평이함에 대한 약간의 혐오와 함께이다. 이러한 유형의 현재 비평은 내부 형식의 역동성을 무시한다고 그는 주장한다. 그리고 이는 강해야 할 문학과 정치의 접합점을 약화시킨다. 그러므로 브링크맨은 내부 형식과 세속성(worldliness - 예술 작품이 내용을 이루는 '역사적 생활세계')에 주의를 기울일 것을 호소한다. 그는 글쓰기의 사회적 실천과 미학적 경험 모두 공적인 장에 속해 있는 것이라고 덧붙인다. 이차적으로 미라는 경험은 그 미에 대한 다른 이들의 동의에 기반한 것이기 때문이다. 브링크맨이 자유주의적이고 공화주의적인 서구 사상의 전통으로 유지되는 것이라고 보는 이 공적인 장은 — 비록 그들이 손상되었긴 하지만 — '대체될 수 없다.' 그러므로 형식에 대한 새로운 강조로부터 광범위한 결과가 따라올 것이다. 문학과 정치의 새롭게 활성화 된 결합, 그리고 공적인 장과 서구 계몽주의적 전통에 대한 재확인, 브링크맨에게 이것은 문학과 정치와의 접점이 의존하는 지점이다.

우리는 라바테가 초기에 말한 대로 한쪽에는 이론을 두고 다른 쪽에는 잃어버린 '무언가', 즉 오로지 '이론'에 의해서 뿐 아니라 이차적인 용어들('문학', '읽기', '문화', '정치')에 의해 의미되는 것을 구별짓는 것이 어떻게 가능할지에 대해, 그리고 이러한 용어들 사이의 관계가 어떻게 이해될 지를 관찰하고 있다. 몇몇의 새로운 비평은 다른 좀더 구체적인 영역들과 주제들, 안건들, 법과 생태학, 공간과 위치에 관한 것들을 도입하고 있다(가라드, 2004; 브루커, 2002). 이러한 작업은 또한 문학과 법 연구 또는 문학과 사회 문화적 지정학 사이의 새로운 상호학제적인 계획들과 관련 있다. 예를 들어 누군가의 의제는 좁은 의미에서 텍스트적이지도 않고, 압도적으로 이론적이지도 않다. 그러나 이것은 현재 일상의 사회 정치적 안건에 대해 그리고 내부 형식의 미묘성에 상당히 전념해 있다. 많은 페미니스트 비평과 탈식민 비평은 또한 브링크맨이 '형식에 대한 비-형식주의자적 접근'이라고 묘사한 것들을 계속하고 있다. 그러나 이 지점에서 우리는 형식과 세속성 사이의 스펙트럼의 끝을 새로운 눈으로 바라보게 하거나, 예술과 정치를 다시 완전히 다르게 보도록 촉구하는 두 가지 접근 — 어쩌면 선언문이 더 나은 용어가 될 것이다 — 을 보기를 원한다.

'신 미학주의'라는 제목아래에 출판된 조글린과 말파스(2003)에 의해 쓰인 논문 모음집은 하나의 자기-선언적인 새로운 방향으로 '신 미학주의'를 선언한다. 첫 페이지에서 편집자들은 '비평적 이론의 부상은 지도에서 모든 미학을 싹쓸이해버렸다'고 적고 있다. 이 경우 잃어버린 것은, '분석의 대상으로서 그리고 미학적 현상으로서의 예술의 구체성의 감각'이다. 이러한 제안의 최초의 문제는 '미학적인 것'과 '미학주의'라는 개념이 새로운 시작점이라기보다는 예술적 자율성, 천재적 개인, 초월적이고 보편적인 가치에 대한 믿음과 19세기 후반에 있었던 도발적인 형식주의의 '예술을 위한 예술' 운동으로의 회귀를 뜻하는 재반박의 여지가 있는 행동이라는 것이다. 헤럴드 블룸 또한 『서구 정전』(*Western Canon,* 1995)에서 그가 평가절하하는 도덕적 가치 또는 문화 정치학보다는 미학적 비평기준을 찾으려 했다. 블룸 또한 '나의 많은 작업 가운데 미학적인 것으로부터의 도피'에 대해 한탄한 바 있다. 그러나 이러한 저자들이 의도한 바 가운데 중요한 차이점도 존재한다. 블룸에게 있어 미학이란 '사회적인 관심이 아니라 개인적인 것'이며 예술의 자율성의 측정도구이다. 이러한 면에서 블룸은 스스로를 외로운 수비수라고 보는 경향이 있다. '신 미학주의'와 관계를 맺고 있는 편집자들, 기고자들, 작가들은 꽤 다른 방향에서 자신들의 미학에는 사회적, 실제로는 정치적인 관심이 포함되어 있다고 주장한다. 미학으로의 '전환'은 이소벨 암스트롱(2000)의 주장에서 가장 중요한, 문학 교육을 위한 민주적인 토대를 세우기 위한 급진적인 방향 재설정으로 나타나고 있다.

조글린과 말파스가 주장하는 것은 첫째, '신 미학주의'는 이론이 피하고 있는 철학과의 대화에서 시작된다는 것이다. 이들의 주장은, 사실상 이론이 강력히 비판하고 거절하는 경향이 있는 것은 미학에 대한 구시대적인 견해라는 것이다. 이러한 태도는 미학을 예술적 자율성에 대한 개념과 보편화된 인본주의 이데올로기, (이소벨 암스트롱이 말하듯) 임마누엘 칸트에 대한 거짓된 일탈을 위한 것이라고 보는 것이다. 대신에 '신 미학주의'의 옹호자들은 새로운 '포스트-이론적' 주장, 심지어는 예술과 문화가 널리 함축하도록 하는 방법 안에서 이론이 좀 더 사색적이 될 때, 가능한 '포스트-미학주의'를 옹호한다. 무엇보다도 이것은 '예술이 설명할 수 없이 현대 문화의 정치학과 연결되어 있는 반면 … 예술작품의 "예술성"의 고유성'은 주변의 정치적이고 역사적이며 이데올로기적인 담론들에 의해 결정되지 않는다는 것을 인식하는 예술 작품에 대한 변증법적 시각을 유지하는 것을 수반한다. 예를 들어 '새로운' 또는 '포스트-미학적'인 것은 테오도르 아도르노의 '사회를 비판하는 자율적인 예술에 대한 옹호'와 '예술 작품은 경험적 세계와는 반대되는, 또 다른 세계를 생산한다'는 그의 믿음에 많이 빚지고 있다.

'민주적 미학'에 대한 이소벨 암스트롱의 제안인 '미학적 삶의 구성요소 … 놀이와 꿈꾸기, 생각하기와 느끼기는 … 모두에게 공통적인 것이다'라는 그녀의 믿음에 기반하여 예술을 통해 우리가 의미하는 바가 무엇인가에 대한 확장된 개념을 주장한다. '새로움', '모던', '젊은', '잠재력 있는', '호의', '변화'와 같이 다른 여러 관련된 개념들과 함께 이 '놀이'에 대한 강조는 토마스 도체티(2003)에 의해 또한 채택된 것이기도 하다. '신 미학주의'는 새롭게 착상된 문학 교육과 문화, 읽기의 방식과 '타자'에게 열려 있는 사회에서 살아가는 형태라는 곳에서 새로운 집을 찾았다. 이것은 도체티에게 있어서 학교에서 놀이를 근절시키는 후기 그랫그라인드 철학과 일반적인 문화적 실용주의/무교양(도체티는 도발적으로 짚는다. '대학에는 경영학을 위한 자리는 없다.')과는 분명한 대조를 이룬다. 흥미롭게도, 도체티는 이 주장을 명백하게 베이트가 앞서 이야기한 것과 같이 찰스 디킨즈의 『어려운 시절』의 예로 바꾼다. 하지만 베이트가 우리에게는 더많은 사실들이 필요하다고 주장하는 반면, 도체티는 지식과 씨씨 주페라는 등장인물과 소설 속의 세커스단이 보여주는 에너지를 대비시키는 데 더욱 초점을 맞춘다. 그러므로 그는 자신의 논문을 다음과 같이 '더 많은 춤, 더 많은 사랑, 더 많은 환대와 더 많은 경험'에 대한 주장으로 마무리한다.

텍스트 서지학 또는 '유전 비평'과 '신비평'은 모두 더 많은 사실들과 더 많은 영향 그리고 초월적 개방성을 필요로 하는 것처럼 보이는 현대 사회에 응답하는 것으로 스스로를 드러낸다. 그들은 다시 한 번, 이론 이후 입장들이 얼마나 다양해질 수 있는가를 보여준다. 또한 이러한 차이들이 넓은 세상에서 지각되는 방식에 따라 달라진다는 점을 보여준다. 베이트와 도체티 모두 문학적 허구의 예를 사용한다는 것이 흥미로운데, 그들이 꽤나 다른 결론을 내리기 위해 똑같은 예를 사용했다는 사실 또한 명백히 드러난다. 그러나 우리는 디킨즈의 토마스 그랫그라인드의 철학과 상징적인 인물로서 그가 얼마나 중요한지 물어야 할지도 모른다. 현재의 시대가 공리주의 시대인가? 우리는 '사실'보다는 '의견제시'에 관해 더 많이 듣고 있지 않은가? 그리고 시장 자본주의와 세계화는 이미 우리를 영국의 산업혁명으로부터 저 멀리 떨어진 곳으로 데려가지 않았나?

이러한 맥락에서, 『신 미학주의』의 편집자들은 『반 미학』(*The Anti-Aesthetic*, 1983)이라는 중요한 제목이 붙은 책을 언급한다. 할 포스터에 의해 편찬된 이 선집은 위르겐 하버마스와 장 보드리야르, 프레드릭 제임슨의 글들을 주요하게 다루고, 포스트모던에 관한 논쟁의 시대가 개막되는 것을 도왔다. 조글린과 말파스에게 포스트모던의 이러한 도입은 미학에 대한 동시다발적이고 미성숙한 거절을 의미했다. 그들이 인용한 문단에서, 포스터 자신은 아도르노의 미학개념을 부정적이고 전복적인 범주, 즉 다른 점에서 보면 도구적 세계에서 비평적 간극으로 인식한다. 중요한 세계의 비평적 간극. 미학은 '포기하기 어렵다'고 그는 말하지만 포스터의 논점은 '이제(이 포스트모던 시대에) 우리는 미학적 공간이 너무 빛을 잃은 것이 아닌가 고민해보아야 한다.'는 것이다. 당연히 '신미학주의'는 새로운 것에 관한한 어떻게 그 논쟁이 변화된 이 세계의 세부항목들과 연결되어 있는지, 또는 브링크만의 주제에 반복되는 것처럼 문학이 어떻게 사회, 정치와 다시 결합될 수 있는지를 보여주어야만 한다. 다르게 말하자면, 이 주장은 명백히 어떻게 '신 미학주의'의 원천이 모더니즘 전통과 연관된 '거리두기'의 미학 — 즉, 예술의 '소외', 비판적 거리와 잠재성 — 안에 놓여 있는가를 보여준 아도르에 빚지고 있다. 예를 들어 도체티는 '새로움'과 '모던'을 받아들이면서 '알려지지 않은 것과 낯설게 하는 결합'을 언급한다. 다른 경우를 보면 조글린은 예술작품의 특이함에 대한 잠재성과 개방성의 증거로 '각색'의 과정을 생각한다. 우리는 어떠한 목적으로 이 신미학주의가 예술이 현대 상품문화에 얽혀져 있는 세상을 향한 전위적(아방가르드적) 충동을 하는 초기 모더니스트를 각색하는지 물어야 할지 모른다). 놀이와 초월적인 내부 비평의 '신 미학'이 포스트모던이 시뮬레이션과 '자유놀이'의 슬로건으로 이미 철저하게 미학화된 세계로 묘사되고 있음을 설명하는 것과 조글린과 말파스가 '문화연구 또는 문학 비평 포스트모더니즘의 뿌리없는 미학적 우연성'이라고 부른 것의 믿을만한 적대자인가?

테리 이글턴은 『이론 이후』(2003)에서 현세계의 상황에 반응하려고 처음부터 의도한다. 그에게 있어 이론이 놓치고 있는 '다른 반쪽'은 문학이나 읽기, 문학 또는 미학이 아니라 정치이다. 하지만 이글턴이 마음에 둔 이론은 푸코, 데리다, 씨이주와 다른 이론가들의 '고급 이론'이 아니라 그가 일반적으로 최근 문화이론이라고 보는 '포스트모더니즘'이다. 이글턴은 현시대가 직면하고 있는 문제는 서구의 '확고한 정치적 적'인 근본주의라고 주장한다. 이러한 도전에도 불구하고, 회의주의와 다원주의의 특징적 태도에 따라 젠더, 인종, 섹슈얼리티에 초점을 맞추는 포스트모던의 '이론적'이고 '비평적'인 의제는 심각하게 부족한 것으로 드러난다). 다시 말해 후자가 보여주는 근본주의적인 절대적 진리와 보편성이라는 개념에 대한 경계심은 깊이와 야심이 부족하다. 이글턴이 말하는 것처럼 '정치적 우파가 전지구적으로 활동하고 있는 곳에서' '포스트모던적 좌파들은' 실용적이고 특수한 것을 확언하면서 '지역적으로 생각한다.' 반면에 자본주의자의 세계화라는 '거대 서술'은 그가 가는 길에 놓여 있는 모든 것 — 후기 자본주의의 공범이라기보다는 아예 후기 자본주의 그자체인 포스트모더니즘 문화이론을 포함해 모든 것 — 을 쓸어버렸다. 이글턴은, 가치의 영역에서, 고정된 위계질서의 해체는 '시장으로 알려져 있는 모든 가치의 혁명적인 평준화와 수월하게 융합해왔다'고 지적한다.

이글턴의 대안은 (그의 초기 저작인 『문학이론: 입문』에서 빌려온) 야심만만한 '정치 비평'이다. 이것은 되살아난 마르크스주의와 사회주의 전통 속에 놓여 있다. 그러므로 '이론 이후'는 더 크고 더 책임감을 가지는 범위에서 '더 많은 이론'을 의미한다. '더 많은 이론'은 포스트모더니즘이 감춰버린 커다란 질문들: 도덕성, 형이상학, 보편성, 진리, 객관성, 사심없음 이라는 문제들에 좀 더 개방적이어야 한다. 다시 말해, 이 새로운 프로젝트는 확장된 마르크시즘과 자유주의의 몇몇 중요한 반석에 대한 재평가 둘 다를 포함한다. 그러므로 '사심 없음'의 개념을 이글톤은 '냉담함'으로 이해하기보다는 '자기-이익 추구'의 반대말로 이해해주길 원한다. 그는 '객관성'을 우수한 불공정성이 아니라 '타자'의 독립적인 존재에 대한 인식을 확신하는 것으로 해석한다. 사심 없음은 이를 모델로 삼기를 거절하는 근본주의들에 맞서 서구 가치의 적법성을 반영하려는 의지를 포함한다. 근본주의는 폐쇄와 단일함의 순수성을 보장하는 '비-존재'를 추구한다고 이글턴은 주장한다. 그 결과는 도그마주의이며, 그것이 극단적으로 추구될 때는 그가 '잔인하게 인자한 상태'라고 부르는 이슬람 근본주의와 테러리즘이라는 '악'이 될 것이다. 이글턴의 대답은 단순히 서구에 대한 옹호도 아니고 현재 서구좌파 지식인들이 주장하는 복수주의도 아니다. 오히려 그는 서구의 '계몽화된 가치'를 비판적으로 다시 생각하는 작업에 착수할 것을 주장한다. 사심 없음은 글로벌한 무대 위에서 '근본주의들'과의 싸움에 개입하기 위한, 사심 없음의 인자한 상태에서부터 '계몽화된 가치'를 구출하기 위한 것이다.

이글턴은 이론이 모험할 것을 촉구하며, 스스로를 극도로 민감한 정치 영역에 밀어 넣는다. 그러나 우리가 알아두어야 할 것은, 이 큰 움직임을 위해서, 그의 새로운 의제가 '예술', 그리고 현재의 맥락에서 '문학적인 것'이라는 하나의 중요한 주제나 범주가 누락되고 있다는 것이다. 다른 사람들이 이것들을 합치려고 추구할 때, 또는 이들의 관계를 다시 재구성하려할 때, 오히려 그의 입장에서, '문화이론'은 어떤 지점에선 문학 또는 미학으로 뻗어나가는 듯 보인다. 대부분의 경우 이러한 후자의 위치는 종종 비슷하게 포스트모더니즘도 거절하면서 문화이론과 문화 연구를 일축한다. 그들은 이것을 이글턴과 공유하고 있다. 비록 그가 그의 책에서 '문학' 또는 '미학'을 취하고 있지 않을 지라도 말이다. 그러므로 무엇보다도 많은 이에게 '이론 이후'는 이후에 오는 것, 또는 문화연구와 포스트모더니즘이 쥐고 있는 시대에서부터 빠져나오는 것을 의미하는 것처럼 보인다. 후자 또는 좀 더 일반적으로는 문화적 맥락에서 연구하는 것(여기에 문학이 포함되는가?)과 현대의 이론들은 그렇다면 그림에서 빠져나온다. 그러한 최근의 과거에 대한 거절을 동반하는 것은 획기적인 현상이다. 우리가 이 시기를 이렇게나 크게 오해하고 있었던가? 이러한 거절의 용어들을 더 자세하게 살펴보아야 하지 않는가? 오늘날의 과제 가운데 하나는 다시 한 번 더 문학을 이론화하는 것, 그리고 이러한 변화 혹은 또 다른 앞으로의 나아감의 면모를 보다 더 잘 이해하기 위해 문화적이고 현대적인 것을 이론화하는 것이 아닐까?

▌참고문헌과 추천자료

Armstrong, Isobel, *The Radical Aesthetic* (Blackwell, Oxford, 2000).

Attidge, Derek, *The Singularity of Literature* (Routledge, London, 2004).

Bate, Jonathan, 'Navigate the Circus of Fancy with Fact', *THES* (1 August 2003).

Bissell, Elizabeth Beaumont, *The Question of Literature: The Place of the Literary in Contemporary Theory* (Machester University Press, Manchester, 2002).

Bloom, Harold, *The Western Canon* (Macmillan, London, 1995).

Brenkman, John, 'Extreme Criticism', in Butler, Guillory and Thomas (eds), 2000, below, pp. 114-36.

Brooker, Peter, *Modernity and Metropolis: Writing, Film and Urban Formations* (Palgrave Macmillan, London, 2002).

Butler, Judith, Guillory, *John and Thomas, Kendall* (eds), *What's Left of Theory?* (Routledge, London, 2000).

Carroll, David (ed. with intro.), *The States of 'Theory': History, Art, and Critical Discoures* (Columbia University Press, 1990).

Clark, Robert, 'English Studies in the Current Crisis or: The Condition of the Subject and the War in Iraq', *European English Messenger*, XII/2 (Autumn, 2003), 46-9.

Coupe, Laurence (ed.), *The Green Studies Reader: From Romanticism to Ecocriticism* (Routledge, London, 2000).

Culler, Jonathan, *Literary Theory: A Very Short Introduction* (Oxford University Press, Oxford, 1997).

Cunningham, Valentine, *Reading After Theory* (Blackwell, Oxford, 2002).

Davis, Colin, *After Poststructuralism* (Routledge, London, 2003).

Docherty, Thomas, *After Theory* (Edinburgh University Press, Edinburgh, 1997).

Docherty, Thomas, 'Aesthetic Education and the Demise of Experience', in Joughlin and Malpas (eds), 2003, below, pp. 23-35.

Eagleton, Terry, *After Theory* (Basic Books, New York, 2003).

Foster, Hal (ed.), *The Anti-Aesthetic* [1983], pub. as Postmodern Culture (Pluto Press, London, 1985).

Garrard, Greg, *Ecocriticism* (Routledge, London, 2004).

Joughlin, John J. and Malpas, Simon (eds), *The New Aestheticism* (Manchester University Press, Manchester, 2003).

Kermode, Frank, *Pieces of My Mind: Writings 1958-2002* (Allen Lane, London, 2003).

McQuillan, Martin et al. (eds), *Post-Theory: New Directions in Criticism* (Edinburgh University Press, Edinburgh, 1999).

Miller, J. Hillis, *On Literature* (Routledge, London, 2002).

Payne, Michael and Shad, John (eds), *Life. After. Theory* (Continuum, London, 2003).

Rabaté, Jean-Michel, *The Future of Theory* (Blackwell, Oxford, 2002).

Singer, Alan and Dunn, Allen (eds), *Literary Aesthetics: A Reader* (Blackwell, Oxford, 2000).

Widdowson, Peter, *Literature* (Routledge, London, 1998).

부록 I

문학비평이론 용어 및 개념 참고 자료

Baldick, Chris, *A concise Dictionary of Literary Terms* (2nd edn, Oxford University Press, Oxford, 2004).

Bennett, Andrew and Royle, Nicholas, *An Introduction to Literature, Criticism and Theory* (3rd edn, Pearson Education, Harlow, 2004). Contains a brief 'Glossary'.

Brooker, Peter, *A Glossary of Cultural Theory* (2nd edn, Arnold, London, 2002).

Childs, Peter (ed.), *The Routledge Dictionary of Literary Terms* (Routledge, London, 2005).

Cudden, J. A. and Preston, C. E., *A Dictionary of Literary Terms and Literary Theory* (4th edn, Blackwell, Oxford, 1998).

Goring, Paul, Hawthorne, Jeremy and Mitchell, Domnhall, *Studying Literature: The Essential Companion* (Arnold, London, 2001). Contains a substantial 'Glossary of Literary and Theoretical Terms' - largely drawn from Hawthorne's 1998 Glossary, below.

Hawthorne, Jeremy, *A Glossary of Contemporary Literary Theory* (3rd edn, Arnold, London, 1998). There is also a Concise version: same publisher and date.

Murfin, Ross C. and Ray, Supryia, *The Bedford Glossary of Critical and Literary Terms* (2nd edn, Palgrave Macmillan, Basingstoke, 2003).

Peck, John and Coyle, Martin, *Literary Terms and Criticism* (3rd edn, Palgrave Macmillan, Basingstoke, 2002).

Stephen, Martin, *English Literature: A Student Guide* (3rd edn, Pearson Education, Harlow, 1999). Contains a brief 'Guide to Basic Literary Terms'.

Wolfreys, Julian (ed.), *Introducing Literary Theories: A Guide and Glossary* (Edinburgh University Press, Edinburgh, 2001).

Wolfreys, Julian, *Critical Keywords in Literary and Cultural Theory* (Palgrave Macmillan, Basingstoke, 2003).

Wolfreys, Julian, Robbing, Ruth and Womack, Kenneth, *Key Concepts in Literary Theory* (Edinbutgh University Press, Edinburgh, 2001).

부록 II

문학, 비평, 문화이론 전문 저널

Angelaki: journal of the theoretical humanities (Routledge).

Atlantic Studies (Routledge).

Auto/Biography (Arnold).

Comparative Critical Studies (Edinburgh University Press).

Critical Quarterly (Blackwell).

Critical Survey (Berghahn).

Culture, Theory and Critique (Routledge).

English (The English Association).

feminist review (Palgrave Macmillan).

Interventions: International Journal of Postcolonial Studies (Routledge).

Journal of Postcolonial Writing (Routledge).

New Formations (Lawrence & Wishart).

Paragraph: A Journal of Modern Critical Theory (Edinburgh University Press).

Postcolonial Studies (Routledge).

Pretexts: studies in writing and culture (Routledge).

Textual Practice (Routledge).

Translation and Literature (Edinburgh University Press).

The Year's Work in Critical and Cultural Theory [annual volumes] (Oxford University Press).

Wasafiri (Unversity of London).

찾아보기 인명과 제목

이곳의 찾아보기는 서문과 부록을 제외하고 서론, 1–10장, 결론에 국한하였다. 서명, 저널명, 영화명은 이탤릭체이고, 논문이나 시작품명은 쌍따옴표(“ ”)로 표시하였다. 순서는 한글 가나다순으로 하였고 뒤에 원문을 붙여 두었다.

ㄱ

ㄴ

ㄷ

ㄹ

ㅇ

찾아보기 주제

ㄱ

ㄴ

ㄷ

ㄹ

ㅁ

ㅇ

ㅊ

ㅋ

ㅌ

ㅍ

역자 소개

정정호

서울대학교 영어교육과와 동대학원 영문학과를 졸업하고 미국 위스컨신(밀워키) 대학교에서 영문학 박사학위를 받았다. 현재 중앙대학교 영문학과에 재직 중이며 한국영어영문학회장, 한국비평이론학회장을 역임했다. 저서로 『탈근대 인식론과 생태학적 상상력』, 『이론의 정치학과 비판적 페다고지』 등이 있고 역서로는 『현대문학이론 용어사전』, 『해롤드 블룸 클래식』 등이 있다.

윤지관

서울대학교 영문학과를 졸업하고 매슈 아놀드 연구로 박사학위를 받았다. 1985년부터 덕성여대 영문학과에서 가르치고 있으며 미국 버클리대학에서 초빙교수를, 영국 케임브리지 대학에서 방문펠로우를 지냈다. 저서로 『근대사회의 교양과 비평』, 『놋쇠하늘 아래서―지구시대의 비평』, 『세계문학을 향하여―지구시대의 문학연구』 등이 있고, 역서로 『교양과 무질서』(아놀드), 『언어의 감옥』(프레드릭 제임슨), 『오만과 편견』, 『이성과 감성』(제인 오스틴) 등이 있다.

여건종

고려대학교 영문과를 졸업하고 미국 뉴욕주립대학교(버팔로)에서 영문학으로 박사학위를 받았다. 현재 숙명여자대학교 영문학부 교수로 재직 중이다. 미국 듀크대학 한국문화강의교수, 대통령자문 정책위원회 문화분과 위원을 역임했다. 1998년부터 10년간 계간지 『비평』의 편집주간을 역임했다. 한국비평이론학회 회장을 역임했으며, 『현대문화론의 이해』, 『문학, 역사, 사회』, 『영미명작, 좋은 번역을 찾아서』 등의 저서를 공저했다.

정문영

서울대학교 영어교육과와 동대학원 영문학과를 졸업하고 미국 델라웨어 대학교에서 영문학 박사 학위를 받았다. 현재 계명대학교 영문학과 교수로 재직 중이며 『현대 영미 드라마』 편집위원장을 역임했다. 저서로 『현대비평이론과 연극-정신분석, 페미니즘, 현대연극』, 『해럴드 핀터의 정치성과 성정치성』 등이 있다.